KB042432

나폴레옹 보나파르트

-혁명과 전쟁의 전설적 리더십-

강 성 학

박영사

Napoleon Bonaparte

-Legendary Leadership of Revolution and War-

Sung-Hack Kang

PARK YOUNG
publishing&company

나의 사랑하는 장남
강상온에게

저자 서문

"인간이란, 누구보다도 역사가들이란, 허영심으로 가득 차 있다.
그는 자기의 상상력에 멋진 여유를 부여하고,
그리고 진실의 대가로 독자들의 흥미를 끌려고 노력한다."
―나폴레옹 보나파르트―

　　우리들 대부분은 나폴레옹을 말하면 레오 톨스토이의 방대한 소설
보다는 그것을 영화화한 ＜전쟁과 평화＞(*War and Peace*)에서 나폴
레옹이 1812년 눈 덮인 추운 겨울에 모스크바(Moscow)에서 철수하면
서 완전히 패퇴하는 비극적 장면을 떠올릴 것이다. 이것은 나폴레옹
생애의 마지막 "워털루"(Waterloo) 전투를 포함하여 그가 치른 어떤
전투보다도 더 생생하게 우리의 뇌리에 각인되어 있다. 그것은 나폴
레옹이 일생동안 치른 총 60번 전투에서 오직 7번 패한 전투들 중 하
나였다. 그 참담한 패배는 전쟁의 신(the God of War)이라는 그의 명
성에도 불구하고 그가 잘못 선택한 전쟁 수행전략의 결과였다. 그는
러시아 제국을 침공할 때 제국의 "수도"인 모스크바를 러시아의 전략
적 힘의 중심부(the center of gravity)로 간주하여 결국은 텅 빈 채 불

타고 있는 모스크바를 헛되이 점령한 결과였다.

　나폴레옹은 "적에 의해서 점령된 수도는 순결을 잃은 소녀와 같다"고 말했다.[1] 그리하여 일단 적국의 수도를 점령하면 순결을 상실한 소녀처럼 수도를 점령당한 국가는 고분고분 할 것이라고 나폴레옹은 믿었다. 그러나 모스크바는 당시 러시아의 수도가 아니었다. 당시 러시아의 수도는 상트 페테르부르크(St. Petersburg)였다. 모스크바는 옛 수도일 뿐이었다. 그러나 나폴레옹은 구 수도 모스크바가 더 중요하다고 생각했다. 그런 점에서 나폴레옹은 중대한 실수를 범했다. 알렉산더 1세의 러시아 제국에게 힘의 중심부는 옛 수도 모스크바에 있지 않고 그의 충성스럽고 막강한 군대에 있었다. 나폴레옹은 러시아 동장군(General Winter)의 저주로 당장 몰락하지는 않았다.

　나폴레옹은 이 한 번의 전략적 오류로 인한 프랑스 원정군의 모스크바로부터의 참담한 후퇴는 나폴레옹 몰락의 시작일 뿐이었다. 이제는 그의 동맹국들마저 서서히 그에게서 등을 돌리기 시작하였다. 그리하여 나폴레옹은 전 유럽의 공동의 적이 되었다. 그러나 그 후에도 그는 거의 2년이나 건재했다. 라이프치히 전투에서의 패배는 그가 거듭한 혁명(쿠데타)과 계속된 전승의 길에서 프랑스와 자신의 권좌를 포함하여 모든 것을 잃게 되는 계기가 되었다. 그럼에도 불구하고 불사조 같은 나폴레옹은 그의 마지막 도박이었던 워털루의 결전에 나섰고, 결국 패배함으로써 역사의 무대에서 영원히 사라졌다. 그 후 그는

---

1) Bernard Brodie, *War and Politics,* New York: Macmillan Publishing Co., 1973, p. 443.에서 재인용.

전설적 영웅으로 기억되었다.

역사철학자 헤겔(Hegel)의 "세계사적 사나이"(a world historical man)
였던 나폴레옹은 프랑스 혁명의 아들을 자처했지만 종국에는 프랑스
혁명을 말아먹은 "혁명의 배신자"가 되고 말았다. 그것은 나폴레옹 보
나파르트가 1799년 제1통령(the First Council)이 된 후에 고대 로마의
킨키나투스(Cincinnatus) 대신에 시저의 길을 택했고, 그리고 근대에서
는 미국의 독립혁명을 이끌었던 조지 워싱턴(George Washington)[2]의
길을 가지 않고 영국 청교도 혁명의 올리버 크롬웰(Oliver Cromwell)[3]
의 길을 택했기 때문이었다. 그것이 그의 비극의 원초적 원인이었다.
19세기 중반 2월 혁명 후 그의 조카인 나폴레옹 3세도 혁명가-대통령
-황제의 길, 즉 자기 큰아버지의 길을 그대로 답습했다. 그리하여 나
폴레옹은 프랑스의 혁명의 목적이었던 민주 공화정을 1870년 나폴레
옹 3세가 비스마르크(Bismarck)의[4] 프러시아에 패배한 뒤 제3 공화국
이 탄생될 때까지 거의 1백년이나 후퇴시킨 셈이었다.

그러나 나폴레옹은 궁극적으로 그리스 비극의 테마처럼 자신의 오
만(hubris)으로 인해 스스로 몰락한 하나의 비극적 인물로만 치부되어
서는 안 될 것이다. 나폴레옹은 모든 의미에서 자기 "시대의 산물"이
었다. 그는 여러가지 방식으로 자기 시대의 구현이었다. 만일 우리가

---

2) 강성학, <조지 워싱턴: 창업의 거룩한 카리스마적 리더십>, 서울: 박영사 2020, 특
   히 제9장을 참조.
3) Ronald Hutton, *The Making of Oliver Cromwell*, New Haven, Connecticut: Yale
   University Press, 2021.을 참조.
4) 강성학, <오토 폰 비스마르크: 천재-정치가의 불멸의 리더십>, 서울: 박영사, 2022,
   특히 제9장을 참조.

그에 관해서 그리고 그가 무엇을 하려했는지를 이해하려고 한다면 그를 역사적 맥락 속에서 보아야 한다.5) 나폴레옹 보나파르트가 1790년대에 세상에 등장했을 때 세계는 전쟁 중이었고 인간사회의 기본적 토대가 의문시되고 있었다. 그것은 유럽의 모든 국가들이 자기이익을 위해 행동했고 아무런 부끄러움 없이 조약을 파기하고 동맹국들을 배신했던 패권과 생존을 위한 투쟁의 세계였다. 모든 측의 군주, 정치가, 그리고 사령관들이 비슷한 수준의 무서운 침략, 탐욕, 무감각, 그리고 만행을 보여주었다.

또한 그의 시대에는 전장에서 승리가 영광의 극치였고, 그리고 나폴레옹의 동시대 사람들에게는 영토뿐만 아니라 상상력과 의견에 대해 그가 성취한 미증유의 지배에 대한 나폴레옹의 "위대성"을 설명하는데 있어서 유일하게 가장 큰 요인이었다. 그의 세계는 충분히 장엄하고 용기가 있었다면, 심지어 군사적인 패배에서마저, "잘 죽는 것" (good death)이 상당한 영광을 가져다주었다. 나폴레옹의 시대를 진실로 이해하기 위해서는 바로 이러한 사실이 먼저 이해되어야 한다.6) 따라서 당시에 관련된 어떤 국가에게 도덕적으로 우수한 역할을 기대한다는 것은 비역사적 속임수였고 또 권력의 욕구를 규탄하는 것은 인간의 본성과 정치적 필연을 부인하는 것이었다.

아리스토텔레스에게 권력은 부와 우정과 함께 개인의 행복의 본질적 요소들 가운데 하나였다. 토마스 홉스(Thomas Hobbes)에게 권력

---

5) Adam Zamoyski, *Napoleon: A Life,* New York: Basic Books, 2018, p. xv.
6) Steven Englund, *Napoleon: A Political Life,* Cambridge, Massachusetts: Harvard University Press, 2004, p. 470.

획득의 욕구는 선천적일 뿐만 아니라 유익한 것이었다. 왜냐하면 권력의 욕구가 인간들로 하여금 지배하게 하고 그리하여 공동체들을 조직하게 하기 때문이다. 그리고 어떤 형태의 사회적 조직도 한 개인이나 더 많은 개인들이 타인들에게 명령을 하는 권력이 없이는 존재할 수 없기 때문이다.

1789년은 인류역사의 전환의 해였다. 그 해는 두 개의 혁명을 품었다. 하나는 혁명의 완성을, 그리고 또 하나는 혁명의 시작이었다. 전자는 미국의 독립 혁명의 완성을 의미하는 공화정의 미합중국이 수립된 것이고, 후자는 프랑스 대혁명의 폭발이었다. 후자는 전자의 영향을 받았지만 두 개의 혁명은 판이하게 달랐다. 전자가 자유와 재산을 지키기 위한 방어적 혁명이었다면, 후자는 평등의 구현을 위해 기존 신분계급을 타파하려는 공세적 혁명이었다. 전자의 상징적 인물이 조지 워싱턴(George Washington)이라면 후자의 상징적 인물은 로베스피에르(Robespierre)였다. 워싱턴은 희망의 정치를 의미했고 로베스피에르는 공포의 정치를 의미했다. 워싱턴은 후임자에게 자발적으로 정권을 물려주고 로마의 위대한 킨키나투스(Cincinnatus)의 길을 갔다면 로베스피에르는 공포정치의 폭군으로 루이 16세처럼 후임자들에게 목숨을 잃었다. 미국의 혁명이 1789년 독립 후 안정화의 돌입을 의미했다면 프랑스 혁명은 불안정한 혼돈과 공포의 출발이었다. 따라서 프랑스 혁명은 혼돈과 공포를 종식시키고 새로운 안정된 정치질서를 수호할 새로운 영웅이 절실히 필요했다. 바로 이때 혜성처럼 쿠데타를 통해 정권을 장악한 인물이 바로 나폴레옹 보나파르트(Napoleon Bonaparte) 장군이었다. 그 순간부터 나폴레옹 보나파르트는 장군-정치가(a general-stateman)가 되었다.

나폴레옹은 당시 유럽에서 사나이들 중의 사나이(man)였다. 그는 역사적 거인들 중의 거인(giant)이었다. 나폴레옹의 전설적 스토리는 1769년 코르시카(Corsica)에서의 출생부터 1821년 대서양 한복판의 아주 작은 섬인 세인트 헬레나(Saint Helena)로 마지막 추방 상태에서 죽을 때까지 이어졌다. 그는 아직 20대에 수세기 동안 모든 유럽의 군사지휘관들 가운데 가장 위대한 군사적 명성을 획득했다.[7] 그는 30대에 프랑스를 지배했고 40대에 샤를마뉴(Charlemagne) 이후 아니 어쩌면 진정으로 시저(Caesar) 이후 어떤 개인도 하지 못했던 유럽을 지배했다. 그가 수행한 전쟁들은 유럽의 지도를 영원히 바꾸었고 그곳의 수백만 주민들을 무덤으로 일찍 보냈다. 그러나 그의 몰락도 그의 부상만큼이나 장대하고 신속했다.

나폴레옹 보나파르트의 비극적 종말에도 불구하고 프랑스 "혁명의 아들"로 자처했던 나폴레옹의 유산은 인류의 역사 발전에 긍정적으로도 기여했다. 나폴레옹은 말을 탄 계몽주의(the Enlightenment on horse-back)를 대변했다.[8] 그는 무엇보다도 20세기에 등장한 전체주의적 독재자가 아니었다. 그가 미증유의 효율적인 감시체제를 수립했을 지는 몰라도, 그러나 그는 자기 신민들의 삶의 모든 측면을 통제하는데 관심이 없었다. 또한 그는 그가 정복한 땅을 프랑스인들이 직접 통치하

---

7) David A. Bell, *Napoleon: A Concise Biography,* Oxford: Oxford University Press, 2015, p. 2.
8) Andrew Roberts, *Napoleon: A Life,* New York: Penguin Books, 2014, p. xxxvi.

는 것을 원하지 않았다. 그는 외국 땅은 오직 주민들에 대해 승리함으로 통제할 수 있다고 믿었고 그에 따라서 현지인들에게 자신을 동정적으로 만들 조건으로 자신을 제시하려고 모색했다. 무엇보다도 그는 유럽을 근대화하기를 희망했다.

뿐만 아니라, 나폴레옹은 1792년 발생한 전쟁을 시작하지 않았다. 그 때 그는 일개 소위에 불과했다. 그러나 그는 한 번의 짧은 휴지기간을 제외하고 1814년까지 계속해서 전쟁을 했다. 어느 편이 전쟁의 발생과 계속된 적대행위에 책임이 있는지는 쓸모없는 논쟁이다. 왜냐하면 책임은 어느 한편에만 공정하게 물을 수 없기 때문이다. 흔히 나폴레옹에게 책임을 돌리는 전사자들은 모든 교전 당사국들이 함께 책임을 져야 한다. 나폴레옹은 자기 병사들의 생명을 낭비하지 않았다. 혁명정부의 7년(1792-1799) 동안에 프랑스군의 손실은 4~5십만 명에 달했다. 나폴레옹 통치의 15년 동안에 군 손실은 8~9십만 명으로 추산되었다. 이 숫자는 사망하고, 부상당하고 그리고 병든 사람들뿐만 아니라 그가 전쟁을 계속하면서 극적으로 상승한 보고된 행방불명자들도 포함했다. 따라서 전투의 손실은 혁명 기간 동안보다는 중포(heavy artillery)의 점증하는 사용과 훨씬 더 큰 군대의 규모에도 불구하고 나폴레옹 통치 하에서 낮았음이 분명했다.[9] 행방불명자로 분류된 병사들의 다수는 고향으로 돌아갔거나 타국에서 정착한 탈영병 들이었다. 이것이 전쟁의 고통을 감소시키지는 않지만 보다 진실에 가까울 것이다.

---

9) Adam Zamoyski, *Napoleon: A Life,* New York: Basic Books, 2018, p. xvi.

우리가 때로는 역사를 잊으려고 노력할지도 모른다. 그러나 역사는 우리를 잊지 않고 있다. 역사는 항상 흥미롭지만 생명이 없는 과거의 사건들의 제시는 날짜와 전투와 조약들로 축소된다. 소위 사회경제적 사관에서 쓰인 역사에는 실제로 그 사건들은 창조한 사람들과 그들을 둘러싼 전체적 상황에 관한 얘기가 없다. 그러한 근시안적 견해와 제시를 바로잡기 위해서 우리는 독자가 인간이 그의 자신의 시대에 처해있는 것으로 보아야하는 현실감과 이해를 도입해야만 한다.[10] 그래야만 역사가 단조로운 사건들의 나열에서 벗어나 생동감을 갖게 될 것이다. 특히 혁명과 전쟁으로 점철된 나폴레옹의 생애가 생동감 없는 나폴레옹의 스토리로 구성된다는 것은 참으로 상상할 수 없을 것이다.

그렇지만 나폴레옹의 스토리는 단지 그가 언제, 어떻게, 무엇을 했으며 왜 궁극적으로 실패했는가 그리고 그 과정에서 어떻게 근대 유럽의 형성에 기여했는가에 관한 것만은 아니다. 그것은 우리 모두의 자신들 깊숙한 내면 속에 무엇이 있는가, 즉 인간본성과 그것이 압력과 변화에 어떻게 반응하는 지에 관한 분석이다. 우리는 나폴레옹의 야심적 행위의 가능성과 한계의 실례를 통해 우리 자신의 깊은 내면을 들여다볼 수 있을 것이다. 나폴레옹은 그의 비극적 종말에도 불구하고 아직도 우리에게 중요한 많은 정치적 및 군사적 교훈들을 얻을 수 있을 역사적 영웅이었다. 그러므로 나는 나폴레옹이 21세기 우리

---

10) Alan Schom, *Napoleon Bonaparte,* New York: HarperCollins Publishers, 1997. p. xvii.

에게 여전히 인간 행위의 가능성과 한계에 대해 교훈을 주는 적어도 "역사적 스승"이 될 수 있다고 생각한다. 그리고 바로 그런 동기와 기대감으로 오랫동안 망설이고 주저하다가 마침내 본서의 집필에 착수한 것이다.

본서를 집필하고 출판하는 기나긴 과정에서 나는 여러 사람들의 도움을 받았다. 우선 이영석 한국지정학연구원 원장은 나폴레옹에 관한 집필을 구상만 하고 있을 때 나폴레옹과 관련된 10여권의 책들을 구매해주면서 격려해 주었다. 막상 집필을 시작하고 보니 그 후에도 계속해서 더 많은 책들을 구입해야 했다. 그러나 처음에 구매해준 책들이 크게 도움이 되었다. 진정으로 감사한다. 그리고 본서가 모두 영어 문헌에 전적으로 의존하여 집필되다 보니 그 과정에서 직면한 가장 큰 난제는 수많은 프랑스어의 인명과 지명의 정확한 발음의 표기 문제였다. 그것들은 불한 사전에도 등장하지 않는 것들이 대부분이었다. 이 난제도 두 분의 도움으로 해결되었다. 프랑스에 유학했던 고려대학교 정보보호대학원의 강찬옥 교수와 프랑스어와 러시아어에 능통한 한국전략문제연구소의 부소장인 주은식 장군이 수많은 프랑스어의 정확한 발음 표기를 도와주었을 뿐만 아니라, 동시에 초교의 고통스러운 장시간의 교정작업까지 해주었다. 두 분에게 참으로 깊이 감사드린다. 또한 필요한 문헌의 수집과 교정은 물론이고 참고문헌과 찾아보기를 작성하면서 본서의 출판을 위한 모든 작업과정에서 도움을 아끼지 않은 고려대학교 아세아문제연구원의 모준영 박사에게 감사한다. 그리고 어쩌면 이것이 나의 마지막 저서가 될지도 모르기에, 나의 소중한 벗 엄규홍 학형에게도 반세기가 넘는 세월동안 그의 각별한 격려와 변함없는 우정에 감사하는 마음을 이곳에 기록하고 싶다.

끝으로 항상 그랬듯이 누구보다도 헌신적인 내조로 본서의 오랜 집필과정을 도와준 아내, 신혜경 여사에게 또 다시 거듭 감사한다. 그리고 본서는 나의 장남 강상온에게 그의 존재만으로도 우리 부부에게 기쁨을 준데 대해 고마운 마음으로 아버지의 사랑을 담아 본서를 헌정한다.

2022년 5월 5일

나폴레옹 서거 201주년에

구고서실(九皐書室)에서

차례

15

제1장
프롤로그(Prologue): 혁명과 전쟁

> "군사 작전에서 나는 누구와도 협의하지 않는다.
> 반면에 외교 작전에서 나는 모든 사람들과 협의한다."
> −나폴레옹 보나파르트−

1789년 프랑스 혁명은 구체제(the Ancien Regime)의 국내적으로 정치적 정통성(legitimacy)의 원칙인 왕권신수설(the Devine Right of King)과 그 후 국제적으로 고전적 힘의 균형(the Balance-of-Power) 원칙이라는 국제체제의 질서를 동시에 파괴했다. 그것은 새로운 인민주권(popular sovereignty)을 정통성의 원칙으로 수립하고 프랑스의 국제적 헤게모니(hegemony)를 추구했다. 프랑스 혁명이 무너뜨린 고전적 힘의 균형체제는 다극체제(the multipolar system)였으며 동시에 정치적 정통성에서 이념적으로 동질적(homogeneous system)이었다.[11] 혁명의 결과 18세기 말 유럽의 국제관계는 동질적이고 힘의 다극성을

---

11) 국제체제의 이러한 분류에 관해서는 Raymond Aron, *Peace and War: A Theory of International Relations,* trans. by R. Howard and A. B. Fox, New Brunswick: Transaction Books, 2003(originally, 1967), Part 1, Chapter 4.를 참조.

박탈당했다. 그러나 이념적으로 이질적(heterogeneous)인 힘의 균형체제가 동질적 국제체제보다는 덜 안정적인 성향을 가지고 있다고 해도 당시 유럽의 이질적인 힘의 균형체제에 의한 유럽의 고전적 국제체제의 파괴가 결코 필연적인 것은 아니었다. 실제로 혁명 그 자체의 과정은 그것이 필연적이고 또 예측할 수 있는 것만큼이나 언제나 부분적으로 부수적이고 우연적이었다. 결국 1789년의 혁명과 1793년의 공포의 시대(the Reign of Terror) 사이의 격차는 아주 진정한 것이었다. 마찬가지로 당시 국제관계에 대한 혁명의 영향이 그것의 최종적이고 또 파괴적인 결과의 관점에서만 본다는 것도 오해이다. 이러한 사실은 그것이 당시 동시대인들에게 보다는 나중에 깨달은 이점을 가진 후세대의 역사가들에게 보다 더 분명한 것이다.12)

확실히, 프랑스 혁명의 체제 파괴적 영향을 혁명 그 자체의 성격에 깊이 뿌리박힌 것으로 보는 것은 하나의 심오한 통찰력일 수 있다. 그러나 이 사실로부터 유럽 국제관계에 대한 효과가 처음부터 끝까지 동일하게 파괴적이었다고 결론을 내리는 것은 아무 보람이 없을 것이다. 오히려 정반대로, 혁명 그 자체의 과정에서 후에 발생한 사태발전 없이 고전적 힘의 균형체제의 붕괴를 필연적인 것으로 만든 것들은 혁명의 초기 단계에서는 별로 없었다. 혁명적 프랑스와 나머지 유럽사의 관계가 최초에는 전혀 이념적이지 않았다. 그 투쟁이 이념적 대결이 된 것은 오직 혁명의 후기 단계에서만 그렇게 되었다. 처음에는 프랑스나 유럽은 서로에게 어떤 거대한 이념적 계획도 품지 않았다.

---

12) Kyung-Won Kim, *Revolution and International System: A Study in the Breakdown of International Stability,* New York: New York University Press, 1970, p. 21.

그들의 적대감은 오래된 경쟁과 질투심에 뿌리를 둔 아주 전통적인 것이었다.[13)

그렇다면 무엇이 이런 비교적 안정된 국제적 긴장을 예측할 수 없는 성격의 이념적 투쟁으로 전환시킨 것일까? 최초의 난폭한 접촉은 1792년에 발생했다. 그때 프랑스가 4월 20일 오스트리아의 합스부르크 왕가에 대해 전쟁을 선포했으며 이 전쟁이 결국 예상 못한 생존을 위한 투쟁, 그리고 정통성을 위한 투쟁이 유럽 전체와 영국을 집어삼켰다. 그러나 1792년 에드먼드 버크(Edmund Burke)의 사자후에도 불구하고 혁명가들이나 보수주의자들 누구도 그들의 이익을 이념적 관점에서 해석하지는 않았다. 실제로 프랑스 혁명에 대한 유럽의 반응은 정치적이기 보다는 지성적이었다. 유럽의 어느 곳에서나 파리에서 지금 발생하고 있는 거대한 격변들에 자극을 받은 것은 주로 지식인들이었다. 소수의 눈에 띄는 예외를 제외하고 바스티유(the Bastille)의 습격은 대중과 지식인들에 의해서 긍정과 열정으로 받아들였다. 피히테(Fichte), 헤르더(Herder), 그리고 젊은 칸트와 같은 저명한 인사들이 혁명을 지지했다. 영국에서는 지배계급들마저 헌정적 정부에서 영국을 모방하려는 프랑스인들의 노력이라고 믿고 거부하지 않았다.

전반적으로, 유럽국가들의 군주지배자들은 스웨덴의 구스타프스(Gustavs) 3세를 제외하고는 모두 무관심하거나 신중하게 침묵을 지켰다. 영국의 피트(Pitt) 수상이나 오스트리아의 레오폴드 2세(Leopold Ⅱ) 황제도 이념적 주장에 쉽게 설득되지 않았다. 그들에게 프랑스 혁명은 프랑스 부르봉 왕가에 대한 불행 이상 아무 것도 아니었다. 프랑

13) *Ibid.,* pp. 21-22.

스는 당분간 유럽정치의 게임에서 배제되어야 했다. 그러나 그 게임은 일상적으로 계속되지 않았다. 프랑스의 국회(National Assembly)가 1789년 여름에 이미 봉건체제에 대한 종식을 발표했기 때문이다. 프랑스의 부르봉 왕가가 뮌스터(Münster) 조약에 기초하여 알자스(Alsace) 지역에 대한 주권을 주장했던 사실이 없었더라면 그러한 선언은 프랑스의 국내적 문제로 국한되었을 것이다. 그러나 알자스 지역은 그 지역에 대한 봉건적, 그래서 실질적인 권리를 향유하고 있는 여러 명의 독일군주들 하에 있었다. 그러므로 그들은 모든 봉건적 권리들과 의무들에 대한 프랑스의 공개적 부인에 의해서 이제 자연히 경계하게 되었다. 본질적으로 알자스의 문제는 반드시 가치의 문제는 아닐지라도 권리에 관한 갈등이었다.[14]

실제로 프랑스인들은 영토적 분쟁에 대해 협상할 준비가 되어있었다. 외교위원회(Diplomatic Committee)가 앞장선 프랑스 국회는 신성로마제국(the Holy Roman Empire)의 영향을 받는 군주들에게 배상을 협상하기로 결정했다. 그러나 프랑스의 외교적 시도는 피해를 본 군주들에 의한 그들의 권리 회복의 단호한 요구에 직면했다. 그들은 배상에는 전혀 관심이 없었다. 협상하려는 프랑스의 용의성을 프랑스의 위약함의 징조로 해석하고 군주들은 신성로마제국의 의회(the Diet)에 군사적 개입을 포함하여 프랑스에 대한 결정적인 조치를 호소했다. 볼테르(Voltaire)가 한때 "신성하지도, 로마적이지도 않고, 제국도 아니라"라고 비꼬았던 이 제국의 의회는 쉽사리 움직이지 않았다. 오직 프러시아만이 프랑스에 대항하는 조치의 아이디어가 호소력이 있다고

---

14) *Ibid.,* p. 23.

발견한 것처럼 보였다. 오스트리아는 프러시아에 유리하게 균형이 기울게 할 갈등에 개입하는 어떤 압력에도 저항했다. 레오폴드 황제는 현상유지에 더 관심을 두었다. 황제의 승인 없이 제국의 의회는 아무 일도 할 수 없었다.

그러나 신성로마제국은 1789년 이래 프랑스에서 이민 온 프랑스의 귀족들로부터 더 큰 압력을 받고 있었다. 그들 대부분은 라인란트(Rhineland)에 정착했으며 그리고 이제 프랑스 혁명에 대항하여 반동적 십자군 운동에 매진하고 있었다. 그들의 첫째 목적은 제국이 프랑스에 대항하게 하는 것이었다. 이 목적을 위해 그들은 황제 자신뿐만 아니라 그들의 이상은 물론이고 그들의 이익에 호소함으로써 독일의 여러 군주들을 설득하려고 정치적 로비를 벌이고 있었다. 그러나 이 모든 것은 소용이 없었다. 레오폴드 황제는 이미 파리에 있는 사악한 자코뱅당(Jacobins)에 대항하는 군사적 십자군 운동에서 오스탕드(Ostend) 항구의 사용을 위한 스웨덴의 왕 구스타프 3세의 요청을 거부했다. 그러나 프랑스의 망명자들은 하나의 구체적인 결과를 가져왔다. 그것은 황제와 호엔촐레른(Hohenzollerns) 왕의 두 전통적 적들로 하여금 프랑스 부르봉 왕가의 곤경에 관한 공동의 염려를 표명한 1791년 8월의 중대한 필니츠(Pillnitz) 선언이었다. 그 선언 자체는 해로울 것이 없었다. 프랑스인들에 대한 그 선언의 효과는 다른 문제였다. 그것은 즉시 전쟁을 원하는 사람들의 주장을 강화했다. 대부분이 전쟁을 원하는 지롱드파들(Girondins)은 필니츠 선언에 대한 반응으로 라인란트에 대한 직접적인 공격을 주장했다. 그들은 이제 그들의 입장에 대한 완벽한 정당화를 발견했다.

지롱드파들이 대외군사 조치의 구실 하에 그들의 입장을 분명히 하도록 강요함으로써 혁명에 대한 반역자들을 노출시키는데 주로 관심이 있었다면, 극단적 우익에 있는 사람들은 유럽의 강대국들에 의한 결정적 조치가 혁명정부를 쉽게 타도할 것이고 프랑스를 정당한 소유자들에게 돌려줄 것이라고 확신했다. 오직 로베스피에르(Robespierre)와 소수의 다른 사람들만이 부상하는 전쟁의 절규에 반대하는 입장을 유지했다. 혁명의 제1차적 과업은 프랑스 내에서 그것의 성취를 강화하는 것이라고 확신한 로베스피에르는 20세기 스탈린의 "일국 민주주의"(democracy in one country)를 주장했다. 그러나 조류는 로베스피에르에게 불리하게 돌아갔다. 온건파들조차도 주전파의(prowar) 주장에 넘어가고 있었다. 기회주의자인 당통(Danton)도 인민의 감정 변화를 감지하고 1791년 12월까지 자신의 입장을 완전히 바꾸어 주전파에 가담했다.

독일 강대국들에 관해서 말하자면, 그들은 반전파를 정확하게 돕지 않고 있었다. 황제와 프러시아의 왕은 1792년 2월 7일의 오스트리아-프러시아 동맹을 수립하는 조약에 다시 함께 했다. 그러나 보다 적극적인 요소들을 일관되게 견제하던 황제가 3월 1일에 갑작스럽게 죽고 보다 모험적인 성향의 젊은 프란시스(Francis) 2세에 의해서 계승되었다. 그리하여 전쟁으로 밀려가는 최종적 단계가 이제 정해졌다. 만일 독일이 혁명적 프랑스에 대항하여 단결한 것으로 보이면 프랑스 자체 내에 반전파들은 지롱드파들에 의해서 글자 그대로 입을 닫치게 되고 있었으며 지롱드파들은 1792년 1월 말에 그들의 공격대상을 망명자들로부터 루이 16세로 전환했다. 지롱드파들의 공격으로 모욕을 당한 왕이 주전파의 총아인 나르본(Narvonne)을 전쟁상 직에서 해임함으로써 보복하자 지롱드파들은 이에 대한 보복으로 왕으로 하여금 온건한 외상인 레사르(Valdec de Lessart)를 파면하도록 강요하였다. 레사르의 해임 후 일주일도 되지 않은 3월 10일 왕은 전 내각을 정치적으로 자코뱅당으로 기운 일단의 새 사람들에게 위임할 수밖에 없었다. 외상 직은 뒤무리에(Dumouriez)에게 넘어갔는데 그는 프랑스가 오스트리아와 전쟁뿐만 아니라 전반적인 유럽의 전쟁을 갖게 될 것이며 그것은 프랑스인들에게 영광, 이윤, 그리고 확장된 지배영토를 가져올 것으로 끝날 것이라고 레사르에게 말했던 인물이었다. 이제 외상으로서 그는 자기의 가정들을 현실화하려고 했다.[15]

뒤무리에(Dumouriez)의 보다 희박한 가정들 중의 하나는 프랑스와 오스트리아 사이에 전쟁이 발생하면 영국과 프러시아가 적어도 중립으로 남을 것이라는 것이었다. 그리고 이 신념이 그로 하여금 국회가 오스트리아에 전쟁을 선포하도록 촉발하기 위해 모든 일을 다하게 만들었다. 빈과 파리 사이에 갈수록 새로운 각서로 더 위협적인 예측할 만한 일련의 소통이 있은 후에 뒤무리에는 4월 20일 국회에서 빈으로부터 온 가장 최근의 성명은 사실상 전쟁의 선포에 해당한다고 발표했다. 곧바로 국회는 분명히 강압 하에서 루이 16세가 직접 제출한 보헤미아와 헝가리 왕에 대항하여, 즉 제국은 아니지만 오스트리아에 대한 전쟁의 선포를 위한 제안을 통과시켰다. 루이 16세는 그날 오후에 그 선전포고에 서명하여 유럽의 역사에서 새로운 숙명적 장을 열었다.

---

15) *Ibid.*, p. 27.

    1792년 봄에 오스트리아에 전쟁을 선포한 혁명적 프랑스나 프랑스와 전쟁으로 밀려가는 것을 막기 위해 아무 것도 하지 않았던 보수적인 독일 강대국은 모두가 그들 앞에 무엇이 기다리고 있는지에 대해서 아무 것도 눈치를 채지 못했다. 그렇게 불운하게 시작된 전쟁이 4반세기 동안 지속될 유혈 속으로 전 유럽의 세계를 끌고 들어갈 것이라는 것은 간단히 그들의 상상력을 넘어섰다.[16] 전쟁의 초기에는 어느 쪽도 상대방에게 자신의 이념적 체제를 부과하려고 제안하지 않고 있었다. 보수주의자들이 승리한다면 분명히 유럽의 군주들은 자코뱅당의 급진주의에 대한 견제를 주저하지 않았을 것이지만 그러나 구체제의 회복은 보수주의 지배자들의 마음속에서 주된 목표가 결코 아니었다. 그들의 수사학에도 불구하고 이제 방금 시작된 전쟁은 그들에게 자신들이 살아남은 수많은 다른 전쟁들과 근본적으로 다르지 않은 것으로 보였다.[17]

    전쟁 그 자체가 프랑스에서 혁명적 상황의 산물이었기 때문에 혁명적 상황은 자신의 산물이 전쟁에 의해서 영향을 받을 수밖에 없었다. 그 전쟁은 프랑스에서 그 자체가 전쟁의 산물인 소위 "제2의 혁명"(the Second Revolution)이라는 사건의 결과로 혁명적이 되었다. 전쟁과 혁명의 악순환은 프랑스의 혁명의 경우에 보다 더 확실한 설명을 할 수는 없을 것이다. 1792년 반혁명(Counter-Revolution)의 위협은 가정이고 또 임박하지도 않았다. 제2의 혁명은 바로 그 혁명을 수행한 사람들의 상황 인식에 기초했던 것이었다. 그렇다면 프랑스인들은

---

16) Kyung-Won Kim, *Revolution and International System: A Study in the Breakdown of International Stability,* New York: New York University Press, 1970, p. 35.
17) *Ibid.*

1792년의 상황을 어떻게 인식했던 것일까? 혁명의 불운은 뒤무리에의 치명적 오산으로 시작했다. 그는 프랑스-오스트리아 전쟁에서 영국과 프러시아가 중립으로 남을 것이라고 처음부터 가정했다. 그러나 그 가정은 진실이 아니라 보다 희망적인 사고였다. 피트 수상 하의 영국은 형식적 중립을 지켰지만 그가 런던으로 보낸 자기의 특사인 탈레랑(Talleyrand)의 영접을 거절함으로써 오스트리아의 미래에 관한 어떤 이해에 도달하는 것이 불가능하게 되어 뒤무리에를 실망시켰다. 프러시아는 프랑스를 약화시킴으로써 오스트리아도 고통받을 것이라고 확신했다.

이런 상황 속에서 뒤무리에(Dumouriez)에게 열린 유일한 행동의 길은 값싼 영광을 수반하는 결정적이고 신속한 군사적 조치인 것으로 보였다. 그러나 프랑스는 상당한 군사적 우월성만으로 전격전을 수행할 수 없었다. 라파예트(Lafayette)는 프랑스의 우월성이 완전히 부족하다고 지적했다. 병사들을 위한 물품 공급은 혁명적 시기에 심각한 문제였다. 동시에 모든 군대의 본질적 조건인 규율이 병사들 사이에서 극단적인 정치적 선동으로 대치되고 있었다. 장교들의 탈영이 매일 같이 계속되고 있었다. 9월 15일과 12월 1일 사이에만 2,160명의 장교들이 군대와 프랑스를 떠났다. 지휘관들의 상황이라고 더 낫지는 않았다. 라파예트를 포함하여 그들은 모험적인 뒤무리에가 생각하는 비정통적 공세전략의 효율성을 결코 확신하지 않았다. 그들은 18세기 형태의 정규 정통 군사작전을 위해 훈련되었다.

침공계획을 실행하기 위해서는 4개의 부대를 구성할 5만 명의 병사들이 필요했다. 결정적이고 신속한 행동으로 벨기에(Belgium)를 휩쓰는 즉각적인 목적으로 4개의 부대들은 4월 29일 적의 경계선을 돌파하는 것으로 제안되었다. 그러나 공격이 시행되기 하루 전날 프랑스 군대의 너무도 고통스러운 실상의 조건이 노출되는 사건이 발생했다. 릴(Lille)에서 투르네(Tournay)로 가는 중이던 한 부대의 지휘관인 테오발드 딜론(Teobald Dillon)이 공세적 전략의 마음이 없었기에 오스트리아의 군대가 눈에 보이자마자 후퇴하라는 명령을 내렸다. 후퇴하면서 아무런 규율이 없었던 병사들은 즉시 해체되고 더 나아가서 "반역"이라고 절규했다. 딜론(Dillon)은 릴(Lille)로 돌아가는 도중에 살해되었다. 이 후퇴를 보고 받은 국회는 정부가 새로운 규정을 만들도록 승인했다. 그것은 사실상 장군들이 전쟁에서 승리하는데 도울 수만 있다면 그것의 가장 본질적인 입법기능들 가운데 하나를 포기할 준비가 되어 있다는 것을 의미했다. 그러나 장군들은 그들의 정치적 목적에서뿐만 아니라 군사적 방법에서도 보수적이었다. 그들은 신속한 공격의 아이디어에 공감하지 않았다. 그들의 관점에서 보면 뒤무리에가 최소한의 준비도 없이 전쟁을 시작하는 치명적 실수를 범했다.[18]

장군들이 군사적 실패를 차분히 수용한다면 이미 흥분한 파리 시민들에게 계속 다가오는 독일 군대들의 영향은 전적으로 다른 문제였다. 지롱드파 정치인들은 정치적 감정을 이용할 기분에 젖어 있음이 아주 분명하게 되었다.[19] 라인 군대(the Rhine Army)의 군가를 부르기 시작한 사람들은 그들의 애국적 열정의 진행이 다하기 전에 중도에 마음대로 멈출 수 없었다. 근대 민족주의의 되돌릴 수 없는 탄생에

18) *Ibid.*, p. 38.
19) *Ibid.*, p. 39.

기여함으로써 지롱드파 정치인들은 그들의 협소한 정치적 이유에서 자극했던 대중적 열정에 의해서 보복을 당하는 위험을 무릅쓰지 않고서 혁명적 조류로부터 후퇴할 수 없었다. 그러나 당시에는 역사적 파도를 타고 있는 것은 지롱드파들인 것처럼 보였다. 그들은 항상 공세적인 것처럼 보였고 그들도 그렇게 믿었다. 그러나 지롱드파들은 적어도 그들이 내각에 있는 동안에는 혁명의 보다 급진적인 세력에 다소 온건하게 하는 영향력을 행사하고 있었다. 그들이 혁명을 주도하는 것처럼 보였던 바로 그 순간에 정부의 장악을 위한 그들의 보다 비밀스러운 야심은 푀이앙(Feuillant) 내각의 총 사퇴로 기회를 잡았다. 이 새로운 기회는 지롱드파들이 왕과 원만하게 일할 것으로 나섰다. 왕도 기회를 잡았다. 그는 지롱드파들의 손발을 묶고 새로운 정부를 위한 희망을 제시함으로써 자기 자신에게 유리하게 유동적 상황을 이용할 결심이었다.

이제 지롱드파들은 왕을 공격하는 대신에 갑자기 왕을 방어하게 되었다. 그 결과는 한편으로 지롱드파와 다른 한편으로 보다 더 급진적인 세력들 사이가 깨져버렸다. 조국과 혁명을 구원하기 위해서급진파들은 지롱드파와 관계없이 자신들의 길을 갈 준비가 되었다. 바로 이러한 폭발적 상황속에서 침공하는 프러시아 군대들의 수장인 브룬스비크 공작(the Duke of Brunswick)이 유명한 입장문(Manifesto)을 발표했다. 그것은 프랑스인들에게 그들의 왕에게 충성하고 또 아무런 저항 없이 프러시아의 군대를 맞이하라고 촉구했다. 왕이나 왕 가족의 누구든 해를 입거나 모욕을 당하는 경우에 독일의 지배자들은 파리의 모든 사람들을 군사적 처형에 직면하게 하는 전례 없는, 영원히 기억할 보복을 할 것이라는 내용을 담고 있었다. 8월 1일에 파리에 도착한 이 입장문의 효과는 그것의 작성자들이 그것으로 달성하려고 희망했던 것의 정확하게 정반대였다.

그 입장문을 처음 생각해낸 요하네스 프리드리히 폰 슈타인(Johannes Friedrich von Stein) 남작과 그 생각을 열렬히 승인했던 프리드리히 빌헬름(Frederick William)은 그런 선언이 보다 온건한 파리인들로 하여금 중도파들과 결합하도록 촉진하여 그들이 위협을 받고 있는 공동의 재앙을 막아 줄 것이라는 착각을 루이(Louis) 16세 왕과 마리 앙투아네트(Marie-Antoinette)와 함께 공유했다. 그러나 그들 보수주의자들은 초기 민주적 민족주의의 논리를 전혀 상상할 수 없었다.[20] 프랑스인들은 브룬스비크 입장문의 작성자들이 희망했던 것처럼 겁을 먹는 대신에 적의 전선으로부터 탈영했던 어떤 귀순자에게도 프랑스 시민권과 매년 연금을 약속하는 새로운 칙령으로 독일의 위협에 대처했다. 브룬스비크의 입장문 같은 것을 원했던 루이 16세가 그것의 진위에 자기의 의구심을 표현함으로써 그것의 충격을 최소화하려고 노력했을 때 이미 주사위는 던져졌다.[21]

이제 프랑스의 적이 루이 16세의 이익과 자국의 이익을 공개적으로 동일시하는 실수를 범한 이상 혁명의 상퀼로트(Sans-Culottes) 급진파들의 반-군주제 선전이 자유, 평등, 그리고 박애에 대해서 뿐만 아니라 애국주의에 호소할 수 있었다. 민주적 혁명, 즉 반군주제 선동이 침공하는 독일 군대에 대항하여 저항하는 애국주의와 철저하게 혼합

---

20) Kyung-Won Kim, *Revolution and International System: A Study in the Breakdown of International Stability*, New York: New York University Press, 1970, pp. 42-43.
21) *Ibid.*, p. 43.

되었다. 그리하여 애국주의는 루이 16세의 군주체제의 종말을 의미하게 되었다.[22) 군주제는 8월 10일 전복되었다. 루이 16세는 다음 해인 1793년 1월 21일 자신의 종말을 맞았다. 그 사이에 혁명은 1792년 여름에 있었던 진정한 반혁명으로부터 구원되었을 뿐만 아니라 적대적인 유럽의 왕들에 대항하는 보다 큰 자신감으로 자신을 내세우기 시작했다.

만일 험악한 9월의 학살이 내부적으로 모든 잠재적 정적들을 제거했다면, 9월 20일 유명한 발미 전투(the Battle of Valmy)는 외부적으로 모든 적들을 제거하려는 노력에 따르는 일련의 성공적 군사적 작전들의 첫 신호였다. 몽테스키외(Montesquieu) 장군 지휘 하에 프랑스 군대는 몽멜리안(Montmelian)과 샹베리(Chambery)에 입성했고 그에 따라 장군은 사부아(Savoy)의 주민들에 의해서 그들의 해방자로 환영을 받았다. 비슷하게 단셀메(d'Anselme) 장군이 9월 29일 니스(Nice)에 도달했을 때 따뜻한 영접이 기다리고 있었다. 10월 말에는 낄틴(Cultine) 장군이 스피어(Spier), 보름스(Worms), 그리고 마인츠(Mainz)를 점령하고 오스트리아인들을 라인 강 너머로 밀어냄으로써 최종적으로 프랑크푸르트-암-마인(Frankfurt-am-Main)에 입성했다. 프랑스의 새 공화정은 전투장에서 방금 전복된 군주제 보다 분명히 훨씬 더 잘하고 있었다.

그리고 11월 6일 즈마프(Jemappes)에서 뒤무리에의 빛나는 승리가 있었다. 그리고 그에 따른 브뤼셀(Brussels)의 장악과 오스트리아의 네덜란드의 정복으로 이어졌다. 그러한 손쉬운 군사적 승리의 막강한

---

22) *Ibid.*

흥분은 보다 조심스러운 사람들조차 저항하기가 어려웠을 것이다. 성취된 혁명의 확정적 정신을 이미 느끼고 있었던 국회의원들에게 즈마프가 병합을 통해서 해방을 추구하는 지혜에 대해 모든 남아 있는 의구심을 파괴했다. 다시 한번 군사적 사건이 정치적 삶의 노선을 결정했다. 1월 19일 의회는 자신들의 자유의 회복을 염원하는 모든 인민들에게 박애와 원조를 약속했다. 일주일 후인 1월 27일 의회가 사부아를 프랑스 공화국의 84번째 현으로 합병하기로 결정함으로써 이 약속이 이루어졌다. 그러나 해방의 과업은 사부아에게만 국한되지 않았다. 군주의 폭정으로부터 유럽의 모든 사람들을 해방시키는 것과 다름 아닌 궁극적인 목표가 있었다. 사부아와 니스의 주민들 사이에 프랑스에 병합을 위한 진정한 인민의 열망 같은 것이 있었던 것으로 보였다. 그러나 그런 확신은 벨기에와 네덜란드의 경우에는 달랐다.

프랑스인들은 보다 적극적이고 구체적인 조치들을 통해서 자유의 땅의 가슴에 강제로 품는 것이 필요했다. 이것들은 종종 인용되는 12월 15일의 법령에 의해서 제공되었다. 여기에서 의회는 프랑스 공화국의 군대들에 의해서 점령되었거나 아니면 점령될 모든 국가에서 장군들이 즉시 인민주권, 모든 기존 당국들의 억압, 모든 기존의 세금과 예산의 폐지, 그리고 귀족의 모든 특권들의 폐지를 선포해야 한다고 선언했다. 그들의 진정한 의도가 무엇이든지 간에 이 12월 15일의 법령은 일방적으로 무가치한 것으로 간주되는 불환지폐의 교환으로 자신들의 재산이 멋대로 몰수당하는 인민들을 소외시켰다.[23] 그럼에도 불구하고 프랑스인들은 1793년 1월 31일 니스의 병합을 시작으로 다

---

23) *Ibid.*, p. 46.

음 달에 벨기에의 병합, 그리고 3월에는 라인란트를 병합하여 지롱드파 정권의 병합주의적 단계를 완성하였다. 그리하여 물리적 힘의 한계를 넘어서 과잉확장한 프랑스는 그 후에 군사적 행운의 피할 수 없는 역전상황을 맞이했다. 3월 18일 코부르크(Coburg) 공작의 지휘하에 오스트리아인들은 네르빈덴(Neerwinden)에서 뒤무리에를 패배시키고 브뤼셀을 다시 장악했다. 뒤무리에의 결정적인 패배와 그 후 그의 오스트리아 편으로의 변절은 지롱드파 정권의 종말을 고하게 되었다.[24]

국제관계의 구질서가 1792년 가을에 이미 붕괴의 과정에 깊이 빠져들었지만 그 결과로 분명히 고통받을 사람들은 아직도 그것을 깨닫지 못했다. 혁명에 대항하는 십자군 운동을 위한 그녀의 절규에도 불구하고 러시아의 여황제 예카테리나(Catherine) 2세는 프랑스 보다는 폴란드에 더 많은 관심을 두고 있었던 반면에 스웨덴과 스페인의 왕들은 스스로 혁명에 관해서 무엇을 하기엔 힘이 없었다. 혁명에 대항하여 일반적 유럽의 조치가 있어야 한다면 그것은 이니셔티브와 리더십을 제공할 수 있는 오직 영국뿐이었다. 그러나 영국에서도 프랑스 혁명을 이념적 관점에서 보고 있는 것은 오직 에드먼드 버크(Edmund Burke) 뿐이었다. 독일의 군사적 우월성을 확신한 영국인들은 대륙의 경쟁적 강대국들 사이에서 익숙한 중재자 역할을 할 준비를 하고 있었다. 피트(Pitt) 수상과 그린빌(Grenville) 외상은 균형자로서 영국의 전통적 역할은 오직 힘의 균형체제 안에서만 성공적으로 수행될 수 있다는 것을 깨닫지 못했다. 피트는 프랑스 혁명에 의해서 제기된 도

24) *Ibid.*

전의 새로움을 인식할 능력이 없었다. 그러므로 그는 영국의 안전을 모호한 이념적 상징들이 아니라 어떤 구체적 영토의 통제와 연계한 전통적인 힘의 균형체제의 틀 내에서 그것에 대응할 결심이었다. 그리하여 그는 벨기에 지역에 대한 프랑스의 침공만이 명백하게 영국에게 전쟁의 원인을 구성한다고 1789년에 이미 선언하는 걸 주저하지 않았다.[25]

그리하여, 이제 공화국인 프랑스가 영국의 개입을 위한 명백한 계기를 제공한 것은 1792년 11월이었다. 그 사이에 발미(Valmy)와 즈마프에서 접근하는 프러시아 군대를 패배시킨 프랑스인들은 손쉬운 승리로 대중적 열정에 취해서 이제 행군해 나가고 있었다. 로베스피에르조차 그런 물결을 막으려 하지 않았다. 프랑스에서 발생한 혁명이 유럽의 전체를 뒤엎을 것이라고 생각하는 데 있어서 버크가 1791년에 틀렸다면, 혁명의회(Convention) 하의 프랑스는 1792년에 가을에 그가 옳았다는 것을 입증하기 위해 모든 일을 다하고 있었다.[26] 12월 15일 프랑스 의회는 프랑스 군대에 의해서 점령된 지역에서 모든 기존 당국자들을 억압하라는 명령을 내리고 해방된 인민들이 자유와 평등의 원칙들을 수락하고 이 토대 위에서 지방정부를 구성하라고 권고하였다. 주사위는 던져졌다. 만일 전쟁이 선명하게 정의된 이념적 목적들이 없이 시작되었다면 그것은 그것들을 빠르게 획득하고 있었다.[27]

---

25) J. H. Clapham, "Pitt's First Decade," in *The Cambridge History of British Foreign Policy,* Vol. 1, Chap. 1, p. 213.

26) Kyung-Won Kim, *Revolution and International System: A Study in the Breakdown of International Stability,* New York: New York University Press, 1970, p. 57.

피트 수상이 12월 1일 민병대를 소집하고 12월 31일 외국인 이민 규제법(the Alien Bill)을 통과시킴으로써 영국에서 전쟁준비가 시작되었다. 1793년 1월에 영국 정부는 프랑스 공화국으로 가는 곡물과 원료 물자의 모든 수송을 중지시켰다. 루이 16세가 1793년 1월 21일 처형되었을 때 영국은 쇼블랭(Chauvelin) 대사에게 8일 내에 프랑스로 돌아갈 것을 명령함으로써 반응했다. 2월 1일 쇼블랭 대사가 파리에 도착하자 의회는 영국에 전쟁의 선포를 결의했다. 전쟁은 왕의 처형이 없이도 발발했을 것이지만 그러나 왕의 처형이 어차피 일어날 것을 앞당겼던 것이다.[28]

일단 전쟁에 돌입하자 영국은 당연히 대륙의 적과 싸우는 전통적 방식에 의존했다. 섬나라 강대국으로서 영국은 다른 대륙 강대국들에게 자신의 전쟁을 싸우게 할 것이다. 그리하여 1793년 3월 25일 그린빌과 러시아의 보론스초프(Vorontzoff)가 동맹조약을 체결했고 그에 따라서 러시아는 프랑스 공화국에 대항하여 영국과 함께 자신의 군사력을 사용하기로 약속했다. 다른 비슷한 조약들이 뒤따랐다. 4월 25일엔 사르데냐(Sardinia)와, 5월 25일엔 스페인과, 7월 12일엔 나폴리(Naples)와, 7월 14일엔 프러시아와, 8월 30일엔 오스트리아, 그리고 9월 26일엔 포르투갈과 동맹조약을 맺었다.[29] 조약의 합의 내용은 사실상 같은 것이었다. 각 조약 당사국들은 영국의 보조금에 대한 대가로 어떤 구체적으로 규정된 수의 병력을 제공하기로 약속했다. 그리

---

27) *Ibid.*, p. 58.
28) *Ibid.*, p. 59.
29) 전쟁이 발생했을 때 네덜란드(Holland)는 이미 동맹국이었다.

하여 동맹은 다소 용병의 성격을 띠게 되었다. 그러나 마침내 왕을 처형한 프랑스 공화정을 상대로 왕들의 유럽연합에 접근하는 어떤 것이 출현했다. 연합의 군사적 우월성은 순전히 물리적인 관점에서 보면 압도적이었다. 신성로마제국이 약속한 12만 명을 계산하지 않아도 연합세력의 수는 프랑스 공화정의 혁명적 동력에 신속한 종식을 보장하기에 충분히 큰 것으로 보였다.

그러나 1차 연합군의 압도적인 수가 실제 교전의 결과를 결정하지는 않았다. 처음 몇 번의 승리를 거둔 후에 1차 연합은 그것의 우월한 군사적 잠재력을 실제 승리로 전환함이 없이 몰락했다. 1793년 3월 18일 네르빈덴에서 코부르크(Coburg) 공작 하의 오스트리아 승리는 다음 해 6월 26일 플뢰뤼스 전투(the Battle of Fleurus)로 이어졌다. 그러나 이 전투가 프랑스 공화정의 군사적 경력에서 전환점을 이루었다. 이제 카롱(Caron)의 천재성을 통하여 승리를 위해 프랑스 군은 재조직되었다. 오스트리아인들은 벨기에를 다시 프랑스에게 내줄 수밖에 없었다. 라인강 너머로 연합군의 후퇴는 1793년 12월에는 일반적인 것이 되었다. 프랑스인들은 보름스(Worms)와 스피어(Spier)를 장악했고 또 영국을 툴롱(Toulon)에서 몰아냈다.

그리고 1795년 4월 5일까지 프러시아가 프랑스와 평화를 서명한 첫 바젤 조약(the Treaty of Basel)에서 보듯이 연합은 사실상 끝이 났다. 이 조약으로 프랑스는 라인강의 제방 왼쪽 지역을 보장받았다. 그리고 제국과 평화가 이루어져 프랑스는 점령했던 제방 오른쪽에서만 철수하기로 했다. 그리고 북부 독일은 중립화 되었다. 비밀 조약으로 프러시아는 라인강의 제방 왼쪽을 프랑스에 절대적으로 양도하는데 동의했고 그에 대한 대가로 제방 오른쪽에 있는 교회영토의 세속화를 통한 보상에 프랑스의 보장을 받았다. 작소니, 하노버, 그리고 헤세-카셀도 이제 역시 프랑스와 평화에 들어갔다. 6월 22일 스페인도 역시 회복되기로 한 다른 잃었던 영토에 대한 대가로 산토 도밍고(Santo Domingo)를 양도하면서 바젤에서 프랑스와 평화조약을 체결했다. 유럽의 1차 연합의 도래로 재앙적 패배를 당할 것으로 보였던 프랑스 공화정은 이제 구원되었다. 보다 더 놀라운 것은 역사적 이니셔티브를 자신의 손에 쥐고 10년 동안 유럽공동체의 운명을 지휘하고 있었다는 것이다.[30]

프랑스의 국제관계의 목표에서 혁명은 분명히 지롱드파의 작품이었다. 그러나 그 국제적 목적을 추구하는 수단에서 혁명은 1792년 가을과 겨울 내내 발생했고 그리고 뒤무리에(Dumouriez)가 1793년 4월 15일 오스트리아로 망명한 이후에 마침내 급진파였던 일명 산악파(the Mountain)에게 유리하게 결정된 치열한 권력투쟁 후에 지롱드파를 대치한 로베스피에르를 기다렸다.[31] 국민회의(the National Convention)는 4월 6일 특별 국가공안위원회(the Committee of Public Safety)를 설치하기로 합의했는데 9명의 회원 가운데 단 한사람의 지롱드파도 없이 대부분 온건파(the Plain)로 구성했다. 이와 같은 로베스피에르의 급진파가 지롱드파에 대한 승리는 뒤무리에의 단순한 실수 이상으로 깊은 원인들을 갖고 있었다. 그것들은 기본적으로 지롱드파 정치인들의 전술적 실수, 경제적 위기, 그리고 전쟁의 상황으로 요약될 수 있

---

30) Kyung-Won Kim, *Revolution and International System: A Study in the Breakdown of International Stability*, New York: New York University Press, 1970, p. 60.
31) *Ibid.*, p. 83.

었다.

특히 국제적 혁명을 위한 새로이 발견된 열정의 정점에서 로베스피에르는 외적과 감히 타협을 제시하는 자들은 누구나 사형에 처할 것을 요구했다. 당통(Danton)은 그것이 마침내 1793년 4월 13일 법령이 되기 전에 그 제안을 완화시켰다. 만일 다른 강대국들이 주권, 독립, 불가분성, 그리고 자유와 평등 위에 수립된 공화정의 통일을 인정한다면 타국 정부에 간섭하지 않을 서약을 되풀이하면서 그 법률은 공화정의 적과 타협을 원하는 자는 누구나 사형을 약속했다. 그 명령은 초기에는 전쟁의 반대자 입장으로부터 전쟁의 새로운 옹호론자들 중 한 사람으로 로베스피에르의 입장변화가 건전한 전술적 본능에 기초했다는 것을 보여주기 때문에 중요했다. 자신을 공개적으로 침략적 국제주의와 동일시하는데 있어서 로베스피에르는 그가 지롱드파로부터 인민의 혁명적 조류와 그들의 접촉의 하나의 확실한 토대를 훔쳐오고 있었다.[32]

그러므로 급진 산악파(the Mountain)의 승리는 두 가지의 가장 근본적인 요인들, 즉 전쟁과 혁명이 하나로 결집된 결과였다. 한 가지에 대한 반대는 자동적으로 다른 한 가지에 대한 불승인이 되었다. 확실히 국내적 그리고 국제적인 혁명들 사이의 이 방정식은 지롱드파 자신들의 작품이었다. 그들의 최종적 실패는 아마도 계급적 이익의 이유로 인해 그들 자신들이 일으키는데 도왔던 인민의 여세를 그것의 논리적 결론에까지 따르지 못했던 아니면 거부하는데 있었다. 보다 무도한 전술가인 로베스피에르는 그렇게 하는 것이 자기에게

---

32) *Ibid.*, p. 86.

권력을 그리고 자기의 반대자들에게 패배를 의미한다면 인민의 파도를 타는데 주저하지 않았다. 로베스피에르의 계산은 6월 2일 코뮌(the Commune)과 자코뱅당(Jacobin)의 "기계"에 의해서 조직된 수천 명의 무장한 급진 혁명가들(Sans-Culottes)이 국민경비대의 도움을 받아 의회를 열어 22명의 지롱드파 의원들의 체포를 요구했을 때 최종적으로 확인되었다. 1792년의 8월이 되풀이된 것이다. 의회는 군중들의 요구에 또 다시 굴복했다. 군중들의 함성속에서 급진파들이 의회의 리더십을 장악했다.[33]

    1793년 7월에 의회는 로베스피에르를 포함하여 12명의 급진파 회원들로 구성된 새 공안위원회를 수립했다. 그리하여 혁명의 짧은 역사에서 새로운 단계가 시작되었으며 로베스피에르가 이끄는 정권이 전쟁 수행에 뚜렷한 족적을 내기 시작했다. 그럼에도 불구하고 흥미롭게도 로베스피에르 정권은 많은 혁명적 목표에 관해서 다소 온건한 자세를 채택함으로써 그들의 경력을 시작했다. 비록 의회가 1793년 "1년차 헌법"(the Constitution of Year I)에서 처음으로 제공했음에도 불구하고 로베스피에르 정권은 그 헌법을 시행하기 위해 서두르지 않았다. 결국 만일 로베스피에르가 자신의 첫 욕구가 보다 많은 권력이라고 느꼈다면 놀라운 일이 아니었다. 이곳저곳에서 국내적인 봉기가 있었고 그것들은 모두 진압되어야 했다. 그리고 로베스피에르의 이 초기 집권 기간에 마라(Marat)가 자신의 목욕탕에서 불가사의하게 암살당했다. 모든 과정에서 가장 중요한 것은 파리의 심장부로 연합국 군대의 행군이 임박한 것으로 보였던 것이다. 1793년 이 중대한 여름

---

33) *Ibid.*

에 로베스피에르는 자신을 권좌에 오르게 하는데 무엇보다도 기여했던 두 개의 세력, 즉 인민의 민주적 혁명주의와 혁명적 국제주의에 대항하는 자신을 발견했다.

첫째로, 국내적인 면에서 로베스피에르는 대의민주제(a representative system)를 선호하여 인민 민주주의를 부정하기 시작했다. 권력을 소유하자 제정신이 들었는지 이 자코뱅당의 수장은 민주주의를 주권적 인민이 잘할 수 있는 것은 스스로 하고 스스로 할 수 없는 것을 대표자들이 하는 국가라고 정의하는데 주저하지 않았다.[34] 민주주의에 관한 이 정의에 감히 반대하고 그리고 1년차 헌법의 이름으로 의회의 해산을 요구하는 자는 누구나 극단적 혁명가, 즉 반혁명가로 불리었다. 새 혁명정부는 권력이 어디에 있는지를 보여주고 또 그곳에 한동안 유지하기로 분명히 결심했다.

둘째로, 로베스피에르가 주도하는 혁명정부는 혁명적 국제주의에도 등을 돌렸다. 로베스피에르는 이제 전쟁의 목적을 보다 구체적이고 현실적인 관점에서 정의함으로써 당통의 보다 온건한 입장을 채택했다. 주된 이유는 프랑스의 생존이 보장되었기 때문에 이제 프랑스는 덜 저돌적일 수 있다는 것이었다. 뿐만 아니라, 로베스피에르는 프랑스의 영광스러운 혁명의 원칙들을 선전하기에 이성의 힘이 충분하다고 확신했다.

그러므로 로베스피에르 정권의 외교정책은 다음 3가지의 기본적 원칙을 갖고 있었다. 첫째, 자코뱅당의 수사학에도 불구하고 혁명정부

---

34) R. R. Palmer, *The Age of Democratic Revolution: A Political History of Europe and America, 1760-1800*, Vol. II, Princeton: Princeton University Press, 1964, p. 115.

는 혁명의 메시아적 목표들을 명시적으로 포기했다. 둘째, 따라서 외교관계의 토대는 더 이상 혁명의 사회적 원칙들이 아니라 주권적이고 독립적인 국가로서 프랑스 공화국의 법적 지위가 될 것이다. 초기 단계의 범우주적 주장들을 포기했으니 공화국은 영토적 순결과 정치적 독립이 위반되지 않는 한 보수적 국가들과 평화공존을 위한 준비가 되어 있다고 선언했다. 셋째, 의회는 프랑스 공화국에 대하여 긍정적인 신분을 갖고 있지 않은 외국의 대리인들과 공사들의 누구도 상대하지 않을 것이다. 로베스피에르 혁명정부는 혁명적 국제주의의 조류를 종식시키려는 진정한 시도를 하고 있었다. 로베스피에르 외교정책의 주된 목표는 주로 국가 중심적이고 현실주의적이었다는 게 다소 경이롭다. 20세기의 스탈린처럼 로베스피에르는 자신의 제1차적 과업이 물리적으로 자기의 영토를 방어하고 그리고 한 나라에서 혁명을 공고화하는 일이라고 느꼈다.[35]

　　그러나 외교정책의 목적을 다소 온건한 관점에서 정의했지만 실제로 혁명정부는 민족주의적 목표들을 달성하기 위해서 처음으로 혁명적 수단을 마련했다. 로베스피에르는 혁명의 성취를 보호하기 위해서 군주제 폭군들이 군사적 영광을 추구하면서 꿈꾸었던 것보다도 훨씬 더 큰 정도로 국가의 자원을 동원하는 것이 필요하다는 것을 발견했다. 그렇게 함으로써 그는 국제관계의 유형에 중대하게 영향을 미쳤다. 국가의 동원은 주로 군사적이고 경제적인 두 가지의 형태를 취했다. 첫째로, 군사적인 동원은 1793년 8월 23일 유명한 국민개병

35) Kyung-Won Kim, *Revolution and International System: A Study in the Breakdown of International Stability,* New York: New York University Press, 1970, p. 89.

(Levée en Masse)의 선언에서 공포되었다. 이것은 프러시아인들이 마인츠(Mainz)를 또 영국인들이 그들의 오랜 숙원인 툴롱(Toulon)을 장악했던 7월 달에 당한 일련의 군사적 패배에 대한 대응이었다. 그 법령 자체는 18세에서 25세 사이의 미혼 남성에게 군사적 징집을 제한했다. 그러나 단순히 징집보다도 더 중요한 것은 모든 시민들이 국가를 도울 의무가 있다는 아이디어였다. 루소(Rousseau)가 시민군대에 관해서 꿈을 꾼 20년 후에 비슷한 것이 로베스피에르 정부에서 실제로 태어났다. 의식적이든 아니었든, 국민군대(a national army)의 창설은 민족국가들 사이에서 난폭한 접촉의 점증하는 역동성에 추가하지 않을 수 없었다.[36]

둘째로, 경제적 동원을 위한 초기의 압력은 치솟는 물가의 정부 통제를 요구하는 급진주의 혁명가들로부터 나왔다. 지롱드파들과는 달리 급진주의 혁명가들은 국가의 경제적 삶에 개입하는데 아무런 양심적 가책이 없었다. 1973년 9월 23일 일반적 "최대치"(maximum)가 프랑스 전역에서 모든 중요한 상품과 임금에 대해 정해졌다. 혁명정부는 전쟁 목적을 위해 정부 징발제도를 수립하고 신속하게 소비생활에 통제를 실시했다. 외국무역은 대책위원회에 의해서 규제되는 반면에 공안위원회는 경제의 생산적 부분들을 직접 통제했다.[37] 공안위원회는 또한 정부의 경제적 규제에 따르길 거부하는 것으로 의심받는 자들은 재판에 회부하여 그들의 재산을 몰수하여 보다 가치 있는 사람들 사이에서 적당히 분배할 권한을 갖고 있었다.

---

36) *Ibid.*, p. 91.
37) 자세한 경제적 동원에 관해서는, Crane Brinton, *A Decade of Revolution, 1789-1799*, New York: Harper and Low, 1934, pp. 130-137.을 참조.

그렇다면 이 모든 것은 일종의 사회주의를 의미했는가? 로베스피에르가 진실로 사회주의의 선구자라는 주장이 없지는 않지만 그러나 그것은 사회주의는 아니었다. 왜냐하면 혁명정부가 개인 재산 그 자체를 공격하지는 않았기 때문이었다. 공화국에 반역을 의심받는 자들의 재산을 몰수하여 재분배함으로써 혁명정부는 사실상 "애국자들의 재산은 신성하다"는 관념을 인정하고 있었다.[38] 확실히 그것은 로크 신봉자(Lockean)의 견해는 아니었다. 그렇다고 해서 그것이 마르크스주의자(Marxian)의 아이디어도 아니었다. 그것은 본질적으로 하나의 국가주의적 아이디어였다.[39] 혁명정부의 경제적 통제는 기본적으로 전시의 조치였다. 요컨대 구체제의 파괴의 과정에 혁명정부의 독특한 기여는 전시에는 전 국민이 전쟁노력에서 유보 없는 참여를 위해 동원되어야 한다는 철저히 근대적이고 민주적인 아이디어 실현에 있었다. 국가 행위의 수단에서 혁명의 완전한 의미는 한 세기 후인 1914년까지 확실히 알려지지 않을 것이다. 레이몽 아롱(Raymond Aron)이 아주 잘 보여주었듯이, 전면전쟁에 대한 아무런 의식적 계획없이 시작된 제1차 세계대전이 국가적 동원을 위한 피할 수 없는 요구로 인해 그런 전쟁이 되었다.[40]

연합국들도 역시 공화국의 군사적 승리를 가능하게 만드는데 상당히 기여했다. 별도의 전쟁 목표들 사이에 갈등을 해소할 수 없었기에 보수적 강대국들의 군대들은 다소 의식적으로 비기동성의 상태에 빠

---

38) *Ibid.,* p. 136.

39) Kyung-Won Kim, *Revolution and International System: A Study in the Breakdown of International Stability,* New York: New York University Press, 1970, p. 92.

40) Raymond Aron, *The Century of Total War,* New York: Beacon Press, 1954.

져들었다. 공화국은 침략을 패배시킬 그런 절호의 기회의 이점을 취할 계기를 놓치지 않았다. 쥬르댕(Jourdan), 오슈(Hoche), 그리고 피슈그뤼(Pichegru) 장군들이 지휘하는 새 국민군대는 1793년 가을과 12월에 군사적 행운을 뒤집기 시작하여 보름스와 스피어가 프랑스의 손에 떨어졌다. 12월은 역시 영국으로부터 툴롱 탈환으로 기억할 만했다. 이것은 한 젊은 포병 대위인 보나파르트의 눈부신 천재성에 의해 가능했다. 군사적 승리의 정점은 다음 해(1794년)인 6월 26일 치명적인 플뢰뤼스 전투(the Battle of Fleurus)에서 이루어졌다. 이제 보다 유연성 있는 여단들과 사단들을 전개하여 프랑스 군은 코부르크 (Coburug) 공작이 벨기에에서 철수하게 만들었다. 그러나 한달 후인 7월 27일 로베스피에르는 권좌에서 쫓겨났다.

로베스피에르의 시대는 소위 대공포(the Great Terror)의 시대였다. 정치적 범죄가 이제 너무 넓게 정의되어 아무도 안전하게 느끼지 않았다. 많은 사람들이 그들의 반혁명적 잠재성만으로 처형되었다. 로베스피에르 정권은 84명의 장군들, 749명의 의원들 중 67명이 처형되었다. 의원들은 로베스피에르가 왕이 되려고 한다는 의심을 품기 시작했으며 그와 함께 일했던 사람들, 그리고 공안위원회의 중요한 구성원들마저 자신들의 생명을 걱정했다. 더구나 전쟁이 또 다시 잘되고 있어서 공포가 더 이상 필요해 보이지 않았다. 그 결과 수많은 사람들이 로베스피에르에게서 등을 돌렸고 그로부터 자신들을 해방시킬 기회를 찾고 있었다.[41] 첫 번째 조치는 7월 26일 새 법으로부터 의원들

---

41) Robert H. Wilde, *The French Revolution*, Las Vegas, NV: History in an Afternoon 2, 2022, pp. 176-177.

을 보호하는 법을 몰래 통과시켰다. 로베스피에르는 다음 날 자코뱅 클럽과 급진 혁명파들에게 지지를 호소했지만 그러나 그의 호소는 의회에 도전하는 것으로 보였다. 그는 범법자가 되었다. 그것은 그가 그곳에서 체포되고 재판이 필요하지 않다는 것을 의미했다. 그는 체포되기 전에 자살을 시도했지만 실패했다. 로베스피에르와 그의 가장 가까운 동료들이 7월 28일 단두대(Guillotin)로 처형되었다.[42]

테르미도르(Thermidoreans), 즉 온건파의 반작용이 시작되었다. 혁명정부의 해체는 전시 경제에 새로운 혼돈을 가져온 반면에 증가하는 탈영과 새 예비병력의 소집 실패는 군병력의 상당한 감소를 가져왔다. 이런 요인들에도 불구하고 플뢰뤼스 전투의 승리의 의해서 앞서 조성된 모멘텀은 1794년 가을과 겨울까지 공화국의 병력을 지탱하는데 충분히 강했다. 연합국들의 전통적 경쟁심과 긴장의 결과였지만 그들의 비이동성은 테르미도르 파의 프랑스의 군사적 승리를 가능하게 하는데 역시 기여했다. 우선 플뢰뤼스의 승자들은 루르(the Ruhr)지방을 장악하고 다시 한 번 오스트리아인들을 라인강을 넘어 몰아냈다. 피슈그뤼 장군이 지휘하는 북부군(the Army of North)은 마스트리히트(Maestricht)를 장악했고 그리고 1795년 1월에는 네덜란드를 점령하여 오라녜-나사우(Orange-Nassau) 공작을 영국으로 도망치게 만들었다. 프랑스의 네덜란드 점령은 네덜란드의 애국주의 운동에 새로운 생명을 주었다. 프랑스는 그들의 점령 1개월 만에 소위 프랑스의 "자매 공화국들" 중 첫 번째가 될 바타비안 공화국(the Batavian Republic)의

---

42) William Doyle, *The French Revolution: A Very Short Introduction,* Oxford: Oxford University Press, 2001, p. 58.

수립을 선언했다.

만일 라인란트(Rhineland) 문제가 여전히 타결되지 않았다면 벨기에(Belgium)의 문제는 그렇지 않았다. 병합을 위한 카르노(Carnot)의 현실주의적 주장에 설득되어 의회가 1795년 10월 1일 벨기에를 프랑스 공화국의 일부로 만들 것을 결의했다. 다시 말해, 중요한 것은 벨기에의 합병이 억압된 인민들의 해방에 관한 혁명적 수사학이 아니라 프랑스에 가정적으로 이득이라는 관점에서 정당화되었다는 것이다. 그들의 본성에 충실한 테르미도르 파들은 로베스피에르마저도 수행하는 것이 현명하다고 보지 않은 지롱드파 시기의 열렬한 메시아적 외교정책을 부활하는데 반대했다. 등장하는 분위기는 의심할 여지없이 "현실주의"의 분위기였다. 유럽의 폭군들이 공화국의 생존을 하나의 기성사실로 수용할 준비가 되어 있는 한 프랑스의 새 통치자들도 역시 협상할 목표들과 구체적인 이득을 추구하는 전통적 정신으로 행동할 준비가 되었다. 그리고 프랑스가 1795년 봄과 여름에 여러 개의 평화조약을 성공적으로 협상하는 것을 가능하게 한 것은 테르미도르 프랑스에서 등장하는 바로 이 "현실주의"의 정신이었다.[43]

우선 1795년 2월 9일 체결된 투스카니(Tuscany)와 상대적으로 중요하지 않은 평화에 뒤이어 1795년 4월 5일에 프러시아와 바젤 조약(the Treaty of Basel)에 서명했다. 같은 해 6월에 프랑스는 스페인과 평화조약을 체결했고 작소니, 하노버, 그리고 헤세-카셀과도 평화조약을 맺었다. 그리하여 바다에서는 영국만이 그리고 대륙에서는 오스트

---

43) Kyung-Won Kim, *Revolution and International System: A Study in the Breakdown of International Stability*, New York: New York University Press, 1970, p. 102.

리아와 영국의 영원한 연합국인 포르투갈만이 전쟁상태에 있는 국가들로 남았다. 유럽의 혁명은 조용히 잊혀지는 것으로 보였다. 혁명적이고 이념적인 팽창주의는 역사에 속하는 것으로 보였다. 그럼에도 불구하고 전통적인 힘의 균형체제는 1814년 빈 회의(the Congress of Vienna) 때까지 회복되지 않을 것이다. 실제로 1792년에서 1795년 사이에 목격된 유럽의 국제적 삶에서 위기는 그 후에 유럽을 모두 집어 삼키는 난폭한 폭발에 비교한다면 아무 것도 아니었다.[44]

테르미도르 파에 의해 지배되고 있는 의회로부터 중간계급의 권력을 계승한 집정내각(the Directory)의 정부는 억압받는 인민들을 해방하려고 노력하는 대신에 온건하고 협상가능한 목표들을 추구하는 테르미도르의 정책을 계속했을 뿐만 아니라 전쟁 상태에 남아 있는 두 개의 강대국들, 즉 오스트리아와 영국과도 타협을 적극적으로 모색했다. 그러나 집정내각의 노력은 평화를 위한 일관된 열정을 보이지 않았다. 1795년에서 1799년 브뤼메르(Brumaire) 18일, 즉 나폴레옹 보나파르트가 쿠데타로 집권할 때까지 프랑스를 통치한 사람들은 개인적 배경과 정치적 신념에서 아주 다양하여 유럽의 전쟁과 평화의 문제들에 대한 통일된 정책을 수립하는 것이 사실상 불가능했다. 집정내각은 진지함의 결핍 보다는 위약함에 의해서 특징되었다.

어찌되었던 간에 집정내각은 오스트리아와 영국에 여러 차례 접근했다. 우선 오스트리아에 대하여 프랑스 공화국은 모든 외교적 시도에서 바바리아(Bavaria), 잘츠부르크(Salzburg), 오버팔츠(the Upper Palatinate), 베르히테스가덴(Berchtesgaden) 아니면 신성로마제국이 원

---

44) *Ibid.*, p. 104.

하는 다른 이탈리아 영토를 보상으로 오스트리아에게 제안함으로써 합스부르크 왕가를 만족시킬 용의성을 보였다. 영국의 경우에는 영국 정책의 파동이 두 국가 간 평화협상의 실패에 주로 책임이 있었다. 그러나 집정내각이 프랑스의 "자연적 국경선"(the natural frontiers)의 유지를 고집하였기에 이 시점에서 평화의 실현에 실패한 것은 공화국의 팽창주의적 정책 때문이었다. 그러나 프랑스의 입장은 당시 상황에서 비이성적이지 않았다. 집정내각이 자연적 국경선을 유지하는데 열정적이었다면 그것들이 이미 한동안 프랑스의 지배하에 있었다는 사실을 고려할 때 그것은 보수적인 자세였다. 실제로 나폴레옹의 팽창주의가 후에 보여주었듯이 자연적 국경선의 개념은 지도자의 상황과 준거기준에 따라 오히려 제약적인 아이디어였다.[45]

프랑스 통치자들의 사고에서 현실주의 복귀를 가리키는 모든 사실들에도 불구하고 1797년과 1798년에 군사적 이니셔티브는 보수주의 국가들이 아니라 프랑스인들의 손안에 있었다. 공화국 군대들은 글자 그대로 그들의 웃기는 로마식 이름으로 소위 "자매 공화정들"(Sister Republics)을 수립하면서 모든 방향으로 뻗어 나갔다. 예를 들어, 이탈리아에서 프랑스 정복군은 1797년 7월 9일 치잘파인 공화국(Cisalpine Republic)을 수립하고 이어서 제노아(Genoa)에 리구리언 공화국(Ligurian Republic)을 수립하고 1798년 2월에는 로마 공화국(the Roman Republic)을 세웠다. 1998년 4월에는 프랑스에 직접 합명한 제네바(Geneva)는 제외하고 스위스(Switzerland)는 헬베틱 공화국(the Helvetic Republic)이 되었다. 마침내 이런 군사적 승리들의 절정은 탁월한

---

45) *Ibid.*, p. 106.

젊은 나폴레옹 장군의 지휘 하에 공화국 군대가 1798년 7월에 이집트에 상륙했다. 비록 이 원정의 궁극적인 목표는 좌절될 수밖에 없었지만 이집트의 원정은 보수주의 국가들이 프랑스에 대항하여 1798년 가을까지는 제2차 연합(the Second Coalition)을 결성하게 만들었다. 1792년 때처럼 다시 한 번 유럽은 한편에는 프랑스 공화국과 다른 한편에는 영국, 오스트리아, 러시아, 포르투갈, 그리고 터키로 구성된 동맹으로 전쟁진영이 양극화 되었다. 그러나 이번에는 1792년 때처럼 프랑스인들에게 놀랄 이유가 없었다. 오히려 프랑스인들에게 제2차 연합의 전쟁은 적어도 처음엔 방어적 조치였던 제1차 연합의 전쟁과는 달리 팽창주의의 모험이었다.[46]

테르미도르 반동 후(post-Thermidor) 프랑스에서 특별히 현실주의의 복귀 뒤에 이러한 팽창주의의 부상은 어떻게 설명될 수 있을까? 이 시기의 역사에 익숙한 사람들에게는 그 대답이 아주 명백하다. 새 팽창주의는 다름 아닌 바로 나폴레옹(Napoleon) 때문이었다.[47] 분명히 집정 내각도 오스트리아 제국에 대항하여 그 자신의 군사작전을 시작했다. 그러나 합스부르크 왕가를 약화시키려는 집정내각의 노력은 프러시아와 오스트리아 사이에서 균형을 창조하여 프랑스가 분할하여 지배하는 게임을 할 수 있도록 의도된 것이었다. 프랑스의 외교정책에 지금까지 전례가 없는 역동성을 불어넣고 그래서 혁명을 "자연"(Nature)에 의해서 정해진 한계를 넘어 확산시키기 시작한 것은 나폴레옹 보나파르트의 눈부시게 성공적인 이탈리아 원정이었다.[48] 나

---

46) *Ibid.*, p. 107.
47) *Ibid.*

폴레옹에게 자연은 그에게 팽창의 개념이 아니라 제약하는 조건이었다. 고전적인 힘의 균형체제를 파괴하는 과정을 최종적으로 완성한 것은 국민군대라는 혁명적 수단과 나폴레옹의 넘치는 낭만적 상상력의 결합이었다. 그리하여 나폴레옹은 평화가 균형에 의해서가 아니라 한 강대국, 즉 프랑스의 헤게모니(hegemony)를 통해서 보장될 것이라고 결정했다.[49]

분명히 1797년 4월 18일 오스트리아 레오벤(Leoben)에서 이루어진 평화는 나폴레옹 보나파르트의 작품이었다. 그리고 그는 파리에 있는 집정내각과 협의함이 없이 그것을 서명했지만 그러나 10월 17일 캄포 포르미오(Campo Formio) 조약으로 전환된 이 평화는 프랑스와 오스트리아 양국에 의해서 전술적 휴전 이상으로 간주되지 않았다. 사실상 나폴레옹은 프랑스가 영국을 굴복시키는데 모든 프랑스의 에너지를 집중할 수 있는 단지 시간을 벌기 위해서 그 평화조약을 체결했던 것이다. 나폴레옹은 소리쳤다: "그 일이 끝나면, 유럽은 우리의 발밑 있을 것이다."[50] 이 꿈은 결코 완전하게 실현되지 않았다. 그러나 나폴레옹 통치하에 프랑스는 적어도 국제관계의 구체제를 파괴하는 데에는 성공했다. 나폴레옹은 프랑스 혁명 후 이질적인 전통적 힘의 균형체제를 파괴하고 자신의 정복으로 혁명정신에 입각한 동질적인(homogeneous) 단극적 국제체제(the unipolar international system), 다시 말해, 프랑스의 헤게모니를 추구해 나갔던 것이다.

---

48) *Ibid.*
49) *Ibid.,* p. 108.
50) *Ibid.*

나폴레옹의 팽창주의는 외교정책의 목적에 있어서 지롱드파의 팽창주의와 국가행위의 혁명적 수단의 사용면에서 로베스피에르의 결합을 의미했다. 이런 관점에서 나폴레옹이 결코 완전히 우연은 아니었다.[51) 서양이 낳은 유일한 전쟁철학자인 칼 폰 클라우제비츠(Carl von Clausewitz)의 주장처럼, 본질적으로 그동안의 전쟁이 제한된 수단을 통한 제한된 목적을 위한 제한된 전쟁이었다면 나폴레옹의 등장으로 무제한적 수단의 사용을 통한 무제한 목적을 추구하는 절대전쟁(the Absolute War)의 시대가 되었다. 나폴레옹은 자신의 궁극적인 목표에 결코 이르지 못했지만 그는 수많은 전쟁을 통해 프랑스와 유럽을 여러 가지로 변화시켰다. 프랑스의 혁명적 세상이 역사적 나폴레옹 보나파르트를 낳았지만 그러나 이제부터는 나폴레옹 보나파르트가 자신의 비전에 따라 세상을 만들어 갈 것이다. 이제 우리는 바로 그 나폴레옹 보나파르트 전 생애에 걸친 흥미로운 드라마의 막을 올린다.

---

51) *Ibid.,* p. 113.

제2장
나폴레옹의 교육과 자율학습

"역사를 읽고 곧바로 내가 우리 역사에서 최고의 지위에 있는 사람들만큼 많은 것을 성취할 수 있다는 느낌을 갖게 되었다."
-나폴레옹 보나파르트-

　　나폴레옹 보나파르트가 태어난 고향은 코르시카(Corsica) 섬이었다. 그곳은 18세기까지 가까운 이탈리아와 언어, 무역, 주민 이동, 그리고 정치까지 모든 것이 가까운 이탈리아와 연계되었다. 이탈리아의 제노아(Genoa)가 그곳을 탐욕스럽게 그러나 먼 곳에서 지배했던 반면에 실질적인 권력은 비교적 복종적이지만 보나파르트(Buonaparte, 원래 이름의 스펠링) 가문을 포함하여 일련의 강력한 대가문에 속했다. 1746년에 태어난 나폴레옹의 아버지 카를로(Carlo)는 파사(Pisa)에서 법률가로 훈련을 받았으며 막 17세가 되자 다른 강력한 일족인 레티지아 라몰리니(Letitzia Ramollino) 가문의 14세 딸과 결혼했다. 그러나 18세기 중반에 코르시카에는 중요한 변화가 찾아왔다. 부패한 제노아에 대항하여 수십년간 봉기한 후에 코르시카 섬은 카리스마적 지도자 파스쿠발레 파올리(Pasquale Paoli)의 지도 하에 1755년에 사실상 독립 공화국을 수립했다. 어린 나폴레옹은 파올리를 입법가, 개혁자 그리고 진정으로 자애로운 독재자로 존경하면서 성장했다.[52]

그런데 1768년 프랑스 왕국이 지중해에서 그것의 전략적 지위를 향상시키기 위해서 제노아로부터 코르시카에 대한 권리들을 사들였다.[53] 그리고 나서, 프랑스는 점령군을 파견했고, 곧바로 파올리를 망명으로 몰고 갔으며, 그리고 보다 강압적 행정의 프랑스방식을 도입했다. 파올리의 개인비서 겸 부관이었지만 카를로 보나파르트는 코르시카에 남기로 결정하고 새 대군주들과 평화를 이루었다. 프랑스는 언어와 관습에서 코르시카인들에게 낯설었지만 그러나 유럽에서 가장 크고 또 가장 강력한 국가로서 그것은 새로운 신민들에게 많은 새로운 기회도 제공했다. 카를로는 이러한 기회를 활용해 혜택을 취했고 당국이 자기 가족을 프랑스 귀족의 일원으로 인정하도록 확신시켰다. 카를로 보나파르트는 좋은 프랑스인이 되었고 1777년에는 파리에서 코르시카의 귀족을 대표했으며, 그 직위로 베르사유 궁전에서 루이 16세를 두 번이나 알현했다.[54] 그의 새로운 신분은 1769년 8월 15일 화요일 아작시오(Ajaccio)에서 태어난 그의 둘째 아들 나폴레옹을 포함하여 카를로의 자식들에게 중요한 결과들을 가져다주었다.[55]

카를로는 코르시카 섬의 78개 귀족 가문의 하나로 인정되도록 보나파르트 가족의 권리를 신청했다. 그리고 1771년 9월 13일 코르시카

52) Andrew Roberts, *Napoleon: A Life,* New York: Penguin Books, 2014, p. 5.
53) David A. Bell, *Napoleon: A Concise Biography,* Oxford: Oxford University Press, 2015, p. 14.
54) Andrew Roberts, *Napoleon: A Life,* New York: Penguin Books, 2014, p. 5.
55) David A. Bell, *Napoleon: A Concise Biography,* Oxford: Oxford University Press, 2015, p. 15.

최고위원회(the Corsican Superior Council)는 피렌체의 뿌리까지 그의 족보를 추적한 후에 귀족으로 공식적 인정을 선언했다. 칼로는 이제 처음으로 자신을 "de Buonaparte"로 법적으로 서명할 수 있게 되었으며 또한 코르시카 의회에 의석을 차지할 수 있었다. 그는 또한 자신의 소득으로는 교육시키기 어려운 자기의 아들들을 위해서 왕실의 장학금을 신청할 수 있었다.56) 프랑스는 가난한 프랑스 귀족 자제들의 600명까지 교육을 기꺼이 제공하고 있었다. 그 조건은 귀족이고, 가난하여 학비를 낼 수 없고, 그리고 프랑스어를 읽고 쓸 줄 알아야 했다. 9세의 나폴레옹은 3개의 조건들 중 이미 2개를 충족시켰다. 마지막 조건을 충족시키기 위해서 그는 1779년 1월에 프랑스어의 혹독한 과정을 시작하기 위해 부르고뉴(Bourgogne)에 있는 오툉(Autun)에 보내졌다. 그리고 오툉에서 필요한 프랑스어를 마스터한 후 그가 10세가 되기 4개월 전인 1779년 4월에 나폴레옹은 샹파뉴 지역의 트루와(Troyes) 근처에 있는 브리엔느 왕립사관학교(the Royal Military School of Brienne-le-Chateau)에 장학생으로 입학했다.57)

　사관학교임에도 불구하고 브리엔느는 수도사들에 의해서 관리되었고 공부의 군사학 부분은 외부 강사들에 의해서 수행되었다. 교육은 스파르타식이었다. 브리엔느가 1776년 루이 16세의 의해서 설립된 12개의 왕립 군사학교들 중 가장 사회적으로 선망하는 곳으로 간주되지는 않았지만 그곳은 나폴레옹에게 훌륭한 교육을 제공했다. 하루에 8시간 공부는 수학, 라틴어, 역사, 프랑스어, 독일어, 지리, 물리학, 축

---

56) Andrew Roberts, *Napoleon: A Life,* New York: Penguin Books, 2014, p. 9.
57) *Ibid.,* p. 11.

성법(fortification), 병기공학, 펜싱, 무용과 음악 등이었다. 신체적으로 강인하고 지적으로 까다로운 이 학교는 나폴레옹 외에도 아주 많은 탁월한 장군들을 배출했다. 나폴레옹은 특히 수학에서 탁월했다. 나폴레옹은 규정된 12살이 되기 전에 수학과목을 택할 허락을 받았으며 곧 기하학, 대수학, 그리고 삼각법을 마스터했다. 그의 약한 과목은 그가 결코 마스터하지 못한 독일어와 라틴어였다. 나폴레옹은 지리학에서 탁월했다. 역사학은 젊은 나폴레옹에게 도덕과 미덕에 관한 학교였다. 수도사들은 소년들의 모방을 위해서 고대와 근대 세계의 영웅들을 제시함으로써 역사의 위인들의 견해에 관해 읽게 했다.

수많은 외로운 소년들처럼 나폴레옹은 책에서 편안함과 친근감을 발견했다.[58] 그의 강한 코르시카의 악센트와 상대적으로 왜소한 체구로 인해 급우들에게 "작은 상병"(Little Corporal)이라는 냉소적 별명을 얻는 등 다소 불편한 학교생활에서 그는 책벌레가 되었다.[59] 나폴레옹은 학교 도서관에서 많은 전기들과 역사서들을 대출했고 영웅심과 애국심 그리고 공화정의 미덕에 관한 플루타르크(Plutarch)의 얘기들에 심취했다. 그는 시저, 키케로, 볼테르, 디드로(Diderot) 그리고 아베 레이날(Abbé Raynal)뿐만 아니라 에라스무스, 유트로피우스(Eutropius), 리비, 패드러스(Phaedrus), 살루스트(Sallust), 버질(Virgil) 그리고 1세기의 코르넬리우스 네포스(Cornelius Nepos)의 <위대한 명장들의 삶>(*Lives of Great Captins*)도 읽었다. 이 마지막 책은 테미스토클레스

58) David A. Bell, *Napoleon: A Concise Biography,* Oxford: Oxford University Press, 2015, p. 16.
59) Hourly History, *Napoleon: A Life from Beginning to End*, Las Vegas, Nevada: Hourly History, 2022, p. 2.

(Themistocles), 라이샌더(Lysander), 알키비아데스(Alcibiades)와 한니발(Hannibal)에 관한 장들을 포함하고 있었다.[60]

나폴레옹은 프랑스어로 버질의 모든 문장을 암송할 수 있었다. 후에 나폴레옹 자신이 스스로 자랑했듯이 그에게 유일한 것은 그의 기억력이었다.[61] 그의 동시대의 한 사람은 나폴레옹이 폴리비우스(Polybius), 플루타르크, 아리안(Arrian), 그리고 퀸투스 커티우스 루퍼스(Quintus Curtius Rufus)를 읽기 위해 학교 도서관으로 사라졌다고 기억했다. 폴리비우스의 <역사>(Histories)는 로마 공화정 등장의 연대기를 제공했고 그리고 한니발의 패배와 카르타고의 몰락에 관한 생생한 목격을 제공했다. 플루타르크의 <평행의 삶들>(Parallel Lives)[62]은 나폴레옹에게 가장 위대한 두 명의 영웅들, 즉 알렉산더 대왕과 율리우스 시저의 생애에 관한 요약된 스토리를 포함하고 있었다. 그리하여 청년기 나폴레옹의 독서에서는 하나의 강력한 테마가 등장한다. 그의 급우들이 밖에서 스포츠를 즐기는 동안에 나폴레옹은 고대의 대부분의 야심적 지도자들에 관해서 그가 할 수 있는 한 모든 것을 읽었다. 나폴레옹에게는 알렉산더 대왕과 율리우스 시저를 닮으려는 욕망이 이상하지 않았다. 그의 교육은 그가 언젠가 과거의 위인들과 나란히 설 수 있을 가능성을 열어주었다.[63]

나폴레옹은 샤를마뉴(Charlemagnue)와 루이 14세 하에서 프랑스의 가장 위대한 순간을 감사하라고 배웠지만 그는 최근 7년 전쟁에

---

60) Andrew Roberts, *Napoleon: A Life,* New York: Penguin Books, 2014, p. 12.
61) *Ibid.,* p. 11.
62) 한국에서는 <플루타크의 영웅전>으로 알려져 있다.
63) Andrew Roberts, *Napoleon: A Life,* New York: Penguin Books, 2014, p. 12.

서 프랑스의 패배에 관해서도 알고 있었다. 그 교육의 의도는 프랑스의 위대성을 암암리에 믿고 또 나폴레옹이 브리엔느에서 보낸 대부분의 시간에 미국에서 프랑스와 전쟁 중인 영국에 굴욕을 주려고 결심한 한 세대의 젊은 장교들을 창조하려는 것이었다. 아주 빈번히 영국 정부에 대한 나폴레옹의 맹렬한 반대는 맹목적 증오심이나 혹은 코르시카의 복수정신으로 간주되었다. 그러나 그것은 그의 출생 시기에 1763년 파리조약(the Treaty of Paris)이 프랑스를 인도와 북아메리카의 거대한 대륙의 광활한 토지로부터 프랑스를 몰아냈으며 그리고 그가 청년이 되었을 때 영국은 오스트레일리아도 바삐 식민지화하고 있었다. 그가 브리엔느(Brienne)에서 수학하고 있을 때 그의 유일하게 살아 있는 영웅은 코르시카의 망명 지도자 파올리(Paoli)뿐이었던 것으로 보였다.[64]

나폴레옹은 문학도 역시 깊이 좋아했다. 그는 루소(Rousseau)를 숭배했다. 루소는 코르시카에 관해서 긍정적으로 썼을 뿐만 아니라 17세에 나폴레옹은 루소의 <사회계약론>(*On the Social Contract*)에 대한 찬가를 썼다. 그리고 나폴레옹은 국가가 시민들에게 삶과 죽음의 권한, 어이없는 사치를 금지할 권리, 극장과 오페라를 검열할 의무를 가져야 한다는 루소의 믿음을 채택했다. 18세기 최고의 베스트셀러 가운데 하나인 루소의 <쥘리, 새로운 엘로이즈>(*Juli, ou la Nouvelle Héloise*)는 그에게 소년 시절에 너무나 많은 영향을 끼쳐서 그는 사회의 규범보다는 개인의 진솔한 감정들을 따라야 한다고 주장했다. 1765년 코르시카를 위한 루소의 자유주의적 헌법안은 파오리를

64) *Ibid.,* p. 13.

위한 그의 찬양을 반영했고 그것은 충분히 보답되었다.[65]

1784년 9월 15일 나폴레옹은 그의 마지막 시험을 쉽게 통과했다. 그리고 다음달 말에 그는 센(Seine) 강의 왼쪽 편에 위치한 파리에 있는 왕립 사관학교(Ecole Royale Militaire)에 들어갔다. 이곳은 브리엔느(Brienne)보다 훨씬 더 사회적으로 인정받는 학교였다. 이상하게도 전사와 전략을 가르치진 않았지만 실라버스는 브리엔느에서와 겹치는 똑같은 과목들이 많이 있었다. 그러나 그곳은 사실상 유럽에서 최고의 승마 학교 가운데 하나였다. 나폴레옹은 그곳에서 보낸 12개월 동안 파리를 별로 둘러보지 않았지만 독서와 동료장교들을 통해 그 도시와 그곳의 기념비들, 방어시설들, 자원들과 건축물들을 잘 알고 있었다. 나폴레옹은 계속해서 지적으로 탁월했다. 브리엔느에서 그는 해군에 가지 않기로 결정했다. 부분적으로는 어머니의 반대 때문이었지만 주된 이유는 수학에 대한 그의 적성이 훨씬 더 위신이 높은 포병에서 경력의 전망을 열어주었기 때문이었다. 1784년에 모든 프랑스의 군사학교로부터 202명의 후보자들 가운데 총 136명이 최종 시험에 합격했으며 그들 가운데 오직 14명만이 포병으로 임관하였다. 그리하여 나폴레옹은 엘리트 집단에 선발되었다. 나폴레옹은 왕립 군사학교를 다닌 최초의 코르시카인이었다. 이 학교에서 나폴레옹은 7년 전쟁 후에 도입된 프랑스 포병 운용에 새로운 사고를 마주했다. 역사에서 종종 그랬듯이 패배는 개혁의 어머니였다.

그리고 나폴레옹은 1770년 나온 기베르 백작(Comte Jacques de Guibert)의 혁명적 <전술학 개론>(*Essai General de tactique*)도 공부

---

65) *Ibid.*

했다:

> "국민의 부담인 상비군은 전쟁에서 크고 결정적인 결과의 달성
> 에 부적절하다. … 유럽에 대한 헤게모니는 사나이의 덕목을 갖추
> 게 되고 국민군대를 창설한 국가에 떨어질 것이다."[66]

　기베르(Guilbert)는 전투에서 속도, 기습, 그리고 기동성의 중요성
을 주장했다. 그리고 그는 현지에 의지해서 살아가는 방법을 선호하
여 벽으로 둘러싸인 도시 내에 대규모 보급 창고를 포기하라고 촉구
했다. 그의 원칙들 중 또 하나는 높은 사기가 대부분의 문제들을 극복
할 수 있다는 것이었다.

　나폴레옹이 브리엔느에서 5년을 보냈고 파리 왕립 군사학교에서 1
년을 보냈을 때까지 그는 군사정신에 철저히 물들어 있었다. 그리고
그것은 그와 평생 동안 함께 했으며 그의 신념과 조망을 깊게 물들였
다. 법 앞에 평등, 국민정부, 능력 본위제도, 효율성과 저돌적인 민족
주의의 혁명적 원칙들은 이 군인정신에 잘 맞았다. 그러나 나폴레옹
은 자기의 마음에 맞지 않는 결과의 평등, 인권, 언론의 자유나 의회
주의는 별로 관심이 없었다. 나폴레옹의 성장은 사회적 위계, 법과 질
서, 그리고 능력과 용기에 대한 보상에 대한 강력한 믿음으로 젖어 있
었지만 정치인들, 법률가들, 언론인들과 영국에 대한 혐오감도 역시
갖고 있었다.[67] 그리하여 그에게는 좋고 싫은 것이 거의 분명했다.

---

66) Andrew Roberts, *Napoleon: A Life,* New York: Penguin Books, 2014, p. 17에서
　　재인용.
67) *Ibid.,* p. 17.

1785년 나폴레옹은 자부심과 위엄의 감정, 전투정신, 형식의 천재성, 질서와 규율의 사람으로 학교를 떠났다. 이 모든 것들은 장교 법전의 모든 부분이었으며 따라서 그를 심오한 사회적 보수주의자로 만들었다. 군 장교로서 나폴레옹은 인정된 지위의 위계질서의 계통 속에서 집중된 통제와 높은 사기 유지의 중요성을 믿었다. 행정과 교육의 문제에서 질서는 중대했다. 그는 하극상의 폭도같이 보이는 어떤 것에 대해서도 깊고 본능적인 혐오감을 갖고 있었다. 이런 감정들의 어느 것도 프랑스 혁명 동안이나, 아니, 진실로 그의 일생동안 크게 변하지 않았다.[68]

1785년 2월 24일 나폴레옹의 아버지가 38세의 나이에 사망했다. 나폴레옹은 아직 15세에 지나지 않았다. 그는 아버지를 지난 6년 동안 두 번 보았는데 그것도 아주 잠시 동안이었다. 그해 9월 첫날 나폴레옹은 라인강의 왼쪽 지역에 있는 발랑스(Valence)에 주둔하고 있는 라페르(de La Fére) 여단 제1대대의 제5포대로 배치되었다. 그것은 5개의 가장 오래된 여단 중의 하나였고 위상이 높았다. 16세에 그는 소위로서 가장 젊은 장교들 가운데 하나였으며 프랑스 군에서 포병에 배치된 유일한 코르시카인이었다. 그곳에서 그는 독서에 몰두했다.[69] 때로는 책을 구하기 위해서 식사를 건너뛰어야 했지만 그러나 그는 예전과 동일하게 매우 열심인 독서가였다.

1786년에서 1791년까지 나폴레옹이 만든 상세한 노트를 기반으로 작성된 책의 목록은 길었고, 그리고 또 아랍과 베니스, 인도, 영국, 터

---

68) *Ibid.*
69) David A. Bell, *Napoleon: A Concise Biography,* Oxford: Oxford University Press, 2015, p. 17.

키, 스위스와 소르본(Sorbonne)의 역사들을 포함하고 있다. 그는 볼테르의 <풍속론>(*Essais sur les moeurs*), 마키아벨리의 <피렌체의 비판적 역사>(*Critical History of Florence*), 미라보(Mirabeau)의 <억울한 옥중 기소장>(*Des lettres de cachet*), 그리고 샤를 롤랭(Charles Rollin)의 <고대의 역사>(*Ancient History*)를 주해했다. 근대 지리학, 자크 뒬로르(Jacques Dulaure)의 반귀족주의적 <귀족의 비판적 역사>(*Critical History of the Nobility*)와 샤를 뒤클로(Charles Duclos)의 <루이 14세와 루이 15세의 비밀 회고록>(*Secret Memoirs of the Reigns of Louis XIV and Louis XV*) 같은 정치적 작품들에 관한 책들도 있었다. 그와 동시에 그는 코르네이유(Corneille), 라신느(Racine) 그리고 볼테르의 시들도 배웠다. 나폴레옹은 발랑스에서 아마도 장교가 사교적으로 나가려면 그것이 얼마나 중요한지를 인식하고 무용 교육도 계속했다.[70]

나폴레옹이 프랑스인들에 저항하는 코르시카인들의 권리에 관하여 아직까지 남아있는 그의 첫 에세이를 쓴 것은 1786년 4월 26일 발랑스에 있을 때였다. 그는 교육을 마쳤기에 당시 프랑스 군 장교들의 시간 보내는 비상한 방법이었던 출판하기 보다는 스스로의 수양을 위해 그것을 썼다. 파올리의 61세 생일을 축하하면서 그것은 인민으로부터 혹은 군주들로부터 나오는 법률은 인민의 주권을 위한 것이라고 주장하면서 정의 법률에 따라 코르시카인들은 제노아인들의 굴레를 벗어버릴 수 있었고, 그리고 프랑스인들의 굴레도 그렇게 할 수 있을 것이라는 결론을 맺었다. 그것은 프랑스 군에서 장교가 쓴다는 것은 기이

---

70) Andrew Roberts, *Napoleon: A Life,* New York: Penguin Books, 2014, p. 20.

하고 참으로 반역적인 것이었지만 그러나 나폴레옹은 학창시절 이래 파올리를 우상화 했고 9세부터 17세까지 그는 이상화된 코르시카를 회고하면서 주로 프랑스에 홀로 있었다. 나폴레옹은 26세가 되기 전에 약 60편의 에세이, 소설, 철학적인 글, 역사, 논문 팜플렛 그리고 공개편지를 썼다. 모두 합쳐서 그것들은 1780년대 헌신적 코르시카의 민족주의자로부터 1793년에는 코르시카의 봉기가 자코뱅 프랑스에 의해서 진압되기를 원하는 충성스러운 반-파올리주의의 프랑스 장교로 전환하는 길을 추적할 수 있는 그의 지적이고 정치적인 발전과정을 보여주었다.[71]

1786년 5월 초에 16세의 나폴레옹은 "자살에 관해서"(On Suicide)라는 제목의 2쪽짜리 에세이를 썼다 그것은 낭만적 민주주의자의 고뇌에 찬 절규와 고전적 웅변술을 혼합한 것이었다. 오만과 자기 연민의 햄릿(Hamlet) 같은 결합을 보여주면서 그는 루소식의 코르시카의 민족주의를 철학화 하려는 약간의 방종에 빠졌다. 그는 자기의 동포들이 쇠사슬에 묶여 있으면서도 두려움에서 그들을 억압하는 손에 입을 맞춘다면서 훌륭한 애국자는 조국이 망할 때 죽어야 한다고 썼다. 그러나 낭만주의적 과장에 매료된 많은 고통스러운 청년들처럼 나폴레옹도 자살하지 않기로 결정했다. 그러나 그 에세이들은 나폴레옹의 진화하는 자의식을 노출해 주었다.[72]

나폴레옹의 종교적 견해는 17세에 형성되기 시작해서 그 이후 많이 변하지 않았다. 수도사들에 의해 교육되었지만 그는 결코 진정한

---

71) *Ibid.*, p. 21.
72) *Ibid.*, p. 22.

기독교인이 아니었다. 인간이 원래 천지창조를 넘어선 세상과 아주 제한된 상호작용을 하는 것으로 보이지만 그는 어떤 종류의 신의 권능도 믿지 않았다. 그의 개인적 신념에서 나폴레옹은 본질적으로 계몽주의의 회의론자였다. 또 하나의 출판되지 않은 에세이에서 루소를 비판한 제네바 출신 한 개신교 목사를 공격하고 사후의 삶에 대한 약속이 강자에 대항하여 약자에게 도움을 주도록 마련된 정부를 고집함으로써 이 세상의 삶을 완성하려는 인간의 욕망으로부터 관심을 돌리기 때문에 폭정을 허용한다고 기독교를 비난했다. 그는 인민들과 국가당국 사이의 합의인 사회계약만이 행복을 확보할 수 있다고 주장했다. 나폴레옹은 "신은 스스로 돕는 자를 돕는다"는 아이디어를 인정한다고 썼다.[73]

다음 해인 1786년 9월에 가족문제를 처리하는 것을 돕기 위해서 거의 8년 만에 코르시카로 돌아왔다. 당시 프랑스 군은 대규모의 잉여 장교들을 가지고 있어서 나폴레옹은 어려움 없이 장기 휴가를 갈 수 있었다.[74] 1787년 4월 21일 나폴레옹은 건강 회복을 이유로 5개월 반에 해당하는 기간의 휴가 연장을 신청해서 거의 1년 동안 프랑스로 돌아가지 않았다. 그의 여단으로부터 이 긴 휴가는 포병장교들의 2/3와 기병장교의 3/4이 겨울에는 자신들의 여단을 떠나는 평화시 군의 맥락에서 보아야 한다. 그러나 1788년 말에 나폴레옹은 디종(Dijon)으로부터 멀지 않은 동부 프랑스에 위치한 옥손(Auxonne)에 있는 포병학교(the School of Artillery)에 주둔했다. 이곳에서 나폴레옹

---

73) *Ibid*.
74) David A. Bell, *Napoleon: A Concise Biography,* Oxford: Oxford University Press, 2015, p. 17.

은 발랑스(Valence)에서 그의 여단과 주둔했을 때처럼 그는 오후 3시에 오직 한 끼만을 먹고 장교의 봉급에서 충분히 아껴서 고향의 어머니에게 보내고 나머지 돈으로 책을 샀다. 그는 자기의 철저한 자율학습 독서 프로그램을 계속하기로 결심했다. 그리하여 옥손에서 작성된 많은 노트들은 아테네인들, 스파르타인들, 페르시아인들, 이집트인들과 카르타고인들을 포함하여 고대 세계의 모든 가장 탁월했던 사람들의 역사, 지리, 종교와 관습으로 가득 찼다. 그것들은 근대의 포 향상과 연대의 규율을 다뤘지만 그러나 플라톤의 <공화정>(*Republic*), 아킬레스(Achilles), 그리고 당연히 알렉산더 대왕과 율리우스 시저도 언급했다.[75]

가장 최근의 포병 기술에서 선구자인 쟝 피에르 뒤떼(Jean-Pierre du Teil) 장군의 휘하에 있는 포병학교에서 나폴레옹은 일주일에 9시간까지 군사학의 수업에 참가하고 또 매주 화요일 고등수학을 배웠다. 포병은 제련기술의 발전으로 대포가 과거 무게의 반으로 줄어든 만큼 점차 중요하게 인정되었다. 일단 대포들이 화력이나 정확성을 잃지 않고 전장에서 이동할 수 있게 되자 그것들이 전투 승리의 견인차가 되었다. 그해 8월에 단지 박격포 대신에 중포에서 포탄을 발사할 가능성을 실험하는 200명으로 구성된 부대의 책임을 맡았다. 그의 보고서는 표현의 선명성으로 칭찬을 받았다. 포탄시험 프로젝트를 성공적으로 마친 며칠 후에 나폴레옹은 군사적 통치가 폭정 보다 더 나은 정부제도라고 주장하는 논문을 써서 마땅히 전복되지 않을 왕들은 거의 없다고 분명하게 결론지었다. 다행히 그의 원고를 출판사에

---

75) Andrew Roberts, *Napoleon: A Life,* New York: Penguin Books, 2014, p. 24.

보내기 직전에 그의 논문이 헌정된 루이 16세의 재무상인 브리엔느(Etiennie-Charles de Lomenie de Brienne)가 해임되었다는 소식이 도착했다. 나폴레옹은 곧바로 출판을 포기했다.[76]

다음 달, 나폴레옹은 사옹(Saône) 강을 따라 20마일 아래에 있는 쇠르(Seurre)에 작전 중위로서 파견되어 군중들이 2명의 곡물상인을 죽인 폭동을 진압했다. 19세의 나폴레옹 중위는 군중들에게 자기는 오직 폭도들에게만 발포한다고 소리친 것으로 보고되었다. 비록 그는 효율적으로 자신의 의무를 다했고 뒤떼 장군에게 인상을 남겼지만 정치적 상황이 그리하여 곧 폭도들이 공공건물들을 공격하고 옥손에서 세무 사무실들을 불태우고 있었다. 나폴레옹이 프랑스와 유럽 역사, 그리고 자기의 삶을 전환시킬 거대한 정치적 사건의 첫 전조를 본 것은 바로 이 지방의 목격으로부터였다.

파리의 폭도들이 바스티유(the Bastille) 감옥을 습격한 1789년 7월 14일 발생한 프랑스 혁명은 재정적 위기와 나폴레옹이 진압하도록 파견된 작은 봉기와 같은 혼란들에 의해서 수년 동안 선행되었다. 불안정의 첫 소동은 1783년으로 되돌아 갈 수 있는데 그해에 프랑스는 영국에 대항하여 반란의 식민지인들을 지원하는 미국 독립전쟁의 마지막 해였다. 다른 항의들도 1789년 4월에 25명이 죽고 난폭하게 진압되었다. 귀족과 성직자들은 그들의 자부심과 특권으로 그들에게 굴욕을 주었다. 사람들은 오랫동안 이 압박 하에서 고통을 받았지만 마침내 굴레에서 벗어나기를 원했다. 혁명이 시작되었다. 나폴레옹이 오만한 야심의 길을 가도록 가능하게 해준 것은 물론 이 프랑스 혁명이었다.[77]

---

76) *Ibid.*, p. 25.

프랑스의 삼부회(États généraux)는 1614년 이래 처음으로 1789년 5월에 소집될 때까지 왕은 제3신분(Tiers État)의 대표자들과 적어도 약간의 자기 권력을 공유할 수밖에 없을 것으로 보였다. 그러나 그 후 사건들이 빠르고 예측할 수 없이 진행되었다. 6월 20일 이제 자신들을 국회(the National Assembly)라고 부르고 있는 제3신분의 대표자들은 새 헌법이 수립될 때까지 해산하지 않을 맹세를 했다. 3일 후에 왕실 근위대의 두 부대가 대중들의 소요를 진압하기 전에 하극상을 벌였다. 루이 16세가 그때까지 반란이 되어버린 것을 진압하기 위해서 외국의 용병을 고용하고 있다는 소식이 급진적 언론인인 카미유 데물랭(Camille Desmoulins)으로 하여금 바스티유 감옥의 습격을 촉구하게 했으며 그것의 결과는 파리의 주지사, 파리의 시장과 국무비서의 죽음을 가져왔다. 8월 26일 국회는 인간의 권리 선언(the Declaration of the Rights of Man)을 채택했고 10월 6일 베르사유 궁전이 폭도들에게 습격을 당했다. 나중에 그의 경력에서 그렇게 정치적 예리함을 보여준 나폴레옹은 혁명의 초기단계를 완전히 오해했다. 그래서 그는 바스티유가 떨어진 일주일 후인 7월 22일 자기 형 조제프(Joseph)에게 고요함이 돌아올 것이라고 썼다.[78]

폭도들을 미워하고 또 신분상 기술적으로 귀족이었음에도 불구하고 나폴레옹은 혁명을 환영했다.[79] 적어도 혁명의 초기 단계에서 혁명은 그가 루소(Rousseau)와 볼테르(Voltaire)의 독서에서 섭취했던 계

---

77) David A. Bell, *Napoleon: A Concise Biography,* Oxford: Oxford University Press, 2015, p. 18.

78) Andrew Roberts, *Napoleon: A Life,* New York: Penguin Books, 2014, p. 27.

79) *Ibid.,* p. 29.

몽주의 이상들과 잘 어울렸다. 나폴레옹은 혁명의 반-성직자 중심주의를 포용했고 또 그가 특별한 존경심을 갖고 있지 않았던 군주제의 약화에 신경을 쓰지 않았다. 그것을 넘어서, 혁명은 코르시카에 보다 큰 독립의 전망을 제공하고 또 돈과 연고가 없는 젊은 외부인에게 보다 나은 경력의 기회들을 제공하는 것으로 보였다. 나폴레옹은 그것이 도래할 것으로 약속하는 새로운 사회적 질서가 이런 불리한 점들을 파괴할 것이고 그리고 계몽주의 철학자들이 권위의 유일하게 진실로 간주하는 논리와 이성 위에 세워질 것이라고 믿었다. 보나파르트 가족은 혁명을 지지하는 코르시카의 귀족들 사이에서 소수에 속했다. 비록 나폴레옹이 발랑스(Valence)와 옥손(Auxonne)에서 식량 폭동을 진압하여 자신의 군사적 의무들을 충실히 수행했지만 그는 혁명적인 헌법의 친구들의 사회(the Society of the Friends of the Constitution)의 지방 지부의 초기 가맹자였다.

제3장
위장된 축복: 실패한 혁명가

"30세가 넘으면 더 이상 허용되지 않는 많은 것들이 22세에는 허용된다."
-나폴레옹 보나파르트-

1789년 8월 8일 파리가 소요 속에 빠져 있고 프랑스 장교단의 대부분이 혼란할 때 20세의 나폴레옹은 다시 한번 건강을 이유로 휴가를 인정받아 코르시카로 돌아왔다. 이번에는 다음 18개월 동안 머무르면서 코르시카의 정치에 활기차게 뛰어들었다. 다시 한 번 그가 진짜로 아프다는 징후는 없었다. 혁명이 시작한 뒤 3년 넘게 그의 야심은 코르시카에 머물러 있었다.[80] 그가 코르시카의 고향 아작시오(Ajaccio)에 도착하자마자 형 조제프(Joseph)와 동생 루시엥(Lucien)의 지원을 받아 코르시카인들에게 혁명의 대의를 따르고, 새 삼색 깃발을 날리고, 그들의 모자에 모표를 달고, 혁명적 애국자 동아리를 수립하고, 그리고 언젠가 주지사의 병력을 상대할 것으로 기대되는 하나의 국민경비 민병대인 코르시카의 지원자들(the Corsican Volunteers)

---

[80] David A. Bell, *Napoleon: A Concise Biography,* Oxford: Oxford University Press, 2015, p. 18.

의 여단을 조직하라고 촉구했다.[81]

코르시카의 주지사가 애국자들의 동아리를 폐쇄하고 지원자들을 금지시키자 나폴레옹의 이름이 파리에 있는 국회에 항의 차 보낸 탄원서의 서명자들의 명단 맨 위에 있었다. 이 탄원서로 인해 1790년 1월 국회는 살리세티(Saliceti)의 촉구로 코르시카를 일종의 식민지 대신에 프랑스의 내적 일부라고 선언하는 결정을 내렸다. 그리하여 보나파르트의 코르시카 애국주의는 혁명적 열기가 삼켜버렸다. 이제 나폴레옹 보나파르트는 코르시카가 헌법 하에서 이상적 새 프랑스 국가의 일부로서 그것의 자유를 발견할 것이라고 믿었다. 언젠가 자신의 조국 코르시카를 독립으로 돌아가게 이끌려는 그의 개인적인 꿈은 코르시카의 권력을 토대로 하는 것이지만 프랑스 혁명 정치에서 지도자가 되는 야심에 굴복했다.[82]

파올리는 런던에서 프랑스의 그런 결정을 파리의 의지를 강제하는 조치라고 비난했다. 이제 살리세티와 나폴레옹이 파리를 코르시카의 혁명적 과업에 동맹으로 간주했기 때문에 파올리가 코르시카로 돌아오면 중대한 커다란 분열이 있을 것이다. 모든 정치 공작속에서 조제프가 3월에 아작시오의 시장으로 선출되었다. 나폴레옹은 코르시카의 역사를 집필하고 시저의 <갈리아 전기>(*Gallic War*)를 다시 읽으면서 자신의 밤들을 보냈다. 그의 병가가 끝나가자 그는 연장을 요청했다. 자신의 여단에 너무나 작은 수의 장교들만이 남아 있었기에 그의 지휘관은 그의 요청을 거부할 수 없었다. 나폴레옹은 자신의

---

81) Andrew Roberts, *Napoleon: A Life,* New York: Penguin Books, 2014, p. 30.
82) Correlli Barnett, *Bonaparte,* New York: Hill and Wang, 1978. p. 25.

코르시카의 역사를 재작업하면서 15개월을 보냈지만 출판해줄 출판사를 발견할 수가 없었다. 생존하는 그것의 일부들은 코르시카인들이 모든 고대 로마의 미덕을 내면화 했지만 그들을 계속 예속시킨 불가해한 숙명에 희생물이라고 주장했다. 이때쯤 나폴레옹은 "새 코르시카"(New Corsica)라는 제목 하에 특별히 난폭하고 보복적인 단편소설을 썼다. 혁명이 시작되었을 때 나폴레옹은 폭력의 유혹에서 분명하게 면제되지 않았다.[83]

1790년 7월 12일 국회는 성직의 시민헌법(the Civil Constitution of the Clergy)을 채택하여 교회에 대한 정부의 통제를 제공하고 수도원의 명령들을 폐지했다. 나폴레옹은 팸플릿에서 그 조치를 지지했다. 몇 개월 뒤에 프랑스의 국회는 파올리의 사면을 결정했다. 1790년에 65세의 파올리가 22년간의 망명생활을 마치고 코르시카로 귀환했다. 나폴레옹은 기뻤다. 나폴레옹과 그의 형 요제프는 그를 환영하는 아작시오의 영접위원회에 속했다. 나폴레옹은 즉시 그리고 만장일치로 코르시카의 총독대리(Lieutenant)로 임명되었고 또 코르시카의 의회와 그것의 최근에 수립된 국가수호대의 의장으로 선출되었다. 그러나 코르시카는 "프랑스 당"과 파올리의 "코르시카 당"으로 분열되었다. 나폴레옹은 열심히 파올리의 코르시카 당의 편에 섰다.[84]

그러나 파올리는 보나파르트 형제들을 부역자의 자식들로 간주하여 그의 인정을 받기 위한 나폴레옹의 참을성 있는 열성에도 불구하고 그들의 충성을 유지하기 위한 노력을 하지 않았다. 그의 첫 조치들 중

---

83) Andrew Roberts, *Napoleon: A Life,* New York: Penguin Books, 2014, p. 31.
84) David A. Bell, *Napoleon: A Concise Biography,* Oxford: Oxford University Press, 2015, p. 18.

하나는 보나파르트 가족들 같은 아작시오 주민들이 화나게도 코르시카의 수도를 코르트(Corte)에서 바스티아(Bastia)로 옮겼다. 조셉은 9월 15이 코르시카 의회에 아작시오의 대의원들 중 한 사람으로 선출되었지만 나폴레옹은 대의원이나 국가수호대에서 모두 선출되지 못했다. 다음 달에 프랑스의 효율적이고 주권적 의회인 국회가 코르시카가 비록 프랑스의 일부로서 그 자체의 법률에 위임될 것이지만 지금부터 코르시카는 코르시카인들에 의해서만 통치될 것이라는 미라보 백작(Comte de Mirabeau)의 제안을 통과시켰다. 거대한 축제가 전 코르시카에서 그 소식을 맞았다. 나폴레옹은 "국가 만세, 파올리 만세, 미라보 만세"라고 쓰여진 거대한 깃발을 카사 보나파르트(Casa Bonaparte)로부터 건네 받아 걸었다. 그러나 파올리는 그의 새로운 정치적 질서에서 나폴레옹을 위한 자리를 갖고 있지 않았다.[85]

나폴레옹은 자기의 휴가가 1790년 10월 15일에 공식적으로 종료되었지만 1791년 2월 1일에야 코르시카를 떠나 소속 여단으로 돌아갔다. 1791년 2월과 8월 사이에 나폴레옹은 "인간이 행복을 알기 위해 가장 중요한 진실과 감정은 무엇인가?"라는 주제에 관한 리옹 아카데미(Lyons Academy)의 에세이 대회에 제출할 논문을 작성했다. 그 문학상의 상금은 1,200 프랑이었다. 이 논문에서 나폴레옹은 야심의 허영심을 비난하면서 심지어 알렉산더 대왕의 오만을 비판했다:

> "테베(Thebes)에서 페르시아로 그리고 인도로 달려갔을 때 알렉산더는 무엇을 하고 있었는가? 그는 항상 초조했고, 자기의 기지

---

85) Andrew Roberts, *Napoleon: A Life,* New York: Penguin Books, 2014, p. 33.

를 상실했고, 그는 자신이 신이라고 믿었다. 크롬웰의 종말은 무엇인가? 그가 영국을 통치했지만 그러나 그가 모든 분노의 비수들에 의해 시달리지 않았는가?"[86]

나폴레옹은 분명히 자서전을 쓰듯 4년간의 공백 이후에는 자기의 조국에 돌아와야 한다면서 조국을 위한 사랑의 열정을 느낀다고 썼다. 학술원의 심사자들은 그것의 과장된 스타일 때문에 그 에세이에 낮은 점수를 주었다.[87] 1791년 6월에 중위로 승진하여 발랑스(Valence)에 주둔하는 제4 포병여단으로 다시 전보되었다. 그가 라페르 여단과 있었던 69개월 동안에 그는 35개월이나 휴가를 보냈다. 그리고 이제 그는 패턴을 바꿀 의도가 없었다.[88]

1791년 6월 말에 왕의 가족은 프랑스를 탈출하려고 시도했지만 바렌느(Varennes)에서 그들의 마차가 단체로 붙잡혔다. 그들은 튈르리(Tuileries) 궁으로 거의 포로상태로 돌아와야만 했다. 7월 10일 오스트리아의 황제 레오폴드 2세(Leopold II)는 유럽의 모든 왕가들에게 자기의 매제인 루이 16세를 도와 달라는 요청을 발행했다. 나폴레옹은 코르시카로 돌아가기 위해 장기 휴가를 요청했고, 소속 지휘관의 거절에 상관없이, 8월 30일 뒤떼(du Teil) 장군에게 직접 호소하여 4개월간의 휴가를 받았다. 그러나 이번에는 조건부였다. 만일 그가 1792년 1월에 여단의 퍼레이드의 시간에 3색기를 가지고 돌아오지 않는다면 나폴레옹은 탈영자로 간주될 것이었다.[89]

---

86) *Ibid.*, p. 35.에서 재인용.
87) *Ibid.*, p. 35.
88) *Ibid.*, p. 36.

그가 돌아온 코르시카는 혼란을 겪고 있었다. 혁명이 시작한 이래 130명이 살해당했고 세금도 전혀 징수되지 않았다. 1792년 2월 22일 나폴레옹은 코르시카의 국가방위 대대에서 중령의 계급으로 행정관직의 후보로 선거에 나섰다. 나폴레옹의 주된 적수는 무장한 나폴레옹의 지지자들에 의해서 기가 죽었다. 코르시카의 정치는 거칠었다. 엄청난 뇌물과 납치가 횡행했다. 나폴레옹이 선출되었다. 파올리는 그가 부패와 음모라고 부른 것의 공식적 조사를 요구했다. 그러나 코르시카에서 의회를 대변하는 살라세티(Saliceti)가 그를 막았고 결과는 그대로 인정되었다. 나폴레옹이 프랑스의 자기 여단으로 복귀해야 하는 1월 시한이 그 사이에 지나가버렸다. 그의 전쟁성(the War ministry)의 서류에 적힌 것은 간단히 그가 직업을 포기해서 1792년 2월 6일 대체되었다고만 되어 있었다.[90]

1792년 2월과 3월 사이에 파리는 식량소요로 정치적 위기가 심화되었다. 그런 상황에서 2월 초에 오스트리아와 프러시아 간의 동맹이 체결되었다. 비록 영국은 이 제1차 연합(the First Coalition)에 일부는 아니었지만 혁명에 대한 영국의 적대감은 분명했다. 전쟁의 기운이 감도는 가운데 코르시카에서 혁명도 급진적 방향으로 접어들었다. 2월 28일 살리세티는 아작시오, 바스티아, 보니파시오(Bonifacio) 그리고 코르트의 고대 수녀원과 수도원들의 탄압을 명령했다. 그것들의 재산은 정부의 금고로 들어가고 있었다. 파올리와 거대한 대다수의 코르시카인들은 이 조치에 반대했고 부활절 일요일에 나폴레옹의

---

89) *Ibid.*
90) *Ibid.*, p. 37.

국가수비대원들과 수도원을 보호하려는 현지의 가톨릭 시민들 사이에 싸움이 일어났다. 나폴레옹의 중위 한 사람이 그의 옆에서 총에 맞아 죽었다. 마을 사람들과 국가 수비대 사이에 혼란한 도시의 소란과 적대적 대립이 4일간의 낮과 밤이 계속되는 동안에 나폴레옹은 마야르(Maillard) 대령의 지휘하에 있는 프랑스 정규군으로부터 그 마을의 잘 요새화된 성채를 장악하려고 시도했지만 실패했다. 마야르는 나폴레옹을 반역으로 효과적으로 비난하는 보고서를 전쟁성에 보냈다. 파올리는 마야르의 편을 들어 나폴레옹에게 아작시오를 떠나라는 명령을 내렸고 코르트에서 그에게 보고되었다.

나폴레옹에게는 다행스럽게도 혼란한 상황에 관한 마야르의 보고서는 산처럼 쌓여가는 전쟁성의 보다 긴급한 서류들 속에 묻혀버렸다. 프랑스는 4월 20일 오스트리아와 프러시아에 예방적으로 선전포고를 하고 8일 후에 지금의 벨기에인 오스트리아의 네딜란드를 침공했다. 이것은 북서쪽에 있는 코블렌츠(Koblenz)에 본부를 둔 오스트리아와 프러시아로부터 예상되는 프랑스 침공을 예방하기 위한 것이었다. 아작시오의 분규 이후에 나폴레옹은 코르시카에 머물 수 없었다. 그렇다고 해서 그는 공식적으로 그곳에서 탈영지인 발랑스로 돌아갈 수도 없었다. 그러므로 그는 파리로 떠났다. 나폴레옹이 파리의 전쟁성에 도착했을 때 전쟁성은 혼란에 빠져 있었다. 새 혁명정부는 1792년 5월과 10월 사이에 6차례나 전쟁성을 바꾸었다. 아무도 나폴레옹에 관한 마야르의 보고를 읽을 기회가 없었음은 물론이고 아작시오 같은 외딴 지방에서 일어난 일에 관해서 별로 신경을 쓰지 않았다. 그리고 아무도 그가 코르시카의 국가수비대에 선출되기 전에 나폴레옹의 휴가가 공식적으로 소멸되었다는 것에 신경을 쓰지 않았다. 1792년 7월에 대위로 승진하여 새로운 임지는 없었다.[91]

나폴레옹은 그가 파리에서 발견한 것에 깊은 인상을 받았다. 이제 그는 완전한 혁명가였다. 정치적으로 그는 승리하는 편으로 보였던 자코뱅당(Jacobin)의 극단주의자들 쪽으로 기울었다. 1792년 6월 20일 폭도들이 튈르리(Tuileries) 궁으로 습격하여 루이 16세와 마리 앙투아네트(Marie Antoinette)를 잡아서 왕으로 하여금 궁전의 발코니에서 자유의 붉은 캡을 쓰도록 강제했을 때 나폴레옹은 파리에 있었다. 왕 가족의 굴욕은 군주제에 대한 나폴레옹의 평가를 낮추었다. 그는 왕의 전복을 지지했지만 왜 루이 16세가 유약하게 굴욕을 당했는지를 이해할 수 없었다. 오스트리아와 프러시아는 10일 후에 루이 16세와 그의 왕후가 침공에 공감할 것이라는 잘 정당화된 가정 하에 프랑스를 침공하고 또 자기들을 온전한 권위로 회복시키길 바라는 염원을 공개적으로 천명한 프랑스의 적들과 협력하고 있었다. 부르봉 왕가의 무기력에 대한 나폴레옹의 경멸은 8월 10일 또 다시 분명해졌는데 그때 폭도들이 다시 돌아와 왕과 왕후를 체포하고 스위스 경호원들을 학살했다.[92] 115명의 성직자들을 포함하여 1,200명 이상의 사람들이 도시의 감옥에서 폭도들에 의해서 참혹하게 살해당하던 9월 초에 나폴레옹은 파리에 있었다.

9월 3일 베르됭(Verdun)이 브룬스비크(Brunswick)의 프러시아 침공군에 의해 함락되었고 그 후 4일간의 의심받는 부역자들의 무자비

---

91) Andrew Roberts, *Napoleon: A Life,* New York: Penguin Books, 2014, p. 38.
92) *Ibid.,* p. 39.

한 살해가 시작되었다. 9월 20일 프랑소와 켈러만(Francois Keller-mann)과 샤를 뒤무리에(Charles Dumouriez) 장군들이 샹파뉴 아르덴느(Champagne-Ardenne) 지역의 발미 전투(the Battle of Valmy)에서 브룬스비크의 군대를 패배시킴으로써 혁명은 구원되었고 프랑스의 시민군이 반혁명 국가들의 정규군들을 패배시킬 수 있다는 것을 입증했다. 다음 날 1792년 9월 21일 프랑스는 공식적으로 자신을 공화정으로 선포하고 의회는 루이 16세가 적에게 부역한 것과 프랑스 인민들에 대한 범죄로 심판될 것이라고 발표했다.

1792년 10월 중순에 나폴레옹은 코르시카의 아작시오에 돌아왔다. 이제 그는 자코뱅당의 대의를 조성하고 프랑스 정규군에서 포병 제4여단의 대위가 아니라 코르시카의 국가수비대의 중령으로 돌아왔다.[93) 그는 코르시카의 민족주의자에서 프랑스 혁명가로 이동했다. 파올리는 공화정의 정책에 반대했다. 나폴레옹은 코르시카의 민족주의를 상징했던 사람이 그와 그의 가족을 그렇게 포괄적으로 거부할 때 코르시카의 애국자로 남는 것은 불가능했다. 나폴레옹은 자기 자신을 점점 더 프랑스인으로 생각하고 그리고 보다 점점 덜 코르시카인으로 생각하기 시작했다. 보나파르트의 가족과 파올리 주의자들 사이의 소외는 1793년 1월 21일 루이 16세의 처형에 의해서 가속화되었다. 나폴레옹은 왕의 처형을 전술적 실수라고 생각했다. 1793년 2월 1일 프랑스는 영국과 네덜란드에 선전포고를 했고 그 직후 스페인, 포르투갈 그리고 이탈리아의 피에몬테(Piedmont) 왕국이 프랑스에 전쟁을 선포했다. 발미 전투의 판결을 무시하고 유럽의 군주들은 왕을 살해

---

93) *Ibid.,* p. 40.

한 공화정을 응징하기 위해서 함께 모이고 있었다. 1793년 3월 혁명의 의회는 7월에 가서 사실상 프랑스의 행정부가 된 공안위원회(the Committee of Public Safety)를 설립했다.

공안위원회의 구성원들 중 자코뱅당을 이끄는 로베스피에르(Robes-pierre)와 루이 생-쥐스트(Louis Saint-Just)였다. 8월 23일 프랑스 공화국은 대규모 징집을 선언했다. 18세에서 25세 사이에 건강한 남성들이 혁명을 방어하기 위해 소집된 것이다. 그리하여 프랑스 병력은 총 645,000명에서 1백 50만 명으로 그 수를 2배 이상으로 증가시켰으며 그것의 행운 뒤에 모든 국민을 단결시켰다. 전쟁이 어차피 발발할 것 같았음에도 불구하고 혁명정권에 의해 영국에 전쟁을 선언한 것은 심대한 실수였다. 1783년에 24세라는 놀라운 젊은 나이에 권좌에 오른 소(小) 피트(William Pitt the Young)의 토리당(Tory) 정부는 이때 와서 왕을 시해한 프랑스에 뱃속으로부터 반대했다. 영국은 섬이라는 지리적 이점을 이용하여 다음 23년 동안에 오직 14개월 동안만 평화를 유지했던 혁명과 나폴레옹의 프랑스에 대한 모든 반대자들 중에서 아주 가장 일관된 자세를 취했다. 피트 수상은 일찍이 1790년 초 <프랑스의 혁명에 대한 성찰>(Reflections on the Revolution in France)에서 공포의 통치와 독재자의 부상을 예측했던 정치 철학자 에드먼드 버크(Edmund Burke)에게 "믿어주세요. 우리는 최후의 심판일까지 지금처럼 계속할 것이다"고 말하게 된다.94)

루이 16세가 처형된 다음 달에 나폴레옹은 그의 첫 중대한 지휘권을 얻었다. 그는 파올리의 조카인 피에르 디 체사르 로카(Pier di

---

94) Andrew Roberts, *Napoleon: A Life,* New York: Penguin Books, 2014, p. 42.

Cesar Rocca) 지휘 하에 있는 피에몬테-사르디니아 왕국(the Kingdom of Piedmont-Sardinia)으로부터 3개의 작은 사르디니아의 섬들을 해방시키는 원정군에서 포병부분의 책임을 맡았다. 2월 18일 그는 22문의 포를 가지고 자신의 코르시카 국가수비대들과 함께 출발했다. 그리고 23일 밤까지 산 스테파노(San Stefano) 섬을 점령했다. 그러나 전반적 원정은 로카(Rocca)에 의해서 유산되었다. 나폴레옹이 군사적 행동이라고 보았던 최초의 그것은 그러므로 굴욕이었다. 그러나 파리의 의회가 원정을 위해 요구했던 1만 명의 병력을 파올리가 제공했다면 그 원정은 성공했을 것이다. 다음 4개월에 걸쳐 파올리 정부는 영국에 더 가까워졌고 프랑스에서 더욱 더 멀어졌다. 영국은 1794년 7월 23일에 코르시카를 점령하였다. 살리세티가 반역으로 파올리의 체포를 명령했을 때 신속한 결정이 필요했다. 그러나 코르시카는 파올리를 위해 봉기했다. 살리세티의 인형이 불타고 공화주의자들이 심었던 자유의 나무들이 잘렸다. 오직 바스티아, 산 피오렌조(San Fiorenzo) 그리고 칼비(Calvi)에서만 프랑스의 주둔군들이 공화국을 위해 버텨내고 있었다.[95]

1793년 4월 일단 로베스피에르의 자코뱅당이 의회에서 정치적으로 승리할 것이 분명해지자 발미 전투의 공동 승자이고 지롱드(Girondin)당에 속하는 뒤무리에(Dumouriez) 장군이 오스트리아-프러시아 연합으로 변절했다. 뒤무리에의 반역과 다른 위기들은 로베스피에르로 하여금 지롱드 당원 모두를 체포하라고 명령하게 했으며 10월 31일 36분 만에 22명이 참수되었다. 공포의 통치(The Reign of Terror)가 시작

---

95) *Ibid.*, p. 44.

된 것이다.

5월 3일 나폴레옹은 코르시카의 바스티아에서 형 조제프와 합류하려고 애를 썼지만 파올리를 추종하는 산 사람들에 의해서 감금되었다. 그는 가족이 토지를 갖고 있는 보코나노(Bocognano)의 마을 사람들에 의해 후에 곧 풀려나서 제 갈 길을 갈수 있었다. 5월 23일 아작시오에서 카사 보나파르트(Casa Bonaparte)가 파올리를 추종하는 폭도들에 의해서 약탈당했다. 코르시카에서 파올리가 지배하는 의회가 이제는 공식적으로 보나파르트 가문을 불법화했다. 코르시카에 있는 그들의 30명에 달하는 사촌들은 제외되었다. 5월 31일 나폴레옹과 코르시카의 행정관으로 파리에서 자코뱅당 정부를 대표했던 살리세티는 아작시오를 탈환하기 위한 시도에 참가했지만 그 시도는 실패했다. 다음 날 나폴레옹은 "코르시카의 정치적 및 군사적 지위에 관한 회고"라는 에세이를 썼다 그곳에서 나폴레옹은 그의 가슴에 증오심과 복수심을 갖고 있다고 파올리를 마지막으로 비난했다. 그것은 자신의 고국에 대한 고별의 노트였다.

1793년 6월 11일 보나파르트 가족은 개종자(*Proselyte*)라는 이름의 배에 올라 칼리이(Calyi)를 떠나 이틀 후에 툴롱에 도착했다. 그리하여 마침내 그것으로 코르시카에서 나폴레옹 가문의 거의 275년의 거주에 종말을 고했다. 코르시카에서 자코뱅당의 몰락으로 살리세티도 지방으로 피신해야만 했다. 그리고 그 달 말까지 파올리는 영국의 왕 조지 3세(George III)를 코르시카의 왕(King of Corsica)으로 인정했다. 혁명가로서 그의 미래는 코르시카에 없었다. 이제 나폴레옹은 자기가 태어난 땅과 관계를 모두 단절했다. 코르시카에서 그의 혁명을 위한 긴 노력은 완전히 수포로 돌아갔다. 그는 결국 실패한 혁명가였다. 이제 그의 미래는 오직 프랑스에 있었다. 만일 나폴레옹이 코르시카에서 성공한 혁명가였다면 그는 후에 프랑스의 황제가 될 기회를 거의 확실히 갖지 못했을 것이다. 이런 점에서 코르시카에서 그의 혁명의 실패는 나폴레옹 보나파르트에게는 일종의 위장된 축복이었다고 말해도 좋을 것이다.

제4장
원정군 사령관으로 명성을 얻다

"자기가 처한 상황에서 이득을 볼 수 없는 자들은 바보들이다."
-나폴레옹 보나파르트-

1793년 6월 10일 어두운 밤을 이용하여 나폴레옹과 그의 가족들은 코르시카를 떠났다. 6월 13일 나폴레옹 보나파르트는 가족들과 함께 툴롱(Toulon)에 정치적 피난민으로 도착했다. 그들은 코르시카를 다시는 보고 싶지 않았다. 그들은 겨우 옷가지만 챙겼고 어머니가 가진 돈과 제1포병여단의 대위로서 받는 소액의 봉급이 아버지 없는 9명의 가족을 부양해야 할 전 재산이었다. 그 밖에 나폴레옹은 그들을 부양하기 위해서 자신의 교육과 야심 외엔 아무 것도 가진 것이 없었다.[96] 그 사이에 프랑스는 맥시밀리언 로베스피에르와 그의 공안위원회(the Committee of Public Safety)의 영향 하에서 훨씬 더 사악한 혼돈의 공포상태로 더 가까이 다가가고 있었다.[97] 나폴레옹은 자기의 부재를

---

96) Andrew Roberts, *Napoleon: A Life*, New York: Penguin Books, 2014, p. 45.

97) Alan Schom, *Napoleon Bonaparte*, New York: HarperCollins Publishers, 1997, p. 16.

설명하는 또 하나의 증명서를 가지고 니스(Nice)에 있는 자기 여단에 합류했다. 그 증명서는 살리세티(Saliceti)가 서명한 것이었다. 다행히도 콤파뇽(Compagnon) 대령은 왕이 처형되고 대규모 귀족들의 탈출 후에 그가 얻을 수 있는 모든 장교를 필요로 했다. 그의 부대의 80명의 장교들 중에서 오직 14명만 여전히 공화정에 봉사하고 있었다.[98]

나폴레옹은 장 뒤떼(Jean du Teil) 장군으로부터 프랑스의 혁명군대들 중 하나인 이탈리아 군대(the Army of Italy)에 화약 호송 부대를 조직하라는 명령을 받았다. 7월 중순에 그는 장 프랑소와 카르토(Jean-Francois Carteaux) 장군 휘하에 있는 남부군(the Army of the South)으로 전보되었다. 그는 탄약의 중요한 저장소를 갖고 있는 아비뇽(Avignon)에서 페데레스(*Fédérés*, 반-자코뱅당 반란자들)를 막 포위하려는 참이었다. 비록 나폴레옹은 7월 25일 아비뇽의 장악에 참가하지 않았음에도 그곳에서 성공이 그때까지 곧 그의 가장 중요한 집필을 위한 배경을 형성했다. 그것은 <보케르에서의 저녁 식사>(*Le Souper de Beaucaire*)라는 정치적 팸플릿이었다. 1792년 1월 이래 그의 모든 글들은 군사적이거나 정치적 굴곡을 갖고 있었다. 그의 수사학은 그가 주연이 될 큰 사건들에 적용될 때 보다 진정한 장엄한 맛이 났다. 그 팸플릿은 나폴레옹이 진정한 자코뱅당 지지자임을 보여주었다. 나폴레옹이 그 원고를 살리세티와 로베스피에르의 동생 오귀스탱(Augustin)에게 보여주자 그들은 그것이 공금으로 출판될 수 있게 도와주었다. 이 팸플릿의 출판은 나폴레옹을 자코뱅 당원들의 눈에 정치적으로 믿을 만한 군인으로 확증했다.[99]

---

98) Andrew Roberts, *Napoleon: A Life*, New York: Penguin Books, 2014, p. 45.

8월 24일 카르토(Carteaux)는 대규모 처형 속에서 마르세유(Marsilles)를 재탈환했다. 4일 후 전 달에 그곳에서 봉기한 페데레스(*Fédérés*)의 초대로 1만 5천 명의 영국, 스페인 그리고 나폴리(Neapolitan)의 병력으로 알렉산더 후드(Alexander Hood) 제독은 지중해에서 프랑스의 주요 기지인 툴롱 항구에 재입성했다. 나폴레옹은 9월 7일 제2포병 여단에서 소령으로 임명되었다. 그리고 그 다음 주에 그는 툴롱의 바로 북서쪽 올리울(Ollioules)에 있는 카르토의 사령부에 나타났다. 카르토는 포병에 대해서 아는 것이 없어서 그의 지휘관인 돔마르텡(Dommartin) 대령의 부상 이후 군대의 오른쪽 측면에서 포병대를 인수할, 그리고 돔마르텡의 다음 지휘관인 페리에(Perrier) 소령의 부재 상황에서 그 자리를 매워줄 누군가를 찾고 있었다. 살리세티와 그의 동료인 토마 드 가스파랭(Thomas de Gasparin)이 카르토를 설득하여 나폴레옹을 그 자리에 임명하게 했다. 아직 24세라는 젊은 나이에도 불구하고 나폴레옹은 군사학교에서 받은 그의 교육이 그에게 소령이 되게 하는 결정적 요인이 되고 있다고 생각했다.

카르토는 툴롱과 올리울 사이에 있는 언덕에 8천 명의 병력을 갖고 있었고 또한 그 도시의 라 발레트(La Valette) 쪽에 장 라 포이프(Jean La Poype) 장군 지휘 하에 3천 명의 병력이 있었다. 그러나 그는 공격할 계획이 없었다. 10월 9일 살리세티와 가스파랭은 나폴레옹에게 툴롱 밖의 모든 포병에 대한 지휘권을 얻어주었다. 이것은 분명히 포병이 주도하는 작전이 될 것이기 때문에 그 자리는 중심적 역할이었다. 살리세티와 가스파랭은 유일하게 보나파르트가 자신의 의무에 관

---

99) *Ibid.*, p. 46.

해서 모든 것을 알고 할 일이 아주 많다고 파리에 곧 보고하고 있었다. 후에 3개월 간의 포위 작전에서 그는 두 명의 부관, 즉 오귀스트 드 마르몽(Auguste de Marmont)과 안도슈 주노(Andoche Junot)의 도움을 받았다. 툴롱 너머 나폴레옹의 포대들의 위치를 방문하자 그가 할 일이 분명해졌다. 거기에는 외항과 내항이 있었고 서쪽으로 두 항구를 위압하는 레귀에트(L'Eguillette)라고 불리는 고지의 곶(promontory)이 있었다.

나폴레옹은 그 항구의 주인이 되기 위해서는 먼저 레귀에트를 선점해야 한다고 전쟁상 장 밥티스트 부쇼트(Jean-Baptiste Bouchotte)에게 보고했다. 내항에 있는 영국 선박들에게 과열된 포단들을 쏟아붓기 위해서는 멀그레이브 요새(Fort Mulgrave)를 장악하는 것이 필요했다. 이 요새는 멀그레이브 제1백작의 지휘 하에 건설되었고 그것이 아주 견고해서 요새화 되어 곶을 위압했기 때문에 "작은 지브롤터"(Little Gibraltar)라는 별명으로 불리었다. 요새의 중요성은 모두에게 분명했지만 그것을 장악할 계획을 실천한 것은 나폴레옹이었다. 성공은 거의 즉시 전략적 상황을 해결했다. 왜냐하면 일단 영국의 해군이 항구에서 축출되자 2만 8천 명의 도시는 페데레스(*Fédérés*) 만으로 방어될 수 없었기 때문이다. 나폴레옹은 스스로 멀그레이브 요새를 장악하는 계획에 몰두했다. 그리고 나폴레옹은 툴롱의 포대들과 요새들에서 상당히 개인적인 용맹성을 보였다.[100]

11월 17일 아주 유능한 자크 뒤고미에(Jacques Dugommier) 장군이 지휘를 맡고 포위작전에 참가하는 병력의 수를 곧 3만 7천명으로

---

100) Andrew Roberts, *Napoleon: A Life,* New York: Penguin Books, 2014, p. 49.

증가시켰다. 나폴레옹은 뒤고미에 장군과 잘 어울렸다. 12월 중순 그는 멀그레이브 요새를 포병부대로 포위하고 11월 23일 그는 반격을 시도했던 영국군 사령관 찰스 오하라(Charles O'Hara) 장군을 붙잡았다. 1793년 12월 17일 뒤고미에 장군은 툴롱에 대한 나폴레옹의 공격계획을 실행에 옮겼다. 나폴레옹의 지휘 하에 이 공격은 극심한 백병전 후에 마침내 요새를 장악했다. 그때 가서 나폴레옹은 아래 항구를 향해 영국해군의 배들에 뜨거운 포탄세례를 퍼부었다. 연합국들은 다음날 아침에 툴롱에서 철수했다. 나폴레옹은 참여하지 않았지만 곧 살리세티와 가스파랭은 페데레스로 의심되는 약 400명에 달하는 용의자들의 처형을 명령했다. 나폴레옹에게는 크고 당연한 이득이 툴롱의 승리로부터 흘러들었다. 그는 12월 22일에 준장으로 그리고 론 강(the Rhone)에서 바르 강(the Var)까지 해안 방어의 감독관(inspector)으로 임명되었다.

살리세티는 고위급 정치인들인 폴 바라스(Paul Barras)와 루이 스타니슬라스 프레롱(Louis-Stanislas Fréron)의 관심을 끌게 해주었지만, 그러나 무엇보다도 나폴레옹이 후에 말한대로, 툴롱은 그에게 스스로의 자신감을 가져다주었다. 그리고 그는 그에게 지휘를 믿고 맡길 수 있다는 것을 보여주었다. 군의 역사에서 1790년대 프랑스에서만큼 그렇게 높은 장군들의 전복은 별로 없었다. 그것은 유능한 젊은 장교들이 미증유의 속도로 계급에서 승진할 수 있다는 것을 의미했다. 공포정치, 망명, 전쟁, 정치적 숙청, 패배, 정치적 의심과 희생양 찾기 등으로 군인들의 승진이 아주 빨랐다. 그러므로 나폴레옹의 쾌속 승진은 당시의 군사적, 정치적 상황을 고려할 때 결코 특이한 것은 아니었다.

그럼에도 불구하고 승진은 인상적이었다. 그는 소위로 5년 반, 중위로 1년, 대위로 16개월, 소령으로 오직 3개월을 보냈지만 대령으로 전혀 봉직함이 없었다. 1793년 12월 22일, 앞서 이미 언급된 것처럼, 그의 99개월의 봉직 기간 중에 58개월을 허가를 받거나 허가 없이 휴가를 보냈고 실제 복무기간은 4년도 안 되는 24세의 나폴레옹 보나파르트가 프랑스 군대의 장군이 되었다.[101]

1794년 2월에 이탈리아 군(the Army of Italy)의 포병 지휘관으로 임명되었다. 그러나 이탈리아의 북서쪽에 있는 오스트리아의 연합국인 독립적인 피에몬테 왕국(the Kingdom of Piedmont)에 대한 피에르 둠베리옹(Pierre Dumberion) 장군의 5주간 작전에서 믿을 만하지만 그러나 현저하지 않은 역할을 수행했다. 그 작전이 쉽게 끝이 나자 그는 초여름에 니스(Nice)와 앙티브(Antibes)에 돌아왔다. 그곳에서 그는 왕당파로 섬유와 비누 사업의 백만장자로 죽은 사업가의 예쁜 딸인 16세의 외제니 데지레 클라리(Eugenie Désirée Clary)에게 구애를 시작했다. 데지레의 언니인 줄리(Julie)가 나폴레옹의 형인 조제프와 1794년 8월 1일 결혼하여 40만 프랑의 엄청난 지참금을 가져왔다. 그 지참금은 보나파르트의 돈 걱정을 마침내 종식시켰다. 나폴레옹과 데지레는 다음 4월에 약혼을 했다.

1794년 4월에 나폴레옹은 피에몬테(Piedmont)를 통해 이탈리아의 침공계획을 공안위원회에 제출했다. 그것은 이탈리아 군에 속하는 오귀스탱 로베스피에르가 그것을 파리에 전달했다.[102] 나폴레옹의 침공

---

101) *Ibid.*, p. 52.
102) Andrew Roberts, *Napoleon: A Life*, New York: Penguin Books, 2014, p. 54.

계획은 "공격은 분산되어서는 안 되고 집중되어야 한다." "섬멸되어야 할 것은 오스트리아이고, 그것이 달성되면 스페인과 이탈리아가 저절로 떨어질 것이다." 그리고 냉정한 사람은 누구나 마드리드를 장악할 생각을 할 수 없을 것이다. 스페인인들에게는 방어체제가 채택되고, 그리고 피에몬테의 국경선에는 공세가 채택되어야 한다. 그리고 권위를 집중하는 데 열심인 나폴레옹은 알프스의 군대(the Army of Alps)와 이탈리아의 군대(the Army of Italy)는 동일한 사령관에 복종하도록 통합되어야 한다고 나폴레옹은 썼다.[103]

1794년 4월 5일 로베스피에르의 공안위원회 명령으로 진행된 조르주 당통(Georges Danton)과 카미유 데물랭(Camille Desmoulins)의 처형은 자신의 자식들을 가차없이 집어삼키는 혁명을 보여주었다. 당시 프랑스 혁명정부는 심각한 경제적 위기를 겪고 있었다. 종이 돈은 쓸모가 없었다. 도시는 식량이나 평화를 제공하는 데 분명히 실패한 자코뱅당에 대항하는 반작용이 성숙했다. 스페인과 벨기에 그리고 라인강을 따라서 1794년에 후퇴했던 연합국들과 함께 음모의 한 집단은 자코뱅당을 타도하고 그리고 마침내 공포의 통치를 종식시키기에 충분한 자신감을 느꼈다. 7월 중순에 6일 동안 오귀스탱 로베스피에르 대신에 그것의 요새화에 대해 보고하기 위해 제노아에 가는 비밀 임무에 참가해서 그곳에서 프랑스 대리대사인 장 틸리(Jean Tilly)와 5시간의 회담을 갖고, 그리고 보다 나은 프랑스-제노아 관계의 필요성을 제노아의 총독에게 설득했다. 그것은 정확하게 최악의 시기에 나폴레옹을 로베스피에르 형제의 서클 속으로 더 밀접하게 끌고 들어

---

103) *Ibid.*

갔다. 왜냐하면 바라스(Barras)와 프레롱(Fréron)이 주도하는 "테르미도르의 반동(Thermidorian reaction)이 7월 27일 맥시밀리언 로베스피에르(Maximilien Robespierre) 정권을 타도했기 때문이다. 두 형제들과 60명의 다른 테러주의자들이 다음 날 단두대로 처형되었다. 그때 나폴레옹이 파리에 있었다면 그도 당연히 그들과 함께 단두대로 처형되었을 것이다. 8월 5일 그가 로베스피에르의 운명에 관해 들었을 때 나폴레옹은 자기 형의 결혼식에서 막 돌아와 니스의 근처에 있는 시에쥬(Sieg)에 주둔하는 군대 막사에 있었다.[104]

나폴레옹은 로베스피에르 파당과 연계된 다른 장교들과 함께 체포되어 숙소에 연금되어 2주간을 보냈다. 새 정부 당국이 그를 기소하지 않기로 결정했지만 다음 1년 동안 그는 수많은 다수의 다른 장군들이 영광을 획득하고 급속한 승진을 보장하는 전투 직위와는 거리가 먼 참모 직위에 임명되었다. 나폴레옹의 좌절은 다시 커져갔다. 1795년 5월에 그는 서부 프랑스에서 반혁명 게릴라 잔당들을 추적하는데 도우라는 보람없는 임무를 받았다. 그는 그 임무를 맡는데 주저했다. 그리고 바로 이 시점에서 그는 터키에 파견을 요청했지만 프랑스 정부는 그 요청을 거부했다. 그러나 다시 한번 툴롱에서 나폴레옹이 보여주었던 기술, 에너지, 무자비함, 그리고 순전히 행운의 결합이 그를 구제했다. 1795년 국민 의회(National Convention)가 프랑스 혁명의 시작 이후에 3번째인 새 헌법을 승인했지만 그러나 기존정부의 구성원들을 위한 새 입법부에서 2/3의 자리가 비민주적으로 예약되었다. 입헌 군주제로 돌아가기를 희망하는 보수주의자들은 맹렬히 항의했

---

104) *Ibid.*, p. 55.

다. 그래서 1795년 10월 초에 파리의 거리에서 무기를 들었다. 정부의 수호가 폴 바라스(Paul Barras)라는 방탕한 전 귀족에게 떨어졌다. 그는 로베스피에르 형제들에 대항하는 쿠데타를 주도하는데 도왔던 의회의 일원이었다.[105]

일찍이 바라스는 툴롱의 포위를 감시하는 것을 도왔었다. 이제 그는 그곳에서 반란자들을 패배시키는 데 대단한 일을 했던 유능한 젊은 장교를 방문했다. 10월 5일 중재한 날에 바라스는 프랑스 군대를 이용하여 위협적인 왕당파들의 반란을 진압하고 수백명의 사망자들을 냈다. 나폴레옹이 파리의 중심지에 있는 생 트노레(Saint-Honored)에서 생 로슈(Saint-Roch) 교회 근처에 대포를 설치하고 반란자들에게 치명적 한 발의 포도 탄을 발사하도록 그의 부하들에게 명령했다. 그리고 파리 중심부의 좁은 거리에서 방어하고 병력과 포병을 조직하는 그의 기술로 바라스의 높은 칭찬을 획득했다. 2주 안에 나폴레옹은 높은 봉급과 그의 형제들 조제프(Joseph)와 루시엥(Lucien)마저 수지 맞는 임명과 함께 프랑스에서 가장 큰 군대인 내무군(the Army of the Interior)의 지휘권을 받았다.[106]

머지 않아, 바라스는 그를 과거 자기의 정부(mistress)였던 로즈 드 보하르네(Rose de Beauharnais)를 소개함으로써 나폴레옹의 인생에 또 하나의 중대한 변화를 가져왔다. 프랑스의 카리브 식민지인 마르티니크(Martinique) 출신의 귀족인 로즈는 공포의 통치시기에 자기의 남편을 단두대에서 잃고 간신히 자신의 목숨을 건졌다. 두 명의 청소년 자

---

105) David A. Bell, *Napoleon: A Concise Biography*, Oxford: Oxford University Press, 2015, p. 21.
106) *Ibid.*, p. 22.

식들을 둔 이제 30대 초반의 그녀를 바라스는 헌 물건으로 간주했지만 나폴레옹에게 그녀는 매력적 아름다움의 화신으로 보였다. 남부 유럽에 있는 동안 그는 데지레 클라리(Désirée Clary)에게 구애했지만 그녀는 결국 나폴레옹의 동료인 장 파티스트 베르나도트(Jean-Baptiste Bernadotte)와 결혼했다. 로즈와는 관계가 훨씬 더 심각했다. 6개월 뒤에 나폴레옹은 가족들의 불쾌감에도 불구하고 연상의 여인과 결혼했다. 그 후에 그녀는 그가 그녀에게 부여한 조세핀(Josephine)이라는 이름으로 통했다. 그녀의 열기는 나폴레옹의 열기에 결코 미치지 못했다. 그래서 그녀는 원정을 떠나자 바람을 피웠으며 나폴레옹에게 상당한 고통을 야기했다.

나폴레옹은 1796년 봄에 결혼한지 3일만에 이탈리아의 원정길에 올랐다. 이미 1793-1794년에 새로 태어난 프랑스 공화국은 국내적 반란자들의 잔당들을 잔혹하게 제거하면서도 대규모 유럽의 연합에 대항하여 싸웠다. 급진적 혁명에 동반한 혼돈에도 불구하고 국가의 거대한 인적 및 물적 자원들을 동원하는 새 정권의 능력은 결국 안정을 이루었다. 1795년에 프랑스는 스페인과 프러시아가 갈등에서 철수하는 동안에 네덜란드를 점령했다. 이제 프랑스 공화국은 야심적인 새로운 공세로 나아 갈 수 있었다. 프랑스의 전략가들은 동쪽으로 3갈래의 공격을 마련했으며 그것은 여전히 남아 있는 대륙의 적인 오스트리아 제국을 패배시키는 것을 목표로 했다. 한 갈래의 프랑스 군대는 독일의 라인란트(Rhineland)를 향해 프랑스의 북동쪽으로 공격할 것이다. 두 번째 갈래는 남부 독일을 향해 진격할 것이다. 그리고 3번째의 이탈리아 군대(the Army of Italy)는 주로 앞선 두 갈래의 공격을 돕기 위한 주의 전환을 위해 오스트리아가 대부분 지배하고 있는 남부 이탈리아를 공격할 것이다. 이 3번째로 가장 작은 군대의 사령관으로 임명된 것이 바로 나폴레옹 보나파르트였다.[107]

그러나 나폴레옹은 마침내 기회를 잡았다. 나폴레옹의 병사들은 그가 이탈리아 군대의 지휘권을 장악했을 때 나폴레옹의 재능을 즉시 알아보지 못했다. 그는 별로 인상적이지 않았다. 크고 검은 눈과 홀쭉한 뺨을 가진 작고, 메마르고 아주 창백했다. 그러나 나폴레옹 장군은 병사들의 급료를 올리고 그들이 정기적으로 고기, 빵, 그리고 브랜디의 배급량을 받도록 확실히 하면서 병사들의 복무 조건을 향상시키기 위해서 신속하게 일을 시작했다. 군대에 대한 그의 첫 천명에서 나폴레옹은 자기 부하들을 전우라고 불렀다. 그는 곧 그들의 존경뿐만 아니라 그를 파리인들의 음모를 위해서만 적합한 "정치 장군"이라고 처음에 경시했던 경쟁자들의 존경도 획득했다.

그러나 놀라야 할 가장 큰 이유를 가진 것은 나폴레옹의 상대방들이었다. 군대의 지휘권을 갖게 된 지 한 달도 안 되어 그는 3만 6천 명의 병력을 이탈리아로 진격시켜서 일련의 신속한 전투에서 오스트리아의 연합국인 북부 이탈리아 국가인 피에몬테와 전쟁에 들어갔다. 그리고 이주 이내에 피에몬테인들을 전쟁에서 몰아내 버렸다. 그런 뒤에 오스트리아의 주력군과 마주했다. 5월 10일 로디(Lodi) 전투는 그 자체로서는 주요 승리가 아니었다. 왜냐하면 오스트리아인들이 이미 퇴각하고 있었기 때문이다. 그럼에도 불구하고, 나폴레옹이 직접 최전선에서 지휘하며 아다(Adda) 강의 다리를 건너는 장엄한 장면은

107) *Ibid.*, p. 24.

일련의 빛나는 기동작전들을 완성했고 그리고 며칠 후에 프랑스인들이 이탈리아의 북부 주요도시인 밀라노(Milan)를 점령할 수 있게 했다. 더 북쪽으로 벌이는 프랑스 주력 작전들의 주의 전환 작전으로 원래 계획되었던 군사행동이 이제는 성공의 덕택으로 프랑스 전쟁노력의 핵심이 되었다.108)

나폴레옹이 이러한 초기의 승리들을 굳히는 데에는 추가적인 9개월 간의 소모적 전투들이 있었다. 그러나 대부분의 전투에서 오스트리아인들이 프랑스인들 보다 훨씬 더 많이 패전했으며 북부 이탈리아에 있는 만투아(Mantua) 성채에서 그들의 거대한 전략적 거점을 구제하려는 그들의 시도에서 실패했다. 마침내 1797년 1월 14-15일, 리볼리(Rivoli)라는 작은 마을 근처에서 나폴레옹의 군대가 만투아를 향해 마지막 진격을 하고 있는 오스트리아의 요제프 알빈치(Josef Alvinczy) 장군의 군대와 마주쳤다. 그것은 전형적인 나폴레옹 식의 전투였다. 전날 밤에 나폴레옹은 전장이 내려다보이는 고지로 말을 타고 올라가서 달밤에 적의 위치들을 관찰했다. 전투 그 자체는 그의 병력의 신속한 재전개에 달려있었다. 한 중대한 순간에 오스트리아의 척후병들이 아디지(Adige) 강 근처에 있는 중앙 협곡으로 공격했다.

나폴레옹은 다른 곳의 오스트리아인들은 너무 지쳐서 기동의 이점을 이용할 수 없을 것이어서 그 협곡으로 이동할 것이라고 계산하고서 그들을 막기 위해 여러 개의 자기 여단을 후퇴시켰다. 그때 가서 프랑스 공격이 척후병들을 도망치게 했으며 바로 그때 나폴레옹

---

108) David A. Bell, *Napoleon: A Concise Biography,* Oxford: Oxford University Press, 2015, pp. 27-28.

은 자기의 병력을 그들의 원래 위치로 신속히 복귀시켜서 그곳에서 알빈치의 군대를 둘로 분할하는데 성공했다. 그 결과는 오스트리아인들의 사실상의 파괴였다. 오스트리아인들은 나폴레옹의 5천 명에 대해 1만 4천 명의 병사들을 잃었다. 그것의 구제의 마지막 기회가 사라지자 만투아는 마침내 2주 후에 항복했으며 오스트리아의 수도 빈(Vienna)으로 가는 길을 열어 놓았다. 그 사이에 나폴레옹은 남쪽으로 돌아서 교황 비오 6세(Pope Pius VI)에 의해 통치되는 국가들로부터 영토를 장악했다. 이 시점에서 오스트리아와 진지한 평화협상이 시작해서 1797년 4월 레오벤(Leoben)에서 예비적 합의에 서명을 가져왔다. 최종조약은 이탈리아에서 프랑스가 얻어낸 것을 확인했을 뿐만 아니라 그것은 또한 오늘날 벨기에와 독일에서 상당한 영토의 합병을 확인했다.[109]

이런 긴장된 군사작전의 와중에서 조차도 나폴레옹은 두 갈래의 정치적 공세라고 간주될 수 있는 일을 하면서 군사문제 만큼이나 정치에 많은 관심을 부여했다. 첫 번째 갈래는 핵심적 지지자 층인 자신의 군인들이었다. 그는 그들에게 자주 연설했고 그들을 자신의 형제들이라고 부르면서 그들의 용맹을 치하했다. 그는 메달들을 그들에게 나누어 주고 또 군인들의 자부심과 운명에 호소했다. 그리고 그는 자기의 병사들에게 전리품을 공유하는데 주저하지 않았다. 실제로 병사들은 프랑스가 군사작전 중에 이탈리아에서 거둬들인 엄청난 전리품을 공유했다. 그것은 약 4천 5백만 프랑스 리브르와 추가로 보석과 귀중품에서 1천 2백만 파운드, 그리고 300개 이상의 가치를 알 수 없

---

109) *Ibid.*, p. 29.

는 그림과 조각품들이었다.[110] 그리고 나폴레옹은 개인적으로 접근할 수 있는 사령관으로 남았다.

두 번째 갈래는 프랑스 대중을 정당하게 목표로 했다. 나폴레옹은 본국에서 모든 사람들이 그의 개척에 관해서 알고 그의 탁월성을 알고 있도록 확실히 했다. 그의 작전 중에도 화가들은 그에 관한 초상화를 37개나 그렸고 그 중 많은 것이 그의 요청에 따른 것이었다. 위대한 화가 앙투완 장 그로(Antoine-Jean Gros)는 1796년 11월 아르콜라 전투(the Battle of Arcola)에서 영웅적 행위의 순간을 탁월하게 포착했다. 그것은 나폴레옹이 손에 깃발을 들고 심한 오스트리아의 화력 속에서 자기의 병사들을 이끄는 모습이었다. 그 공격이 실패했다는 그리고 나폴레옹의 부하인 오제로(Augereau)가 훨씬 더 많은 용맹을 보여주었다는 사실들은 약삭빠르게 무시되었다.[111]

나폴레옹은 두 개의 프랑스어 신문들이 그의 정복에 관해 보도하는 것을 발견했다. 하나는 급진적 "신-자코뱅당"을 겨냥했고 또 하나는 보다 온건한 관중들을 겨냥했다. 1797년 10월에 전자는 나폴레옹을 사실상 하나의 반신반인(demigod)으로 축복했다. 오늘날 그런 표현을 심각하게 받아들이기는 어렵다. 그러나 장 자크 루소(Jean-Jacques Rousseau) 같은 과거에 신격화한 작가들을 갖고 있고, 그리고 루이 16세가 조국을 피해서 반혁명 군대와 합류하려고 시도하기 전에 잠시 동안이지만 그의 어깨에 비슷한 작위를 수여했던 프랑스 대중들은 최고의 영웅 숭배에 대한 준비된 욕구가 있었다. 물론 그것이 나폴레옹

---

110) *Ibid.*, p. 30.
111) *Ibid.*

의 진정으로 인상적인 성취를 과장하는데 기여했다.112)

프랑스에서 1795년 권력을 유지하는데 도왔던 바라스와 다른 정치인들이 5명으로 구성된 집정내각(Directory)에 의해 통치되는 제한된 일반선거권으로 새 정권을 수립했다. 1796년 봄에 이미 나폴레옹은 그가 동의하지 않으면 집정내각으로부터 오는 명령을 간단히 거부할 만큼 충분히 자신감을 느꼈다. 가을에 여러 개의 이탈리아 국가들을 하나의 새 정치적 연방으로 묶는 이니셔티브를 취한 것은 집정내각이 아니라 나폴레옹이었다. 리볼리(Rivoli)에서 나폴레옹의 승리 후에 파리에서 오는 지시들은 명확히 공손하게 변했다. 집정내각은 나폴레옹에게 명령이 아니라 요청했던 것이다. 이탈리아의 새 연방에서 유권자들이 프랑스가 승인하는 후보자들을 거부하자 나폴레옹은 그것을 간단히 해산해버렸다. 그리고 자기의 이니셔티브로 자기가 정복한 모든 이탈리아 영토들을 복종적인 "치잘파인 공화국"(Cisalpine Republic)으로 묶었다. 그리고 그것을 새 수도인 밀라노(Milan)에서 그가 개인적으로 초호화판으로 선포했다. 그럼에도 불구하고 대단히 많은 이탈리아인들이 그들의 과거 지배자들로부터 자신들의 해방을 환영했으며 그리고 프랑스 혁명의 원칙들을 승인했다. 프랑스인들에 의해 거대한 액수가 이탈리아로부터 약탈되었지만 이 이탈리아의 "자코뱅당"은 나폴레옹을 해방자로 환호했다.113)

그러나 모든 이탈리아인들이 그런 열정을 공유하지는 않았다. 반란자들과 폭도들을 다루는데 있어서 나폴레옹은 그의 개성의 또 하

---

112) David A. Bell, *Napoleon: A Concise Biography,* Oxford: Oxford University Press, 2015, p. 31.
113) *Ibid.,* p. 32.

나의 중요한 면, 즉 절대적 무자비함을 노출했다. 그의 초기 승리들 직후 파비아(Pavia) 시가 프랑스인들에게 대항하는 봉기를 했다. 그것은 대부분이 사냥무기와 쇠스랑으로 무장한 수천 명의 농부들에 의해 지지를 받았다. 한 프랑스 기동부대가 비나스코(Binasco) 마을 근처에서 한 농민 집단을 가로막고 그들 가운데 1백 명을 죽이고 나머지는 도주하게 했고, 그리고 그들이 발견하는 모든 성인 남자들에게 총질하면서 그 마을을 불태웠다. 파비아(Pavia) 도시가 항복한 뒤에 나폴레옹은 자기 병사들이 하루 종일 강간과 약탈을 하게 내버려 두었다. 다른 이탈리아의 마을들도 동일한 운명을 겪었다. 그런 행위는 18세기 유럽의 전쟁에서 늘 있는 일이었다. 진실로 그 혁명에서 프랑스의 부분들은 더 추악했다. 적어도 당장은 탄압이 북부 및 중부 이탈리아를 프랑스의 궤도에 단단히 유지했다. 그러나 그것은 "혁명적 해방자"의 이미지를 별로 설득력이 없게 만들었다.[114]

실용주의와 혁명적 원칙 사이의 비슷한 긴장이 이탈리아 원정이 종식되면서 나폴레옹의 외교를 관통했다. 프랑스와 오스트리아가 1797년 10월 캄포 포르미오 조약(the Treaty of Campo Formio)을 체결했다. 간결한 조약문을 통해 프랑스 공화국은 나폴레옹 보나파르트를 이탈리아에서 총사령관으로 임명했다. 그것은 민주 공화국의 스타일이었다. 그러나 같은 조약이 수세기 된 독립적 베니스 공화국(the Republic of Venice)을 간단히 종식시키고 그곳의 모든 인민들의 의지에 전혀 관심 없이 그들을 오스트리아 주권으로 이양했다. 그것은 다른 곳에서의 상실에 대한 대가로 오스트리아에 보상으로 주어졌던 것이다.

---

114) *Ibid.*

나폴레옹 자신은 화려한 이탈리아의 몸벨로(Mombello) 성채에서 지난 여름을 보냈으며 그곳에서 꼼꼼한 궁정의 에티켓을 고집했다. 독일에서 영토적 조정을 논의하기 위해 12월에 라슈타트 회의(the Congress of Rastatt)에 도착했을 때 그는 주권적 왕들에게 전통적으로 유보된 권리인 8마리의 말이 끄는 화려한 마차를 타고 왔다. 나폴레옹은 이탈리아 원정의 성공으로 벼락부자가 되고 정복자가 되었다.115)

그럼에도 불구하고 프랑스인들에게는 그는 계속 혁명적인 자세를 취했다. 1797년 여름에 입헌군주제의 회복을 희망하는 보수주의자들이 프랑스 선거에서 놀라운 약진을 보였다. 그들을 중단시키기 위해 필사적인 소위 신-자코뱅당(neo-Jacobins)은 여전히 급진적 혁명의 각인을 안고 있고 또 여전히 구체제 주권자들에 대항해서 싸우고 있는 군대들의 지지를 모색했다. 신자코뱅당 언론인들은 보수주의자들을 부패한 음모꾼들로, 그리고 파리를 군대의 빗자루가 필요한 하나의 아우게이아스 왕의 외양간(an Augean Stables)으로 묘사했다. 그들 가운데 한 사람은 프랑스를 순화하기 위해 군대들이 필요하다고 썼다. 나폴레옹과 여러 사령관들이 그들에게 동의했고 수도로 병력을 파견했다. 1797년 9월에 신자코뱅당이 집정내각과 의회에서 그들의 경쟁자들을 축출했다. 프랑스 정권을 변경하기 위해서 프랑스 군이 직접 개입한 것은 처음 있는 일이었다. 그리고 그것은 불길한 전례를 세웠다. 그것은 또한 군에서 민간인 위원들을 제거하여 나폴레옹과 다른 장군들에게 과거보다 훨씬 더 많은 자율성을 주었다.116)

---

115) Alan Schom, *Napoleon Bonaparte,* New York: HarperCollins Publisher, 1997, pp. 60-63.
116) David A. Bell, *Napoleon: A Concise Biography,* Oxford: Oxford University

당시에 나폴레옹의 정치적 신념이 무엇이든지 간에 1797년 말에 28세의 나폴레옹은 이미 대륙에서 가장 강력한 사람들 가운데 한 사람이 되었다. 그는 이탈리아에서 국가들이 운명을 결정하는 군주였고, 그리고 프랑스에서는 공화정의 구원자였다. 그의 가장 큰 불안은 전쟁에 관한 것이 아니었다. 이제 전쟁은 대륙에서는 끝이 났고 오직 영국에 대항하여 공해에서만 계속되었다. 그의 불안은 그의 이탈리아 원정의 대부분의 기간을 파리에 남아서 잘 생긴 기병대 장교와 바람난 부인 조세핀(Josephine)에 집중되었다. 1797년 12월에 그가 파리에 돌아왔을 때 그들 사이의 균열은 치유되지 않았다. 그러나 그의 대중적 인기는 대단했다. 수천명이 그를 축하하는 대중적 페스티빌에 참석했다. 그리고 그는 자신을 국가의 최고 지도자로 이미 상상하고 있었다. 그는 집정관의 일원이 될 가능성을 탐색했으나 그것은 당시에 최소 연령을 40세로 정한 헌법의 수정이 필요하다는 것을 발견했다. 그는 새 영국군의 군대로 명명된 군대의 사령관으로 임명되어 영국해협을 넘어서 영국을 침공하는 책임을 맡았지만 프랑스가 영국의 막강한 해군에 신속하게 대항하기에는 충분한 해군력을 보유하고 있지 않다는 것을 바로 깨달았다. 그 대신에 그는 스토리가 나폴레옹과 얽히고설키게 된 인물의 덕택으로 아주 다른 방향으로 나아갔다.[117]

샤를-모리스 드 탈레랑(Charles- Maurice de Talleyrand)은 나폴레옹에게 필적한 인물이었다.[118] 젊은 나폴레옹 장군이 대담성, 야심, 신

Press, 2015, pp. 33-34.

117) David A. Bell, *Napoleon: A Concise Biography,* Oxford: Oxford University Press, 2015, p. 34.

118) J. F. Bernard, *Talleyrand: A Biography,* New York: Capricorn Books, 1793.

체적 에너지 그리고 넘치는 과장된 몸짓을 상징했다면 나폴레옹보다 15세 위인 병약하고 만곡족(club foot)의 탈레랑은 예민함, 아이러니, 그리고 세상에 질린 냉소주의의 피조물이었다.[119) 공포의 통치가 종식된 후에 그는 외무상(Foreign Minister)으로 임명되었다. 그는 국가의 경제적 풍요를 위해서 프랑스의 과거 방대한 식민 제국의 재건이 필요하다고 주장했다. 1756-1763의 영국에 대한 7년 전쟁(the Seven-Year War)은 프랑스 식민 제국을 대서양과 인도양 그리고 생 도밍그(Saint-Domingue, 지금의, Haiti)에 흩트려 뜨려 축소시켰다. 그리고 1797년 프랑스는 생 도밍그도 흑인들의 혁명으로 급속히 상실하고 있었다. 이 문제에 관해서 탈레랑의 관심과 나폴레옹의 야심은 완전하게 일치했다.[120)

18세기에 여러 차례 프랑스는 가능한 식민화의 장소로 이집트를 향해서 탐욕스러운 시선을 던졌다. 터키의 오스만 제국의 명목상의 비호 하에 맘루크(Mamelukes) 전사계급에 의해 지배되고 있는 이집트는 지중해와 흑해에서 모두 전략적 지위를 보유했다. 그리고 이론상으로 그곳은 인도에 있는 영국의 식민지들을 공격하기 위한 기지로 봉사할 수 있었다. 나폴레옹에게 이집트를 정복하는 아이디어는 3가지의 목적에 부합했다. 첫째로, 그것은 그에게 아직 준비가 안 된 정치현장에서 철수할 완벽한 구실을 주었다. 둘째로, 그것은 그에게 알렉산더 대왕과 시저에게 자신을 그렇게 자주 비교했던 사람에게 더

See, Part Three. "Talleyrand and Napoleon," pp. 167-319.

119) David A. Bell, *Napoleon: A Concise Biography,* Oxford: Oxford University Press, 2015, p. 35.

120) *Ibid.*

많은 명성을 쌓을 수 있는 기회를 주었다. 셋째로, 그것은 그에게 프랑스 장군들 가운데 가장 민간인적인 명성을 닦을 수 있게 허용했다. 나폴레옹이 잘 알고 있었듯이 줄리우스 시저에 대한 비교는 대부분이 혁명적 프랑스에서 칭송이 아니었다. 일찍이 1789년에 권력을 장악하는 너무 강력한 장군들에 관하여 언론과 집회에서 경고가 울렸었다. 그리고 나폴레옹이 부추긴 1797년 쿠데타는 그런 경고 소리를 줄이기 위해 아무것도 하지 않았다. 루비콩 강을 이미 건넌 것인가? 군사정권을 피할 수 있을 것인가? 프랑스로 돌아오자마자 그런 두려움을 진정시키기 위해서 나폴레옹은 과시하듯 사복을 입었고 또 학구적인 구체제의 과학적 및 문학적 학술원들의 후임기관인 엘리트 국가기구(National Institute)의 회원이 되었다. 나폴레옹이 이집트 원정의 아이디어를 조성하기 시작했을 때 그는 그것이 어떻게 프랑스 과학자들과 학자들의 이익을 증진시킬 수 있을 것인지에 관해서 말했고 또 아마도 부패한 동양의 이집트를 계몽된 행정의 모델로 전환시킬 것을 제안했다.[121]

나폴레옹의 이집트 원정 제안은 이 인기 있고 야심찬 장군을 프랑스로부터 1,690마일이나 떨어진 곳에 두는 집정내각의 목적에도 봉사했기 때문에 그들은 신속하게 그 계획을 승인했다. 그리하여 1798년 5월에 기억하기로 가장 큰 프랑스 해군원정의 하나가 툴롱 항구에서 출항하여 중도에 몰타(Malta)를 정복하고 영국해군을 피해 7월 1일 알렉산드리아(Alexandria)의 무덥고 햇볕에 달궈진 해안에 출현했다. 다음날 약 4천 명의 프랑스 병사들은 그 고대 도시의 성벽들을 사다리

121) *Ibid.*, p. 36.

를 타고 올라 그곳의 항복을 강제했다. 일주일 후에 그의 군대를 상륙시키고 조직한 나폴레옹은 이집트의 수도인 카이로(Cairo)를 향해 120마일의 행군을 시작했다. 그 행군은 다시 나폴레옹이 얼마나 효율적인 지도자인지를 보여주었다. 그것은 북아프리카의 이글거리는 태양 아래서 이루어졌다. 병사들은 무거운 복장을 하고 그들의 등 뒤에 60~80파운드의 장비와 보급품을 운반했다. 그들 가운데 어떤 병사들은 목말라서, 굶주려서, 그리고 일사병으로 죽었다. 어떤 병사들은 나일강에 자신의 몸을 던졌다. 병사들은 빵이 없어서 호박, 멜론 그리고 닭고기로 연명했다. 그러나 나폴레옹은 그 자신이 이 고초를 함께 겪으면서 때때로 하루 종일 아무 것도 먹지 않았다. 그리고 그는 끊임없이 병사들에게 전리품과 영광 약속을 제시했다.

가혹한 고초에도 불구하고 그의 군대는 좋은 조건에서 카이로의 외곽에 도착했으며 7월 21일 피라미드들 중 가장 유명한 기념물이 보이는 피라미드 전투(the Battle of the Pyramids)에서 주력 맘루크 군과 싸웠다. 프랑스인들은 잘 훈련되고 장비도 잘 갖추었고 그리고 맘루크들이 감당할 수 없는 치명적 이동 포병대를 보유했다. 맘루크들이 그들의 전설적 기병대를 사용하려고 시도했을 때 프랑스인들은 난공불락의 사각형의 보병 대형을 이루어 그곳에서 그들은 파괴적인 일제사격을 단행했다. 이 전투 전에 나폴레옹은 집합한 병사들에게 그의 가장 잘 알려진 연설들 가운데 하나를 했다:

"병사들이여, 너희들의 의무를 다하라. 4천년의 이 기념비들의 꼭대기가 너희들을 내려 다 보고 있다."[122]

전투가 끝났을 때 피라미드들은, 그리고 이집트 자체가 그들의 손 안에 있었다. 이집트에서 나폴레옹은 행동의 자유가 파리에서 오는 지시들로 제한되었다. 그리고 적어도 이론적으로는 이탈리아인들의 민주적 열망을 존중할 필요에 의해서 제한되었다. 그러나 이집트에서는 그가 아무런 간섭 없이 통치할 수 있었다. 그는 토착민들의 위원회 제도에 기초한 새로운 정부를 세웠다. 새로운 이집트 법원제도가 있고 우편봉사, 병원들, 그리고 국가 수비대가 있을 것이었다. 그는 토지개혁을 도입했다. 그러나 나폴레옹은 이 나라를 민주주의로 만들기를 원하지 않았다. 이 새 계몽된 이집트는 시민평등과 계몽된 식민 통치자들에 의한 사회이익의 합리적 관리에 토대를 둘 것이지만 그러나 자유와 자결 위에 근거하지는 않았다.[123]

그러는 동안에 나폴레옹은 "민간인" 얼굴을 계속 유지하면서 파리로 돌아가려고 열심이 노력했다. 나폴레옹은 프랑스 모델을 딴 학술기구에 많은 열성을 쏟았다. 그곳은 프랑스에서 그를 동반한 160명의 학자들, 예술가들, 그리고 과학자들과 공학자들로 구성되었다. 그들은 이집트의 타조의 날개들로부터 나일강의 진흙의 성분과 이집트의 골동품에 이르는 모든 것을 논의하기 위해 일주일에 두 번씩 모임을 가졌다. 그들은 고대 영광의 잔재 속에서 살고 있는 후진적이고 게으른 동방인이라고 판에 박힌 인식으로 일반적으로 토착 이집트인들에 대한 존경심을 별로 갖고 있지 않았다. 그러나 1809년에 발행되기 시작

---

122) David A. Bell, *Napoleon: A Concise Biography,* Oxford: Oxford University Press, 2015, p. 37.에서 재인용.

123) David A. Bell, *Napoleon: A Concise Biography,* Oxford: Oxford University Press, 2015, p. 37.

한 대규모 <이집트에 관한 서술(*Description of Egypt*)>을 통해서, 그리고 궁극적으로 이집트의 상형문자의 해독을 허용한 로제타 스톤 (Rosetta Stone)의 발견을 통해서, 유럽인들의 눈에 이집트에 관한 많은 새로운 정보를 가져옴으로써 그들의 노력은 보람이 있었다.[124]

나폴레옹 자신이 이집트에 깊숙이 빠졌다. 아직 30세도 안되어 나폴레옹은 알렉산더와 시저가 영광스럽게 자기에 앞서 섰던 그 자리에 이국적이고 복종적인 사람들에 둘러싸여 승리감에 도취되어 서 있었다. 이 경험은 그의 성격에서 일찍이 그의 독서가 촛불을 켰고 또 과거에 조세핀에게 고착에서 대부분 표현했던 그의 낭만적 기질을 채웠다. 이제 그는 일련의 정부들(mistresses) 중 첫 정부를 취했고 동방에서 새 제국을 이루는 환상에 젖었다. 그는 코란을 읽기도 했으며 무슬림 성직자들과 토론을 하기도 했다. 그가 이집트에서 보낸 시간은 그것이 가장 이상적이었기에 그의 삶에서 가장 아름다웠다고 그는 썼다. 그 후 수년 동안 나폴레옹은 한 명의 살아있는 맘루크 경호원을 포함하여 이집트의 추억으로 자신의 주변을 둘러쌀 것이었다. 그러나 만일 그 환상이 풍부했다면 곧 현실이 그것을 손상시키려고 했다.

프랑스인들이 도착한 지 딱 한달만에 영국의 호레이쇼 넬슨(Horatio Nelson)이 아부키르 만 전투(the Battle of Aboukir)에서 프랑스 함대를 박살내고 나폴레옹을 프랑스로부터 고립시키고 프랑스가 영국의 해군과의 평형을 이룩할 모든 가능성을 망쳐버렸다. 이집트인들도 그가 부여한 복종적 역할을 거부했다. 10월에 카이로 도시가 봉기했다. 수천 명의 사망자들을 내면서 그것을 잔인하게 진압한 뒤 나폴레옹은

124) *Ibid.*, p. 38.

그의 병사들에게 300명 이상의 추가 반란자들을 참수하여 그 시체들을 나일강에 던지라고 냉혹하게 명령을 내렸다. 그 사이에 침공은 프랑스에 대항하는 새롭고 넓은 토대를 둔 연합의 형성을 촉발하는 것을 도왔다. 그리하여 대규모의 유럽전쟁의 새로운 시기가 시작했다. 싸움으로 돌아온 오스트리아가 영국과 그리고 2개의 새로운 연합국들인 러시아와 나폴레옹이 그것의 영토를 침공한 오스만 터키와 제휴하는 새 연합세력을 이루었다.[125]

1799년 2월 나폴레옹이 이웃 오스만의 한 현인 시리아(Syria)를 침공하기로 결정한 것은 정확하게 터키에 대한 예방적 조치를 취한 것이었다. 1만 3천명의 병력으로 그는 이집트의 동쪽으로부터 팔레스타인 해안까지 행군했다. 3월 7일 그들은 오늘날 텔아비브(Tel Aviv) 근처인 자파(Jaffa)를 장악했다. 그리고 여기서 나폴레옹은 당시의 관습적 실천을 훨씬 넘어서는 무자비함과 잔혹함의 본보기를 보여주었다. 주민들을 겁주고 터키의 지휘관들에게 인상을 주기 위해서 그는 자기 병사들에게 자파가 항복한 이후에 며칠 동안 약탈할 자유를 주었다. 그는 또한 포로들을 관리할 인력을 갖고 있지 않다고 주장하면서 포로가 된 3천명의 적병들을 해안으로 끌고 가서 총살하라는 명령을 내렸다. 이 마지막 결정은 장군들 사이에서 괴로운 논의를 불러왔지만 나폴레옹은 그들에게 만일 메스꺼움을 느낀다면 그만 두고 수도사가 될 수 있을 것이라고 고함을 침으로써 끝을 냈다.

그러나 넬슨 경 때문에 이집트 식민지의 미래는 이미 암담했지만 그러나 지금 상황이 급속히 악화되기 시작했다. 나폴레옹은 팔레스타

---

125) *Ibid.*, p. 39.

인의 해안을 따라 계속 올라갔지만 그러나 자기 병사들 중 거의 3천 명이 역병에 걸렸던 반면에 영국의 해병대들이 강의 포대 중 상당한 부분을 장악했다. 오늘날 하이파(Haifa) 근처에서 나폴레옹은 몸소 아크레(Acre) 성채의 성벽을 여러 차례 공격했지만 바다로부터 영국의 보급품을 받은 방어자들이 버티어 냈다. 나폴레옹과 클레베르(Jean-Baptiste Kleber) 장군은 나사렛(Nazareth) 근처에 있는 타보르 산(Mount Tabor)에서 아주 대규모의 터키군을 패배시켰지만 시리아의 원정에는 끝내 실패하였다. 그래서 프랑스인들은 이집트로 퇴각했다. 7월에 영국인들이 터키군을 알렉산드리아 근처에 착륙시켰지만 나폴레옹은 무엇보다도 뮈라(Joachim Murat) 장군이 이끄는 탁월한 기병대 공격의 덕택에 그들을 결정적으로 패배시켰다. 그러나 지중해에 대한 영국의 통제를 고려하면 이 승리조차도 피할 수 없는 것을 오직 저지할 수 있을 뿐이었다. 나폴레옹은 그것을 예감했다. 그래서 그는 이집트를 떠나 빨리 본국으로 돌아가고 싶다는 생각을 하기 시작했다.

나폴레옹은 이집트 식민지의 몰락을 개인적으로 주체할 갈망이 별로 없었으며 동시에 그는 프랑스 자체가 이제 자기의 귀환을 위한 준비가 되어 있다고 깨달았다. 나폴레옹과 그의 지휘관들이 2척의 군함에 승선하여, 영국 해군을 살짝 피해서, 프랑스로 향했고, 10월에 도착했다. 이집트에서 그의 성공은 또 다른 2년 동안 그 식민지를 유지할 수 있었지만 결국 터키와 영국에 항복할 것이다. 그러나 1799년 프랑스 대중들이 알고 있기에는 이집트는 여전히 빛나는 성공이었으며 나폴레옹이 파리로 들어섰을 때 군중들은 그를 열정적으로 환호했다. 리용(Lyons) 시는 그의 도착을 "영웅의 귀환"(*The Return of the Hero*)

이라는 제목하에 무대연극으로 그의 도착을 표시하기도 했다. 나폴레옹은 이탈리아의 성공적 원정에 이어 이집트의 성공적 원정이라는 연이은 성공으로 프랑스인들에게 영웅이 되었다. 그의 필적할 수 없는 빛나는 군사적 성공은 야심 찬 나폴레옹에게 이제 중요한 정치적 자산으로 작용할 것이다.

제5장
군사 쿠데타로 제1통령이 되다

> "처음으로 나는 나 자신을 단순히 장군으로 더 이상 간주하지 않고
> 인민들의 운명을 결정하라는 소명을 받은 사람으로 생각했다."
> -나폴레옹 보나파르트-

지난 4년에 걸친 집정내각의 수많은 실패들 가운데 어떤 것도 신빙성 있게 나폴레옹의 문 앞에 놓을 수 없었다. 프랑스는 외국과의 전쟁에서 패배들로 1796~1797년 나폴레옹이 획득한 영토들을 박탈당했고 그리고 독일과 이탈리아 시장으로부터 단절되었다. 러시아, 영국, 포르투갈, 터키 그리고 오스트리아가 프랑스에 대항하여 소위 제2차 연합을 형성하는 동안 미국이 프랑스 국가가 아니라 프랑스 옹에게 진 빚이라고 주장하는 빚의 지불에 대해 미국과 "준 전쟁"(Quasi-War)도 있었다.[126] 그해 프랑스의 전쟁사는 8개월 동안에 4번이나 바뀌었다. 군대의 급여는 지불되지 못했으며 탈영, 강탈 그리고 큰길에서 강도들이 시골에서 들끓었다. 왕당파들은 지방에서 봉기했다. 영국해군의

---

126) Andrew Roberts, *Napoleon: A Life,* New York: Penguin Books, 2014, p. 211.

봉쇄가 해외 무역을 파괴했고 종이 화폐는 거의 쓸모가 없었다. 토지, 문과 창문에 대한 징세, 친-부르봉가라고 의심되는 사람들의 인질 잡이, 그리고 새 일반 징집법 등 모든 것이 아주 인기가 없었다. 정부계약에 대한 부패는 보통 때보다 훨씬 심각했고 바라스(Barras) 같은 집정관들이 관련되었다고 정확하게 가정되었다. 언론과 결사의 자유가 크게 제약되었다. 1798~1799년 입법부의 1/3을 위한 선거는 광범위하게 부정선거였고, 중대하게도, 국유화된 재산의 구매자인 중산계급은 그들의 획득의 안전을 두려워했다.127) 고도의 인플레이션보다도 보다 더 포괄적으로 사회를 손상시키는 파멸의 원인은 거의 없었기에 거대한 정치적 포상들이 그것을 패배시킬 수 있는 누구에게나 돌아갈 것이었다.

프랑스의 집정내각은 좌우로 난폭하게 기울어짐에 따라 1797년 이래 두 번의 쿠데타가 더 있었다. 시민의 소요는 심화되었고 정권은 군대에게 대부분의 프랑스를 효과적인 계엄령 하에 둘 권리를 부여했다. 시에예스(Emmanuel-Joseph Sieyès)라는 전 교회 관리이며 초기 혁명의 영웅이었던 집정내각의 새 지배적 인물이 자기는 정치적 안정을 회복하는데 도울 "검"(a sword), 즉 장군을 원한다는 사실을 명백히 했다. 그 사이에 나폴레옹의 성공적 원정 이후 프랑스가 지배하는 이탈리아 곳곳에서 반란들이 발생하고 있었다. 1799년 여름까지 나폴레옹이 이탈리아에서 거두었던 이득의 대부분이 역전되었으며 프랑스 자체가 침공으로 위협을 받게 되자 집정내각은 5년 전에 공화정을 구원하는데 도움이 되었던 "전시 자코뱅당주의"(War Jacobinism)의 새

---

127) *Ibid.*, pp. 211-212.

판을 채택할 수밖에 없었다. 이 때 나폴레옹에게도 지속적 중요성을 가질 하나의 조치에서 공화정은 이론적으로 20세에서 25세 사이의 모든 남성을 군복무 시키는 새로운 정규 징집제도를 채택했다.[128] 프랑스는 1799년 가을에 아직은 완전히 실패한 국가는 아니었다.[129] 초가을까지 재강화된 프랑스 군대들이 침공의 위협을 종식시켰지만 그러나 전반적인 군사적 상황은 여전히 심란해 보였다.

쿠테타는 나폴레옹의 계획이 아니라 시에예스의 생각이었다. 그의 공동 음모자들은 탈레랑을 제외하면 나폴레옹의 친구들보다도 훨씬 더 정치적으로 무게가 있는 사람들이었다. 시에예스는 나폴레옹을 자기 사업을 끝내는데 필요한 단순히 "검"으로만 간주했다. 시에예스는 나폴레옹을 개인적으로 싫어하는 사람들 중 한 사람이었다. 그 감정은 전적으로 상호적이었다. 시에예스는 사적으로 나폴레옹이 이집트를 저버린 것에 대해 총살할 것을 제안했었다. 그의 검을 위한 첫 선택인 주베르(Joubert) 장군이 제노아의 북쪽에 있는 노비(Nobi)의 전투에서 총을 맞고 사망하자 시에예스는 나폴레옹에게 의존하는 수밖에 별로 다른 대안이 없었다. 마지못해 하는 시에예스를 깔끔한 공화주의의 기록과 대안부족의 토대 위에서 나폴레옹을 최종적으로 선택하게 한 것은 탈레랑(Talleyrand)이었다.[130] 그는 나폴레옹에게 다음과 같이 말한 것으로 알려졌다:

128) David A. Bell, *Napoleon: A Concise Biography,* Oxford: Oxford University Press, 2015, p. 40.
129) Andrew Roberts, *Napoleon: A Life,* New York: Penguin Books, 2014, p. 212.
130) *Ibid.,* pp. 210-211.

"당신은 권력을 원하고 시에예스(Sieyes)는 헌법을 원한다. 그러므로 힘을 합쳐라"[131]

나폴레옹과 시에예스는 10월 23일 오후에 처음으로 한 번 만났다. 시에예스와 나폴레옹은 자유 위에 평등을 우선하는 질서가 잘 잡힌 합리적인 정치적 행정에 대한 신념을 공유했다. 이 두 사람은 권력을 장악할 계획들에 동의했다. 외무상직에서 사임한 탈레랑도 이 쿠데타 음모에 가담했다.[132]

나폴레옹 보나파르트가 루비콘 강을 건너도록 결정한 순간은 10월 27일 집정관들이 모두 살고 있고 일하고 있는 뤽샹부르 궁전(Luxembourg Palace)에서 바라스와 식사할 때였다. 식사 후 바라스는 나폴레옹이 아주 평범하다고 생각하는 에두빌(Gabriel d'Hedouville) 장군이 공화정을 구하기 위해서 프랑스의 대통령이 되어야 한다고 제안했다. 비록 발미(Valmy)에서 싸웠지만 에두빌 장군은 최근에 생 도밍그(Saint-Domingue)에서 흑인들의 민족주의적 혁명으로 그곳에서 도망칠 수밖에 없었다. 그리고 그는 분명히 대통령이 될 만한 인물이 아니었다. 바라스는 나폴레옹에게 그는 군대로 돌아가려 할 것이고 병들고 인기가 없으며 지쳐버린 자신은 사적인 삶으로 돌아가는 것을 제외하고는 아무짝에도 쓸모가 없다고 말했다. 뤽샹부르 궁전 안에 있는 바라스의 아파트에서 나온 나폴레옹은 시에예스의 아파트로 가서 그에게 그가 함께 행동할 결심을 했다고 말했다.[133] 바라스는 자신의 엄청난

---

131) *Ibid.,* p. 211.에서 재인용.
132) David A. Bell, *Napoleon: A Concise Biography,* Oxford: Oxford University Press, 2015, p. 41.

실수를 깨닫고 다음날 오전 8시에 나폴레옹을 방문했지만 나폴레옹은 파리의 날씨 얘기로 면담을 끝냈다. 나폴레옹은 11월 1일 루시엥(Lucien)의 집에서 시에예스를 비밀리에 만나서 쿠데타의 상세한 계획을 조정했다.[134] 그때까지 탈레랑과 푸셰(Joseph Fouché)도 쿠데타 계획에 합류했다. 푸셰는 평범한 경찰의 수장이 아니었다. 푸셰에 대한 나폴레옹의 태도는 쿠데타 동안이나 그 후에도 오직 그만이 경찰성(the ministry of police)의 임무를 수행할 수 있다는 것이었다.

쿠데타는 별도의 두 단계로 계획되었다. 1799년 11월 7일(브뤼메르 16일) 목요일로 원래 계획된 쿠데타의 첫째 날에 나폴레옹은 튈르리(Tuileries) 궁에서 열리는 상원의 회의에 특별히 참석해서 상원의원들(Elders)에게 영국이 지원하는 음모와 신-자코뱅당의 위협들 때문에 공화정이 위험에 처해 있어서 그들이 다음 날의 상하 양원의 파리의 서쪽으로 7마일 떨어진 생 클루(Saint-Cloud)의 부르봉 궁전에서 회의가 개최될 것임을 승인해야 한다고 통보하는 것이었다. 시에예스에 의해 준비된 대로, 상원의원들은 나폴레옹을 제17군사지구, 즉 파리의 모든 병력의 사령관으로 임명할 것이었다. 같은 날 시에예스와 뒤코(Roger Ducos)는 집정내각에서 사임하고, 바라스, 고이에(Gohier)와 물랭(Moulin)은 위협과 뇌물의 현명한 결합을 통해 강제로 사임하게 하여 권력을 공백상태로 남길 것이었다. 그리고 나서 쿠데타의 둘째 날에 나폴레옹이 생 클루로 가서 국가위기의 관점에서 3년차 헌법(the Constitution of the year III)을 폐지하고 집정내각을 로마식으로

---

133) Andrew Roberts, *Napoleon: A Life,* New York: Penguin Books, 2014, p. 214.
134) *Ibid.*

통령부(Consulate)라고 불릴 3인의 집행부로 대치하고 새로 수립되어야 한다고 입법부를 설득할 것이었다. 의회는 정권을 3명의 일시적인 집정 통령들(Consuls), 즉 나폴레옹, 시에예스, 그리고 집행내각의 또 다른 일원인 뒤코로 대체할 것을 투표할 것이었다.[135] 시에예스는 그가 상원의원들을 통제하고 있다고 믿었다. 만일 500명의 하원이 스스로 해체하는데 방해한다면 그들의 새로 선출된 의장인 루시엥(Lucien)이 하원을 해체할 것이었다.[136]

그 쿠데타 계획의 결함들은 너무나 명백했다. 이틀 간에 걸친 쿠데타는 생 클루로 이동함이 없이는 음모자들에게 모든 이니셔티브를 상실할 수 있는 것이었다. 파리 중심부에서 싸움은 성공의 가능성을 망칠 수 있는 것이었다. 두 번째 문제는 바라스, 고이에 그리고 물랭이 대응조치들을 취할 수 없도록 쿠데타의 비밀을 유지하고 또 생 클루로 회의장소를 이동하는 법안에 대해 긍정적 투표를 확실히 하기 위해서 충분한 수의 상원의원들을 성공적으로 매수하는 것이었다. 파리 수비대의 장교단이 나폴레옹을 보고자 요청했을 때 나폴레옹은 그들에게 쿠데타의 실행 첫째 날인 11월 9일 오전 6시에 자기를 돌보아 달라고 말했다. 쿠데타 하루 전인 11월 8일 나폴레옹은 드고(Dego)에서 부상당했고 아르콜(Arcole)에서 싸웠던 오라스 세바스티아니(Horace Sebastiani) 대령에게 계획을 노출했고 다음 날 아침에 제9 드라군(Dragoon) 기병여단을 나폴레옹이 사용할 수 있게 할 것이라고 약속했다.[137]

---

135) David A. Bell, *Napoleon: A Concise Biography,* Oxford: Oxford University Press, 2015, p. 41.
136) Andrew Roberts, *Napoleon: A Life,* New York: Penguin Books, 2014, p. 217.

1799년 11월 9일(브뤼메르 18일) 춥고 흐린 아침 6시에 제17지구 60명의 장교들과 국가 수비대의 부관들이 빅토와르 거리(rue de la Victoire)에 있는 저택의 안뜰에 집결했다. 민간인 복장을 한 나폴레옹이 그들에게 공화정의 절망적 상황을 힘 있게 설명하고 그들에게 상하 양원에 대한 충성의 서약으로 그에게 헌신할 증언을 요구했다. 그 것은 그가 상하 양원을 폐지하는 과정에 있으면서도 그것들을 사실상 보호하고 있는 것처럼 시사하는 영리한 조치였다. 그 사이에 튈르리에서 시에예스의 영향력은 나폴레옹을 제17지구와 국가 수비대의 사령관으로 임명하는 것을 포함하여 오전 8시까지 모든 관련된 명령들이 상원에 의해 통과되는 것을 확실히 했다. 두 번째 명령은 상원의원들이 국내적 평화를 회복하기 위해서 그들의 회의 장소를 튈르리에서 생 클루로 변경한다고 말했다. 그런 명령에 반대할 상원의원들에게는 비상회의에 관해 적합하게 알리지 않았다. 이것은 정치에서 가장 오래된 속임수들 중의 하나였다.

상원에 의한 자신의 임명 소식을 받은 나폴레옹은 장군의 복장으로 갈아입고 말을 타고 튈르리로 향해서 10시에 도착했는데 그곳에서 그는 세바스티아니 대령과 그의 기병대를 발견했다. 나폴레옹은 상원 의사당에서 거대한 환대를 받고 국가의 단결을 역설하는 또 하나의 연설을 했다. 그는 르페브르(Lefebvre) 장군을 자기의 부대장으로 임명하고 그에게 부여된 임무를 충실히 이행할 것이라고 말했다. 그날 저녁 때 루이 16세, 마리 앙투아네트, 당통, 바뵈프(Babeuf), 로베스피에르 형제와 수많은 사람들이 단두대로 처형된 레볼류숑 궁전(Palais

---

137) *Ibid.*, p. 218.

de la Revolution)을 나폴레옹이 말을 타고 지나갈 때 나폴레옹은 자기의 공동 음모자들에게 "내일 우리는 뤽샹부르 궁전에서 잠을 자던가 아니면 이곳에서 끝날 것"이라고 말했다.[138]

거사 둘째 날인 11월 10일(브뤼메르 19일) 나폴레옹은 새벽 4시에 일어나서 생 클루로 말을 타고 갔다. 그 사이에 모로(Moreau)는 그날 아침 늦게 뤽샹부르 궁전에 도착하여 궁전 경비를 타도했다. 그리고 그는 바라스, 고이에와 물랭을 체포하고 집정관으로서 그들의 사임을 요구했다. 바라스는 탈레랑과 브루이흐(Bruix)에 의해서 설득되었고 그들은 바라스가 자기의 거대한 재산을 유지하는 거래를 제공했다. 고이에와 물랭은 24시간 동안 버티다가 결국 다음날 사임에 서명했다. 생 클루에서 나폴레옹은 상원들에게 연설을 했지만 그러나 그것은 별로 인상적이지 못한 웅변의 수행이었다:

"여러분들은 화산 위에 있다. 공화정은 더 이상 정부가 없다. 집정내각은 해산되었다. 파당들이 선동하고 있다. 결정할 시간이 도래했다. 당신들의 지혜를 돕기 위해 여러분들이 나와 무장한 나의 동행자들을 불렀지만 그러나 시간이 소중하다. 우리는 결정해야만 한다. 나는 지금이 마치 과거의 시대에 비교될 수 있는 것처럼 우리가 시저에 관해서, 크롬웰에 관해서 얘기하고 있다는 것을 알고 있다. 아니다. 나는 공화정의 안전을 원한다. 그리고 여러분들이 취하려고 하는 결정들을 지지하려고 한다."[139]

---

138) *Ibid.*, p. 29.
139) Andrew Roberts, *Napoleon: A Life,* New York: Penguin Books, 2014, p. 220에 서 재인용.

나폴레옹은 병사들로부터 환호를 받았다. 그러나 링글레(Linglet)라는 상원의원 한 명이 장군의 연설을 환호하니 3년차 헌법을 준수하겠다는 서약을 하라며 그것만이 이제 공화정을 유지할 수 있는 유일한 길이라고 소리쳤다. 이 발언은 거대한 침묵을 자아냈다. 나폴레옹이 함정에 걸린 것이다. 그는 갑자기 말문이 막혔다. 그는 "나는 전쟁의 신과 승리의 신과 함께 걷는다는 것을 잊지 말라"고 말을 더듬었다.140) 3년차 헌법은 더 이상 없다고 나폴레옹은 대답했다. 그리고 나폴레옹은 약 100야드 정도를 걸어서 5백 명의 하원의원들이 회의를 하고 있는 약간 경사진 오랑쥬리(Orangery) 궁전으로 올라갔다. 그곳에서 그는 다른 영접을 받았다. 거사 첫째 날과 둘째 날 사이의 간격이 나폴레옹과 루시엥이 제안하려는 임시 통령부를 차단하기 위해 조직할 시간을 반대자들에게 주었다. 하원의원들은 상원의원들보다도 훨씬 더 많은 신-자코뱅당을 포함하여 그 규모가 두 배나 되었다. 따라서 설득하기가 훨씬 더 어려울 것이었다. 성급하게 조직된 쿠데타 그 자체는 사실상 거의 실패와 소극으로 끝이 날 뻔 했다. 11월 9일 ---새 혁명 캘린더로는 브뤼메르(Brumaire) 즉 2월 18일---의회는 마땅히 파리를 떠나기로 동의했다. 자신의 병사들에게 행한 연설에서 나폴레옹은 최근의 군사적 패배에 대해 정치인들을 질타했다. 그러나 다음날 생 클루에서 붉은 직복(red togas)과 보라색 모자의 비상식적인 공식 제복을 입은 많은 수의 의원들이 민주적 자유의 마지막 흔적을 넘기는 아이디어에 대해 주저했다.141)

140) Steven Englund, *Napoleon: A Political Life,* New York: Scribner, 2004, p. 164.
141) David A. Bell, *Napoleon: A Concise Biography,* Oxford: Oxford University Press, 2015, p. 41.

나폴레옹이 동료 장교들과 다른 군인들과 함께 도착했을 때 젊은 좌파의원들이 민주 의사당의 문 앞에서 제복을 입은 자들을 보고 폭발했다. 나폴레옹이 연단으로 걸어가자 의원들이 고함을 지르기 시작했다. 나폴레옹은 "나는 더 이상의 파벌주의를 원하지 않는다. 이것은 끝나야만 한다. 나는 더 이상 그것을 원치 않는다"고 반격했다. 르페브르와 4명의 검으로 무장한 키가 큰 위병들이 나폴레옹을 둘러싸기 위해 회의장 안으로 들어서자 그것은 하원의원들을 더욱 분노하게 만들었다. 하원의원들이 "폭군을 타도하라! 독재자를 타도하라! 무법자이다!"라고 외치기 시작했다. 이런 외침은 겨우 5년 전에 끝난 공포의 시대 누군가를 무법자로 만드는 것은 종종 그의 처형을 예시하는 것이었기 때문에 음모자들에게 위험스러운 징후였다. 루시엥이 의장의 의사봉을 두드리고 조용히 하라고 외치면서 질서를 회복하려고 애를 썼지만 그때 여러 명의 의원들이 자리에서 일어나 오랑쥬리의 중심으로 들어서 나폴레옹을 밀치고, 흔들고, 부딪치고 그리고 모욕하기 시작했다. 누군가는 나폴레옹의 멱살을 잡았다. 그리하여 르페브르와 근위대원들이 나폴레옹과 분노한 의원들 사이에 끼어들었다.[142] 결국 나폴레옹은 오랑쥬리를 빠져나와 뜰로 내려갔고 루시엥에게 앞으로 나서라는 명령을 보냈다. 이 시점에서 의사당의 창문들이 활짝 열리고 하원의원들이 그를 가리키면서 "독재자를 타도하라! 무법자!"라고 외쳤다.

루시엥 보나파르트(Lucien Bonaparte)가 그날을 구했다. 회의 홀 밖

---

142) Andrew Roberts, *Napoleon: A Life,* New York: Penguin Books, 2014, pp. 221-222.

에 있던 그가 모여 있는 군인들에게 연설했고 과장되게 단검을 나폴레옹의 가슴을 겨냥하면서 만일 나폴레옹이 언제라도 폭군이 된다면 자기가 형을 죽일 것이라고 맹세했다. 그것은 역사적인 것만큼이나 부정직한 것이었다. 그러나 그것은 성공했다. 이렇게 격려된 군인들이 회의장으로부터 대부분의 의원들을 몰아냈다. 나중에 나폴레옹의 매제가 된 요아킴 뮈라(Joachim Murat)는 "시민들이여! 당신들은 해산되었다!"고 소리쳤다.[143] 그리고 나서 남아 있는 소수(10%)의 의원들이 원래의 계획을 집행하여 집정내각의 제도를 폐기하고 3명의 통령들을 임명하는 투표를 했다. 그리고 그들에 의해서 임명된 나폴레옹, 시에예스, 그리고 뒤코 3인이 만신창이가 된 공화국의 또 다른 헌법의 작성을 감독했다. 대부분의 주민들에게 많은 것이 변했다는 사실이 당장은 분명하지 않았다. 브뤼메르 18일의 쿠데타는 2년만에 4번째였고 그것의 가장 가시적인 효과는 5명의 집정관을 3명의 통령으로 대체한 것이었다.

이 소위 브뤼메르(Brumaire) 혁명에 관한 핵심적 사항은 집정내각이 해체되었다는 것이 아니었다. 어차피 그것은 분명히 실패하고 있었고 몰락할 것이었기 때문이다. 그것은 상하 양원과 3년차 헌법이 효과적으로 폐지되었다는 것이었다. 프랑스는 즉각적인 위험에 처해 있지 않았다. 그러나 시에예스와 나폴레옹은 심각한 대중들의 반작용이 없이 상하 양원을 폐지하는데 성공했다. 혁명 후 10년을 보낸 뒤 많은 프랑스인들은 리더십에 목말라 했고 의회의 절차가 그것을 막고 있으

143) David A. Bell, *Napoleon: A Concise Biography,* Oxford: Oxford University Press, 2015, p. 42.

며 헌법은 수정하기가 거의 불가능했다고 인식했다. 그리하여 그들은 나폴레옹과 그의 음모자들이 고르디우스의 매듭(the Gordian knot)을 자르듯이 일거에 해결하기 위해서 대의정부가 일시적으로 중단되는 것을 기꺼이 보고 싶어 했다.[144] 군장교들은 질서, 규율 그리고 효율성을 높이 평가한다. 그 때 나폴레옹은 그것들을 자유, 평등 그리고 박애보다도 더 중요하다고 간주했다. 그리고 그 순간에 프랑스인들은 그와 동의했다. 10년 전 프랑스 혁명 이래 어떤 단일 정치적 인물도 나폴레옹의 개인적 호소력과 카리스마 같은 것을 소유하지 않았다.

확실히, 파리의 여론은 나폴레옹이 권력을 얻기 위해 무력을 사용했는 지의 여부에 관심이 없었다. 쿠데타가 성공한 다음날 자기 자신의 예언을 실현하듯이 나폴레옹과 조세핀은 뤽상부르 궁전에서 실제로 잠을 잤다.[145] 나폴레옹의 동생인 루시엥이 쿠데타 후에 익명의 팸플릿에서 다소 허풍스럽지만 정확하게 지적했던 것처럼 그들의 혁명(쿠데타)은 그것이 그들을 지탱하기 위해 가져온 사람들보다도 더 큰 사건들을 낳았다."[146] 로베스피에르와 급진적 자코뱅당은 대부분이 공허한 추상의 사람들이었다. 미라보(Mirabeau)와 당통(Danton) 같은 위대한 웅변가들조차도 나폴레옹에게 쏟아진 추종 같은 어떤 것도 끌어내지 못했다. 나폴레옹은 뭔가 새로운 어떤 것이었다. 그리고 예리한 관찰자들은 그것을 이해했다. 새 헌법은 무엇을 의미하는가? 그것은 바로 나폴레옹을 의미했다.[147]

---

144) Andrew Roberts, *Napoleon: A Life,* New York: Penguin Books, 2014, p. 227.
145) *Ibid.*
146) Steven Englund, *Napoleon: A Political Life,* New York: Scribner, 2004, p. 214.
147) *Ibid.,* p. 169.

1799년 11월 11일 월요일 어둡고 비오는 날 오전 10시에 이제 시민 통령 나폴레옹은 집정내각이 열렸던 같은 방에서 통령부(the Consulate)의 일을 시작하기 위해 6명의 기마병들이 호위하는 마차를 타고 민간인 복장을 하고 집을 떠나 텅 빈 거리를 지나서 뤼상부르 궁전에 도착했다.[148] 나폴레옹은 오래 전에 효율적인 독재자가 필요하다는 결론을 내렸다.[149] 시에예스는 이미 1791년과 1793년에 이미 프랑스를 위한 헌법을 두 번이나 썼다. 그리고 나폴레옹은 혁명이 집중된 권력에 견제와 균형으로 가득 찬 그의 3번째 헌법의 작성에 의해 수호될 것이라고 믿지 않았다. 나폴레옹에게 그는 행동하는 사람이 아니었다. 인간의 본성에 관해 별로 아는 것이 없어서 그는 인간들을 행동하게 만드는 방법을 알지 못했다. 그의 연구는 항상 그를 형이상학의 길로 빠져들게 했다.[150]

3인 통령들의 첫 회의에서 뒤코가 나폴레옹에게 의장직을 위한 투표는 아무런 의미가 없고, 그것은 권리로서 나폴레옹의 것이라고 말했다. 자기가 의장이 될 것이라고 생각한 시에예스가 우거지상을 하자 나폴레옹이 타협안을 제안했다. 그것은 이름의 알파벳 순서로 24시간 마다 돌아가면서 하자는 것이었다. 보나파르트가 제일 먼저였다. 그리고 나서 나폴레옹은 집정내각의 의장이 앉았던 테이블의 중앙에 있는 커다란 의자를 잡았다. 그리고 그 때부터 그것은 쭉 나폴레옹의 의자가 되었다. 그리고 나폴레옹은 "자 어서! 이제 맹세하자. 우리는

148) Adam Zamoyski, *Napoleon: A Life,* New York: Basic Books, 2018, p. 243.
149) *Ibid.,* p. 244.
150) Andrew Roberts, *Napoleon: A Life,* New York: Penguin Books, 2014, p. 231.

급하다"라고 그들을 다그쳤다. 통령부의 발전기로서 3인의 모임에서 무엇에 관해서 누가 공식적으로 주재하는 가는 별로 문제가 되지 않았다. 논의된 대부분의 아이디어를 제시하고 그것들을 밀고 나가는 것은 나폴레옹이었다.[151]

쿠데타의 다음날 파리에는 20명의 암살자들이 달려들어 그의 가슴을 겨냥했다는 나폴레옹 중심의 사건 개요와 나폴레옹의 국가단결을 호소하는 말이 플래카드로 이미 도배되어 있었다. 나폴레옹의 선전원들은 밤새도록 포스터들을 인쇄하고 그것들을 파리의 곳곳에 도배를 하고 있었지만 시에예스와 그의 지지자들은 그렇게 열심이 아니었다. 새 헌법을 작성하도록 임명된 50명의 임시 협회의 7인 내부위원회의 의장인 불레드라 뫼르트(Boulay de la Meurthe)가 새 서류를 받기 위해 시에예스의 아파트에 도착했을 때 시에예스가 그에게 보여준 것이라곤 노트 뭉치였다. 그리하여 불레와 시에예스가 자리에 앉아서 초안을 작성했고 그것을 나중에 헌법 전문가들이 다듬었다.

그 후에 뢰데레(Roederer)가 곧 나폴레옹에게 시에예스가 외무를 책임지는 통령과 내부를 책임지는 다른 하나의 통령을 두고서 두 통령들을 감시할 "대 선거후"(Grand Elector)를 제안할 계획이라고 경고해 주었다. 권력분립의 복잡한 제도에서 명사들(notables)이 상원을 통제하고 오직 그들만이 대 선거후를 해임할 수 있을 것이다. 시에예스는 나폴레옹을 전쟁을 위한 통령으로 그리고 뒤코(Ducos)를 내무를 위한 통령으로 하고 분명히 자기 자신을 철인-왕으로 간주했다. 이것은 나폴레옹이 상황을 보는 것과 아주 달랐다.[152] 루시엥과 불레가

---

151) *Ibid.*, p. 232.

이끄는 나폴레옹 파가 시에예스와 그의 소수 지지자들을 책략으로 완전히 능가했다. 불레가 나폴레옹에게 그를 감시하는 어떤 대 선거후는 없지만 그러나 그를 권고할 국무원(Conseil d'Etat)과 함께 제1통령으로서 10년 동안 결정적 권한들을 부여하는 것이 그들의 사명이라고 임시위원회에서 마침내 분명하게 밝혔다. 처음부터 진정한 권력이 어디에 있는지가 아주 분명했다.[153]

통령부는 새 정권을 인기 있게 만들려는 대량의 법령들을 쏟아내고 그것이 혁명을 완수하는 것이라고 옹호했다. 베르사유 궁전은 부상당한 군인들에게 넘겨졌다. 여러 개의 반-망명자 법들이 폐기되었다. 인질자들을 석방하기 위해 나폴레옹이 직접 탕플(Temple) 수용소를 방문했다. 경찰은 돌아오는 망명자들을 괴롭히거나 갈취하지 말라는 명령을 받았다. 바스티유 감옥 습격의 기념일과 공화정의 신년 첫날은 공식적 공휴일이 되었다. 연금이 병사들의 미망인과 고아들에게 뿐만 아니라 전시 부상병에게도 지급될 것이다. 서약을 거부하는 성직자들도 헌법적 서약을 거부한다는 이유로 더 이상 추방되지 않을 것이다. 프랑스와 미국이 여전히 준-전쟁을 치르고 있다는 사실에도 불구하고 1799년 12월에 서거한 조지 워싱턴(George Washington)을 위해 완전히 10일간의 애도기간이 제정되었다. 그것은 미국의 킨키나투스(Cincinnatus)에 대한 공식적 찬사들로 워싱턴과 나폴레옹이 사이의 유추들이 등장했다.[154]

---

152) *Ibid.*

153) *Ibid.,* p. 233.

154) Howard G. Brown, *Ending the French Revolution,* 2006, Charlottesville, Virginia: University of Virginia Press, p. 301.

중요한 임명도 있었다 탈레랑은 외무상으로 돌아왔다. 푸셰(Fouché)는 예측한 대로 경찰을 책임졌고, 마르탱 고댕(Martin Gaudin)은 재무상이 되었다. 12월 13일 헌법위원회의 마지막 회의에서 나폴레옹은 시에예스(Sieyès)로 하여금 2월에 국민투표에 부쳐질 새 8년차 헌법(the Constitution of the Yea VIII)의 일부로서 3인 통령의 이름들을 국민에게 제시할 것을 제안하도록 초대했다. 12월 15일 나폴레옹은 선언했다:

> "프랑스인들이여! 헌법이 여러분에게 제시되었다. 그것은 공화국의 국내적 및 군사적 상황의 불확실성을 종식시킨다. … 헌법은 대표정부의 진정한 원칙들, 재산, 평등과 자유의 신성한 권리에 입각하고 있다. … 시민 여러분, 혁명은 그것을 시작한 원칙들 위에 수립되었다. 혁명은 끝났다."[155]

여기에서 재산권을 평등과 자유의 앞에 둔 것은 나폴레옹이 어떻게 무역인들, 고용자들, 경쟁하는 자들과 몰수대상 재산(*biens nationaux*)의 소유자들, 다시 말해서 소규모 사업자들의 이익을 보호하려고 하는지를 가리켜 주었다. 이들은 프랑스의 중추였다. 나폴레옹은 그들의 걱정과 필요성을 이해했다.

12월 말에는 나폴레옹 통치의 제도들이 될 것들이 공식적으로 설치되었다. 22일에는 국무원이 뤽상부르 궁전의 자기 방에서 출범했다. 제1통령에 의해서 임명되고 또 아주 그의 통제 하에 있는 주로 비

---

155) Alan Forrest, *Napoleon: Life, Legacy, and Image, A Biography*, London, 2011, p. 170.

정치적 기술관료들로 구성되는 국무원(Conseil)이 프랑스 새 정부의 주된 심의 기구였다. 그것의 주된 역할을 제1통령에게 권고하고 법률 제정을 돕는 것이었다. 새 헌법 하에서 국무원은 법률 사건의 경우에 최종 재판소이고 그것들이 입법부에 가기 전에 법안의 문안을 조사하는 책임이 있는 기구였다. 그 기능은 오늘날까지도 계속되고 있다. 12월 25일 제8년차 헌법이 발효되었다. 프랑스 시민들의 대다수는 구체제의 전제주의나 1793년의 폭정이 아닌 공화정을 원한다고 주장하는 서문은 불레(Boulay)가 작성했다. 그는 새 헌법이 "신뢰는 밑에서, 권력은 위에서"라는 모토로 요약될 수 있을 것이라고 말했다. 그것 하에서 제1통령은 10년 동안 정치적 및 행정적 권한을 갖게 될 것이고 그리고 다른 2명의 통령들은 그 기간 동안 제1통령에 권고할 것이다. 60명의 상원의원은 종신제로 2년마다 늘려서 80명까지 채울 것이고, 통령들, 300명의 입법부 대표자들, 그리고 4차례의 선거 결과로 이루어지는 국가적 명단에서 100명의 호민관들을 선택할 것이다. 가장 중요한 것으로, 상원의 다수에 의해서 이루어지는 선포는, 비록 처음에는 헌법의 개정을 위해서만 통과되도록 의도되었지만, 완전한 법적 효력을 갖게 되었다.[156]

제1통령으로서 나폴레옹은 오스트리아의 황제 프란츠와 영국의 왕 조지 3세에게 평화를 제안하는 2개의 편지를 썼다. 그는 이 편지에서 "모든 문명국가들의 운명이 전세계에 대화재를 점화하는 전쟁의 종식에 관심이 있다고 감히 선언한다"고 말했다.[157] 영국의 외상

---

156) Andrew Roberts, *Napoleon: A Life,* New York: Penguin Books, 2014, pp. 235-236.
157) *Ibid.,* p. 237.

인 그렌빌(Grenville) 경은 나폴레옹이 부르봉 왕가를 회복시켜야 한다고 말했을 때 만일 동일한 원칙이 영국에 적용된다면 그것은 스튜어트(Stuarts) 왕가의 복귀를 가져올 것이라고 대답했다. 그는 그렌빌의 편지가 프랑스에서 확실히 널리 알려지게 만들었다. 그리고 그것은 통령부에 대한 지지를 견고히 했다.[158]

1799년 늦은 9월, 두 번째 취리히 전투(the Second Battle of Zurich)에서 마세나(Massena)의 손에 패배한 뒤 제2차 연합에서 러시아인들이 탈퇴했기에 오스트리아인들은 수개월 동안 진행된 평화협상에 들어갔지만 성공하지 못했다. 봄에 새 작전 시즌이 시작할 때까지는 그들이 제노아를 장악하고 프랑스의 남동부를 침공을 시도할 준비가 될 것이었다.[159] 러시아는 아니지만 오스트리아와 그것의 연합국들과 재개된 거의 비어 있는 국고를 채울 필요가 있었다. 그리하여 나폴레옹은 고댕(Gaudin)에게 파리에서 15명 정도의 부유한 은행가들로부터 적어도 1천 2백만 프랑을 빌리도록 지시했다.[160]

1800년 2월 19일 나폴레옹은 뤽샹부르 궁전을 떠나 튈르리 궁전에 거처를 정했다. 젊은 장교로서 목격했던 사건으로 루이 16세가 1792년 8월 탕플 감옥으로 쫓겨간 이래 나폴레옹이 그곳에서 사는 최초의 통치자였다. 튈르리 궁전에 도착하자마자 나폴레옹은 거대한 화랑에 자기 영웅들 중 22명의 흉상들을 수집했다. 거기에는 필연적으로 알렉산더와 줄리우스 시저를 시작으로 한니발, 스키피오(Scipio), 키케로

---

158) *Ibid.*
159) *Ibid.*
160) *Ibid.*, p. 245.

(Cicero), 케이토(Cato), 프레데릭 대왕, 조지 워싱턴, 미라보(Mirabeau)와 혁명적 장군인 당피에르 후작(Marquis de Dampierre), 블렌하임(Bleinheim) 전투에서 승리로 유명해진 말보러(Marlborough) 공작 등이 포함되었다.161)

나폴레옹이 튈르리 궁전으로 이사한 바로 다음 날 절묘하게도 부적절한 타이밍에 오늘날 라트비아(Latvia)인 코트랜드(Courtland)에 있는 젤가바 궁(the Jelgava Palace)에서 망명 생활을 하고 있는 루이 16세의 동생인 프로방스 백작(Comte de Provence)이 나폴레옹에게 편지를 써서 프랑스로 돌아오는 것을 허용해 달라는 요청을 했다. 그는 1795년에 그의 조카가 죽은 후에 자기 자신을 루이 18세(King Louis XVIII)로 자처했다. 루이는 만일 나폴레옹이 그를 프랑스 왕으로 복귀시키기만 한다면 왕국에서 어떤 자리라도 취할 수 있다고 제안했다. 나폴레옹은 6개월이 지난 후에야 답변을 했다:

 "당신은 프랑스로 귀환을 바라서는 안 된다; 당신은 10만 명의 시체 위로 행군해야만 할 것이다. 프랑스의 평화와 행복을 위해 당신의 이익을 희생하라. 역사는 그것을 인정할 것이다. 내가 당신 가족의 불행에 무심하지는 않다. … 나는 당신의 은퇴의 달콤함과 고요함에 기꺼이 기여할 것이다."162)

15주도 채 안 되어 나폴레옹은 프랑스의 혁명을 효과적으로 종식시켰다.

---

161) Andrew Roberts, *Napoleon: A Life,* New York: Penguin Books, 2014, p. 247.
162) *Ibid.,* p. 249.에서 재인용.

제6장
알프스산을 넘어서: 마렝고(Marengo) 전투

"국가들의 국경선은 큰 강이나 산맥 아니면 사막이다.
행군에 대한 이런 장애물들 가운데 가장 극복하기 어려운 것이 사막이고,
산맥이 다음이며, 넓은 강이 3번째이다."
-나폴레옹 보나파르트-

1800년 1월 7일 나폴레옹은 디종(Dijon)에 기지를 둔 3만 명의 예비군을 비밀로 결성하라고 명령했다. 그는 제2통령이 되는 순간부터 오스트리아에 대한 전쟁의 재개를 준비하기 시작했다. 그리하여 그는 자신의 참모장인 베르티에(Berthier)에게 다음 6주 동안 그 주제에 대해 28차례의 메모랜덤을 보냈었다. 많은 예비군들은 전쟁의 고난을 경험한 베테랑들이었고 다른 사람들은 현에서 경비 임무 수행 중인 반-여단들(demi-brigades)로부터 차출되었다. 1월 25일 나폴레옹은 이 군대의 결성을 철저히 비밀로 하라고 명령했다. 이 비밀의 철저함은 모로(Moreau) 장군마저도 이 결집된 병력이 오스트리아의 70대 나이의 미카엘 폰 멜라스(Michael von Melas) 장군의 노출된 오른쪽 측면을 공격하기 위해서 나폴레옹이 이탈리아의 알프스(the Italian Alps)를

넘어 끌고 갈 군대라기보다는 진짜로 예비병력으로 가정했다는 사실에서 유추될 수 있다. 그의 나이에도 불구하고 폰 멜라스 장군은 대단한 적수였다.

나폴레옹은 어느 통로로 알프스를 통과해 이탈리아로 들어갈지를 선택해야만 했다. 그는 가장 동쪽에 있는 통로들, 즉 스플뤼겐(Spluegen)이나 생 고타르(St. Gothard)를 선호할 수 있을 것이지만 그러나 북이탈리아를 통해 프랑스 남부를 향해 서쪽으로 진격하는 오스트리아인들의 속도가 그로 하여금 8,100피트의 큰 생 베르나르(Great St Bernard)나 7,100피트의 작은 생 베르나르(Little St Bernard) 사이에서 선택하게 만들었다. 작은 생 베르나르는 너무 먼 서쪽에 있었다. 그러므로 나폴레옹은 오직 1개 사단만을 그곳으로 보내고 군대의 주력부대를 위해서는 큰 생 베르나르로 결정했다. 그는 또한 아드리안 몽세(Adrien Moncey) 장군 지휘 하에 1개 사단을 생 고타르 통로(St. Gothard Pass)로 보냈다. 나폴레옹은 3개의 통로를 모두 이용하여 이탈리아의 알프스를 넘기로 한 것이다. 나폴레옹은 기습작전에 의지하고 있었다. 샤를마뉴(Charlemagne) 이래, 그리고 그의 이전에 한니발(Hannibal) 이래 아무도 군대를 끌고 알프스를 넘지 않았다. 비록 나폴레옹은 코끼리들과 여행하지는 않을 것이지만 알프스 산맥으로 끌어 올려야 할 그것의 포탄이 1/4톤을 넘는 그리보발(Gribeauval) 8파운드와 4파운드의 대포들을 갖고 있었다. 5월 초에 지상은 여전히 두터운 눈으로 덮였다. 돈과 보급품은 먼저 루트를 따라 수도원들과 여인숙들로 보내졌다. 그리고 현지 안내원들이 고용되었고 비밀 유지를 서약했다.

나폴레옹은 알프스를 넘는 거의 전 여행 동안 말을 탔고 생 피에르(Saint-Pierre) 주변에 얼음으로 덮인 진로에서는 당나귀를 이용했다. 그는 자신의 습관적 갈색 오버코트 안에 민간인 옷을 입었다. 나폴레옹은 27세의 자기 길 안내원에게 1,200프랑을 수고비로 주었다.[163] 5월 22일까지 란느(Lannes)가 이브레아(Ivrea)를 장악했고 피에몬테(Piedmont)가 프랑스 군대 앞에 놓여 있었다. 그러나 폰 멜라스가 받고 있는 보고들은 아오스타(Aosta) 계곡에 오직 6천 명의 프랑스 병사들이 있다고 여전히 주장하고 있었다. 멜라스로 하여금 니스(Nice)를 장악하도록 허용하면서 나폴레옹은 자신의 공격을 퍼붓기 전에 오스트리아인들을 점점 더 서쪽으로 끌어들이고 있었다. 24일에 그는 아오스타에서 3만 3천 명의 병사들과 있었으며 1만 2천 5백 명의 몽세(Moncey) 사단이 그곳으로 가고 있었다. 군사작전의 바로 이 단계에서 나폴레옹을 아주 굳건한 사령관으로 만드는데 도울 완전한 무자비함이 다시 한 번 노출되었다. 굶주리고 있는 제노아를 구하기 위해서 남쪽으로 행군하는 대신에 그는 그곳의 거대한 보급품 저장소를 장악하고 민란을 향해 동쪽으로 방향을 틀어서 민치오(Mincio) 강과 만투아(Mantua)를 향한 멜라스의 퇴각로를 끊었다. 나폴레옹은 그가 당연히 제노아를 구원하려고 노력할 것이라 단정한 멜라스의 뒤통수를 친 것이다. 그러므로 그는 나폴레옹을 앞지르기 위해 니스를 떠나서 토리노(Turin)에서 나와 알레산드리아(Alessandria)로 행군했다.

6월 2일 멜라스는 오토(Otto)에게 자기의 군대에 집중하기 위해 제노아의 포위를 해제하라고 명령했다. 그러나 마세나(Masséna)가

---

163) Andrew Roberts, *Napoleon: A Life*, New York: Penguin Books, 2014, p. 256.

방금 항복의 조건을 문의했기에 오토는 그의 명령을 무시했다. 같은 날 오후 6시 30분에 폭우 속에서 베르첼리 관문(the Verceil Gate)을 통해 밀라노(Milan)에 입성해서 대공의 궁전에 정착했다. 그는 새 시정부를 수립하고 밀라노를 자기들의 지역적 본거지로 사용했던 오스트리아인들에 의해 억류된 정치적 포로들을 석방했다. 그러나 6월 4일 제노아가 항복했다. 16만 명의 주민들 가운데 3만 명 정도가 굶주림과 질병으로 죽었다. 4천 명의 프랑스 병사들도 죽었다. 마세나는 건강을 잃었다. 그는 자기를 구원하지 않은 나폴레옹을 결코 용서하지 않았다. 동등하게 나폴레옹도 10일간 더 버티지 못한데 대해서 그를 비판했다. 마세나가 10일 간만 더 버티어 주었다면 오토(Otto)가 마렝고(Marengo) 전투의 시간에 맞추어 도착하지 못했을 것이다.

나폴레옹은 제노아라는 하나의 도시보다 더 큰 몫을 노리고 있었다. 그것은 밀라노의 서쪽에 있는 모든 오스트리아인들을 죽이거나 잡는 것이었다. 제노아에서의 저항 덕택에 그는 멜라스의 뒤를 칠 수 있었다. 멜라스에게는 안전으로 가는 3개의 루트가 있었다. 6월 9일 나폴레옹은 3개의 루트를 모두 막으려고 시도했다. 그렇게 함으로써 그는 자기 자신의 제일의 전쟁원칙인 병력의 집중을 위반해야만 했다. 그날 란느(Lannes)가 몬테벨로(Montebello)와 카스테지오(Casteggio) 사이에서 오토를 패배시켰다. 오스트리아인들은 서쪽으로 스크리비아(Scrivia)를 넘어서 멜라스가 있는 알레산드리아로 후퇴할 수밖에 없었다. 다음 3일 동안 나폴레옹은 슈트라델라(Stradella)에서 멜라스가 무엇을 하려고 하는지를 보기 위해 기다렸다. 6월 1일 밤 다가오는 전투를 위한 시간에 맞게 이집트에서 도착한 드새(Desaix)와 얘기하면서 시간을 보냈다. 그리고 그는 즉시 드새에게 모니에(Monnier)의 사단과 부데(Boudet)의 사단들로 구성되는 하나의 군단을 주었다.[164]

6월 13일 오전 10시 나폴레옹은 산 쥘리아노 베키오(San Guiliano Vècchio)로 말을 타고 갔다. 그의 눈앞에는 마렝고 마을에 인접한 들판들이 있었다. 그곳은 타라노(Tarano)와 보르미다(Bormida) 강들의 합류 근처에 있는 알레산드리아의 동쪽 2마일 반 정도에 위치하고 있었다. 마렝고에서 만나는 3개의 길이 있었고 그것을 넘어서 보르미다 강을 건너 알레산드리아로 가는 다리가 있었다. 보르미다 강에서 2개의 굴곡이 자연적인 교두보 진지를 만들었다. 보르미다 강과 마렝고 사이의 지상은 포도밭, 오두막집들, 경작지와 약간의 습지가 있었고 그것을 넘어서는 아주 넓고 평평한 평지가 있었다. 수년 후에 나폴레옹의 참모가 되었고 그 후에 군사사상가가 될 앙리 조미니(Henri de Jomini)[165] 대령은 이곳을 대규모의 기병대가 최대 속도로 공격할 수 있는 이탈리아에서 몇 개 안되는 장소들 중 하나라고 묘사했다.[166]

산 쥘리아노 베키오에 도착하고 한 시간 뒤에 나폴레옹은 멜라스가 제노아를 향해 행군을 준비하고 있다는 보고를 받았다. 그것은 마치 멜라스가 평원을 완전히 포기하고 마렝고를 장악하여 자기의 후퇴를 감추는 것 같았다. 나폴레옹은 발렌자(Valenza)에서 교차하는 지점을 장악하라는 임무로 포(the Po) 강의 북쪽에 라뿌페(Lapoupe)의 사

---

164) Andrew Roberts, *Napoleon: A Life,* New York: Penguin Books, 2014, p. 259.

165) 앙리 조미니는 나폴레옹의 전략을 관찰하고 그것에 입각하여 그의 "전략론"(the Art of War)을 출판하여 칼 폰 클라우제비츠와 함께 19세기 최고의 전략가들 중 한사람으로 인정받았다.

166) Andrew Roberts, *Napoleon: A Life,* New York: Penguin Books, 2014, p. 259.

단을 남기고 드새가 부데의 사단을 지휘하여 노비(Novi)로 행군하여 멜라스를 저지하도록 허용했다. 전위 군단을 지휘하는 빅토르(Victor)가 마렝고를 장악하라는 명령을 받았다. 오후 5시에 가스파르 가르단느(Gaspard Gardanne) 장군이 그곳에서 약 3천 명의 오스트리아인들과 교전을 했다. 아실 드 덩피에르(Achille de Dampierre) 장군이 남쪽에서 치고 들어오자 가르단느가 그 마을로 돌진했다. 폭우가 한동안 행동을 지연시켰지만 프랑스인들은 2개의 포와 약 100명의 포로들을 잡았다. 비록 오스트리아인들이 보르미다 강의 반대쪽에서 거센 포격으로 오후 7시까지 프랑스군의 추적을 중지했지만 프랑스인들은 그들이 다음날 그곳에서 싸울 의도가 없다고 가정했다.

1800년 6월 14일 토요일 오전에 나폴레옹은 1만 5천 명의 3개 보병 사단 병력과 마렝고 전투장에 2개의 기병여단만을 갖고 있었다. 빅토르는 마렝고에 있었지만 그러나 드새는 산 쥘리아노 베키오에서 5마일 지점에서 노비(Novi)를 향하고 있었고 라뿌페는 포 강의 북쪽 제방을 향해서 행군하고 있었다. 13일 밤에 오스트리아인들은 보르미다의 강을 건너 교두보를 세웠다. 여명에도 오스트리아의 포병들이 발사했을 때에야 상황의 심각성을 인식한 빅토르는 나폴레옹에게 적절하게 경고하는데 실패했다. 교두보에 대한 프랑스의 이르고 맹렬한 공격이 오스트리아의 방탕을 저지할 수 있었을 것이지만 그러나 오전 9시에는 그것이 불가능했다. 만일 오스트리아인들이 다리를 넘어서 각 부대를 향해 돌진했다면 그들은 빅토르를 당연히 압도했을 것이다. 그리고 마렝고에서 대규모 패배는 파리에서 시에예스와 다른 자들이 이미 음모를 꾸미고 있었기에 통령부를 타도했을 것이다.

뮈라(Murat)는 프랑소아 에티엔느 켈러만(Francois-Etienne Keller-mann)의 기병 여단을 산 쥘리아노 베키오에서 나오도록 명령했다. 베르티에(Berthier)는 빅토르로 하여금 강력히 저항하라고 명령하고 나폴레옹에게 가능한 한 신속하게 토레 가로폴리(Torre Garofoli)로부터 병력을 데려오라는 전갈을 보냈다. 오전 9시 30분까지 가르단느는 평지에서 엄중한 포병의 화력 하에 있었지만 그러나 프랑스인들은 질서 있게 이 전투를 싸웠기에 그들의 손실은 최소화되었다. 6월 14일 나폴레옹은 빅토르의 우측을 지원하기 위해 란느로 하여금 카시나 라 바르보타(Cascina La Barbotta)로 향하도록 명령했다. 제6 레제르(Legere)와 제22 라인(Line)에 공격을 단행하여 오스트리아인들을 폰타논(the Fontanone) 강 너머로 몰아냈다. 오스트리아인들이 사자처럼 싸웠다고 빅토르는 나중에 인정했다. 프랑스인들은 오스트리아인들이 반격을 해왔을 때 폰타논 전선을 포기하지 않았다. 정오까지 프랑스 전선은 40개의 포들과 끊임없는 소총사격을 받았다. 보나파르트는 전선에서 앞장서서 나아갔다. 그리고 그가 만나는 모든 군단들에게 용기와 단호함을 촉구했다. 그의 존재가 그들에게 재활력을 갖게 하는 것이 보였다.[167]

이 시점에서 오스트리아의 대공 요제프, 그의 동생 대공 카를(Charles)이 보병을 거느리고 폰타논을 건넜다. 프랑스인들은 그를 격퇴하는데 실패했다. 오후 2시에 마렝고가 함락되었다. 오스트리아인들은 80문의 포를 작동시켰다. 폰타논으로 모든 곳에서 적이 몰려들었고 가르단느 사단이 절단 나고 전장에서 도망쳤다. 오직 켈러만

---

167) Andrew Roberts, *Napoleon: A Life,* New York: Penguin Books, 2014, p. 263.

(Kellermann)의 기마병 여단만이 그들의 수적으로 우월한 기마병을 풀어서 오스트리아인들을 겁주었다. 오스트리아인들이 마렝고를 넘어서 전투선에 전개되었기 때문에 빅토르는 거의 산 쥘리아노 베키오까지 후퇴해야만 했다. 이 시점에서 오스트리아인들은 프랑스인들을 조롱하고 있었다. 그 사이에 란느가 전진하는 오토의 보병에 의한 방어선에 투입되었다. 지금 모니에의 사단과 예비 통령 경비대만을 갖고 있는 나폴레옹이 부데 사단을 이끌고 가능한 한 신속하게 오전 11시까지 돌아오라 드새에게 절망적 명령서를 보냈다. 나폴레옹의 통령 경비대에게는 다행히도 드새는 강물이 불어난 스키리비아(Scrivia)에 의해서 심각하게 지연되었다. 그러나 그는 오후 1시에 메신저를 보내서 나폴레옹에게 오후 5시경까지는 그를 기대할 수 있을 것이라고 말했다.

　나폴레옹과 모니에가 오후 2시에 전투장에 도착했을 때 상황은 그보다 더 심각할 수가 없었다. 프랑스인들은 좌측에서 깨어지고, 우측에서는 심각하게 위협을 받고, 그리고 중심부에서 천천히 후퇴하고 있었다. 오후 3시에 더 많은 오스트리아의 기마병들이 란느의 측면을 위협하기 위해 평지를 내달리자 나폴레옹은 통령 경비대의 90명의 보병들을 투입하기로 결정했다. 오후 4시에 오스트리아인들이 산 쥘리아노 베키오로 몰려들자 통령 경비대와 모니에 사단이 통제된 퇴각을 하고 있었다. 프랑스인들은 질서 있기 후퇴했다. 그날에 프랑스인들은 오스트리아의 기병대의 고역을 지탱했지만 어떤 부대들은 오전 9시 30분에서 오후 약 4시까지 5마일에 걸쳐서 꾸준히 후퇴했다. 7월 14일 마렝고의 전투는 필사적인 것이었다.[168) 오후 5시에 오스트리아인들이 진격했을 때 그들의 중심부 여단들이 마르몽(Marmont)의 포대가 발포한 산탄통으로 박살이 났다. 저돌적인 오스트리아의 공격이 그들에게 진격하던 부데(Boudet)를 수세로 몰아넣지만 그러나 켈러만이 자신의 기병대를 발진시켰다. 그리고 나서 프랑스 군대는 모든 전선에서 총공격을 단행했다. 그리고 바로 그런 승리의 순간에 드새가 가슴에 총을 맞고 죽었다. 비통한 나폴레옹은 슬퍼할 틈도 없다면서 다음 공격을 지시하는데 집중해야만 했다.[169]

전투의 숙명은 단 일순간, 즉 하나의 생각이라고 나폴레옹은 후에 마렝고에 관해서 말했다. 결정적인 순간이 오면, 정신적 불꽃이 일어나고, 가장 적은 예비병력으로 승리를 이룬다는 것이다. 하루 종일 용감하게 싸웠던 오스트리아의 병력은 그들에게서 승리를 낚아채 가는 것을 보는 충격과 긴장 하에서 간단히 무너졌다. 그리고 그들은 무질서하게 알레산드리아로 도망쳤다. 참으로 지쳐버린 프랑스인들은 그날 밤에 전투장에서 잠을 잤다. 총 963명의 오스트리아인들이 죽고 5,518명이 부상당했으며 2,921명이 포로가 되었다. 13문의 포가 노획되고 20여 문은 보르미다 강에 빠트렸다. 반면에 1,000명 정도의 프랑스인들이 죽고, 3,600명이 부상했고 900명이 포로가 되거나 행방불명이 되었다. 그러나 이 숫자는 나폴레옹에게 결정적인 전략적 승리가 무엇인지를 감추었다. 그 후에 곧 멜라스가 서명한 휴전의 조건에 따르면 나폴레옹은 피에몬테 전체와, 대부분의 롬바르디(Lombardy), 12개의 요새들, 1,500문의 포와 대량의 탄약을 받게 될 것이다. 나폴

168) David A. Bell, *Napoleon: A Concise Biography,* Oxford: Oxford University Press, 2015, p. 48.
169) Andrew Roberts, *Napoleon: A Life,* New York: Penguin Books, 2014, p. 267.

레옹은 6월 17일 군대를 떠나 밀라노를 거처 파리로 출발했다. 6월 23일 예비군대의 존재를 종식시키고 그것을 마세나의 지휘 하에 이탈리아의 군대에 편입시켰다. 나폴레옹은 마렝고의 날은 역사를 통해 유명하게 남을 것이라고 선언했다. 그는 옳았다. 그것은 그가 국가의 원수로서 거둔 첫 승리였다. 마렝고 군사작전은 시민적이고 군사적인 양면에서 나폴레옹의 완전한 위대함의 시작이었다.170)

마렝고 전투의 승리 소식이 파리에 도달하자 6개월 동안 11프랑에 머물렀던 정부 채권이 35프랑까지 치솟았다. 전투 후에 나폴레옹은 7월 22일 피에몬테에서 봉기한 첫 마을을 초토화하고 불태우라고 명령했으며 11월 4일에는 브륀(Brunne)에게 모든 외국인들, 특히 이탈리아인들은 종종 가혹하게 처리될 필요가 있다고 말했다. 그러나 이제 오스트리아인들이 두 번째로 추방되어 북부 이탈리아는 최소한의 탄압으로 신속하게 평화를 회복했다. 그리고 그곳은 그 후 14년간 조용했다. 마렝고 전투는 제1통령의 지위에 있는 나폴레옹을 확인해주었고 그리고 그의 불가침성의 신화에 추가되었다. 이 전투에 관한 초선의 요약은 브륀과 뒤마(Dumas)에게 한 나폴레옹의 간결한 언명이었다: "잘 알다시피 같은 날 2개의 전투가 있었다. 나는 첫 전투를 지고, 두 번째 전투를 이긴 것이다."171)

나폴레옹의 군사적 천재성, 지적 능력, 행정능력 그리고 명백한 열성적 일 등 모든 것에도 불구하고, 나폴레옹의 승리에 있어 행운의 역할도 과소평가해서는 안 될 것이다. 나폴레옹은 이것을 인정하고도

---

170) David G. Chandler, *The Campaigns of Napoleon: The Mind and Method of History's Greatest Soldier,* New York: Scribner, 1966, p. 298.

171) Andrew Roberts, *Napoleon: A Life,* New York: Penguin Books, 2014, p. 269.

종종 "행운의 여신"(the Goddess Fortune)에 관해서 말했다. 후에 나폴레옹은 여신이 자기를 추방하고 있지만 그러나 지금은 그녀가 자기 편에 있다고 생각되었다. 마키아벨리 식으로 표현한다면, 지금 당장은 "그의 비르투(*Virtu*)가 행운의 여신을 압도하고" 있었던 것이다.172)

---

172) Harvey C. Mansfield, *The Prince Niccolo Machiavelli,* 2nd ed., Chicago and London: Chicago University Press, 제25장을 참조.

제7장
나폴레옹 법전(the Code Napoleon)의 창제

"사적인 합의는 공공질서와 선량한 사람들에 관한 법률을 위배해서는 안 된다."
-나폴레옹 보나파르트-

나폴레옹의 우상인 루소(Rousseau)에게는 일반의지의 입법가(Legi-slator)가 최고의 지도자였다. 나폴레옹은 마렝고의 영광 후에 자기의 월계관에 만족할 생각이 없었다. 그의 정치적 자본이 증대하자 나폴레옹은 그의 국내적 지지를 중대하게 심화할 도박을 하기로 결정했다.[173] 나폴레옹은 어떤 독립적인 교회도 자기의 통치에 대한 반대의 초점을 제공하지 않는 것을 확실히 하고 싶었다. 그리고 가장 간단한 해결책은 교황을 포섭하는 것이었다. 나폴레옹은 한동안 이탈리아에서 봉기를 조장하는 교황의 능력을 존경했다. 그리하여 1796년 1월 집정내각에게 교황의 권력으로 다투는 것은 큰 실수라고 말했었다. 1800년 6월 5일 그는 프랑스와 교회의 수장 사이에 완벽한 화해의 길을 가로막는 모든 장애물들을 제거하겠다고 약속했다. 교황 비오 6세

---

173) Andrew Roberts, *Napoleon: A Life,* New York: Penguin Books, 2014, p. 270.

가 지난 8월에 81세로 서거했다. 새 교황 비오 7세(Pius VII)는 사회적 문제들에 대한 그의 견해들이 프랑스 혁명에 공공연히 적대적이라고 생각되지 않는 진실로 단순하고 신성한 수도사였다. 나폴레옹은 어떤 협상도 미묘하고 어렵다는 것을 알고 있었지만 보람도 컸다. 그것은 나폴레옹의 대의에 대한 프랑스 가톨릭의 충성이었다. 교황과의 합의는 방데(the Vendee)에서 반란의 잔재를 제거할 것이고 또 벨기에, 스위스 그리고 라인란트에서 가톨릭과의 관계도 향상시킬 것이다.

프랑스의 인구는 2천 8백만 명이었고 오직 그들의 1/5만이 2천 명이 넘는 도시 지역에서 살았다. 나머지 인민들의 대부분은 겨우 수백 명의 주민들이 살고 있는 1만 6천개의 군에서 살았다. 나폴레옹은 한 때 성직자들은 권력이라고 말했다. 교황과 체결한 그의 조약은 교구 성직자들을 나폴레옹의 "도덕적 지사들"(moral prefects)로 포섭하려는 시도로 정확하게 묘사되었다. 1800년 6월 나폴레옹은 밀라노로부터 파리로 귀국하자마자 교황청의 국무장관인 콘살비(Hercules Consalvi)와 협상을 시작하고 만일 프랑스의 모든 주교들이 주교직에서 사임하고 나폴레옹이 새 주교들을 선발하고 그들을 교황이 지명한다면 프랑스에서 완전한 공개적 숭배를 부활하겠다고 제안했다. 1790년 이래 프랑스의 주교들은 교황의 권위만을 인정하는 정통파와 정부에 복종을 서약한 헌정주의자들 사이에 분열이 있었다. 프랑스 측에서는 조제프 보나파르트와 방데의 전 지도자 에티엔 알렉상드르 베르니에(Etienne-Alexandre Bernier)와 교황청 측에서는 콘살비, 교황의 사절인 추기경 죠반니 카프라라(Giovanni Caprara), 그리고 교황의 신학적 보좌역 샤를 카셀리(Charles Caselli)에 의해 수행된 협상들은 심지어 국무원(the Conseil d'Etat)에게도 알리지 않고 비밀리에 수행되었다. 총 1,279개의 문건들이 일년 동안 오고 갔으며 10개나 되는 합의 초안들이 있었다. 협상은 1801년 7월 초에 그들의 절정에 도달했다.

비록 프랑스 정부와 교황 간의 조약(Concordat)이 7월에 정식으로 체결되었지만 나폴레옹이 군대와 입법부에서 그것에 대한 반대를 잠재우려고 시도하는 9개월 후까지 그 조약은 비준되거나 출판되지 않았다. 이 조약은 프랑스에서 정부가 대중적 고요함에 필요하다고 판단할 규제에 따르면서 가톨릭 신앙이 자유롭고 공개적으로 수행될 것이다. 나폴레옹은 번거롭지 않게 여러 개의 양보를 했다. 10일짜리 주일은 억압되었고 일요일은 휴일로 부활되었다. 그레고리 달력(Gregorian calendar)이 결국 1806년 1월에 돌아왔다. 어린이들은 온통 세속적이고 혁명적 이름들 보다는 성인들과 고전적 이름들도 접하게 되었다. 모든 성직자들에게 봉급이 주어졌다. 수녀들과 선교사의 지위가 적은 방식으로 재도입되었다. 그리고 초등교육은 성직자들의 소관으로 회복되었다. 그 사이에 교회는 나폴레옹의 승리들을 위한 테 데움(*Te Deums*) 노래를 불렀고 설교단에서는 그의 선포들을 읽고 또 징집을 애국적 의무로 묘사했다. 모든 주요 쟁점에서 나폴레옹은 그가 원하는 모든 것을 얻었다. 종교적 균열의 종식으로 1만 명에 달하는 헌정주의적 성직자들이 로마 교회의 품에 돌아왔고 혁명의 가장 깊은 상처가 치유되었다.[174]

그러나 교황이 나폴레옹에 대해 가졌을 수 있는 어떤 신뢰도 1802

---

174) Andrew Roberts, *Napoleon: A Life,* New York: Penguin Books, 2014, pp. 273-274.

제7장 나폴레옹 법전의 창제 **143**

년 4월 8일에 손상되었다. 그날 사전 협의 없이 유기체적 조항들(the Organic Articles)이라고 알려진 다수의 제약과 규제들이 70만 명의 개신교도들과 5만 5천 명의 유대교도들의 권리를 보호하는 그 조약(the Concordat)에 부가되었다.[175] 그 조약은 프랑스에서 일반적으로, 특히 보수적인 농촌에서 환영을 받았지만 군대, 국무원 그리고 호민관에서 아주 인기가 없었다. 그러나 그것은 1802년 4월 18일 부활절 일요일 노트르-담(Nortre-Dame) 성당의 테 데움 미사에서 화려하게 공식적으로 선포되었다.[176] 그때 노트르-담의 최고성의 종소리가 10년만에 울렸고, 그리고 나폴레옹은 최근에 지명된 대주교의 영접을 받았다.

1801년 1월 말에 나폴레옹은 그것의 결과가 심지어 교황과의 조약보다도 더 오래 갈 법률개혁의 야심적 프로젝트를 시작했다. 구체제는 366개에 달하는 현지의 법전들을 갖고 있었다. 남부 프랑스는 북부에서처럼 관습법이 아니라 로마법에 기초한 법적 원칙들의 완전히 다른 제도를 준수했다. 나폴레옹은 만일 프랑스가 현대세계에서 효율적으로 기능하려 한다면 프랑스는 법과 정의의 표준화된 제도, 획일적인 무게와 척도, 완전히 작동하는 국내시장, 그리고 모든 배경 출신의 재능이 있는 모든 청년들이 출생신분이 아니라 장점에 따라 직업을 갖게 되는 중앙집권적 교육제도가 필요하다는 것을 본능적으로 이해했다. 나폴레옹의 최우선적 과제는 프랑스의 42개에 달하는 법전을 단일체제로 통일하는 것이었다. 이 기념비적 사업을 위해서 나폴레옹은 1792년에 시민법전(the civil law code)을 조사하는 임무를 부여받

---

175) *Ibid.*, p. 274.
176) *Ibid.*

앉던 위원회의 비서였으며 1796년 발행된 <시민법전 계획> (*Projet de Code Civil*)의 저자였던 깡바세레스(Cambaceres)에게서 소중한 동맹을 갖고 있었다. 나폴레옹은 만일 모든 법전이 잘못된다면 그것은 캄바세레스에게서 발견될 것이라고 말한 적이 있었다.[177]

오랫동안 지연된 개혁을 재개하는 것을 돕기 위해서 위원회가 설치되었고 나폴레옹은 그것의 107회의 본회의 중에서 55번이나 주재했으며 빈번하게 이혼, 입양 그리고 외국인의 권리와 같은 특별한 문제들에 관해서 개입했다. 일반이익과 시민적 정의에 대한 나폴레옹의 끊임없는 후렴은 "이것이 공정한가?" 그리고 "이것이 유용한가?"였다. 어떤 회의는 정오에 시작해서 밤까지 길게 계속되었다. 나폴레옹은 새 법들이 법률전서에 들어가는 모든 길고도 정밀한 과정에 깊숙이 관여했다. 1801년 12월 예비법안이 입법부에서 142 대 139로 거부되었고 호민관에서도 비슷한 처지에 있었다. 나폴레옹이 절대적 지지를 보이지 않았더라면 그것은 결코 법이 될 수 없었을 것이다. 비록 깡바세레스가 기초작업을 다했지만 그것이 나폴레옹이 포용하는 계몽주의를 합리화하는 보편주의 산물이었기 때문에 "나폴레옹 법전"(the Code Napoleon)으로 불릴 만 했다.[178]

본질적으로 로마법과 관습법의 절충인 나폴레옹 법전은 동로마 제국의 황제 유스티니아누스(Justinian) 이래 처음으로 프랑스에 의해서 통치되는 모든 영토에서 동일한 합리적이고 조화로운 법체제로 구성되었다. 정부와 시민들의 권리와 의무가 493페이지에 달하는 2,281개

---

177) *Ibid.*, p. 276.
178) *Ibid.*; 나폴레옹 법전을 위해서는 Napoleon Bonaparte, *The Code Napoleon (The Civil Code)*, Printed by Createspace, North Charleston, SC, USA, 2022를 참조.

조항으로 법제화되었다. 새 법전은 그것이 인간과 계약에 관한 자유의 원칙들에 적지 않게 토대를 두었기 때문에 국가적 통일을 굳히는데 도움이 되었다. 그것은 낡은 계급적 특권의 종말을 확인했다. 나폴레옹 법전은 1789년 이래 여러 혁명정부들에 의해서 채택되었던 14,000개의 명령과 법들을 단순화했다. 그것은 법의 눈에 모든 프랑스인들의 평등, 임의적 체포로부터 개인의 자유, 자유롭게 맺은 법적 계약의 신성함, 그리고 어떤 출생의 특권의 인정도 허용하지 않았다. 유기체적 조항들(the Organic Articles)을 반영하여 나폴레옹 법전은 무신론자들을 포함하여 정교(the Church and State)를 분리하여 완전한 종교적 관용을 수립했다.

그것은 모든 성인 남성들로 하여금 어떤 직업에도 종사할 수 있고 또 자신의 재산소유를 허용했다. 법들은 마땅히 공표되고 공식적으로 발행되어야 하며, 그리고 소급해서 적용될 수 없었다. 판사들은 물론 개별적 사건에서 법을 해석하는 것이 필요하지만 원칙들에 관해 천명하는 것이 허용되지 않았다. 그리하여 구체적인 사건들이 앵글로 색슨(Anglo-Saxon)의 관습법에서처럼 전례를 세울 수 없었다.[179] 나폴레옹 법전은 또한 장자상속권(primogeniture)에 치명적 타격을 가했다. 전 재산의 25%까지 가정으로부터 물려받을 수 있었지만 나머지는 아버지의 사망 시 모든 아들들 사이에서 균등하게 분할되어야 했다. 그러나 사생아에게는 세습권이 배제되었다. 그것은 또한 고용주에게 강력한 편애를 보여주었다 고용주의 말은 법의 모든 사항에서 수락되었다.

---

179) Andrew Roberts, *Napoleon: A Life,* New York: Penguin Books, 2014, p. 277.

1804년에 법이 된 나폴레옹 법전(시민법)은 이것이 의심의 여지도 없이 가장 중요했지만 나폴레옹에 의해서 공표된 여러 가지 법적 개혁들 가운데 하나일 뿐이었다. 1810년까지 민법, 상법, 형사절차법과 형법이 합류했다. 나폴레옹 법전이라고 알려지게 된 것은 이 법체제를 포함한 것이다. 법전은 1804년 3월 프랑스 제국의 거의 모든 지역에 확대되었다. 그것은 1808년 계엄법 하에 있는 스페인의 지역에서 부과되었고 1810년 합병된 뒤 네덜란드에서 적용되었다. 나폴리 같은 어떤 곳에서는 그것은 오직 말뿐이었다. 그러나 다른 곳에서는 그것이 너무나 인기가 좋아서 심지어 나폴레옹이 몰락한 이후에도 계속해서 유지되었다. 그것은 1900년까지 프러시아의 라인란트에서 살아남았으며 프랑스뿐만 아니라 벨기에, 룩셈부르크, 모리셔스(Mauritius)와 모나코에서는 오늘날에도 여전히 작동하고 있다. 그것의 측면들은 일본, 이집트, 퀘벡과 루이지애나(Louisiana) 같은 본국 프랑스에서 아주 멀리 떨어진 세계의 법률제도의 1/4에 남아있다.[180]

　　나폴레옹 법전은 법들을 표준화 했지만 그것은 동일하게 나폴레옹이 합리화 하기를 바랐던 프랑스인들 삶의 다른 면들을 표준화 하는 급진적 개혁들을 단행하도록 했다. 2천 8백만 명 인구에서 6백만 명이 프랑스어를 전혀 알지 못했다. 또 다른 6백만 명은 겨우 자신들을 이해시키는 정도였다. 지역에 따라 여러 가지 언어들이 사용되고 있었다. 비록 나폴레옹 자신이 훌륭한 프랑스어를 구사하지 않았음에도 불구하고 그는 자신의 개인적 경험으로부터 성공하기 위해서는 언어를 구사하는 것이 얼마나 중요한 지를 알고 있었다. 그의 교육개

---

180) *Ibid.*, p. 279.

혁은 프랑스어를 모든 공식 문건에서처럼 유일하게 허용되는 언어로 만들었다. 나폴레옹은 초등학교 교육을 성직자들의 손에 돌려줄 정도로 보수적이었지만 11세에 시작하는 제2차적 교육에서 그는 혁명적이었다. 1802년 5월 그는 45개의 국립 제2차학교(*lycees*)를 설립하는 법을 통과시켰다. 그것의 목표는 미래의 군인들, 행정가들, 그리고 기술자들을 생산하는 것이었다. 이 학교들이 미래 지도자들의 애국적이고 충성스러운 세대를 창조하는 방법에 대한 그의 답변이었다. 모든 적합한 프랑스 어린이들은 이제 그리스어, 라틴어, 논리학, 윤리학, 수학과 물리학, 그리고 기타 다른 학문들과 근대 언어들을 배우게 되었다. 종교는 최소한으로 유지되었다.[181]

나폴레옹은 제2차학교를 프랑스 전역에 설립하려고 계획했다. 전반적으로, 그의 교육개혁은 파리를 위한 건축학적 계획처럼 찬양할 만했지만 그것들이 결실을 낼 수 있기 오래 전에 그는 이것을 단절했다. 1808년 3월 17일 나폴레옹은 프랑스에서 그가 모든 교육을 감독할 제국대학(the Imperial University)의 창설을 요구하는 명령을 공표했을 때, 그의 재조직을 한 단계 더 진척시켰다. 모든 교사들은 그 대학의 5개 학과, 즉 신학, 법학, 의학, 문학, 그리고 수학 및 물리학의 일원이어야 했다. 그는 1804년에서 1810년 사이에 입법기관의 의장을 지낸 루이 퐁텐(Louis Fontaines)에게서 강력한 의지의 총장으로 군대 스타일의 계층적 구조를 계획했다. 그리고 총장 아래 30인 위원회를 두어 그들이 제2차 교육과 대학들을 통제할 것이다. 소르본느(the Sorbonne)가 혁명에 의해서 폐쇄되었지만 1808년 나폴레옹은 그것을

---

181) *Ibid.*, p. 280.

부활시켰다.[182]

통령부의 가장 큰 개혁은 1800년 7월부터 1803년 5월 사이에 이루어졌다. 그 시기에 나폴레옹은 파리에 머물면서 주로 온건한 공화주의자들과 과거 왕당파로 구성된 자신의 국무원과 정규적 비밀회의에 참석했다. 그는 국무원의 초기 회의에서 "우리는 혁명의 로맨스를 끝냈다. 이제 우리는 그것의 역사를 시작해야 한다."고 말했다. 나폴레옹은 국무원에 그것의 방향, 정책의 목적과 일반적 노선을 제시했다. 그것들은 정확하게 권위의 사랑, 현실주의, 특권과 추상적 권리에 대한 경멸, 세부사항에 대한 꼼꼼한 관심과 질서 있는 사회적 위계질서에 대한 존중으로 요약될 수 있지만 보다 상세하게 그의 개혁은 다음과 같이 6개의 항목으로 설명될 수 있을 것이다.[183]

첫째로, 제도적으로 유일하게 가장 중요한 혁신은 지사(prefect)였다. 프랑스 혁명은 프랑스의 전통적인 지방들을 83개의 보다 작은 현(department)으로 대체했으며 후에 그것의 숫자는 전시의 합병으로 늘어났다. 나폴레옹 하에서 각 현들은 단 한 명의 지사를 필요로 했는데 그는 법의 집행에 책임을 지고, 중앙정부의 대리인으로 행동하며 적은 수의 부지사들을 관리했다. 비록 현들은 각자의 선출된 기관들을 유지했지만 지사는 실제 권한을 가진 어떤 중간적 기관도 개별 시민들과 중앙정부 사이에 끼어들지 않을 것을 보장했다.

둘째로, 나폴레옹과 그의 협력자들은 모든 고급 공무원들을 평등한 엘리트 대학교들, 특히 기술 전문학교에서 충원했다. 이론적으로

---

182) *Ibid.,* p. 281.
183) David A. Bell, *Napoleon: A Concise Biography,* Oxford: Oxford University Press, 2015, pp. 53-56.

제7장 나폴레옹 법전의 창제 **149**

능력위주와 비정치적인 이 제도는 실제로는 부유한 집안 출신들에게 유리했으며 다른 사람들이 일을 통해 정상까지 올라가는 것을 사실상 불가능하게 만들었다. 그러므로 그것은 국가 공무원의 최고위층에 집안의 연대로 묶인 소위 저명한 인사들의 새로운 사회적 엘리트를 굳건히 하는데 기여했다. 이 제도는 또한 구체적인 경험 보다는 추상적인 지적 기술들을 평가하는 성향이 있었다. 국무원과 나머지 행정체제는 오늘날에도 여전히 동일한 형태로 존재한다. 가장 최근의 프랑스 대통령들과 총리들의 대부분이 공복의 엘리트 집단에 속했다.

셋째로, 개혁과정을 뒷받침한 것은 범세계적 영향을 갖게 될 하나의 이니셔티브였다. 즉, 그것은 새롭게 간소화된 법전이었다. 구체제 프랑스는 수백 개에 달하는 별개의 관습법을 포함하여 서로 상이하고 종종 갈등을 일으키는 법의 견고한 거미줄에 의해서 통치되었다. 혁명가들은 새롭게 보다 단순한 법전을 마련하려고 노력했지만 성공하지 못했다. 그러나 권력을 잡은 직후 나폴레옹은 깡바세레스(Cambaceres)와 국무원으로 하여금 과제를 완성하라고 지시했고 또 많은 논의들을 스스로 주도했다. 포병에서 받은 그의 훈련으로 기하학에 능통했던 제1통령은 모든 법을 단순한 기하학적 과시로 집약하고 싶었다. 1807년 이후 공식적으로 "나폴레옹 법전"으로 알려지게 된 것은 프랑스의 전역에서 유효했다. 그것은 법 앞에 프랑스 혁명적 평등의 원칙과 프랑스의 재산소유 패턴을 근본적으로 변경한 하나의 혁신으로 모든 아들들이 유산을 공유할 권리를 확인했다. 그것은 또한 아버지와 남편의 권리를 보장했으며 이혼할 권리와 일반적으로 여자의 재산권을 크게 축소시켰다. 법전은 또한 재산권을 굳건히 옹호했다. 법전 자체가 많은 유럽의 국가들과 거의 모든 라틴 아메리카에서 널리 복제되었다.

넷째로, 나폴레옹은 소득과 부에 대한 혁명의 직접 세금제도를 간직했지만 그러나 그는 동시에 새로운 이름들 하에 구체제의 증오의 대상이었던 소비세와 판매세를 부활시켰다. 통령부가 프랑스 교육을 철저히 조사하기 시작했고 또 새 엘리트 고등교육학교 제도를 창조하였다. 이 모든 것은 무엇보다도 공직에서 직업을 위해 대부분 재산이 있는 작은 소수의 사람들을 준비시키도록 마련되었다. 나폴레옹은 시민들의 능력에 입각한 성취를 인정하기 위해서 레지옹 도뇌르(Légion d'Honneur) 훈장을 만들었다.

다섯째로, 사회안정의 이름으로 취해진 또 하나의 중대한 조치가 있었다. 공포의 통치 이래, 그리고 프랑스에서 기독교를 쓸어내 버리려는 푸셰(Fouché) 같은 사람들에 의한 시도들 이래 가톨릭 교회는 프랑스에서 감금상태로 남아있었다. 다른 한편으로 나폴레옹 자신을 포함하여 대규모의 사회적, 정치적 그리고 군사적 엘리트들은 자유로운 사유하고 반-성직적(anticlerical)이었다. 그럼에도 불구하고 여전히 나폴레옹은 사회적 평화가 종교와의 타협을 필요로 한다는 것을 깨달았다. 교황 비오 7세와 긴 협상은 1801년에 체결된 로마와의 공식적 조약(Concordat)을 가져왔다. 그것은 프랑스의 성직자들의 수를 제한하고 또 그 일원들을 그들에게 봉급을 지불하는 프랑스 국가에 단단히 묶었다. "유기체적 조항들"은 프랑스에서 교황의 권위를 엄격하게 제한했다. 교황과의 조약이 가톨릭을 정식으로 공식적 국가교회로 재수립하지는 않았지만 그런 그것을 프랑스인들의 대다수의 종교로 인정했다. 그 합의는 혁명의 가장 중요한 개혁들 가운데 하나를 확인했다. 1789년을 시작으로 정부는 프랑스에서 가톨릭 교회의 거대한 토지소유를 수용하여 그것들을 많은 경우에 부유한 농민들에게 팔았다. 나폴레옹 법전이 재확인한 이 토지에 대한 구매자들의 권리보장이 다음 1세기 반 동안 농민들의 경제적 지위를 굳건히 하고 그들을 정치적으로 보수적 방향으로 전환하는데 기여했다.

여섯째, 나폴레옹의 통령부는 프랑스의 첫 성공적인 국립은행을 창설했고 또 통화를 안정시켰다. 그것은 국가회계의 근대적 형식들을 완전히 포용하지는 않았다. 나폴레옹은 1814년까지 나폴레옹 정권은 구체제처럼 사실상 개인 사업으로 프랑스의 재정적 기구의 일부로 작동하는 부유한 재정가들에 의존했다. 그러나 혁명적 소동의 10년 후에 상당한 수준의 경제적 안정이 부활되었다.

전반적으로, 나폴레옹의 국내적 개혁들의 효율성을 과장하는 것이 분명히 가능할 것이다. 아무리 구조들이 인상적이고 또한 분명히 합리적이라고 해도 표면 뒤에 부패한 구체제의 실천들과 순전히 관료적 낭비가 감춰져 있었다.[184] 그럼에도 불구하고 그 개혁들은 오직 나폴레옹만이 해낼 수 있는 것이었다. 본질적으로 나폴레옹을 보좌하는 국무원은 비상한 범주의 문제들을 비상하게 논의했다. 어떤 국무원의 회의는 8시간에서 10시간 동안 계속되었다. 이런 회의들 후에 나폴레옹은 다른 문제들에 관해서 다른 사람들을 소집했다. 그의 마음은 지칠 줄을 몰랐다. 일원들이 밤을 새는 회의들로 지칠 때 그는 "자 여러분, 우리는 아직 봉급만큼 일하지 않았다"고 말하곤 했다. 국무원 일원들은 그의 숙고하는 힘, 그의 동력, 주제를 파악하는 속도, 그리고

---

184) *Ibid.*, p. 56.

그가 본질적인 것을 마스터하고 필요한 결정을 할 때까지 결코 포기하지 않는 끈기를 일관되게 목격했다. 그는 논의에 선명성, 정확성, 이성의 힘과 국무원들을 놀라게 하는 광범위한 견해들을 제공했다. 마르지 않는 자원들로 지칠 줄 모르는 나폴레옹은 필적할 수 없는 지혜로 거대한 행정체제를 통틀어서 흩어져 있는 사실들과 의견들을 연결하고 조정했다. 그는 직접적인 해답이 요구되는 짧은 질문을 던지는 능력을 스스로 신속하게 터득했다. 나폴레옹은 입법가로서, 행정가로서 그리고 국가건설자로서 자신의 롤 모델을 숨기려고 별로 애쓰지 않았다.[185]

나폴레옹은 줄리우스 시저가 연력(calenda)을 개혁한 것에 관해서 말했다. 나폴레옹은 민법, 형사법, 그리고 형법의 법전의 용어에 관한 작업을 했다. 시저는 많은 멋진 건축물로 로마를 아름답게 하는 프로젝트를 세웠다. 나폴레옹은 제국의 일반 지도와 지역들에 관한 통계를 수집하는 작업을 했다. 시저는 바로(Varro)에게 광대한 공공 도서관을 세우라는 책임을 주었다. 나폴레옹은 폰티네(Pontine) 습지를 건조시키려는 프로젝트를 발표했다. 나폴레옹이 설립한 제도들이 시저의 제도만큼 오랫동안 지속할 것인지를 말하기엔 너무 이르다 할지라도, 나폴레옹은 프랑스 영혼의 닻들(anchors)로서 그가 어느 정도 다수의 화강암이라고 불렀던 것을 선명하게 내려놓았다.[186]

---

185) Andrew Roberts, *Napoleon: A Life,* New York: Penguin Books, 2014, pp. 281-282.
186) *Ibid.,* p. 284.

제8장
암살위협을 넘어 종신 통령(the Consul for Life)으로

"위대한 혁명들 뒤에는 사태가 고요해지기 전에 온갖 종류의 사건들이 기대된다.
-나폴레옹 보나파르트-

    1800년 12월 24일 수요일 크리스마스 전야 오후 5시 45분경 긴 노동자의 작업복을 입은 3사람이 파리 파라디 거리 23번지(Rue du Paradis 23)에서 튼튼한 나무 마차를 타고 루브르(the Louvre)의 막연한 방향으로 한 마리의 말을 몰고 가는 것이 보였다.[187] 오후 8시 직후에 나폴레옹과 조세핀은 각자 별개의 마차를 타고 하이든(Haydn)의 오라토리오 <창조>(*The Creation*)를 듣기 위해 오페라 극장으로 향했다. 카루젤 광장(Place du Carrousel)과 생 니캐즈 거리(rue Saint-Nicaise)의 코너에 막 한 달 전에 런던에서 도착한 한 반혁명 왕당파인 조제프 피코 드 리뫼랑(Joseph Picot de Limoelan)에 의해서 작은 복마가 끄는 짐마차에 화약이 놓여있었다. 도화선(fuse)은 그가 벗어

---

187) Alan Schom, *Napoleon Bonaparte,* New York: HarperCollins Publishers, 1997. p. 273.

날 때 어린 소녀에게 마차의 고삐를 넘긴 반혁명 왕당파의 지도자 조르쥬 카두달(Georges Cadoudal)의 공범인 전 해군장교인 로비노 드 생 레강(Robinault de Saint-Regant)에 의해 점화되었다. 약간 너무 길었던 도화선과 나폴레옹의 마부인 세자르(Cesar)가 거리에 있는 마차를 벗어나서 달린 덕에 나폴레옹은 생명을 구했다. 조세핀의 마차는 한참 뒤에 있었기 때문에 그 마차에 올랐던 모든 사람들도 대규모의 폭발에서 살아남았다. 폭탄투하(*The machine infernale*)라고 명명된 폭탄은 말 고삐를 잡고 있던 어린 소녀를 포함하여 5인을 죽이고 24명을 부상시켰다. 46마리나 되는 말들이 손상을 입은 것을 보면 그 피해는 훨씬 더 심각할 수도 있었을 것이다.[188] 나폴레옹의 행동은 그날 밤에 그들이 무대에서 보게 될 어떤 것만큼이나 탁월했다. 청중들이 무슨 일이 발생했는지를 알았을 때 그들은 그의 탈출을 환호했다.

나폴레옹이 자칭 루이 18세에게 부르봉 왕가 부활의 불가능성을 설명하는 답변을 한 이래 나폴레옹의 생명을 노리는 상이한 정도의 심각한 음모들이 계속 있었다. 9월 4일 17명이 암살음모로 체포되고 고발되었다. 그리고 10월 11일에는 나폴레옹이 오페라 극장을 떠날 때 나폴레옹을 찔러 죽이려고 한 음모가 발각되었다. 호민관이 살인의 모면을 축하하자 나폴레옹은 그들에게 진정한 위험은 아니었다고 말했다. 그들의 욕망에도 불구하고 7~8명의 비열한 사람들은 그들이 계획한 범죄를 저지를 수 없었다. 10월 24일 나폴레옹이 말메종(Malmaison)으로 가는 길에 그의 마차에 수류탄을 던지는 것과 관련된 음모로 체포되었다. 폭탄제조자인 알렉산드르 슈발리에(Alexandre

---

188) Andrew Roberts, *Napoleon: A Life*, New York: Penguin Books, 2014, p. 287.

Chevalier)는 체포의 그물망을 피했고 나폴레옹과 결혼 전에 조세핀의 친구였던 또 한 사람의 음모자인 토마 데포르쥬(Thomas Desforges)도 도망쳤다. 2주 후인 11월 7일 왕당파 슈발리에는 마침내 체포되었다. 일주일 후에 또 하나의 음모가 열심히 일하는 푸셰(Fouché)에게 발각되었다. 그는 공식적 보고서에서 나폴레옹이 권좌에 오른 이래 나폴레옹의 생명을 노리는 10개의 별개 음모들의 목록을 제시했다. 경찰의 보고서들은 대중들이 머지않아 나폴레옹이 진짜로 암살될 것이라고 가정하고 있다는 것을 시사하기 시작했다.[189]

이런 모든 음모들 중에서 폭탄투하가 가장 성공에 가까웠다. 그물망이 강화되었지만 리묄랑(Limoelan)은 도주하여 아마도 미국에서 성직자가 되었다. 비록 모든 것이 반혁명 왕당파들을 가리켰지만 그 사건은 나폴레옹이 정치적으로 활용하기에는 너무나 좋은 기회였다. 그는 국무원 테러분자들에게, 즉 공포의 통치를 지지했고 자신의 브뤼메르 쿠데타에 반대했던 자코뱅당에게 조치를 취하기 원한다고 말했다. 1794년에 자코뱅당 충성분자라고 자기가 감옥에 갇힌지 6년 후에 이제 나폴레옹은 그들의 이념, 권력의 친근성과 우수한 조직력 때문에 그들이 반혁명 왕당파 암살자들보다도 훨씬 더 위험한 국가의 적들이라고 믿었다. 푸셰가 카두달(Cadoudal)과 같은 영국의 지원을 받는 왕정주의자들을 책망했을 때 나폴레옹은 1792년 9월의 학살 언급하면서 이의를 제기했다.

1801년 새해 첫날 당시 중앙경찰의 일원이지만 다음 달에 경찰지사로 임명된 루이 뒤보아(Louis Dubois)는 국무원에서 여러 가지 암살 음

---

189) *Ibid.*, p. 288.

모들에 관한 보고서를 읽었다. 첫째로, 암살자들을 근위대에 침투시키려는 음모가 있다. 둘째로, 메강(Metgen)이라는 사내는 나폴레옹이 그 날 밤 참석하지 않았지만 라신느(Racine)의 브리타니쿠스(*Britannicus*) 공연 중에 코메디 프랑세즈(the Comedie-Francaise)에서 나폴레옹을 찔러 죽이려고 하였다. 그리고 세 번째로, 드새의 장례식 동안에 나폴레옹에게 던지려고 했던 "그리스의 폭발물"을 내포하는 폭탄을 제조했던 곰보 라세즈(M. Gombault-Lachaise)였다. 나폴레옹은 그 국무원 회의에서 "반혁명 왕당파들과 망명자들이 피부병이며, 테러는 내과 질병이라고" 말했다.190)

1801년 1월 8일 130명의 자코뱅당원들이 3일 전에 통과된 상원의 포고(a *senatus-consulte*)를 이용하여 체포되고 주로 기아나(Guiana)로 추방되었다. 이 상원의 포고는 원래 헌법을 개정하는 데에만 사용되도록 의도된 것이었지만 나폴레옹은 그것이 점점 입법기관과 호민관을 지나치는 방법으로 유용하다고 알게 되었다. 기아나는 그곳의 풍토가 거의 사형선고만큼이나 치명적이었기 때문에 "메마른 단두대"라는 별명이 붙었다. 그러나 아무런 대중적 규탄도 없었다. 비록 그들이 폭탄 투척의 음모 사건과는 무관했지만 많은 사람들이 공포의 통치 시대에 특히 정책결정의 위치에 있었던 사법 살인에 관련되었다. 비상하게도, 푸셰의 추방자들의 리스트는 기이하고 또 무모했다. 그것은 지난 12년간 프랑스 정치를 특징짓는 마지막 대량 일망타진이었다. "그 때부터 수도의 정신은 마치 마법사의 지팡이를 흔드는 것처럼 변했다"고 나폴레옹은 나중에 회고했다. 자코뱅당을 모조리 정치적으로

---

190) *Ibid.*, p. 289.

추방함과 동시에 진짜 반혁명 왕당파도 역시 일망타진 되었고 부르몽 백작(Comte de Bourmont)은 그냥 감옥에 갇혔지만 슈발리에를 포함하여 9명이 1월 30~31일 사이에 단두대로 처형되었다.[191]

폭탄투하 사건 이전에 나폴레옹은 시민 생활에 비상 군사 재판소들의 사용을 확대하는 엄격한 안전법들을 도입하려고 시도했다. 국무원을 그것들이 너무 권위주의적이라고 생각하여 그것들은 호민관의 자유주의적이고 온건한 입법위원들의 항의로 철회되었다. 그러나 폭탄투하 사건 이후 그것들은 신속하게 통과되었다. 나폴레옹은 그것을 만들자마자 곧 그 구성원인 콘스탕(Constant), 도누(Daunou), 그리고 세니에(Chenier)를 물속에 처박힐 형이상학 이론가들이라고 비난하면서 호민관을 향해 저돌적인 입장을 취했다. 나폴레옹은 그들에게 "내가 루이 16세처럼 공격받게 놔둘 것이라고 생각하지 말라. 나는 그것을 허용하지 않을 것이다"라고 말했다. 그리고 미래의 암살 음모들을 좌절시키기 위해서 나폴레옹은 자신의 출발 5분전까지 결코 자기의 행선지를 공개적으로 알리지 않았다.[192]

1801년 2월 9일 조제프와 탈레랑 그리고 루드비히 폰 코벤츨(Ludwig von Cobenzl)과 협상한 뤼빌의 평화(the Peace of Luneville)가 마침내 오스트리아와 프랑스 간의 9년 전쟁을 끝냈다. 그 조약은 벨기에, 이탈리아 그리고 라인란트에서 프랑스의 이득을 확보했지만 그러나 오스트리아가 4년 전에 북부 이탈리아가 받은 영토적 보상의 많은 부분을 박탈하여 캄포 포르미오(Campo Formio) 조약에 대강 의존

191) *Ibid.,* p. 290.
192) *Ibid.*

했다. 프랑스와 러시아간 화해와 모로(Moreau)가 빈에서 공격 거리 안에 있다는 사실이 코벤츨에게 외교적 공작의 공간을 별로 제공하지 않았다. 오스트리아는 프랑스에게 투스카니(Tuscany)를 잃었다. 그것은 프랑스와 스페인 사이에 산 일데폰소(San Ildefonso) 협정에서 이미 합의된 조건 하에서 에트루리아 왕국(the Kingdom of Etruria)이 되어 스페인의 인판타 마리아 루이사(Infanta Maria Luisa)와 결혼한 루이 15세의 26세 손자인 돈 루이(Don Louis)에게 증여되었다. 나폴레옹은 새 왕에 대해서 "로마가 고요할 것이다. 이 왕은 루비콘 강을 건너지 않을 것이다"라고 말했다.[193]

뤼빌(Luneville)의 평화는 프랑스에서 큰 안도감으로 맞았다. 왜냐하면 1802년 학급 해(class-year)로부터 소집될 예정이었던 대부분의 징집이 이제는 필요하지 않을 것이고 또 4번의 전쟁수행에 참가한 병사들은 해제될 것이라고 발표되었기 때문이다. 2월 13일 상원에 보내는 메시지에서 나폴레옹은 끊임없이 야심적인 영국으로부터 받은 모욕에 복수를 위협하는 것을 저항할 수 없었지만 세계의 평화와 행복을 위해서만 싸울 것이라고 선언했다. 영국도 역시 계속된 갈등에 지쳐서 거의 10년간의 전쟁 후에 검을 칼집에 넣을 준비가 거의 되어 있었다.[194]

1801년 3월에 훨씬 더 중대한 평화조약이 전망되었다. 그 때 헨리 아딩턴(Henry Addington) 정부의 외상인 혹스베리(Hawkesbury) 경이 프랑스의 외교관인 루이 기욤 오토(Louis-Guillaume Otto)와 논의를

---

193) *Ibid.,* p. 291.
194) Andrew Roberts, *Napoleon: A Life,* New York: Penguin Books, 2014, p. 291.

시작했다. 그는 포로교환을 조직하기 위해 여러 해 동안 런던에 머문 적이 있었다. 소 윌리엄 피트(William Pitt the younger) 정부는 가톨릭 해방문제로 몰락했고 혹스베리는 피트의 추종자였지만 피트 내각에는 저주였던 프랑스와의 화해 가능성을 조심스럽게 탐색하기 시작했다. 그와 동시에 영국의 원정대가 3월 8일 이집트의 아부키르(Aboukir)에 상륙했다. 프리앙(Friant), 벨리아르(Belliard), 라뉘스(Lanusse), 그리고 메누(Menou) 장군들이 영국해군 때문에 이집트에서 여전히 철수할 수 없었다. 영국해군이 그들을 데려 와야 할 강템므(Ganteame) 제독을 툴롱 앞바다에서 봉쇄하고 있었기 때문에 나폴레옹은 이집트에서 심각하게 악화되는 상황을 직면했다.

게다가, 3월 23일 러시아의 차르(Tsar) 파벨(Paul) 1세의 암살은 나폴레옹에게는 그 소식에 나폴레옹이 분노의 소리를 지를 만큼 큰 타격이었다. 그는 그 살인의 배후에는 영국의 간첩들이 있었다고 의심했다. 파벨 1세는 정신적으로 불안정했다. 중산층을 지원하는 그의 정책들은 러시아의 귀족 계급을 위협하고 있는 것으로 보였다. 그의 2세 아들이며 상속자인 알렉산드르(Alexander) 1세는 암살의 시간에 궁전에 있었으며 귀족들이 자기 아버지의 양위를 요구하려고 한다는 것을 알고 있었을 것이다. 그해 말에 알렉산드르 1세는 차르로 등극했다. 비록 이론적으로 그는 절대권력을 갖고 있었지만 자기가 자기 아버지의 운명을 피하려면 귀족들과 협력해야 한다는 것을 알고 있었다. 알렉산드르 1세는 하나의 수수께끼였다. 그의 할머니 예카테리나 대제(Catherine the Great)의 궁전의 계몽주의 분위기에서 자랐고 또 그의 스위스 가정교사 프레데릭 드 라 아르페(Frederic de la Harpe)에 의해서 어린 나이에 루소의 원칙들을 배웠던 그는 그럼에도 불구하고 자신의 법무상에게 "당신은 항상 나에게 가르치길 원하지만 나는 전제주의의 황제이다. 그리고 나는 그 밖에는 아무 것도 아니다"라고 말할 수 있었다. 그는 이론적 인류애와 인간들에 대한 실천적 경멸의 결합으로 묘사되었다.

아르페(La Harpe)가 처음에는 제1통령의 개혁들에 관해서 열중해서 말했지만 가정교사가 파리에서 돌아왔을 때 그는 너무나 환멸을 느껴서 <종신 제1통령의 진정한 본질에 관한 성찰>(*Reflections on the True Nature of the First Consulship for Life*)이라는 책을 썼다. 그 책은 나폴레옹을 세계가 낳은 가장 유명한 폭군으로 묘사했고 젊은 차르에게 깊은 영향을 미쳤다. 알렉산더는 궁극적으로 그 누구보다도 나폴레옹의 몰락을 가져오는 데 많은 일을 했기 때문에 자기 아버지의 암살로 유럽 무대에 그의 출현은 하나의 매우 독특한 순간이었다. 나폴레옹은 그들과 발트해 무역에서 이윤을 보기 때문에 친-영국적인 알렉산드르 1세와 러시아의 귀족들이 러시아가 차르 파벨 1세의 무장한 중립연맹(the League of Armed Neutrality)을 파기하지 않을까 하고 정당하게 의심했다. 그 연맹은 영국 해군의 넬슨(Nelson) 제독이 코펜하겐을 공격하고, 덴마크의 12척 선박들을 포획하고, 또 다른 3척을 파괴한 4월 2일에 심하게 약화되었다.[195]

4월 14일 혹스베리 영국 외상은 영국이 미노르카(Minorca)를 철수하는 대가로 프랑스인들이 이집트에서 철수할 것을 제안했다. 그리고

---

195) Andrew Roberts, *Napoleon: A Life,* New York: Penguin Books, 2014, pp. 295-296.

평화의 대가로 영국에게 몰타(Malta), 토바고(Tobago), 마르티니크 (Martinique), 트리니다드(Trinidad), 실론(Ceylon), 그리고 네덜란드령 기니의 설탕 식민지들인 에세퀴보(Essequibo)와 데메라라(Demerara), 버비스(Berbice)를 남기는 것이었다. 그러나 나폴레옹은 거절했고 그 대신에 영국이 인도에서 티푸 사히브(Tipu Sahib)로부터 빼앗은 영토뿐만 아니라 모든 전시 이득을 포기하라고 요구했다. 양측 제안들에 대한 상호 분개는 이것들이 앞으로 수개월 간 양측이 승강이할 술책에 지나지 않는다는 것을 알았고 실제로 그대로 드러났다. 4월 24일 나폴레옹은 뒤록(Duroc)을 베를린에 있는 프러시아의 왕과 상트 페테르부르크에 있는 새 차르에게 파견하여 마치 프랑스가 이집트를 확실히 계속 장악할 수 있는 것처럼 말하라고 지시했다. 뒤록은 만일 영국의 원정이 성공한다면 그것은 유럽에게 큰 불행이 될 것이라고 말하도록 지시를 받았다. 그러나 차르 파벨 1세의 암살로 처음에는 스웨덴, 덴마크, 그리고 마지막으로 러시아 자신이 5월과 6월에 런던과 평화조약들을 체결하고 결과적으로 무장 중립연맹이 몰락하게 됨에 시간은 영국의 편이 되었다.

나폴레옹은 브루이흐(Bruix), 강템므(Ganteaume), 빌뇌브(Villeneuve), 로실리(Rosily) 그리고 리노아(Linois) 제독들을 달콤한 말로 속여서 이집트에 있는 프랑스 잔여 군대를 구하려고 시도하면서 5월을 보냈다. 그러나 그 제독들은 사라진 스페인 배들에 관한 소식, 좌초하는 배들, 전염병과 영국해군에 대항하여 자살 임무가 될 지도 모른다는 두려움 때문에 지중해를 건너는 항해를 피하기 위해 생각나는 모든 것을 동원했다. 해군 문제에 관한 나폴레옹의 이해는 한심했다. 협상들의 느린 속도에 좌절한 영국인들은 프랑스인들을 이집트에서 완전히 축출하기 위해 알렉산드리아를 포위하기 시작했다 8월 5일, 혹스베리는 오토에게 몰타가 독립하는 것을 허용할 수 있다고 말했다. 이것은 나폴레옹이 추구하던 양보였다. 그가 9월 2일에 2주간의 포위 후에 메누(Menou)가 영국군에게 항복했다는 사실을 알았을 때 그는 오토에게 평화의 대가로 이집트, 나폴리 그리고 교황 국가들로부터 프랑스인들의 철수를 제안하라고 명령했다. 프랑스인들이 알렉산드리아에서 패배했다는 것을 아직 알지 못한 혹스베리가 그 제안에 동의했다. 1801년 10월 1일 오토는 15개 조항의 합의에 서명했으며 그 조약은 프랑스와 영국에서 모두 축하를 받았다. 이 모든 것은 그 조약의 완전한 비준에 앞서 나폴레옹의 협상 지위를 강화할 뿐이라고 믿는 혹스베리에게는 아주 못마땅했다.[196]

다른 한편으로, 1801년 8월에 나폴레옹은 바바리아와 우호조약을 체결했고 그리고 나서 1801년 10월 1일에 러시아와 평화조약을 맺었다. 그리하여 6천 명의 러시아 포로들이 그들의 무기를 들고 군복을 입은 채로 본국으로 돌아갔다. 다음 날 터키와의 평화조약도 체결되었다. 그리하여 양국은 서로에게 자국의 항구들을 개방했다. 그리하여 1년의 공간 이내에 나폴레옹은 오스트리아, 나폴리, 터키, 러시아, 영국 그리고 망명자들과 평화를 이루었다. 다음 해 초여름에 프러시아가 뒤따랐다. 10월 14일 1781년 북아메리카의 요크타운(Yorktown)에서 미국의 조지 워싱턴(George Washington) 총사령관에게 항복했던 영국군 장군이었던 63세의 콘월리스(Cornwallis) 경이 칼레(Calais)에

---

196) *Ibid.,* p. 297.

서 예포와 의장대의 환영을 받고 기념축제가 준비된 파리로 처음 수행되었다. 그리고 나서 조제프 그리고 탈레랑과 상세한 협상을 수행하기 위해서 아미엥(Amiens)으로 갔다. 아미엥은 오래 전 1527년에 헨리 8세와 프란츠 1세가 평화조약을 체결했던 곳이라서 좋은 기운을 위해 선택되었다.[197]

콘월리스가 도착한 일주일 후에 오토는 혹스베리에게 이제 대서양을 건너기가 안전한 이상 프랑스가 로체포르(Rochefort)와 브레스트(Brest)에서 1만 3천 명의 병사들을 지금의 아이티(Haiti)인 생 도밍그(Saint-Domingue)에서 질서를 회복하기 위해 원정군으로 보내려 한다고 알렸다. 나폴레옹은 생 도밍그가 프랑스의 재정을 위해 연간 1억 8천만 프랑을 생산하고, 1,640척의 배와 수천 명에게 고용을 제공하고, 그리고 프랑스의 대서양 항구들을 번창하게 했던 시절로 되돌아가고 싶었다. 나폴레옹은 그곳이 프랑스가 특별히 루이지애나(Louisiana)를 위해 투스카니(Tuscany)를 교환한 이상 서반구에서 새로운 프랑스 제국의 전략적 발판을 제공하길 희망했다. 그리하여 나폴레옹은 자신의 처남인 29세의 샤를 르클럭(Charles Leclerc) 장군에게 명령을 내렸다. 그의 2만 명의 원정군이 1802년 1월 29일 섬에 도착했고 곧 다음 달에 8천 명이 증원되어 그가 안전하게 할 수 있는 한 노예제도를 재도입하려고 했다. 나폴레옹은 현지 주민들에게 최고 지휘관 르클럭(Leclerc)으로부터 감히 벗어나려는 자는 누구나 자기 조국에 대한 반역자로 간주될 것이며 공화국의 분노가 그들의 말라죽은 사탕수수를 불태우는 것처럼 그들을 다룰 것이라고 경고했다.[198]

---

197) *Ibid.,* p. 299.

나폴레옹은 르클럭 장군에게 3단계 계획을 따르라고 명령했다. 첫째, 그가 섬에서 핵심의 전력적 지위를 장악하는 동안 흑인들에게 무엇이든 그리고 모든 것을 약속하라. 둘째, 모든 잠재적 반대자들을 체포하고 추방하라. 셋째, 그리고 나서 노예제도의 재도입을 시작하라.[199] 자기 자신이 스스로 노예들을 소유하고 있는 흑인 자유인인 카리스마적이고 무도한 뚜생 루베튀르(Toussaint l'Ouverture)는 1801년 5월에 생 도밍그에서 자기를 자유와 평등의 프랑스 혁명 원칙들의 이름 하에 자기를 종신 독재자로 만든 헌법을 강요했다. 그는 또한 2만 명에 달하는 전 노예들의 군대도 창설했다. 그리고 그는 섬 전체를 장악하고 스페인 인들을 현재의 도미니카 공화국인 절반의 동부 지역에서 몰아냈다. 그런 그가 르클럭의 감언에 넘어갈 리 없었다. 그리하여 르클럭이 나폴레옹의 첫 단계 계획을 시행할 수 있기도 전에 싸움이 벌어졌다. 54척에 달하는 르클럭의 함대가 가고 있는 와중에 루베튀르(l'Ouverture)는 국내적 봉기를 진압하고 자기 자신의 조카인 주모자와 2,000명의 반란자들을 처형했다. 프랑스인들을 패배시키려는 그의 계획은 해안에서 그가 발견하는 모든 자원들을 파괴하고 그리고 산속의 정글 안으로 후퇴하여 게릴라전을 수행하는 것이었다.[200]

르클럭(Leclerc)은 말라리아와 황열병이 자기의 군대를 망치는 무서운 참화를 고려하지 못했다. 일단 보급품의 부족과 이러한 질병들이 발생하자 그는 불가능한 승산을 직면했다. 그의 유일한 증원군은

---

198) Andrew Roberts, *Napoleon: A Life,* New York: Penguin Books, 2014, p. 300.
199) *Ibid.,* p. 301.
200) *Ibid.*

약간의 폴란드와 스위스의 징집 병사들이었다. 전쟁은 신속하게 인종학살의 유혈작전이 되어 버렸다. 거기에는 그 자리에 없는 나폴레옹이 상당한 책임이 있었다. 1802년 5월 20일 나폴레옹은 1789년에 관련된 규칙들에 따라서 모든 프랑스 식민지에 노예무역을 재도입하는 법을 통과시켰다. 영국은 노예봉기나 나폴레옹의 제국주의가 그곳으로 확산될 경우에 대비하여 트리니다드(Trinidad)에 대규모 감시군을 파견했다. 자기도 노예들을 소유했던 미국의 대통령인 토마스 제퍼슨(Thomas Jefferson)도 근심스럽게 감시하면서 미국의 중립을 선언했다.

생 도밍그에서 전투는 잔혹했다. 농장물은 초토화되고 학살과 고문이 일상적이었다. 대규모의 익사도 있었다. 뚜생 루베튀르는 마침내 생 도밍그 흑인들의 자유가 공식적으로 보장되고, 흑인장교들이 프랑스 군대로 편입된다는 조건으로 5월 1일 항복했다. 루베튀르와 그의 참모들은 여러 개의 농장들 중의 하나에서 쉬도록 허용되었다. 그러나 6월 7일 르클럭은 자신의 이니셔티브로 갑자기 거래를 파기하고 루베튀르를 납치해서 프랑스에 있는 소용소로 보냈다. 10월 7일 르클럭은 나폴레옹에게 12살 이하의 어린이들만을 제외하고 모든 흑인 남녀들을 파괴해야 한다는 편지를 보냈다. 나폴레옹은 이 편지에 대해 직접적으로 대꾸하지는 않았지만 분명히 그것을 금지시키지도 않았다.[201] 생 도밍그에 대한 학살은 르클럭이 죽은 뒤에도 줄지 않고 계속되었다. 검은 스파르타쿠스(the Black Spartacus)였던 뚜생 루베튀르도 1803년 4월 7일 큰 감방에서 폐렴으로 죽었다. 생 도밍그 사건은 그의 큰 어리석은 행위였다고 후에 나폴레옹은 인정했다.

---

201) *Ibid.*, p. 302.

그곳에서의 패배는 서방에서 프랑스제국에 대한 나폴레옹의 모든 꿈들을 끝장냈다.[202]

1802년 3월 25일 목요일 거의 6개월 간의 협상을 한 뒤에 프랑스의 연합국인 스페인과 네덜란드도 서명한 영국과 프랑스 사이의 평화조약이 최종적으로 아미엥 시청(*hotel de ville*)에서 서명되었다. 6월 26일에 프랑스의 무역을 위해 다르다넬스(the Dardanelles) 해협을 열어주는 터키와의 또 다른 조약에 서명했을 때 나폴레옹은 그의 평화애호의 인상이 더욱 강화되었다. 아미엥 평화조약은 영국이 몰타를 떠나고, 비준의 3개월 이내에 그것을 자유 항구로 선언하고, 그 섬을 세인트 존(St. John)의 기사들에게 반환할 것이고, 퐁디세리(Pondicherry)에 대한 통제를 양도하겠다고 약속하는 반면에, 프랑스는 나폴리, 타란토 그리고 이탈리아 공화국이 아닌 안코나(Ancona) 같은 교황 국가들의 일부들에서 철수하는 대가로 프랑스의 식민지를 얻는다는 예비조약과 실질적으로 비슷했다.

그러나 아미엥 조약은 그것이 실제로 규정한 것만큼이나 언급하지 않고 둔 것들이 거의 동등하게 중요했다. 통상에 대한 언급이 없었다. 그리고 비록 그 조약이 추방되는 오라녜 나사우(Orange-Nassau)의 공작 빌렘(Willem) 5세에게 적절한 보강을 한다고 규정하고 있지만 네덜란드, 스위스나 피에몬테에 대한 언급이 없거나 이탈리아, 리구리아(Ligurian)나 헬베티아 공화국들(Helvetian Republics)에 대한 어떤 인정도 없었다. 그 통상조약의 부재로 인해서 영국이 국내의 강력한 상인계급으로 인해 프랑스, 네덜란드, 스페인, 스위스, 제노아 그리고

---

202) *Ibid.,* p. 303.

에트루리아의 시장에 대해 아무런 특권적 접근을 인정하지 않은 그 평화조약에 곧 반대할 것이었다. 이것은 나폴레옹에 의한 의도적인 적대적 행위로 간주되었다. 나폴레옹은 영국의 수입품에 과세를 물리고 싶었다.

통령부의 10년 임기가 1810년까지 소멸하지 않을 것임에도 불구하고 1802년 5월에 그것을 두 번째 10년 임기로 연장하는 상원의 법안이 60대 1로 통과되었다. 이것은 겉보기에는 자연스럽게 진행되었지만 실제로는 나폴레옹이 종신 제1통령이 될 10년차 새 헌법을 위한 잘 조직된 요구였다. 그는 상원에게 부정직하게 "여러분들이 국민들에게 또 하나의 희생을 빚지고 있다고 심판하라. 나는 여러분들의 투표가 허가하는 것을 인민의 음성이 명령한다면 그것을 줄 것이다"고 말했다.203) 로마의 왕관을 두 번이나 거절하는 줄리우스 시저처럼 나폴레옹은 그것이 마치 자기가 종신권력으로 마지못해 끌려가고 있는 것처럼 보이길 원했다.204) 그것은 완전히 혁명의 원칙들을 뒤집는 것이었지만 프랑스 인민들은 그것을 지지했다. 국민 투표는 나폴레옹 보나파르트가 종신 통령이 되어야 하는가였고 그리고 그 결과는 8,272표 반대에 3,653,600표가 찬성했다. 그것은 프랑스 역사상 유권자의 반 이상이 투표한 최초의 투표였다. 1802년 8월 2일 33세의 나폴레옹은 자기의 후계자를 임명권을 가진 종신 제1통령으로 마땅히 선언되었다.205) 그리고 그의 형인 조제프가 후계자로 지명되었다.

---

203) Andrew Roberts, *Napoleon: A Life,* New York: Penguin Books, 2014, pp. 310-311.
204) *Ibid.,* p. 311.
205) *Ibid.*

전 해인 1801년의 수확이 안 좋아서 다음해 봄에 식품 값의 인상이 걱정되었다. 실제로 1802년 5월에 그는 도시에서 빵 값이 오르는 것을 막기 위해 가능한 모든 조치들을 다 취했다. 그런 조치와 1802년 보다 나은 수확의 도움을 받아 나폴레옹은 그가 항상 고도로 의식하고 있는 것의 위험을 면했다. 그는 모험을 최소화하기 위해서 전력적인 위치에 있는 곡창들을 건설하고 비축했다. 빵뿐만 아니라 나폴레옹은 서커스도 제공했다. 1802년 자신의 33세 생일, 자기에 대항하는 음모들의 폭로, 그가 종신 통령이 된 것, 그리고 브뤼메르를 기념하는 축제들이 있었다. 동시에 제1통령이 자신을 왕이라고 선언하는 것으로 더 가까워 감에 따라 나폴레옹은 바스티유 감옥의 습격과 루이 16세의 처형은 조심스럽고 점진적으로 평가절하 되었다.

1802년 7월 초 영국이 엘바(Elba)섬을 소개하자마자 나폴레옹은 전쟁상의 자리에 돌아온 베르티에(Berthier)에게 그 섬을 프랑스의 한 개 현으로 확보하고, 프로토페라이오(Portoferraio)의 주민들을 무장해제하고, 10여명의 저명인사들을 똑바로 행동하도록 인질로 삼고, 그리고 12개 최고 가문들의 자녀들을 프랑스화 하는 방법으로 프랑스에 있는 학교에 보내라고 명령했다. 베르티에가 그 섬 출신의 의원들 3명에게 3천 프랑씩을 지불한 뒤에 8월에 엘바가 합병되었다. 이것은 전혀 아미엥 평화조약을 위반하지 않았으며 영국에 의해서 완전히 예상되었다.

프랑스 혁명 이후 5번째인 10년차 헌법(the Constitution of Year X)이 8월 초에 법이 되었을 때 나폴레옹은 마치 왕이 그랬던 것처럼 각 지역의 모든 성인 남성들은 가장 많은 세금을 낸 600명들 중에서 그들의 선거구와 현을 위한 선거인단의 일원들을 위해 투표할 수 있다고 발표했다. 그것은 종신직이 될 것이었다. 그 후에 선거인단은 입법기관과 호민관을 위해 두 명의 후보자를 지명할 것이고 그들 중에서 나폴레옹이 각 한 명을 선택할 것이다. 나폴레옹은 조심스럽게 그들의 지위를 나폴레옹에게 신세진 정치적 지지자들의 간부요원들을 구축하고 있었다. 입법기관의 많은 권한들이 상원으로 갔고 상원은 입법기관과 호민관을 해산할 권한도 갖게 되었다. 호민관의 수도 반으로 줄었고, 나폴레옹이 말한 것처럼, 이제 그들이 멋대로 지껄일 수 있는 비밀회의에서만 논의할 수 있었다. 국무원조차도 그것의 권한이 축소되고 그 안의 추밀원(a privy council)에 넘겨졌다. 그러므로 새 헌법은 겉으로는 정치적 관련성의 모습을 보였지만 그러나 진정한 권한은 완전히 나폴레옹에게 있었다. 나폴레옹의 승리들, 개혁들, 교황과의 조약과 평화조약들에 의해 획득한 인정의 열기 속에서 처음에 선거인단으로 선출된 사람들이 종종 그의 가장 열렬한 지지자들이라는 것은 별로 놀라운 일이 아니었다.[206]

1802년 9월 5일 나폴레옹은 오라스 세바스티아니(Horace Sebastiani) 준장에게 트리폴리, 알렉산드리아, 카이로, 자파, 아크레 그리고 예루살렘을 4개월에 걸쳐 그 지역에서 프랑스 이익을 증진시키기 위해서 여행하도록 명령했다. 그가 돌아왔을 때 그의 보고서는 폭발적이 될 것이다. 같은 주 후반에 나폴레옹은 피에몬테의 왕 찰스 엠마누엘(Charles Emmanuel)에게 사실상 프랑스의 괴뢰로서 그의 왕좌에 돌아가라고 초대했다. 그의 두 번째 사르디니아(Sardinia) 왕국에서 안전한

---

206) Andrew Roberts, *Napoleon: A Life,* New York: Penguin Books, 2014, p. 312.

왕이 거절하자 나폴레옹은 9월 21일 피에몬테를 공식적으로 합병하고 그곳을 프랑스의 새 6개 현으로 전환했다. 이것은 이탈리아 공화정의 지도자들을 실망시켰다. 왜냐하면 그들은 엘바 섬과 피에몬테가 이탈리아에 합류하기를 원했기 때문이다. 그러나 그곳은 프랑스에게 쌀, 곡물과 리용(Lyon)의 사치스러운 옷과 가구 산업을 위해 필요한 천연 비단을 생산하는 풍성한 롬바르드(Lombard) 평원으로 나가는 두 개의 생 베르나르(St Bernard) 같은 서부 알프스의 통행로에 대한 직접적인 접근을 제공하는 그런 곳들이었기 때문에 나폴레옹이 합병조치를 취했던 것이다.

그런 나폴레옹의 조치가 아미엥 조약의 글자들은 아니라고 할지라도 그 조약의 정신을 위반하고 있는 것으로 보이는 영국에서 규탄이 그 조약의 시행을 탈선하는데 기여했으며 또한 그것으로 인해 영국의 몰타나 퐁디세리에서의 철수를 아주 어렵게 만들었다. 나폴레옹이 아미엥에서 언급도 되지 않았지만 오랫동안 프랑스의 영향권 하에 있었던 다른 지역에서 행동했을 때 영국의 매파들은 더욱 더 분개했다. 9월 23일 나폴레옹은 탈레랑에게 편지를 써서 그가 프랑쉬-콩트(Franche-Comte)에서 국경선의 안전이 필요하기 때문에 스위스 정부가 단단히 조직되고 프랑스에 우호적이 아니면 스위스가 없을 것이라고 말했다. 2년 전에 알프스를 통과하는 자신의 필요성을 기억하면서 그는 생플롱 통행로(the Simplon Pass)를 지나는 군사적 길을 건설할 수 있을 발레(the Valais) 지역의 양도가 필요했다. 그러나 3세기 동안 스위스 국가연합을 통치한 13개의 스위스의 주들 중에서 상당수가 그에게 막을 수단은 결코 없었지만 그에게 제공하는 것을 거부했다. 스위스의 정치는 귀족들과 대중주의적 주들 사이에, 그리고 독일어, 프랑스어 또는 이탈리아어를 사용하는 사람들 사이의 분열로 복잡했다. 1802년 9월 30일 나폴레옹의 중재조치(The Act of Mediation)는 스위스를 19개 주로 재편성하고 아주 약한 중앙정부와 오직 15,200명의 군대를 가진 국가로 만들었다.

그러나 이 중재조치는 특히 나폴레옹이 4만 명의 병력과 함께 미셸 네(Michel Ney) 장군을 스위스로 파견하여 그것이 10월 15일까지 완결 시키려 했을 때 뤼빌 조약(the Treaty of Luneville)을 위반했다. 이에 대해 오스트리아는 나폴레옹에게 인정 러시아인들과 프러시아인들도 항의하지 않았고, 이미 찬성하지 않았던 스위스인들마저 곧바로 복종했다. 발레 지역의 소유는 자기 마음속에 가장 가까이 있는 문제라고 나폴레옹은 말했다. 스위스에 대한 아미엥 조약의 침묵에도 불구하고 이제 영국은 퐁디세리를 프랑스에, 희망봉(the Cape of Good Hope)을 네덜란드에 반환하는 것을 중지하고, 그리고 알렉산드리아와 몰타에 있는 영국의 병력을 그대로 남아 있게 했다.[207]

아미엥의 평화는 나폴레옹에게 원래 루이 14세의 재무상이었던 쟝 바티스 콜베르(Jean-Baptiste Colbert)가 선도했던 정책인 국가의 개입과 보호주의를 통해서 경제성장을 촉진하는 계획들을 추구할 숨쉴 공간을 제공했다. 나폴레옹은 아담 스미스(Adam Smith)의 <국부론>(*Wealth of Nations*)을 1802년에 번역서를 통해서 읽었다. 그러나 그는 영국이 산업혁명이 너무나 발전해서 프랑스가 열린 시장에서 영국에 대항하여 경쟁할 수 없다고 생각했다.[208] 그리고 나폴레옹은 아미

---

207) Andrew Roberts, *Napoleon: A Life,* New York: Penguin Books, 2014, p. 314.

엥의 평화가 오래 갈 것으로 생각하지 않았다. 그리하여 1803년 3월에 그는 마티유 드깡(Mathieu Decaen) 장군을 4척의 군함과 1,800명의 수병들과 함께 인도에 파견하여 영국의 멍에 하에서 가장 초조해 하는 인민들 및 군주들과 소통하도록 명령했다. 그는 또한 드깡 장군이 인도에 있는 영국의 요새들의 힘과 그곳에서 프랑스 군대를 유지할 기회에 대해 보고하기를 원했다. 나폴레옹은 드깡에게 만일 1804년 9월 이전에 전쟁이 발생한다면, 수 세기를 넘어서 기억될 위대한 영광을 획득할 위치에 있을 것이라고 말했다. 드깡에게 내린 그의 지시들은 그가 아미엥 조약이 그렇게 빨리 깨어질 것이라고 기대하지 않았다는 것을 보여주었다.

1802년 9월에 나폴레옹은 그의 습관적 영국에 대한 공포에 복귀하고 있었다. 12월 28일 그는 탈레랑에게 "우리는 평화로운 것 같지 않고 오직 휴전상태에 있다면서 잘못은 전적으로 영국에게 있다고 썼다. 아미엥 평화가 직면하고 있는 모든 문제들은 신뢰와 선의가 주어진다면 해소될 수 있을 것이지만 그러나 어느 쪽에도 그런 것은 없었다. 1803년 1월 30일 세바스티아니(Sebastiani)의 동부 지중해 지역의 여행에 관한 보고서가 <모니퇴르>(*Moniteur*) 지의 8페이지에 걸쳐 출판되었다. 그것은 이집트가 1만 명에 못 미치는 원정군으로 재탈환될 수 있다고 주장했다. 그것은 의도적인 도발이었으며 오스만 제국의 프랑스와 러시아 간 분할에 대한 영국의 두려움이 당연하게 재점화되었다. 나폴레옹은 화이트워스(Whiteworth) 영국 대사와 그 보고서를 논하기를 거부했고 심지어 입장 표명마저 거절했다. 그러나 그

---

208) *Ibid.,* p. 315.

보고서가 적어도 발행되었다는 사실은 그것이 진지한 행동보다는 외교적 도구임을 의미했다는 것을 보여주었다. 만일 나폴레옹이 진심으로 이집트로 복귀하는 것을 생각하고 있었다면 그가 그 잡지에서 그 사실을 요란하게 말하지 않았을 것이다. 1803년에 그는 전쟁으로 돌아가길 원하지 않았지만 그것을 막기 위해서 프랑스의 지위를 감소시킬 의향이 없었다.

1803년 2월 9일 영국은 에트루리아, 스위스 그리고 동부 지중해에 대한 최근의 행동들에 대한 만족스러운 설명을 프랑스가 제시할 때까지 모든 더 이상의 철수를 중지한다고 발표했다. 2월 20일 나폴레옹은 파리의 입법부에게 주권자의 퇴위와 인민들의 염원으로 인해 피에몬테를 프랑스의 안에 두는 필요한 조치가 취해졌다고 말했다. 비슷하게 그는 스위스의 주권이 위반되어 이탈리아로 가는 3개의 손쉬운 접근로를 열었다고 말했다. 보다 더 불길하게도, 나폴레옹은 영국군이 아직도 여전히 알렉산드리아와 몰타를 점령하고 있다고 언급하면서 프랑스의 50만 병력이 방어하고 복수할 준비가 되어있다고 말했다. 다음날 영국은 케이프 타운(Cape Town)을 네덜란드의 동인도회사에 넘겨주지만 그러나 어떤 감언이나 위협도 그들이 몰타와 알렉산드리아에 대한 그들의 공약을 존중하도록 설득할 수 없었다.[209]

---

209) Andrew Roberts, *Napoleon: A Life,* New York: Penguin Books, 2014, p. 320.

제9장
프랑스 제국의 나폴레옹 1세(Napoleon I)로 등극

"나는 세계의 얼굴을 바꾸라는 부름을 받았다."
-나폴레옹 보나파르트-

1803년 2월 25일 신성로마제국(the Holy Roman Empire)의 의회가 제국 대표단의 최종선언(the Final Declaration of the Imperial Deputation)을 채택했다. 이것은 뤼빌(Luneville) 평화조약의 조건들을 독일에서 실행하는 것이었다. 라인 강의 서쪽 제방에서 프랑스가 얻는 것을 위해 독일국가들과 군주들을 보상하기 위해서 오스트리아와 다른 독일 국가들은 200개가 넘는 독일 국가들을, 주로 교구들의 영토들을 세속화하고 자유스러운 제국의 도시들을 그들의 보다 실질적인 이웃들에게 연계하여 40개로 병합하거나 합리화하는 것이 필요했다. 이것은 1945년 이전에 독일의 역사에서 가장 대규모의 국가성과 재산이 이전이 될 것이다. 이 때 거의 2백 40만 명 인구와 1천 2백만 7천 길덴(guilden)의 연간 세입이 새 통치자들에게 가는 것이었다. 그것은

177

탈레랑과 지금까지 보다 작고 자치지역을 모두 인수하는 것으로 이득을 보는 통치자들 사이에 한달 동안 교환의 결과로 이루어졌다.[210]

클레멘스 폰 메테르니히(Klemens von Metternich) 공작의 아버지에 속했던 비넨부르크-빌슈타인(Winnenburg-Bilstein) 세습국가 같은 수세기 동안 수백 개에 달하는 작은 국가들의 종식의 대가로 독일의 지도는 엄청나게 단순화 되었다. 오스트리아를 견제했던 프러시아의 영웅 프레데릭 대왕(Frederick the Great)을 염두에 둔 나폴레옹은 프랑스를 이제 새롭게 확장된 독일 국가들에게 호엔촐레른(Hohenzollerns)과 합스부르크(Habsburgs) 왕가들 모두의 힘에 대한 견제 세력으로 제시하려고 했다.[211]

1803년 3월 8일 영국의 조지 3세가 프랑스와 네덜란드의 항구들에서 대규모 군사적 준비에 대해 프랑스를 책망하면서 의회에 전쟁물자의 공급과 영국 민병대의 동원을 요청하는 왕의 연설을 했다. 세바스티아니의 보고서처럼 그 연설은 전쟁의 선포라기보다는 하나의 위협이었다. 3월 11일 나폴레옹은 스페인의 카를로스 4세(Charles IV)에게 "영국은 잠자고 있지 않다. 영국은 항상 경계하고 있으며, 자국의 모든 식민지들과 세계의 모든 통상을 장악할 때까지 쉬지 않을 것이다. 프랑스는 혼자서 이것을 막을 수 있다"는 편지를 썼다. 나폴레옹은 영국이 아미엥의 조건 하에서 이미 마르티니크(Martinique), 토바고, 세인트 루시아와 미노르카를 내놓았다는 사실에도 불구하고 그 편지를 썼다. 3월 13일 나폴레옹은 접견회에서 영국의 대사 화이트워스

---

210) Andrew Roberts, *Napoleon: A Life,* New York: Penguin Books, 2014, p. 320.
211) *Ibid.*

에게 말을 걸고 아주 흥분한 상태에서 영국이 전쟁으로 갈 결심인가를 물었고 영국 대사는 그렇지 않다고 대답했다. 나폴레옹은 러시아의 마르코프(Markov) 백작과 스페인의 슈발리에 다자라(the Chevalier d'Azara) 대사에게 다가가서 영국이 전쟁을 원하고 있다. 그러나 만약 그들이 먼저 칼을 뽑는다면 나는 그것을 칼집에 넣는 마지막 사람일 것이다. 그들은 조약을 존중해야 한다. 지금부터 그들은 검은 비단으로 덮여야 한다고 나폴레옹은 말했다.[212]

생 도밍그 원정이 아직도 진행 중인 나폴레옹은 1803년 봄이나 여름에 전쟁을 원하지 않았다. 프랑스는 42척의 배를 가지고 있었지만 그것들 중 오직 14척만이 실전에 운용할 준비가 되어 있었다. 그곳에서 프랑스는 120척의 영국해군에 대항해야 했는데, 나폴레옹은 그것들이 준비되어야 한다는 것을 알고 있었다. 3월 13일 나폴레옹은 현재의 지위와 바다에서 전쟁의 경우에 영국의 통상에 최대의 해를 입힐 최선의 길이 무엇이냐고 해군 드니 드크레(Denis Decrès) 제독에게 물었다. 4월 23일 영국은 다음 7년간 몰타의 보존, 튀니지에서 70마일 떨어진 람페두사(Lampedusa)라는 사람이 별로 살지 않는 지중해 섬을 해군기지로 양도, 네덜란드에서 프랑스의 철수, 그리고 피에몬테에 대해 사르디니아인들에게 지불할 보상을 요구했다. 5월 10일 나폴레옹은 탈레랑에게 그가 화이트워스 대사를 만나서 만일 각서가 최후통첩이라는 말을 내포하고 있으면 그것은 전쟁을 의미하지만 그렇지 않다면 그곳을 삽입하게 하라고 지시했다. 일단 최후통첩이 주어지면 모든 것이 깨어진다고 나폴레옹은 말했다. 그러나 실제로 화이트워스

---

212) *Ibid.*, p. 321.

대사는 단지 전쟁선포에 앞서 전통적인 대사의 요청인 그의 여권들을 요구했을 뿐이었다. 그 대사가 파리를 떠날 때 나폴레옹은 그에게 그것은 볼품없는 바위에 지나지 않기 때문에 전쟁의 원인은 아주 작은 것일 것이라고 말했다.

나폴레옹은 5월 11일자 영국의 요구를 논의하기 위해 국무원의 외무분과의 7명 위원들을 소집했다. 이 7인 중에서 조제프와 탈레랑만이 프랑스가 계속 협상하기를 원했다. 다음날 화이트워스 대사는 파리를 떠났다. 런던 주재 프랑스의 외교 사절도 영국의 항구와 바다에서 모든 프랑스 선박들의 나포를 승인하는 면허장과 보복의 문자들을 발표하던 바로 그 때 도버(Dover)에서 배에 승선했다. 나폴레옹이 영국의 요구를 수락할 위험을 피하기 위해서 영국은 1803년 5월 18일 정식으로 프랑스에 전쟁을 선포했다. 나폴레옹은 아직 프랑스 땅에 있는 군인이 될 나의 모든 영국의 남성들을 억류함으로써 반응했다. 그들 가운데 많은 사람들은 그 후에 교환되었지만 어떤 사람들은 다음 10년 동안이나 가택연금 상태로 남았다.

5월 20일 상원에 대한 나폴레옹의 메시지는 순전히 선전으로 영국에 아미엥의 평화가 치밀한 검열의 대상이라고 주장했다. 그리고 그것은 프랑스의 수치가 아니라 영국에게 프랑스의 공허한 증오심을 불러일으키는 치명적인 것으로 대변되었다고 그는 말했다. 이틀 후에 나폴레옹은 드크레 장군에게 한 대의 대포와 100명의 병사들을 영국해협을 통과해 수송할 수 있는 밑바닥이 평편한 보트의 전형을 건축하라는 명령을 내렸다. 그리고 그는 깡바세레스(Cambaceres), 르브룅(Lebrun)과 탈레랑을 접촉하면서 그런 수송선들 건축을 후원할 개인들을 찾아 나섰다. 그 사이에 아미엥의 조약이 그것의 이빨 사이에서 조약을 찢어버리는 영국을 전통적으로 상징하는 한 마리의 표범을 묘사하는 드농(Denon)의 동메달들 가운데 하나로 기념되었다.[213]

산 일데폰소 조약(the Treaty of San Ildefonso)에서 나폴레옹은 스페인에게 루이지애나를 제3자에게 팔지 않겠다고 약속했었다. 그러나 이제 그는 그것을 무시하기로 결정했다. 화이트워스 대사가 파리에서 여권들을 요구하던 바로 그 날(5월 10일)에 대서양 건너 미국의 대통령 토마스 제퍼슨(Thomas Jefferson)이 루이지애나 구매(the Louisiana Purchase)에 서명하여 미국의 크기를 배가했다. 오늘날 멕시코의 만에서 중서부를 거쳐 캐나다의 바로 국경선에 이르는 모든 혹은 약 13개 주를 구성하고 있는 875,000평방 마일의 영토에 대해 미국인들은 프랑스에 8천만 프랑을 지불했다. 그것은 1에이커(acre) 당 4센트도 안되는 비용을 들인 거래였다. 나폴레옹은 탈레랑에게 "나는 루이지애나를 포기한다. 내가 할애하는 것은 뉴올리언스(New Orleans)뿐만 아니라 유보 없이 전 식민지이다. 나는 내가 포기하는 것의 대가를 알고 있다. … 나는 그것을 가장 큰 유감으로 포기한다. 그것을 집요하게 유지하려는 시도는 어리석은 일이다"라고 썼다. 생 도밍그에서 패퇴와 아미엥의 몰락 후에 나폴레옹은 그의 가장 크고 또 전적으로 쓸모없는 자산, 즉 결국 프랑스를 미국과의 갈등으로 끌어들일 자산을 현실화하기로 결론지었다. 나폴레옹은 예언할 수 있었다:

"나는 방금 영국에게 언젠가 그들의 자부심을 초라하게 할 해양

---

213) *Ibid.*, p. 324.

경쟁자를 주었다."214)

이 협상들은 재무상 프랑소와 바르브 마르보아(Francois Barbe-Marbois)에 의해서 수행되었는데 그는 미국에서 산 적이 있고, 미국인과 결혼했으며, 토마스 제퍼슨을 알고 있었을 뿐만 아니라, 부분적으로 나폴레옹은 만일 탈레랑이 그 협상을 이끈다면 그는 필연적으로 미국인들로부터 뇌물을 요구할 것이기 때문에 프랑스의 협상자로 임명되었다. 조제프와 루시엥 형제들은 그 판매를 반대했고 또 심지어 그것을 공개적으로 반대하겠다고 위협했지만 그는 그것을 끝내 관철시켰다. 미국의 전권 대표자들 중 한 사람인 로버트 리빙스턴(Robert Livingston)은 그 거래가 이루어졌을 때 자기의 소감을 다음과 같이 표현했다:

"우리가 오래 살았지만 그러나 이것은 우리들의 전 생애 중 가장 고결한 일이다. 우리가 방금 체결한 조약은 기술이나 무력에 의해서 얻어지지 않았다. 그것은 균등하게 두 계약 당사자들에게 이득이 될 것이다. 그것은 거대한 쓸쓸한 장소들을 번창하는 지역으로 바꿀 것이다. 이날로부터 미합중국은 1급 강대국들 사이에서 자기의 자리를 차지할 것이다."215)

지난 5월 18일 영국이 프랑스에 전쟁을 선포한 뒤에 사건들은 빠르

---

214) Andrew Roberts, *Napoleon: A Life,* New York: Penguin Books, 2014, p. 325.에서 재인용. 10년 이내에 미국은 프랑스가 아니라 영국과 전쟁에 들어갔으며 1812년 전쟁은 1815년 2월에 여전히 싸우고 있는 영국군을 끌어들였다. 그렇지 않았더라면 그 병력은 워털루 전투에 참여했을 것이다.
215) *Ibid.,* p. 326.에서 재인용.

게 전개되었다. 월말에 프랑스는 조제프 3세의 조상 선거후인 하노버(Hanover)를 침공했다. 그리고 영국군대(an Army of England)의 창설을 발표했다. 그리고 나폴레옹은 에두아르 모르티에(Edouard Mortier) 장군에게 영국의 침공을 위해서 필요한 밑바닥이 평편한 보트들을 건설하기 위해서 그곳의 숲으로부터 목재를 자르라고 명령했다. 영국 해군이 보복으로 독일에서 엘베(Elbe)와 베세르(Weser) 강들의 어구들을 봉쇄했다. 7월에 넬슨 제독은 툴롱(Toulon) 항구를 폐쇄했고, 그리고 9월까지 영국은 세인트 루시아, 토바고, 버비스(Berbice), 데메라라(Demerara)와 에세퀴보(Essequibo)를 다시 장악했다. 그 사이에 나폴레옹은 로랑 드 구비용 생 시르(Laurent de Gouvion Saint-Cyr) 장군을 이탈리아에서 타란토, 브린디시 그리고 오트라노를 1801년 서명한 프랑스-나폴리 조약을 위반하고 또 강력한 러시아의 항의에도 불구하고 다시 요새화 했다. 6월에 나폴레옹은 브레스트, 불로뉴(Boulogne), 몽트뢰유(Montreuil), 브루게스(Bruges) 그리고 위트레흐트(Utrecht)에서 대규모 침공 캠프들의 건설을 명령했다.[216]

나폴레옹은 불로뉴에 있는 본부 캠프를 수시로 방문하여 침공준비를 세세히 점검했다. 머지않아 노르망디(Normandy)로부터 안트베르펜(Antwerp)에 이르는 캠프들이 세워지고 영국해협의 해안에 대규모의 병력이 집결했다. 10월 29일 저녁에 생 클루(Saint-Cloud)에 모인 사람들에게 그는 런던 탑(the Tower of London)에 자신의 깃발을 꽂을 것이며 그렇지 않으면 그 시도에서 죽을 것이라고 보장했다.[217]

216) Andrew Roberts, *Napoleon: A Life,* New York: Penguin Books, 2014, p. 327.
217) Adam Zamoyski, *Napoleon: A Life,* New York: Basic Books, 2018, p. 349.

2주 후에 앙블르퇴스(Ambleteuse) 위의 고지에서 그는 망원경으로 영국해안을 조사하고 그곳에서 사람들이 일상적 일을 하고 있는 것을 볼 수 있었다. 나폴레옹은 "그것은 만일 감히 시도한다면 건널 수 있는 도랑이다"고[218] 썼다.

영국해협의 건너 편에서, 영국의 조지 3세가 자기는 브루봉 왕가의 대의를 결코 포기하지 않을 것이라고 선언했다. 그리고 외래인 부서(the Aliens Office)는 보나파르트의 전복을 목표로 하는 행동에 다시 들어갔다. 자금들이 다시 흐르기 시작했고 첩자들이 가동되었다. 그리고 골수분자 망명자들이 프랑스에 잠입했다. 8월 20일 조르쥬 카두달(George Cadoudal)이 자기의 하인인 피코(Picot)와 다른 공범자들과 함께 비빌(Biville)에 상륙했다. 그리고 그들은 10일 후에 파리에 있었다. 다음으로 파견된 자는 가이아나(Guyana)에서 탈출하여 영국 정부의 연금으로 런던에 살고 있던 피슈그뤼(Pichegru) 장군이었다. 계획은 나폴레옹을 납치해서 그를 머나먼 대서양의 세인트 헬레나(St. Helena) 섬으로 보내 버리고 그를 루이 18세(Louis XVIII)로 대체하는 것이었다.[219] 갈수록 사적인 복수가 되는 것에 대한 도덕적 정당성을 제공하려는 시도에서 그후 나폴레옹은 영국정부에 의해 "강탈자"(usurper)라고 불리었다.[220] 제1통령 보나파르트와 공식적 관계를 유지하고 조약들을 체결하였지만 영국정부는 "외국"(foreign) 출신의 암시를 통해 그를 손상시키려는 노력에서 이제 그를 오직 "보나파르트"라고만 불

---

218) *Ibid.*
219) *Ibid.*, p. 350.
220) *Ibid.*

렀다. 영국 정부는 국내에서 이단자들을 억압하고 반대자들을 기습하는 구실로 침공의 위협을 이용했다.

적대관계의 재개는 나폴레옹에게도 역시 유용했다. 영국군대(the Army of England)의 조직은 미온적인 자들을 축출하고 충성분자들을 승진시키면서 부대와 지휘관들에 의해 군대에서 불만스러운 도당들을 분쇄하는 기회를 제공했다. 그러나 너무나 많은 부대들을 집결하는 것은 불이익도 있었다. 나폴레옹에게 알려지지 않은 채 "필라델피스"(*Philadelphes*)라는 비밀사회가 적대적 장교들에 의해서 형성되었다. 전쟁은 집회에서 그의 세력을 역시 강화했다. 그리하여 그는 어려움 없이 여러 개의 프로젝트를 밀어붙일 수 있었다. 그것은 또한 그의 카리브 해 사업의 패퇴에 대한 대중적 여론을 돌릴 수 있었다. 생 도밍그에서 싸움은 르클럭(Leclerc) 장군의 후임자인 로샹보(Rochambeau) 장군이 봉기자들에게 기껏해야 인종전쟁으로 묘사될 수 있는 전쟁을 수행하고 있었다. 1803년 11월 19일 그는 항복할 수밖에 없었고 그의 잔여 1,500명의 병사들과 함께 바다로 도주했지만 영국 해군의 소함대와 마주쳤다. 그는 자기 병사들을 위해 협상하고 유럽으로 돌아가는 길을 마련했다. 그러나 이런 조건들은 지켜지지 않았고 그들은 1811년까지 감옥에 있었다. 면죄부의 보장 하에서 포르토 프랭스(Port au Prince)에서 병원에 남아 있던 800명은 모두 학살되었다.[221]

1803년 10월에 경찰은 나폴레옹을 암살하는 음모에 선발 무리인 여러 명의 왕당파들을 체포했다. 이미 체포된 자들은 군사재판에 의해서 사형선고를 받았으며 총살형에 처해졌다. 그들 가운데 한 사람이

---

221) Adam Zamoysky, *Napoleon: A Life,* New York: Basic Books, 2018, p. 351.

카두달이 파리에 있다고 자백했다. 또 다른 사람은 피슈그뤼(Pichegru)가 오고 있는 중이라고 폭로했다. 계획은 보나파르트를 암살하는 것이었고 파리에서 동시에 봉기를 하는 것이었다. 그렇게 한 다음에 부르봉 왕가 공작이 올 것이고 모로(Moreau) 장군의 지원으로 군주제를 다시 수립할 것이었다. 피슈그뤼는 1804년 1월 16일에 드 리비에르(de Riviere) 후작인 아르토아(Artois)의 비서와 쥘 드 폴리냑(Jules de Polignac) 공작과 동행하여 프랑스에 도착했다. 그는 파리로 가서 1월 25일 모로와 여러 차례 회동들 중에서 첫 회동을 가졌다. 뮌헨에 있는 영국의 영사인 프란시스 드레이크(Francis Drake)와 함부르크에서 그의 상대역인 조지 룸볼드(George Rumbold), 그리고 현재 드레스덴(Dresden)에 있으면서 러시아와 영국의 자금을 받는 왕당파인 당트레그(d'Antraigues)가 파리에 있는 첩자들을 관리했다. 그 첩자들 중 몇 명은 조세핀의 측근자들이었다. 이들 가운데 몇 명은 또한 이중간첩으로서 나폴레옹에 의해서 공급되는 역정보를 흘리고 있었다. 나폴레옹은 상황을 모니터했고 이 자의 체포를 명령하여 그를 추적하고 제3의 첩자를 심문하여 그와 파리의 경찰 책임자인 레알(Real)은 점차 무엇이 어떻게 돌아가고 있는 지에 대해 감을 잡았다.[222]

1804년 2월 8일 카두달의 하인인 피코가 체포되어 심문을 받는 중에 자기 주인이 파리에 있다는 것을 확인했다. 레알은 피슈그뤼도 역시 파리에서 모로 장군과 접촉하고 있다고 확신했다. 2월 14~15일 밤에 나폴레옹은 추밀원의 회의에서 행동하기로 결정했다. 그는 모로 장군의 체포를 명령했다. 모로의 체포 소식은 많은 곳, 특히 군대에서

---

222) *Ibid.*, p. 353.

분노를 유발했다. 어떤 사람들은 음모의 얘기가 모로 장군을 고발하기 위한 음모에 지나지 않는다는 결론을 내렸다. 1795년에 오스트리아에 대한 그의 지휘 하에서 그가 군대의 진지와 부대를 배신한 뒤에 피슈그뤼를 보호했던 사람이라는 것을 기억하는 사람이 거의 없었다. 나폴레옹에 보낸 편지에서 모로는 음모에 자신의 관련성을 인정하고 그리고 그것이 성공할 것 같지 않을 것이라고 그는 생각하여 그 음모에 헌신하지 않았다고 설명했다. 만일 왕당파들이 나폴레옹을 암살하는데 성공한다면 독재자의 역할을 맡을 준비를 하고 자신의 대안들을 열어 놓고 기다리는 게임을 하고 있었다.[223]

그러나 모로(Moreau)가 음모에 가담한 것이 명백하게 입증되지 않은 한 제1통령은 잠재적 경쟁자를 제거하려는 보복적인 폭군으로 보여질 것이다. 경찰은 그를 입증하기 위해 파리를 철저히 수색하였다. 이것은 2주 후에 경찰이 마침내 피슈그뤼를 찾아내어 체포했을 때 그리고 3월 4일 폴리냑(Polignac)과 리비에르(Riviere)를 체포했을 때 나왔다. 3월 9일 저녁에 카두달도 역시 체포되었다. 그리하여 감옥에 갇힌 사람들의 숫자가 40명이 이르렀고, 그래서 사람들은 실제로 음모가 있었다고 받아들였다. 국가를 전복하려는 왕당파들의 끈질긴 결의는 여론을 제1통령의 지지로 돌아서게 만들었다. 경찰 보고서들은 파리의 주민들에 의해 표출된 "우주적 기쁨"을 강조했다. 그러나 그것이 그 문제의 끝은 아니었다.

1804년 3월 1일 나폴레옹은 이중간첩으로부터 음모의 뒤에 있는 왕족의 공작을 루이 드 부르봉(Louis de Bourbon), 앙기엥 공작(duc

---

223) *Ibid.*, p. 354.

d'Enghien)으로 밝혔다는 보고서를 받았다. 그는 코블렌츠(Koblenz)에서 반혁명군을 지휘했던 루이 13세(Louis XIII)세의 직계 후손이며 드 콩드(de Conde) 공작의 32세 된 손자였다. 그 군대가 해체된 후 그는 라인 강 바로 넘어 바덴(Baden)의 에텐하임(Ettenheim)에 정착했다. 카두달은 심문을 받고 그 음모가 비록 누구라고 구체적으로 지적할 수는 없지만 명목상의 대표로 행동할 왕족의 공작이 프랑스 땅에 도착하는데 달려있다고 확인했다. 음모에 대한 그의 연계는 1793년 혁명정부를 배신하고 적으로 넘어갔던 뒤무리에(Dumouriez)를 포함하여 많은 사람들이 에텐하임에서 그에게 합류했다는 보고서에서도 확인된 것으로 보였다.224)

　나폴레옹은 영국의 내각이 자금으로 그들을 지원할 뿐만 아니라 그의 살인을 적극적으로 꾸미고 있다고 확신했다. 카두달이 체포된 다음날인 3월 10일 오후에 나폴레옹은 또 하나의 비상회의를 개최했다. 그 앞에 증거로 보아 나폴레옹은 주요 가담자들을 모두 검거하고 또 앙기엥과 그의 공범들을 체포하여 재판에 회부함으로써 왕당파 음모를 종식할 절호의 기회를 포착했다. 이것은 부르봉 왕족들과 그들의 영국 동맹세력들 그리고 가능하게도 모로의 배신을 세계에 폭로할 것이다. 깡바세레스(Cambaceres)는 신중할 것을 건의했지만 탈레랑은 나폴레옹이 단호하게 행동하라고 격려했다. 이 경우에 부르봉 왕가의 부활을 막으려는 그의 욕망이 자신을 다시 내세우려는 욕구에 의해서 강화되었다. 나폴레옹은 최근에 탈레랑이 왕당파들과 접촉하는 것을 최근에 점점 의심했다. 탈레랑은 항상 여러 가지 대안들을 유지했다.

224) *Ibid.*

푸셰(Fouché)는 나폴레옹의 주장을 같은 이유에서 거의 확실하게 지지했다. 그날 늦게 나폴레옹은 전쟁상과 두 명의 장군을 불러 작은 부대를 이끌고 라인 강을 건너가서 앙기엥(d'Enghien)을 붙잡아서 파리로 이송하라는 명령을 내렸다.[225]

3월 15일 이른 아침에 에텐하임에서 공작의 거주지가 프랑스의 헌병들에 의해서 둘러싸였고 그는 체포되었다. 그는 국경선을 넘어 스트라스부르(Strasbourg)로 끌려왔고 그의 서류들은 나폴레옹에게 보내졌다. 나폴레옹은 그것들 속에서 프랑스에 반하여 영국의 명령에 봉사하겠다고 동의하는 편지를 영국의 성에 보내진 편지의 사본을 발견했다. 그 편지에서 앙기엥은 라인강을 따라 주둔하는 프랑스 부대들 안에 지지자들이 있다고 알리고 프랑스 국가를 그의 가장 잔혹한 적이라고 묘사했다. 조세핀이 공작을 위해 간청했으나 간섭하지 말라는 말만 들었다. 그리고 그날 늦게 나폴레옹은 파리의 주지사인 뮈라(Murat)를 소환하여 그에게 군사법정을 열라고 지시했다. 3월 20일 오후 5시 반에 앙기엥이 6명의 기병 헌병들의 호위를 받으며 마차로 도착한 파리의 외곽에 있는 뱅센느(Vincennes) 요새에 자리를 잡았다. 그날 아침에 나폴레옹은 프랑스에 대항하여 무기를 소지했고, 영국의 자금을 받았으며 그리고 프랑스 정부를 전복하려는 음모에 가담했다는 죄목으로 그를 군사법정에서 심판하라는 명령서에 서명했다.[226]

이 명령서에 서명한 뒤 나폴레옹은 말메종(Malmaison)으로 갔고 그곳에서 탈레랑이 합류했다. 얼마 후에는 조제프가 도착했다. 나폴레

---

225) Adam Zamoyski, *Napoleon: A Life,* New York: Basic Books, 2018, pp. 355-356.
226) *Ibid.,* p. 356.

옹이 의견을 물었다. 공작의 생명을 위해 공작이 프랑스 군대에서 복무함으로써 죗값을 치르게 하자고 조제프가 탄원을 했지만, 그 탄원을 들은 뒤에 나폴레옹은 그의 설명을 완전히 무시하였다. 오후에 나폴레옹은 사바리(Savary)에게 재판을 진행하라고 지시했다. 그는 또한 레알에게 뱅센느로 가서 사전에 그 포로를 심문하라는 명령서를 썼다. 그날 저녁 11시에 앙기엥은 감방에서 끌려 나와 군사법정 앞에 섰다. 그는 3항목 모두에 죄를 인정했지만 제1통령을 면담할 수 있도록 허용해 달라고 요청했다. 하지만 그 요청은 거부되었다. 판결은 새벽 2시에 선고되었다. 무덤은 이미 파져 있었고 총살대가 기다리고 있었다. 그는 끌려 나와, 총살되고, 묻혔다.[227] 총살대를 이루는 헌병들을 지휘했던 사바리는 직접 보고하기 위해 말메종으로 갔다.

저명한 인물이 처형되었다는 소식이 그날 아침에 그 도시에 퍼져 나갔다. 그가 누구였는지가 알려졌을 때 왕당파들과 귀족들이 경악했다. 그리고 많은 사람들이 나폴레옹을 결코 용서하지 않겠다고 했다. 그러나 대부분의 사람들은 처형이 필요했다고 받아들였다. 오직 10년 전에 죄 없는 군주와 그의 왕후의 처형이 그렇게 수용되었던 것과 같았다. 대부분의 사람들은 특히 실업과 빵 값이 모두 낮았기에 정부를 전복하는 음모가 아니라 안정을 원했다. 전시에 적국인 영국의 자금을 받아 반역자로 보인 부르봉 왕족과 그들의 지지자들에 대한 동정심은 별로 없었다. 나폴레옹은 심각한 위협이 없었던 것처럼 행동했다. 위험은 더 이상 없었다. 그러나 그것은 그의 정부의 견고함 덕택이었다. 그가 지적했듯이 부르봉 왕족들, 왕당파들, 그리고 영국에게 그는 더

---

227) *Ibid.*

이상 그들의 음모를 어린이의 장난으로 취급하지 않을 것이라는 것을 과시할 필요가 있었다. 바깥세상에게 그는 도전장 같은 것을 발행할 기회를 잡았다. 탈레랑은 프랑스와 전쟁 중이 아닌 모든 궁전에 편지를 써서 그들의 영토에서 활동적인 모든 프랑스 망명자들의 추방을 요구했다. 맨 처음으로 순응한 것은 바덴(Baden)의 선제후(elector)였다. 그는 자신의 영토가 침해되었기 때문에 항의해야 할 첫번째 군주였다. 그러나 파리에서 너무 가까웠고 프랑스 지원으로 잘 지내온 그는 어떤 항의도 할 의도가 없었다. 3월 26일 나폴레옹을 대신해서 탈레랑은 파리의 모든 외교관들이 참석하는 리셉션을 외무성에서 베풀었다.[228]

같은 날 바르샤바(Warsaw)에서 앙기엥의 체포 소식을 들었으나 아직 처형의 소식을 듣지 못한 루이 18세는 유럽의 모든 궁전에 호소문을 보내 그들이 공작을 위해 개입해 달라고 호소했다. 그의 편지들은 대부분이 개봉도 안 된 채 되돌아왔다. 영국 정부는 앙기엥을 해방시키는 누구에게나 포상금을 제안했고, 그리고 차르 알렉산드르 1세는 그 문제를 가슴 아프게 받아들였다. 그가 공작의 죽음에 관해서 들었을 때 왕을 위한 것처럼 궁정의 애도를 발표했다. 그가 프랑스에 전쟁을 목표로 하는 동맹에 대해 영국과 논의하고 있었기 때문에 그는 앙기엥의 살인을 전쟁의 원인으로 만드는 것을 고려했다. 그러나 영국과 협상이 많이 진전되지 않았고 또 그의 군사적 준비도 진전이 없었다. 대신에 그는 바덴의 영토의 침해에 대하여 항의했고 파리에 있는 그의 대리 대사에게 만족스러운 설명을 요구하라고 명령했다. 나폴레

---

228) *Ibid.*, p. 358.

옹은 알렉산드르 1세가 자기 부친의 살인에 개입했고 그의 시신 위에서 왕위에 올랐다는 사실에 대해 외교적인 용어로 언급하면서 조소로 대응했다.[229]

관련된 모든 사람들은 후에 극악한 행위로 보이게 된 것에서 자기의 역할을 정당화하려는 목적으로 현란하게 그 사건들을 자세히 썼다. 탈레랑과 푸셰는 모두 자신들이 처형에 반대했다고 주장했으며 "그것은 범죄 이상이다. 그것은 실수이다"고[230] 말했다고 주장했다. 그러나 당시에 그들 중 누구도 그것을 그렇게 간주하지 않았다. 나폴레옹은 마키아벨리(Machiavelli)가 환호했을 단호함과 무자비함을 보여주었다. 그리고 그들도 같은 마음이었다. 그러나 이 사건에 의해 봉인된 3인의 신성하지 않은 동맹은 흉악한 이면을 갖고 있었다. 경찰지사 에티엔느 파스퀴에(Étienne Pasquier)에 의하면 앙기엥의 제거에서 나폴레옹과 탈레랑의 협력은 각자에게 상대방이 범할 수 있는 무자비함의 정도를 노출했고, 그리하여 서로가 경악했다. 그때부터 그들은 서로 간에 불신과 배신 외에는 아무 것도 기대하지 않았다는 것이다. 그 이후 나폴레옹이 점증하는 역겨움과 거만함으로 탈레랑을 대했으며 동시에 그를 두려워했다. 탈레랑은 아무도 모르게 자신의 주인을 좀 더 분노에 차서 아첨했다. 그러나 푸셰만은 그 사건을 이용하여 나폴레옹에게 경찰성의 필요성을 확신시키고 자기 자신을 경찰상(장관)으로 재임명하게 했다. 고마워하는 대신에 그 후로 그는 더 큰 오만과 독립성을 과시했다.[231]

---

229) *Ibid.*
230) *Ibid.*

나폴레옹은 두려움을 느낀다고 표현하지 않았지만 그는 그에 대한 많은 음모들이 그로 하여금 자기가 죽임을 당한다면 프랑스에 무슨 일이 발생할지에 관한 생각에 오금이 저린다고 인정했다. 그 두려움은 인구의 다수에 의해서 느꼈다. 그는 보통 "섭리에 의해 부름을 받았고 또 하늘에 의해서 보호받는 사람"으로 일컬어졌다. 그러나 피슈그뤼와 카두달은 음모가 발각된 뒤에 "암살자들로부터 조국의 구세주를 구원한 행복한 별"과 치명적 심장마비를 막는 보호하는 정령에 관한 얘기가 있었다. 비록 누군가가 모든 위험과 장애들을 넘어선 그를 "영웅, 프랑스의 우상, 자연의 주인"이라고 일컬었지만 모국이 그를 잃을 지도 모른다는 저변의 두려움이 있었다.[232]

프랑스 혁명에서 중요한 역할을 수행했던 모든 사람들에게 같은 것이 대부분 사실이었다. 그들은 부르봉 왕가의 부활이 그들에게 가져올 결과들을 두려워했다. 지난 10년 반의 모든 성취들이 뒤집어 질 것이고 그들은 잘해야 무명의 처지에서 안전을 추구하게 될 것이다. 프랑스로 돌아온 망명자 귀족들은, 그리하여 부르봉의 명분을 포기하고 제1통령의 정당성을 수락하였는데 이제 와서 돌아오는 루이 18세로부터 별로 이해를 기대할 수 없었다. 그러므로 그들도 역시 기존 정권의 견고화를 바랐다. 걱정스러운 레뇨 드 생 장 덩글레(Regnaud de Saint-Jean d'Angely)는 티보도(Thibaudeau)에게 "그들은 통령을 죽이길 원한다. 우리는 그를 보호해야만 하고 그를 불멸로 만들어야 한다"고 썼다. 문제는 나폴레옹이 왕에게 가장 바람직스러운 그러한 성질

---

231) *Ibid.,* p, 359.
232) *Ibid.*

들을 갖고 있는 지의 여부가 아니다. 그는 분명히 필요 불가결한 그런 성질들을 소유하고 있다"고 탈레랑이 설명했다.[233]

프랑스에서 고대의 공화정들과 같은 공화정을 수립할 개연성은 오래 전에 사라져 버렸지만 사람들은 인간의 존엄성, 자기의 이익, 자기의 본성 그리고 자기의 염원과 양립할 수 있는 정부의 희망을 포기하지 않았다. 티보도의 말처럼, 사람들은 그런 정부가 하나의 우두머리를 갖는 것과 양립할 수 없다. 그래서 프랑스가 스스로 택한 것은 작가들과 철학자들에 오랫동안 논의된 것과는 정반대로 이 문제를 해결하기 위해서 섭리에 의해서 상정되는 것으로 보였다. 한 마디로 나폴레옹이 군주제와 인민의 주권 사이에 있는 이념적 격차에 가교를 놓는 수수께끼에 이상적인 해결을 제시하는 것으로 보였다. 이런 신념이 성장함에 따라 그의 권위를 항구화 하려는 욕망, 그러므로 세습체제(hereditary)로 만들려는 욕망도 성장했다. 임기제 통령은 어떤 쿠데타도 다른 것들처럼 그를 보내 버릴 수 있을 것이다. 종신 통령에게는 한 번의 암살이 필요할 뿐이라고 마레(Maret)가 설명했다. 그는 세습정부를 방어책으로 생각했다. 그것은 더 이상 그를 죽이는 것으로 충분하지 않을 것이다. 국가를 전복하는 것이 필요할 것이다. 사람들이 세습에 관해서 말할 때 그들은 군주제를 의미했다. 아미엥의 조약에 대해 협상하는 동안에 콘월리스(Cornwallis)는 조지 3세가 프랑스의 왕 타이틀을 버리기로 동의했기 때문에 제1통령이 그것을 떠맡아야 한다고 암시하기까지 했었다.[234]

---

233) Adam Zamoyski, *Napoleon: A Life,* New York: Basic Books, 2018, p. 360.
234) *Ibid.*

푸셰는 그의 동료 상원의원들에게 우두머리의 생명을 넘어서 정부의 생존을 확실히 하여 음모자들의 희망을 파괴할 제도의 창조를 촉구했다. 3월 28일 상원은 당연히 나폴레옹이 나라를 혼돈으로부터 구출했고 또 모두를 위해 거대한 이득을 가져왔고, 그러므로 미래를 보장하는 것이 그의 의무이기에 그에 대한 모든 공격은 프랑스에 대한 공격이라고 강조하면서 나폴레옹에게 연설문을 전달했다. 그 연설문은 "당신은 새로운 시대를 창조했다. 당신은 그것을 영구화 해야만 한다. 그것이 지속하지 않는다면 영광은 아무 것도 아니다"[235]고 되어 있었다. 유일한 반대는 시에예스(Sieyes), 블네(Volney), 그레고아(Gregoire)에게서만 나왔다. 상원의원들의 대표단이 그 제안을 전달하기 위해 방문했을 때 나폴레옹은 짐짓 놀라는 척을 했으며 그러나 그것을 고려하겠다고 정중하게 동의했다. 실제로는 조제프와 루시엥 형제, 푸셰 그리고 탈레랑과 많은 다른 사람들은 전국에 걸쳐 지방 당국들과 군부대들에게 국가 최고의 권위를 수락하도록 간청하는 호소문들을 보내라고 조장하면서 열심히 유세하고 다녔다. 나폴레옹은 이 달들의 대부분을 생 클루에서 보냈으며 이곳에서 그는 자기의 추밀원과 국무원의 회의들을 개최하고 또 자기의 신민들이 참가하는 집회들의 대표단들을 맞이했다.

4월 13일 나폴레옹의 추밀원은 그가 황제가 되는 문제를 직접 다루었다. 어떤 다른 타이틀도 적합하지 않은 것으로 보였다. 루이 16세는 처형되었고 마지막 왕으로 선언되었다. 그러므로 왕의 타이틀은 불가능했다. 프랑스 왕국은 폐지되었고 프랑스 공화정에 의해서 대체되었

---

235) *Ibid.*, p. 361.

다. 그리고 공화정은 제국으로 성장했다. 사람들은 하나는 왕국이고 또 하나는 술탄(Sultanate) 임에도 불구하고 동시에 영국과 오스만 제국으로 불렀다. 프랑스의 크기와 힘을 고려할 때 프랑스의 지배자는 오직 시저(Caesar)나 샤를마뉴(Charlemagne)에게만 비견될 수 있을 것이다. 유럽에서 오직 두 황제의 타이틀은 로마에서 유래한 것으로 가정되었다. 차르(tsar)라는 말은 시저의 러시아 판인 반면에 신성로마제국의 타이틀은 그 자체를 말해 주었다. 만일 프랑스 공화정의 우두머리가 타이틀을 갖는다면 그것은 오직 로마에서만 유래할 수 있었다. 나폴레옹은 통령이었고, 그래서 황제(Imperator)가 될 것이다. 나폴레옹이 약간의 유보를 표현했다. 통령의 타이틀에서 지난 3년간 아주 많은 위대한 것들이 성취되었기에 그것이 유지되어야 한다고 그는 1803년 1월에 뢰데레(Roederer)에게 말했었다. 깡바세레스도 동의했다:

> "제1통령으로서 당신의 위대성은 한계가 없고 그리고 당신의 성공의 본보기는 그들에게 교훈이 되기에 유럽의 왕들은, 만일 그들이 현명하다면, 프랑스 군대가 자기들의 자산인 혁명의 원칙들을 퍼트리는 것을 막기 위해서 당신을 존경하려 할 것이고 전쟁을 위한 모든 원인을 피할 것이다."[236]

그러면서 그는 경고했다. "황제로서 당신의 지위는 변하고 당신을 자신과 거북하게 할 것이다."[237] 비록 나폴레옹이 황제 타이틀의 아이디어를 포용했지만 나폴레옹은 자신의 혁명적 유산에 집착했다. 그

---

236) *Ibid.*, pp. 361-362.
237) *Ibid.*, p. 362.

것은 자유주의적 의회주의 군주제가 될 것이라고 이해되었다. 그는 "시민들은 나의 신민이 되지 않을 것이며, 프랑스 국민은 나의 인민들이 되지 않을 것"이라고 그는 인정했다.[238]

4월 30일 호민관은 프랑스 제국을 선포했다. 5월 3일 이것은 지난 달 동안 그것을 어떻게 해낼까 하고 작업을 해왔던 상원에 전달되었다. 다음날 상원은 나폴레옹에게 대표단을 보냈고 상황이 어쩔 수 없이 나폴레옹이 세습 황제의 위험을 수락하게 만들었다고 선언했다. 그것은 자유와 평등이 결코 위험에 처해져서는 안 되고 또 인민의 주권이 수호되어야 한다는 것을 고집하고, 국가는 그것의 권한을 재주장해서 그것이 분노한 폐하에 복수할 위치에 결코 놓여서는 안 된다는 희망으로 끝을 맺으면서 여러 개의 조건을 정했다. 그 연설문은 법의 불가침성, 제도, 개인, 언론, 그리고 기타 나폴레옹에게 아주 수락될 수 없는 자유와 같은 모든 조건들을 자세히 열거하는 긴 메모랜덤이 부착되었다. 나폴레옹은 분노했고 그 서류의 발행을 금지시켰다. 이어지는 며칠에 걸쳐 생 클루에서 나폴레옹은 실제로 새 헌법이 될 것에 관해 작업하는 위원회의 일을 감독했다. 그 결과의 서류는 이런 말로 시작했다: "공화국 정부는 프랑스인들의 황제라는 타이틀을 가진 황제에게 위임된다." 국가는 계속해서 공화국이라고 불리었다. (1809년까지 그렇게 불리었다.) 그리고 인민의 주권은 그것의 이름이 주어졌다. 그러나 계승은 나폴레옹의 가족에서 남자 후손에 의해 이루어질 것이고, 그리고 프랑스의 주인은 이제 나폴레옹 1세(Napoleon I)였다. 그것은 상원의 승인을 위해 제출되었고 5월 18일 오전에 통과되었

---

238) Adam Zamoyski, *Napoleon: A Life,* New York: Basic Books, 2018, p. 362.

다.[239] 투표 후에 상원의원들은 각자의 마차에 올라서 뤽샹부르 궁에서 생 클루로 몰려갔다.

군복을 입은 나폴레옹이 아폴로의 화랑(the Gallery of Apollo)에서 그들을 기다리고 있었다. 그곳은 나폴레옹이 브뤼메르 19일에 상원들에게 연설했던 곳이었다. 그는 자기 가족의 남성들, 그의 동료 통령들, 각부 상(장관)들, 그리고 다른 명사들에 의해서 둘러싸였다. 깡바세레스가 상원들을 안내했을 때 그는 나폴레옹을 '폐하'(Sire)와 역시 '폐하'(Majesty)라고 지칭했다. 그것들은 프랑스에서 지난 10년 동안 사용되지 않았던 용어였다. 그 자리에 참석한 많은 사람들이 그 용어를 듣고 불안감을 느꼈지만 나폴레옹은 주춤하지 않았다. 르브룅(Lebrun)이 연설을 했고 연설의 마무리에서 그는 나폴레옹 1세를 프랑스인들의 황제로 선포했다. 나폴레옹은 정중하게 그 명예를 수락했다.

프러시아의 프리드리히 빌헬름(Frederick William) 3세가 나폴레옹에게 정중한 축하의 편지를 썼다. 유럽의 다른 국가들은 다소간 못마땅했지만 영국, 러시아, 그리고 스웨덴을 제외하고 모두가 나폴레옹의 등극을 인정했다. 신성로마의 황제라는 그의 타이틀이 그런 정치적 단위의 해체로 의미가 없게 된 프란시스 2세(Francis II)는 자신을 러시아 군주의 전례들과 프랑스의 새 주권자의 등극을 인용하면서 프란시스 1세로서 오스트리아의 황제로 선포했다. 그는 먼저 나폴레옹의 승인을 추구했다. 프랑스에서 반응은 혼합되었다. 파리 거리에서 사람들은 새로운 계획에 조롱이 쏟아졌다. 5월 19일 떼아뜨르 프란시스(Theatre Francais)에서 표트르 대제(Peter the Great)에 대한 연극의 공

---

239) *Ibid.*, p. 362.

연 중에 황제와 제국이라는 말에 관중들이 야유했다. 그러나 방해는 없었고 5월 25일 경찰의 보고서에 따르면 파리의 노동자들은 세습 제국을 위한 국민투표에서 자신들이 투표권을 행사했으며 그렇게 하기 위해 대규모로 시청에 나타났다. 군대에서 많은 사람들은 자신들의 과거 영광들과 맨발로 행군했던 서사적 시절 그리고 굶주린 배로 오스트리아인들을 두들기던 영웅적 시절이 새로운 화려함 속에 가라앉을 것이라고 느꼈다.

모로(Moreau), 카두달(Cadoudal), 그리고 다른 공모자들의 재판이 제국의 선포 오직 10일 뒤에 열린 것은 불행이었다. 피슈그뤼는 자신의 감방에서 목수건으로 질식한 것으로 발견되어 등장하지 않았다. 공식적 판결은 자살이었지만 그러나 많은 사람들은 그것을 믿지 않았다. 모로는 여전히 동정심을 불러일으켰고 그래서 사람들은 그의 유죄를 믿지 않았다. 그는 유능하게 자신을 변호하여 무죄가 되었다. 그러자 나폴레옹이 판사들에게 압력을 가했고 재심은 그의 유죄를 발견했다. 판결은 6월 10일로 연기되었다. 카두달과 19명의 동료 공범자들은 사형이 판결되었다. 모로와 다른 사람들은 2년간 감옥살이로 판결되었다. 모로는 그 판결에 항소할 수 있었다. 그러자 나폴레옹은 재빨리 그의 판결을 프랑스에서 추방으로 감형하고 그를 아메리카로 보냈다.[240] 이 에피소드는 강력한 감정을 일으켰다.

헌법은 142개 문구의 추가로 수정되었고 국민이나 인민의 단어들은 사라졌다. 새 헌법은 프랑스 군주제와 신성 로마제국으로부터 베낀 관직들로 둘러쌓다. 5월 18일에 나폴레옹의 형 조셉은 대 선거후가 되

---

240) Adam Zamoyski, *Napoleon: A Life,* New York: Basic Books, 2018, p. 366.

었다고 동생인 루시엥(Lucien)은 총사령관(*Connetable*)이라는 타이틀을 달았다. 깡바세레스는 수석 수상(arch-chancellor), 르브룅(Lebrun)은 수석 재무상(arch-treasurer), 뮈라(Murat)는 대제독이 되었다. 다음 날 4명의 장군들이 제국의 원수라는 타이틀을 받았다. 탈레랑은 시종장(grand Chamberlain)이 되었고 뒤록(Duroc)은 궁정의 원수가 되었다. 1월 21일 루이 16세의 처형 기념일과 같은 혁명과 관련된 상징들과 페스티벌들이 사라지고 7월 14일 바스티유(the Bastille) 타도의 기념일은 라 생 나폴레옹(*La Saint Napoleon*)의 이름 하에 8월 15일 나폴레옹의 생일에 국가적 공휴일로 대체되었다. 그리고 나폴레옹은 독수리를 프랑스 제국의 상징으로 채택했다.

나폴레옹은 정권의 변화도 다른 것처럼 국민의 인정을 획득하기 위해서 국민투표에 의해서 승인되어야 한다고 고집했다. 질문은 나폴레옹의 등극이 아니라 왕정의 세습적 성격에만 관련되었다. 투표율은 35% 정도였다. 결과는 3,572,329표의 찬성에 2,569표의 반대였다. 상당한 부정투표가 있었다. 아마도 50만 표의 찬성표가 추가되었을 가능성이 있고, 많은 사람들은 무관심이나 두려움에서 투표했을 것이다. 그러나 나폴레옹에 관한 한, 그것은 그가 인민들로부터 그의 지위를 받은 것임을 입증했다. 그들의 승인을 받았으니 그는 새 국정을 종교적 대관식을 이용하여 신의 조치로 신성화하기를 원했다.[241] 그는 이것이 교회와 국가를 함께 함으로써 자신의 황제를 전통에 근거하고 자신의 지배에 추가적인 정통성을 부여하는 자기의 혼합정책의 금자탑일 것이라고 믿었다.[242]

---

241) *Ibid.*, p. 370.

나폴레옹은 부르봉 왕가를 능가하려고 했다. 첫 프랑스 왕조의 창시자인 단신왕 피피누스(Pepin the Short)는 751년에 프랑크족(Franks)에 의해서 왕으로 선출되고 교황에 의해서 왕위에 올랐다. 그의 아들 샤를마뉴와 그의 손자인 경건왕 루이(Louis the Pious)도 그랬다. 나폴레옹은 자신의 등극 이전에 교황 비오 7세(Pius VII)에게 타진을 했다. 그리고 교황은 자신의 참석으로 나폴레옹이 콩코르다(the Concordat) 조약의 마지막 순간에 끼어 넣은 유기체적 조항들의 조건들에서 어떤 양보를 얻어낼 희망으로 파리까지의 거리를 극복할 준비가 되어 있었다. 나폴레옹은 대관식을 파리에서 벗어나 개최할 것을 고려했다. 그는 파리의 주민들을 두려움과 경멸의 혼합으로 간주했고 그는 그곳의 교육받은 계급들을 그들의 불경과 열린 마음을 싫어했다. 그는 샤를마뉴와 관련이 있는 엑스-라-샤펠(Aix-la-Chapelle)과 그가 근대적 산업 도시의 모델로 간주하는 리용(Lyon)을 고려했다. 만일 그곳이 파리여야 한다면 그는 노트르담(Notre Dame) 보다는 엥발리드(the Invalids)를 선호했다. 그런 세부사항들은 마지막 순간까지 계속되었다.

　　물리적 환경도 적응해야만 했다. 튈르리와 옛 루브르(Rouvre) 사이의 지역은 점진적으로 제거되고 있었고 기념비적 열린 공간으로 바뀌었다. 생 클루(Saint-Cloud)도 적응되었고 군사 감옥으로 바뀌었던 퐁텐블로(Fontainebleau) 옛 왕의 궁전도 황제와 궁중회의를 맞을 수 있도록 이제 회복되었다. 파리가 새 프랑스 제국, 즉 새 로마의 소재지가 되려면 그곳은 그것의 영광을 반영하고 나폴레옹이 이집트로 원정을 가는 길에 승선했던 배 동방(*Orient*)호 위에서 꿈꾸었던 대로 세계

---

242) *Ibid.*

에서 가장 아름다운 도시로 바뀌어야만 했다. 그는 적합한 포장, 하수 도랑, 그리고 빛을 가진 넓은 거리와 전망을 창조하기 위해서 쓰러져 가고 있는 중세의 오두막들을 조직적으로 구매해서 파괴했다. 두 개의 교량 공사도 시작되었고 센(Seine) 강의 제방들도 정비되었다. 다양한 박물관, 특히 루브르는 세계가 지금까지 보지 못한 경이로움이었다. 파리는 또 음악의 수도가 되었다. 파리가 우주의 중심이 되어야 했기에 1790년대에 마련된 전신은 서쪽 해안, 남부 그리고 독일과 이탈리아로, 그리고 불로뉴(Boulogne)로부터 소식을 빠르게 전달하도록 확대되었다.

황제에 등극한 2개월 후인 7월 18일 나폴레옹은 불로뉴를 향해 떠났다. 다음 날 오후 1시에 도착한 그는 즉시 말에 올라 군대, 항구, 그리고 배들을 점검하고 나서 그들 가운데 하나에 승선해서 봉쇄하는 영국 해군에 의해 발포를 당한 뒤 돌아올 것을 고집했다. 그는 수송 바지선들이 작업 중인 것을 주목하여 보았다. 그리고 다음날 누군가 바다에 나가야 한다고 명령했다. 브루이흐(Bruix) 제독이 바람이 변하고 있어서 위험하다고 지적했다. 나폴레옹은 고집을 부렸고 말을 타고 사라졌다. 그러나 브루이흐 제독은 그 명령을 수행하지 않았다. 돌아온 나폴레옹은 너무나 화가 나서 마치 브루이흐를 후려칠 것처럼 승마용 짧은 채찍을 들어 올렸고, 그러자 제독은 검에 자신의 손을 올렸다. 나폴레옹은 팔을 내렸지만 그를 가게 하고 그의 다음 지휘관에게 작전을 시작하라고 명령했다. 바람이 바뀌었고 배들은 바위에 부딪쳤다. 나폴레옹은 구조작업을 밤이 새도록 지시했다. 그는 수개월 동안 파리에서 기념행사들을 보낸 뒤에 그 경험이 황홀하다고 생각했다. 그것은 장엄한 장면이었다. 대포들이 경고 발사를 했고, 횃불들이 해안가를 밝혔다. 바다는 분노로 꿍음을 내고 있고 밤새도록 그들은 이 비참한 사람들을 구원하느냐 아니면 그들이 사라지는 것을 볼 것인가를 내다보면서 밤을 새웠다. 새벽 5시에 햇빛이 나왔고 모두 다 구제되었다. 나폴레옹의 낭만적이고 서사시적 꿈을 체험한 기분을 가지고 자러 갔지만 그것을 위해 7척의 배와 29명의 생명을 잃었다.

나폴레옹은 전투적 정신에 젖어 있었다. 깡바세레스에게 군대와 해군부대들이 좋은 보습을 하고 있다고 보고했다. 내무상 샹파니(Jean-Baptiste Champagny)에게는 국립과학기구로 하여금 미국의 발명가 로버트 풀턴(Robert Fulton)의 증기선과 잠수함에 대한 계획을 연구하라고 지시했다. 콘스탄티노플에 있는 브륀(Brunne)에게 나폴레옹은 자기가 12만 병력과 3천 척의 바지선과 무장 갤리선들(galleys)을 갖고 있으며 제국의 독수리를 런던의 타워로 데려갈 호의적인 바람만을 기다리고 있다고 썼다. 술트(Soult) 제독이 그에게 3일 안에 전 군대를 승선시키는 것이 불가능하다고 말했을 때 그는 곧바로 받아 쳤다:

"불가능이라니! 그런 단어는 프랑스어가 아니다. 당신의 어휘에 서 그것을 제거하라!"[243]

나폴레옹은 다음 6주간을 원정군인 영국의 군대와 함께 보냈다. 캠프에서는 그를 위한 대형천막이 세워졌지만 나폴레옹은 불로뉴의 바

---

243) Adam Zamoyski, *Napoleon: A Life,* New York: Basic Books, 2018, p. 372.에서 재인용. 나폴레옹의 이 말이 한국인들에게는 그가 "내 사전엔 불가능이라는 단어가 없다"고 말한 것으로 알려져 있다.

로 외관인 퐁 드 브리끄(Pont-de-Briques)에 있는 작은 저택에 숙소를 잡았다. 도시의 고지에 있는 본부 캠프는 일년 전에 설치되었고 병사들은 그곳에서 편안 했다. 에타플(Etaples)에서 오스탕(Ostend)에 걸친 해안을 따라 뻗어 있는 이것과 다른 야영지들이 약 15만의 병사들을 수용했다. 홀란드에서는 마르몽(Marmont) 하에 11개 군단과 브레스트 (Brest)에서 오제로(Augereau) 하에 또 하나의 군단으로 추가적인 2개의 군단이 있었다. 그리하여, 영국을 마주하고 있는 병력의 총 숫자는 20만 명에 가까웠다.[244]

그들은 여러 가지 배로 해협을 건너갈 예정이었다. 대부분의 배들은 돛으로 가는 평평한 바닥의 거룻배들이었고, 어떤 것들은 노를 젓는 배로 보완되었다. 각 선박들은 보병, 기병, 그리고 포병의 보충을 수송하게 되어 있어서 한 척의 손실이 군단을 무력하게 하지 않고 단지 군단의 전력을 단지 감소시킬 것이다. 많은 생각이 그들의 계획에 들어갔다. 바닥 짐을 이루는 대포탄들은 모래로 덮었고 그 위에 말들을 기둥에 맬 수 있었다. 무기들은 병사들의 그물 침대 위 갑판에 저장되고 포들은 앞과 뒤에서 바다 물 위에 걸쳐 있는 반면에 포신들은 갑판 위에 올려서 발포할 수 있게 했다. 모든 배들이 항구 밖으로 나오는데 5번의 조류가 필요했다. 그것은 영국 해군의 간섭 없이 이상적 날씨의 조건에서 3일을 의미했기에 그들은 별로 쓸모가 있을 것 같지 않았다. 그러나 지난 6주 동안 나폴레옹은 원정의 시작을 의미하는 온갖 표시를 다 했다. 그는 영국 해군을 끌어내기 위해 2개의 함대를 카리브 해로 보낸다는 토대 위에서 정교한 해군 기동을 마련하

---

244) *Ibid.*, p. 373.

고 그리고 나서 거룻배들을 앞세워 가능한 모든 배들을 해협으로 가져왔다. 그는 일단 영국에 도착하면 그가 마주하는 모든 군사적 방어들도 쓸어버릴 것이고 수일 안에 런던에 있을 것이라고 자신했다. 그 점에서 어쩌면 그는 옳았을지도 모르지만 영국 해군이 그때까지는 해협에 집결할 것이라는 것을 고려한다면 그는 완전히 고립될 것이다.

나폴레옹이 자기가 수행할 생각이 없는 한 번의 원정에 수백만 프랑을 지불하는 것은 비상하게 보이지만 그러나 모든 것은 그런 경우를 가리키고 있었다. 그는 적극적으로 준비 작업에 종사했고 1년에 걸쳐 불로뉴를 수시로 방문했지만 그가 수일 만에 런던에 있을 것이라고 모든 사람들에게 말하면서 허세를 부리면서 준비에 바빴던 것은 1804년 7월과 8월뿐이었다. 그때 가서 그는 오스트리아가 영국 및 러시아와 협상을 하고 있고 그것의 서부 전선에 대규모의 군대를 집결시켰고 그에 대항하여 새로운 연합에 합류하라고 프러시아에 압력을 가하고 있다는 것을 알게 되었다. 그런 상황에서 나폴레옹은 프랑스와 이탈리아를 노출한 채 자기 병력의 대부분을 영국으로 데려갈 수는 없었다. 깡바세레스를 시작으로 나폴레옹의 부하들 중 많은 사람들이 그런 훈련은 영국의 자원을 소모시키려는 목적으로 행한 허장성세로 믿었다. 이런 견해의 여러 가지 것들이 군부와 심지어 파리에 있는 해외 외교관들 사이에서도 발견되었다. 그러나 그가 진실로 침공을 생각했던 순간들이 있었다. 최근의 모반들과 같이 그의 생명과 과업에 대한 거듭된 기도로 필사적이 된 나폴레옹은 그가 영국에서 그들의 근원을 공격하려는 충동으로 행동했을 것이다.[245]

---

245) Adam Zamoyski, *Napoleon: A Life,* New York: Basic Books, 2018, p. 374.

위험스러운 주사위를 던지려는 모험의 더 하나의 자극은 그가 타고 있는 거의 초자연적인 성공의 파도였다. 그는 언제나 더 장엄한 것을 꿈꾸고 있었다. 사람은 자신의 운명에 맞게 살아야 한다고 그는 생각했다. 그는 후세에 자기가 어떻게 전해질 지에 관해서 아주 몰두했다. 마치 그가 지난 수년 간에 조심스럽게 쌓아온 이미지가 그의 행위를 지시하기 시작한 것처럼 보였다. 그는 드크레(Decrès) 제독에게 현대 세계는 진실로 초월적인 행동을 위해서는 너무나 재미없기 때문에 영광이 관련된 것에서는 교착상태에 도달했다고 불평했다. 알렉산더 대왕의 경우를 예로 들었다. 그가 아시아를 점령하고 나서 자기는 주피터(Jupiter)의 아들이라고 발표했을 때 전 동방세계는 그를 믿었다. 그러나 만일 나폴레옹이 신의 아들이라고 발표한다면 파리의 모든 수다쟁이들이 그를 비웃을 것이라고 나폴레옹은 놀란 제독에게 말했다.[246]

8월 16일 그는 레지옹 도뇌르(the Legion of Honor) 훈장을 나눠주는 행사를 개최했다. 전쟁 트로피들을 배경으로 병사들에 둘러싸여 그는 용맹한 자들에게 훈장을 배포했다. 그는 군단을 거느린 시저였다. 나폴레옹은 자기 형 조제프에게 자기는 세계의 얼굴을 바꾸라는 부름을 받았음을 믿는다고 말했다. 아마도 어떤 숙명의 개념들이 그의 사고에 영향을 주었다고 나폴레옹은 인정했다. 그러나 그는 그것들을 거부하지 않았고, 오히려 그것들을 믿어 의심치 않았다. 그리고 그런 믿음이 성공의 수단이었다고 나폴레옹은 덧붙였다. 9월 1일 그는 브뤼셀에 있었고 그곳으로부터 그는 라인 강의 왼쪽 제방에 대한 숨가쁜 검열 여행을 했다. 9월 2일 엑스-라-샤펠에서 그는 러시아의

---

246) *Ibid.*

대리 대사 우브릴(Oubril)이 여권들을 요청하고 파리를 떠났다는 소식을 받았다. 그것은 전쟁상태를 예고했지만 나폴레옹은 아무 일도 없는 것처럼 진행했다. 9월 9일 저녁에 나폴레옹은 간질병 같은 어떤 것으로 고통을 받았다고 보고되었다. 그러나 이틀 후에 그는 쾰른(Cologne)으로 가고 있었고 그곳으로부터 코블렌츠로 그리고 이어서 마인츠로 갔다. 그곳에서 그는 그들의 존경심을 표하기 위해 온 여러 개의 작은 독일 국가들의 지도자들을 맞이했다. 라인강을 따라 프랑스 방어의 검열을 마친 뒤에 그는 10월 12일에 생 클루로 돌아왔다.

나폴레옹은 러시아가 지금쯤 전쟁 준비에 상당히 진전을 이루었고 또 오스트리아 역시 무장하고 있고, 나폴리가 공격할 기회를 기다리고 있을 뿐이라는 것을 알고 있었지만 그는 아무런 걱정의 표시도 보여주지 않았다. 그는 다음 수주 동안을 파리와 생 클루 사이를 오고 가며, 그곳이나 베르사유에서 아니면 불로뉴 숲(the Bois de Boulogne)에서 사냥을 하면서 보냈다. 그러면서도 그는 영국을 침공할 자기의 의도를 간직하고서 병력과 승무원들이 승선해서 착륙하는 훈련을 하도록 괴롭혔다. 9월 27일 나폴레옹은 베르티에(Berthier)에게 아일랜드(Ireland)의 침공이 결정되었으며 그 작전은 오제로(Augereau)가 1만 8천 명의 병력으로 주도하고 또 하나 2만 5천 명을 가진 마르몽이 지원하는 반면에 나머지 군대는 해협을 건너 켄트(Kent)로 갈 것이라고 썼다. 그 작전은 10월 20일에 시작하기로 되어 있었다. 그러나 이제 그는 자기의 관심을 자신의 황제 대관식 준비로 돌렸다.[247]

대관식이 다가옴에 따라 그의 형제자매들은 나폴레옹이 조세핀과

---

247) *Ibid.*, p. 376.

이혼하게 하려고 결집된 노력을 했다. 새로운 궁정의 예절에 따라 자기들이 조세핀 앞에서 머리를 숙이는 것은 충분히 기분 나빴지만, 그녀가 여왕이 된다는 것은 너무 지나쳤다. 생 클루에서 최종적 조정이 이루어지는 11월 17일에 문제가 수면 위로 솟아올랐다. 그들이 조세핀의 옷자락을 들고 따라가야 할 것이라는 말을 듣자 그의 자매들이 들고 일어났다. 나폴레옹은 화가 나서 만일 그들이 제대로 행동하지 않고 자기 부인을 그녀에 합당한 존경으로 대우하지 않는다면, 그들에게서 모든 그들의 명예의 서훈들을 박탈하겠다고 위협했다. 그가 조세핀을 황후로 만든 것은 정의감에서 한 일이며 자기는 정의로운 사람이라고 나폴레옹은 말했다.[248]

나폴레옹은 자기가 권력을 장악한 기념일인 브뤼메르 18일인 11월 9일에 대관식을 개최하길 희망했지만 교황이 그렇게 빨리 올 수 없어서 날짜는 결국 12월 2일로 정해졌다. 교황은 AD 800년에 샤를마뉴가 왕으로 등극했던 성탄절을 원했지만 서로가 타협하였다. 1월 25일 나폴레옹은 퐁텐블로(Fontainebleau) 궁전에 있었고 막 사냥을 가려고 했을 때 교황의 마차가 다가오고 있다는 소식이 그에게 도달했다. 그는 자신의 말에 올라 사냥복을 입은 채 그를 맞이하러 나갔다. 그가 교황의 여행 마차를 보았을 때 그는 말에서 내려 마차에서 내린 교황을 맞이하기 위해 걸어갔다. 곧 제국의 마차가 다가와서 그들을 퐁텐블로 궁전으로 데려 갔다. 그들은 그곳에서 3일간을 함께 보냈으며 11월 28일 파리로 함께 마차를 타고 갔다. 교황은 튈르리의 파비용 드 플로르(Pavillon de Flore)에 자리를 잡았다. 그의 도착 소식이 퍼지

---

248) *Ibid.*, p. 378.

자 신도들의 군중이 밖에 모여들었다. 그가 창문에 나타나자 그들은 무릎을 꿇고 오랫동안 숨겨온 묵주들과 성상들을 그가 축복하도록 꺼내 들었다. 나폴레옹은 급히 다가가 발코니에서 그의 옆에 등장함으로써 그 향기를 공유했다. 마지막 순간에 조세핀이 교황에게 가서 자기와 나폴레옹이 결코 교회에서 결혼하지 않았다고 말했다. 대관식 행사는 그들이 신 앞에서 결혼하지 않는 한 진행할 수 없었다. 그리하여 나폴레옹에게는 많이 거북하게도 페슈(Fesch)가 튈르리에서 비밀스럽게 종교적 결혼식을 시행했다.249)

황제 대관식은 기념행사의 대가인 루이 필립 드 세귀르(Louis-Phillippe de Segur)에 의해서 계획되었고 궁정 장관인 오귀스트 드 흐미사(Auguste de Remusât)가 도왔다. 노트르담 성당은 퐁텐(Fontaine)이 장식했다. 리허설을 촉진하기 위해서 화가인 이사베이(Isabey)가 노트르담의 바닥 계획을 그리고 주요 인물들을 대변하는 일련의 인형들에 페인트를 칠했다. 11월 29일 그는 그것들을 기뻐하는 나폴레옹에게 가져왔고 나폴레옹은 인형들을 조작하기 시작했고 그리고 나서 자기의 역할을 연습하라고 주요 참석자들을 불렀다.

1804년 12월 2일 차가운 아침 8시에 수도가 대포 소리와 종소리가 메아리치는 가운데 입법 기구들이 노트르담에 도착하여 그들의 자리를 잡았다. 9시에는 외교사절들이 도착했다. 10시 후에 교황이 도착했다. 그도 자리를 잡고 추운 성당에서 거의 2시간 동안 나폴레옹을 기다렸다. 나폴레옹은 11시까지 튈르리를 떠나지 않았다. 그는 8마리의 황색 말들이 끌고 밴드 소리와 함께 수백 명의 기마병의 호위를

---

249) *Ibid.*, pp. 379-380.

받으며 금박의 마차를 조세핀과 함께 타고 갔으며 그의 가족들과 왕실 사람들은 그들의 마차를 타고 뒤따랐다. 황제 부부와 그들의 시종들은 주교의 궁전에서 내렸고 그곳에서 그들의 예복을 입었다. 나폴레옹의 예복은 그가 큰 적갈색 코트를 입었을 때보다 훨씬 더 작아 보이게 만들었다. 그의 자매들이 조세핀의 옷자락을 들고 가야만 하는 일에 마지막 순간의 항의를 했을 때 나폴레옹은 자기의 자매들에게 불같이 화를 냈다.

그들이 요란한 팡파르에 맞춰 성당에 들어섰을 때 교황과 그 자리에 참석한 대부분의 사람들은 추위로 굳어 있었다. 나폴레옹은 대관식을 위해 2개의 왕관을 갖고 있었다. 하나는 그가 성당에 들어설 때 쓴 로마의 황제를 상기시키는 금 월계관이고 또 하나는 샤를마뉴의 왕관의 복사품이었다. 그것은 특별히 제조되어야 만했다. 왜냐하면 전통적 프랑스 대관식의 왕관은 혁명의 와중에서 파괴되었고 그리고 샤를마뉴의 것은 오스트리아가 그에게 빌려주지 않을 것이기 때문이었다. 비록 그가 교황과 전에 연습했듯이 자신의 머리 위에 그 복사 품을 올리기는 했지만 그는 이미 월계관을 쓰고 있었기 때문에 실제로 머리 위에 놓지는 않았다.[250] 그러나 나폴레옹은 자기 앞에 무릎을 꿇은 조세핀에게 왕관을 씌워 주었다. 교황이 두 사람을 모두 축복하고, 나폴레옹을 포옹하고 "황제 만세! 만세!(Vivat Imperator in aeternum)"라고 영창을 하고 미사가 끝이 났을 때 나폴레옹은 자신의 대관식 서약을 했다:

---

250) Andrew Roberts, *Napoleon: A Life,* New York: Penguin Books, 2014, p. 355.

"나는 공화국 영토의 순결성을 유지하겠다고 맹세한다: 콩코르다(Concordat) 조약의 법과 정치적 및 시민의 자유의 법, 그리고 몰수대상 재산(*biens nationaux*) 판매의 불가역성의 법을 존중하고 존중받도록 할 것을 맹세한다; 법에 의하지 않고는 어떤 세금도 올리지 않을 것이며 레지옹 도뇌르의 제도를 유지할 것이며; 프랑스인민들의 이익, 안녕 그리고 영광의 관점에서만 통치할 것을 맹세한다."[251]

나폴레옹이 자신을 왕으로 만든 것은 자수성가한 궁극적인 승리였다. 그리고 어떤 면에서는 계몽주의를 정의하는(defining) 순간이었다. 그것은 또한 근본적으로 정직했다. 그는 자신의 노력으로 그곳에 도달했다.[252] 공화주의자들과 기독교인들은 정치적 목적을 위한 신앙의 냉소적 조작과 그들이 교황의 굴욕으로 보는 것에 소름이 끼쳤다. 그 행사를 위한 파이시엘로(Paisiello)의 음악에 이런 모순들을 반영했다. 즉, 그의 평상시 가벼운 나폴레옹의 나폴리의 서정성이 금관악기와 드럼의 팡파르와 꾸준히 갈등을 일으켰다. 나폴레옹만이 그것의 목적을 확신하고 있는 것처럼 보였다. 나폴레옹이 자신의 머리에 황제관을 쓴 채, 한 손으로는 보주(orb)를, 다른 한손에는 홀(Scepter)을 꼭 쥐고 황제 자리에 앉자 나폴레옹은 갑자기 재채기가 나오려는 것을 느꼈고 그가 그것을 참으려고 할 때 우거지상을 지었다.[253]

프랑스 황제로의 등극, 군주제도로의 복귀는 어떤 의미에서 나폴레옹의 굉장한 자존심과 사회적 보수주의에서 직접적으로 성장했다.

---

251) *Ibid.*에서 재인용.
252) *Ibid.,* p. 355.
253) Adam Zamoyski, *Napoleon: A Life,* New York: Basic Books, 2018, p. 381.

그러나 그것이 전부는 아니었다. 프랑스 혁명이 일어난 지 10년이 지났는데도 유럽은 보수적 군주제도에 의해서 그대로 지배되었고 군주제도의 지도자들은 프랑스 혁명의 모든 상징 뒤에 로베스피에르의 망령을 보았다. 그들이 자기를 명예롭게 평등한 자로 대우하게 만들기 위해서 나폴레옹은 진정으로 그 자신이 군주가 되어야 한다고 믿었다. 제1통령 나폴레옹 보나파르트가 황제 나폴레옹 1세로의 전환은 비록 새 헌법이 인민주권의 핵심적 혁명의 원칙을 인정하지 않았다고 할지라도 혁명과 완전한 단절을 이룬 것은 아니었다. 나폴레옹은 어떤 식으로든 그가 나라를 소유하고 있다는 것을 의미하는 "프랑스의 황제"(Emperor of France)라는 타이틀을 취하지 않고 "프랑스인들의 황제"(Emperor of the French)를 택했다. 나폴레옹 법전과 시민 평등의 원칙은 그대로 남았다. 나폴레옹은 분명히 자신을 구체제와 혁명을 자신의 인물 속에 화해하는 중심부의 사람으로 내세우길 원했다.[254]

---

254) David A. Bell, *Napoleon: A Concise Biography,* Oxford: Oxford University Press, 2015, pp. 60-61.

제10장
나폴레옹 군사전략의 절정:
오스트리아-프러시아 동맹국들과 전쟁

"아우스터리츠의 전투는 내가 싸운 모든 전투들 중에서 최고이다."
-나폴레옹 보나파르트-

1804년 12월 2일 황제로 등극한 나폴레옹 1세의 대관식을 치른 며칠 후에 군대의 대령들이 파리로 올라와서 샹 드 마르(Champ de Mars)에서 열린 기념식에서 황제로부터 독수리 깃발을 받았다. 그는 그들에게 말했다. "병사들이여! 여기에 그대들의 깃발들이 있다. 이 독수리들은 항상 그대들의 집결지점이 될 것이다. 그대들은 그것들의 방어에 목숨을 내려놓겠다고 맹세하겠는가?" 그들은 매우 정중하게 "우리는 맹세합니다"라고 일제히 대답했다.[255] 영국의 침공을 위한 준비로 해협의 해변을 따라 있는 캠프에서 훈련은 계속되고 있었다. 1805년 1월에 나폴레옹은 영국의 조지 3세에게 편지를 써서 이익권의 분할에 입각하여 새 평화 타결을 제안했다. 프랑스는 해외 제국에

---

255) Andrew Roberts, *Napoleon: A Life,* New York: Penguin Books, 2014, p. 357.

관심이 없었다. 그래서 만일 프랑스가 유럽에서 지배적 역할이 허용된다면 바다에서 영국과 경합하지 않을 것이다. 세상은 양국에게 충분히 크다고 나폴레옹은 주장했다.[256] 그러나 그 제안은 프랑스 정부의 우두머리에게 보내진 편지에서 무시되었다. 불로뉴에서 나폴레옹의 활동이 의도하지 못한 결과는 양국 사이의 적대관계가 10년 넘어 시작한 이래 처음으로 영국에서 전쟁을 인기 있게 만들었다.

1804년 12월에 영국의 윌리엄 피트(William Pitt) 수상은 스웨덴과 동맹을 체결했다. 그리고 영국이 일단 1805년 4월에 러시아와 상트 페테르부르크 조약(the Treaty of St Peterburg)을 맺자 제3차 연합(the Third Coalition)이 결성되었다. 영국은 러시아가 프랑스에 대항하여 전개하는 매 10만 명당 러시아에게 125만 금 기니(guinea)를 지불할 것이다. 후에 오스트리아와 포르투갈도 합류했다. 나폴레옹은 다른 국가들이 집결하는 것을 막기 위해서 온갖 외교적 압력을 위해 자신의 역량을 총동원했다. 그는 이미 1월 2일에 마리 앙투아네트의 자매이며 황제 프란시스의 숙모인 나폴리와 시실리의 합동 왕국의 여왕 마리아 카롤리나(Maria Carolina)에게 편지를 써서 만일 그녀 때문에 전쟁이 다시 발생한다면 그녀와 그녀의 자식들은 군림이 종식되고 그녀의 잘못된 어린이들은 유럽의 여러 나라에 구걸하러 다닐 것이라고 예언했다. 그는 그녀에게 영국인 수상을 해임하고 영국 대사를 추방할 것이며, 상트 페테르부르크에서 나폴리의 대사를 소환하고, 또 민병대를 해산하라고 요구했다. 그녀는 그의 어떤 요구도 들어주지 않았지만 두 왕국은 1805년 9월 22일 프랑스와 엄격한 중립조약을 체

---

256) Adam Zamoyski, *Napoleon: A Life,* New York: Basic Books, 2018, p. 383.

결했다.

　1805년 1월 말에 나폴레옹은 터키의 술탄에게 편지를 써서 세계에서 가장 큰 제국 가운데 하나의 황제가 군림을 끝냈는가? 어떻게 러시아인들이 그에게 지시하는 것을 허용하느냐고 물었다. 그는 코르푸(Corfu)에 있는 러시아 군대가 언젠가 그리스의 지원을 받아 그의 수도를 공격할 것이라고 경고했다. 페르시아의 샤 파트 알리(Shah Fat'h Ali)도 나폴레옹의 편지를 받았다. 과거의 위대한 샤(Shah)들을 언급한 뒤에 나폴레옹은 영국에 관해서 말했다. 과거의 그들처럼 그가 구멍가게 주인들 국가의 조언을 불신할 것이다. 그는 러시아인들의 침입에 그의 용맹한 인민들이 맞설 것이다. 만일 피트(William Pitt)가 영국의 침공을 피하려는 시도에서 동맹국을 매수하고 있다면 나폴레옹은 그들을 적어도 중립으로 만들길 희망하고 있었다. 1805년 4월 프러시아의 왕에게 편지를 써서 자기는 러시아와 평화로 남을 희망을 별로 갖고 있지 않다고 말하면서 차르에게 모든 책임을 전가했다.[257]

　피트는 일찍이 1793년에 프랑스의 적들에게 보조금을 지불하는 전례를 세웠다. 그 때 그는 북해 연안의 저지대에서 싸우기 위해 독일 군주들로부터 병력을 고용하기 시작했지만 그러나 그는 자기의 투자에 대해 종종 크게 실망했다. 예를 들어서, 1795년에 프러시아인들은 프랑스인들과 싸우기 보다는 폴란드인들과 싸우는 것을 더 좋아했고 오스트리아인들은 1797년 벨기에에 대한 대가로 캄포 포르미로(Campo Formio)에서 베네토(Veneto)를 취했다. 그러나 전반적으로 보조금 정책은 이어지는 영국 정부들에게 그만한 가치가 충분히 있는

257) Andrew Roberts, *Napoleon: A Life,* New York: Penguin Books, 2014, p. 359.

것으로 보였다. 나폴레옹은 그것을 영국이 동맹국들의 마지막 피 한 방울까지 기꺼이 싸우려는 것으로 당연히 특징지었다. 1794년 연합국들에 대한 지불액은 영국 정부세입의 14%에 해당했다. 20년 후에 실제로 프랑스 안에 있는 웰링턴(Wellington) 군대의 비용도 비록 영국의 경제가 그 사이에 크게 성장했지만 여전히 정부세입의 14%에 달했다. 프랑스 혁명의 빚의 후계자인 나폴레옹은 산업혁명의 이윤에 의해서 동력을 받는 정부에 대항하여 싸우고 있었다. 비록 1793년과 1815년 사이에 프랑스의 적들에게 지불한 총액이 65,830,228파운드라는 천문학적인 것이었지만 그것은 거대한 상비군을 유지하고 전개하는 비용보다는 현저하게 적었다.[258]

1805년 3월 17일 일요일 나폴레옹은 튈르리에서 대단한 행사 속에서 새로 수립된 이탈리아 왕국의 왕관을 받았다. 이탈리아 공화국의 행정 수반이었기에 그가 일단 프랑스 제국의 황제가 된 이상 이탈리아의 왕이 되는 것은 논리적이었다. 프란시스 황제에게 편지를 써서 그는 자신의 결정을 영국인들과 러시아인들에게 돌리면서 그들이 몰타와 코르푸를 계속해서 점령하고 있는 동안 프랑스 왕관과 이탈리아 왕관의 분리는 환상이라고 주장했다. 이틀 후에 그는 자기 여동생 엘리사(Elisa)와 그녀의 남편인 펠리체 바치오치(Felice Baciocchi)를 루카(Lucca)와 피옴비노(Piombino)의 지배자로 임명했다. 이탈리아의 왕위에 오르기 위해 밀라노로 가는 길에 나폴레옹은 리용에서 6일간을 보냈다. 5월 26일 밀라노의 장엄한 대성당에서 대관식은 추기경 카프라라(Caprara)와 다른 7명의 추기경들 그리고 약 3만 명의 사람들 앞

---

258) *Ibid.*, p. 360.

에서 이루어졌다. 교회가 아름다웠다고 나폴레옹은 깡바세레스에게 보고했다.

그 축하행사는 파리에서만큼이나 좋았다. 차이가 있다면 밀라노의 날씨가 좋았다. 철의 왕관을 쥐고 그것을 그의 머리에 쓰면서 그는 이렇게 말했다: "신이 나에게 그것을 주는 것이다. 그것을 만지는 자는 누구나 벼락을 맞을 것이다." 그는 그 말이 하나의 예언이 되길 희망했다.[259] 롬바르디(Lombardy)의 철의 왕관은 진짜 십자가의 못들 가운데 하나로부터 온 것으로 가정되는 금속을 내포하는 무거운 타원형의 금 밴드를 가진 것으로 1155년 프레드릭 바바로사(Frederick Barbarossa) 이래 모든 신성로마제국의 황제가 썼던 것이었다. 그리하여 나폴레옹이 그것을 이용한 것은 현재 그 자리에 있는 오스트리아의 프란시스에 대한 또 하나의 도발이었다.[260]

나폴레옹은 마렝고(Marengo) 전투의 제5주기에 그곳을 군복을 입고 방문했다. 그것은 그가 그 전투에서 입었던 것이었고 그 군복의 구멍들이 총알 구멍이었던가 아닌가는 선전을 위한 나폴레옹의 천재성을 상기시키는 것이었다. 그는 7월 1일 330마일 떨어진 투린을 떠나 85시간만에 퐁텐블로 궁전으로 돌아가기 전에 다음 달을 브레시아(Brescia), 베로나(Verona), 만투아(Mantua), 볼로냐(Bologna), 모데나(Modena), 피아센자(Piacenza), 제네바(Geneva), 그리고 투린(Turin)에서 보냈다. 그것은 나폴레옹이 이탈리아에 발을 디딘 마지막이 되었다. 그는 23세의 이복 아들인 외젠(Eugène)을 총독으로 임명했는데

---

259) *Ibid.*, p. 361.
260) *Ibid.*, p. 362.

그의 좋은 성격의 합리성이 그를 보통 이탈리아인들 사이에서 아주 인기 있게 만들었다. 실제로 매일같이 그 나라를 운영하는 것은 이탈리아 공화국의 전 부통령이었던 멜치(Melzi)에 의해서 계속 이루어졌다. 멜치는 정부를 운영할 재능 있는 이탈리아인들을 찾아내는데 어려움이 없었고 근대 프랑스 행정 방식을 믿는 인물이었다. 조제프와 루이는 외젠의 등극에 유감을 느꼈다. 물론 만일 그들이 프랑스 왕권에 대한 그들의 권리를 기꺼이 포기했다면 어느 쪽이나 이탈리아의 왕이 될 수 있었을 것이다.

1805년 6월 나폴레옹은 탈레랑에게 그의 대륙체제(the continental system)가 결정되었다고 말했다. 비록 나폴레옹은 이탈리아와 라인 강을 넘어서는 영토적 야망을 갖고 있지 않았지만 그는 프랑스가 유럽의 강대국들 중에서 최강으로 남길 기대했고 또 프랑스의 국경선을 넘어 사건들의 조정자가 되길 원했으며, 그리고 시비 걸기를 원하는 어떤 국가나 국가들의 집단도 떠맡을 준비가 되어 있었다. 초여름에 유럽을 위한 그의 비전에 아주 단호하게 도전하는 국가에 대항하여 마침내 그가 우위를 점할 수 있을 것으로 보였다. 지난 3월 30일 툴롱에서 영국의 넬슨(Nelson) 제독의 봉쇄함대를 밀어낸 폭풍의 이점을 이용하여 빌뇌브(Villeneuve) 제독이 탈출하여 지브롤타 해협(the Straits of Gibraltar)을 통해 항해한 뒤 카디즈(Cadiz)로부터 스페인 함대와 상봉하고 마르티니끄(Martinique)로 향해서 5월 14일에 그곳에 도달했다. 넬슨 제독은 일단 빌뇌브가 이집트로 항해하지 않고 있다는 것을 알게 되자 대서양을 건너 추격했고 6월 4일에 서인도에 도달했다.

영국의 침공을 위한 나폴레옹의 전체 계획의 다음 단계가 시작되었다. 나폴레옹은 6월 9일 드크레에게 편지를 써서 영국은 존재를 멈출 것이라고 말했다. 실제로 영국의 해군은 어떤 규모의 함대들도 불로뉴나 어떤 침공 항구들에 나타나는 것을 막을 모든 의도를 갖고 있었다. 그러나 빌뇌브가 이제 대서양을 다시 건너고 있고 브레스트(Brest)에서 봉쇄를 깰 것을 희망하고 있었기에 나폴레옹은 오래 기다린 침공이 마침내 이루어질 것이라고 7월 중순에는 확신하게 되었다. 7월 20일 나폴레옹은 베르티에(Berthier)에게 "어느 순간에서도 상황이 발생할 수 있으니 모든 것을 실어라. 그래야 24시간 이내에 모든 원정이 시작할 것이다. 나의 의도는 서로 간에 짧은 거리 내에 있는 4개의 지점에 상륙하는 것이다. 4명의 원수들에게 잃어버릴 한 순간도 없다고 알리라"고 명령했다.[261]

7월 23일 영국의 해군 소장 로버트 칼더(Robert Calder) 경의 작은 함대에 대항하여 피니스테르 곶(Cape Finisterre)의 안개 낀 전투에서 2척의 배를 잃은 뒤에 빌뇌브는 북부 스페인에서 코루나(Corunna) 근처의 페롤(Ferrol)로 항해하라는 나폴레옹의 명령에 복종했다. 그리하여 그는 대서양 횡단에서 그가 획득한 중대한 시간적 이점을 상실했다. 엘바에서 나폴레옹은 칼더가 행동의 두 번째 날에 공격하지 않아 그리하여 빌뇌브가 탈출하는 것을 허용했다고 비난했다. 영국의 질문자가 칼더는 바람 부는 쪽에 있어서 공격할 수 없었다고 지적하자 나폴레옹은 그것은 국가의 자부심에서 벗어난 오직 핑계일 뿐이라고 일축했다. 왜냐하면 그 제독은 23일 밤에 도망쳤기 때문이다. 바람 부는

---

261) *Ibid.*, p. 363.

쪽과 바람이 불어오는 쪽의 차이를 감지하지 못하여 나폴레옹은 다시 한 번 그의 거대한 항해의 공백을 과시했다.262)

나폴레옹의 끊임없는 간섭 하에서 빌뇌브는 8월 10일 33척의 배로 페롤에서 바다로 나아갔으며 21 척의 배를 가진 강토움(Ganteaume)과 브레스트에서 합류하길 희망했다. 그것이 로슈포트(Rochefort)에서 자카리 알르망(Zacharie Allemand) 중령의 함대와 합치면 총 결합된 함대는 59척의 될 것이었다. 그러나 다음날 빌뇌브는 영국 해군이 그의 움직임을 추적하고 있다는 것이 두려워서 해협을 향해 북쪽으로 항해하는 대신에 카디즈(Cadiz)를 향해 남쪽으로 항해했다. 그곳에 8월 20일에 정박했다. 그리고 후에 곧 대서양을 건너 추적했고 본능적으로 그를 발견한 넬슨 제독에 의해서 봉쇄당했다.263)

8월 9일 나폴레옹이 모르게, 이탈리아의 대관식, 제노아의 합병 그리고 나폴레옹이 바바리아, 뷔르텐베르크 그리고 바덴과 맺은 동맹 형성에 분개한 오스트리아는 제3차 연합(the Third Coalition)에 비밀리에 합류했다. 지난 8월 3일, 나폴레옹이 탈레랑에게 전쟁에는 의미가 없지만 자기는 만일 전쟁이 발생한다면 준비가 되어 있다고 사적으로 말했다. 8월 초 수일 간의 공간 내에서 그는 생 시르(Saint-Cyr)에게 만일 필요하다면 북부 이탈리아로부터 나폴리를 침공할 준비를 하라고 명령하고 마세나에게 이탈리아에서 지휘권을 주고 그리고 사바리(Savary)를 프랑크푸르트에 파견하여 가용한 독일에 관한 최선의 지도를 확보하고, 그리고 빈에서 궁정원(the Aulic Council)에 첩보활

---

262) *Ibid.*
263) *Ibid.*, p. 364.

동을 벌이라고 명령했다.[264]

8월 13일 화요일은 나폴레옹에게 몹시 바쁜 날이었다. 새벽 4시 나폴레옹은 피니스테르 곶(Cape Finisterre) 전투에 관한 소식을 퐁 드 브리끄에서 받았다. 제국 궁정의 관리관인 피에르 다루(Pierre Daru)는 소환되었고 후에 그는 황제가 아주 거칠어 보였고, 그의 모자는 그의 눈에까지 내려갔고, 또 그의 모든 면이 형편없었다고 보고했다. 빌뇌브가 페롤에서 차단될 것이라고 확신한 나폴레옹은 "이게 무슨 해군인가! 이게 무슨 제독인가! 이 얼마나 쓸모없는 희생인가?"라고 고함을 질렀다. 오스트리아인들이 동원하고 있는 것으로 보인다는 별도의 소식으로 영국의 침공이 연기되어야 할 것이라는 것이 분명했다. 그에게 전쟁을 하는 자는 완전히 미쳐야 할 것이라면서 분명히 유럽에서 그가 오늘 가지고 있는 것 보다 더 좋은 군대는 없다고 그는 깡바세레스에게 편지를 썼다.[265]

그러나 일단 오스트리아가 실제로 동원하고 있다는 것이 그날 늦게 확실해지자 그는 단호했다. 그는 결심했으며 오스트리아를 공격하고 11월 전에 빈에 있을 것이며 만일 러시아인들이 등장한다면 그들을 마주할 것이라고 탈레랑에게 편지를 썼다. 같은 편지에서 나폴레옹은 탈레랑에게 자기는 영국과 전쟁을 수행하기 위해서 평화 속에 남기를 원하기 때문에 자기 조상들의 덕택으로 왕좌에 앉아 있는 해골바가지 프란시스에게 겁을 주어 싸우지 않도록 노력하라고 명령했다. 나폴레옹은 그에게 파리에 있는 오스트리아의 대사에게 오스트리

---

264) *Ibid.*
265) *Ibid.*

아가 전쟁을 원한다면 그렇게 할 것이라고 했다. 그리고 전쟁을 시작하는 것은 프랑스 황제가 아니라고 말하라고 지시했다.[266] 탈레랑이 오스트리아를 겁주는 데 성공할 것인지의 여부를 알지 못한 채 나폴레옹은 빌뇌브에게 북쪽으로 항해하라고 계속해서 촉구했다. 그는 "프랑스를 6세기 동안 억압한 강대국의 침공을 돕기 위해서 우리 모두가 후회없이 죽을 수 있을 것이라"고 썼다.[267]

나폴레옹은 여전히 영국의 침공 계획을 포기하길 원하지 않았지만 그래도 두 전선에서 동시에 싸우려고 노력하는 것은 현명하지 않을 것이라고 보았다. 그는 이제 오스트리아를 분쇄할 상세한 계획이 필요했다. 그는 다루(Daru)에게 받아쓰게 했다. 다루는 나중에 세귀르(Segur)에게 아무런 변경도 없이 이렇게 말했다:

> "아무런 깊은 생각도 하지 않고, 간결하고, 간단하고 장중한 어조로, 그는 나에게 일순간의 망설임도 없이 빈까지 가는 울름(Ulm) 작전의 전 계획을 지시했다. 대양을 마주하는 600마일의 200개 이상의 부대들로 마련된 해안의 군대는 첫 신호에 여러 종대로 분산해서 다뉴브(Danube)로 행군한다. 여러 다양한 행군들, 그들의 지속 시간; 여러 종대들이 만나거나 재통합해야 하는 지점들; 기습들; 전면공격들; 잡다한 순간들; 적의 실수들, 이 모든 것들이 이 조급한 시기 동안에 내다 보였다."[268]

---

266) *Ibid.*, pp. 364-365.
267) *Ibid.*, p. 365.
268) Andrew Roberts, *Napoleon: A Life*, New York: Penguin Books, 2014, p. 365.에서 재인용.

다루(Daru)는 그렇게 어마어마한 준비들을 주저함이 없이 포기하는 나폴레옹의 분명하고 즉각적인 결심을 칭송할 뿐이었다.

8월 25일 나폴레옹은 그의 동맹국인 바바리아의 선거제후인 막시밀리안-요제프(Maximilian-Joseph)에게 오스트리아가 전쟁을 원하는 것 같다. 그는 그런 괴이한 행위를 설명할 수 없다. 그러나 오스트리아는 그들이 기대하는 것보다는 더 빠르게 전쟁을 하게 될 것이라고 편지를 썼다. 다음날 그는 당시 뮌헨에 있는 프랑스의 공사인 루이 기욤 오토(Louis-Guillaume Otto)로부터 오스트리아인들이 인(In) 강을 건너 바바리아를 공격하려고 한다는 확인하는 보고를 받았다. 이것을 기대하여 이제 공식적으로 "대 육군"(the Grande Armeé)이라고 명명된 것의 어떤 프랑스 부대들이 8월 23일과 25일 사이에 이미 불로뉴를 떠났다. 나폴레옹은 그것을 자기의 "발끝으로 돌기"(피루에트, pirouette)라고 불렀고, 그리고 마침내 자기의 참모들에게 영국을 침공 계획에 관해서 입을 열었다: "자! 만일 우리가 그것을 포기한다고 해도 우리는 어쨌든 빈에서 자정 미사 소리를 들을 것이다"고 말했다.[269] 그러나 영국의 침공을 위해 세운 불로뉴 캠프는 1813년까지 물리적으로 해체되지 않았다.

프러시아가 연합에 합류하지 않도록 하기 위해서 나폴레옹은 탈레랑에게 하노버(Honover)를 제안하라면서 그러나 이것은 2주 후에는 또 다시 하지 않을 제안임이 이해되어야 한다고 말했다. 프러시아인들은 중립을 선언했다. 그러나 그들은 여전히 스위스와 홀란드의 독립을 고집했다. 전쟁을 준비하면서도 나폴레옹은 경마가 모든 제국의

---

269) *Ibid.*, p. 367.

현에서 설립될 것이라는 칙령을 내리고 있었다. 같은 달에 그는 또한 교회들 근처에서 춤추는 것이 금지되어서는 안 된다. 왜냐하면 춤추는 것은 악이 아니기 때문이다. 주교가 말하는 것을 모두 믿는 다면 무도회, 연극, 패션이 금지될 것이고 그러면 제국은 하나의 거대한 수도원이 될 것이라고도 선언했다.

9월 1일 나폴레옹이 상원에게 8만 명의 신병들을 소집할 것을 요구하기 위해서 퐁 드 브리끄(Pont-de-Briques)를 떠나 파리로 향했을 때 그는 깡바세레스(Cambaceres)에게 항구의 보호를 위해 필요한 병사들을 제외하고는 단 한 사람도 없다고 말했다. 그는 군사적 이동에 관해서 전면적 보도관제를 부여하면서 푸셰에게 모든 신문들이 마치 존재하지 않는 것처럼 군대의 언급을 금지하라고 말했다. 그는 또한 적의 동원을 추적하기 위한 아이디어를 내면서 베르티에에게 독일어를 아는 사람에게 오스트리아 여단들의 진격을 추적하게 하고, 그리고 특별히 제작된 상자의 구역들에 정보를 처리하라고 명령했다. 각 여단의 이름이나 숫자는 놀이 카드 위에 적고 그 카드들은 여단들의 이동에 따라서 한 구역에서 다른 구역으로 변경되게 되어 있었다.[270] 다음날 오스트리아의 장군 칼 마크 폰 라이베리히(Karl Mack von Leiberich)가 바바리아의 국경선을 넘어와서 신속하게 요새화된 울름(Ulm) 도시를 장악했고 곧 이어서 미하일 쿠투조프(Mikhail Kutuzov) 장군 휘하에 있는 러시아인들에 의해 재강화되길 기대하고 있었다. 그러면 연합 병력들을 그 전장에서 총 20만 명으로 증가할 것이다.

그러나 울름은 오스트리아인들이 뭔가 잘못되어 러시아인들과 미

---

270) *Ibid.*

리 직접 접촉하지 않고서 전진하기에는 위험스럽게 너무 멀리 있었다. 그 사이에 대 공작 찰스(Charles)는 이탈리아에서 공격할 준비를 했고 그곳에서 나폴레옹은 쥬르당(Jourdan)을 마세나(Masséna)로 대체했다. 외젠(Eugène)과 그의 군대 지휘관들에게 9월 10일 오스트리아의 공격에 관해 경고한 뒤에 나폴레옹은 그날 시간을 내서 53세의 피에르 포르페(Pierre Forfait) 제노아의 주지사에게 그의 어린 정부를 극장에 데려가는 걸 멈추라고 지시했다. 베르나도트(Bernadott), 뮈라(Murat), 다부(Davout), 네(Ney), 마르몽(Marmont) 그리고 술트(Soult) 원수들 하에 대군대(the Grande Armeé)의 7개 사단은 총 17만 명 이상에 달했으며 놀라운 속도로 동쪽으로 달려가서 9월 25일 라인 강을 건넜다. 병사들은 마른 땅에서 싸우고 빈약한 보트로 영국해협에서 위험을 무릅쓰지 않아서 기뻐했고 "출정가(Le Chant du Depart)"를 부르면서 즐겁게 행군했다. 마침내 모든 것이 색을 띄고 있다고 그날 나폴레옹은 오토에게 말했다. 그것은 프랑스 병력에 의해서 지금까지 수행된 단일 군사작전 중 가장 큰 것이었다. 불로뉴, 홀란드와 그 밖의 다른 곳에서 도착하여 전선은 북쪽의 코블렌츠에서 남쪽의 프라이부르크(Freiburg)까지 거의 200마일에 걸쳐 뻗어 있었다.[271]

대군대가 라인 강에 도달하기 전날 나폴레옹이 군사작전을 위해 지불하기 위해 프랑스 은행의 모든 금과 은의 예비금을 장악하였고 그 결과로 통용되고 있는 화폐를 커버할 만큼 충분하지 않다는 소문이 파리를 휩쓸었다. 비록 금은 전혀 제거되지 않았지만 프랑스 은행은 3천만 프랑의 저당에 대해 7천 5백만 프랑을 보급하고 있었다. 프랑스 은

---

271) Andrew Roberts, *Napoleon: A Life,* New York: Penguin Books, 2014, p. 370.

행은 군중들이 쇄도하자 처음에는 천천히 지불했고 그리고 나서는 지불하는 것을 완전히 중단했으며 그 후에 프랑에 90상팀(centime)을 아주 느리게 지불했다. 나폴레옹은 그 위기를 예리하게 의식했고 지폐(*assignat*)의 날들의 복귀를 두려워하는 경악하는 군중들을 진정시키기 위해서 경찰이 소환되었다. 그는 파리의 은행가들이 프랑스에 충분한 신뢰를 보이고 있지 않다고 느꼈으며, 또한 신속한 승리와 이윤이 있는 평화가 그 어느 때보다도 더 중요하다는 것을 깨달았다.272)

9월 24일 나폴레옹은 생 클루를 떠나 이틀 후에 스트라스부르(Strasbourg)에서 군대에 합류했다. 그곳에서 그는 마크(Mack) 장군의 포위를 시도하고 그를 러시아인들과 단절하기 위해서 울름의 동쪽에 있는 다뉴브(Danube) 강을 향했다. 조류쥬 무통(Georges Mouton) 장군이 뷔르템베르크의 선거제후에게 파견되어 네(Ney) 장군의 3만 병사의 군단들의 통과를 요구하게 했고 그것은 거절될 수 없는 것이었다. 선거제후가 뷔르템베르크를 왕국으로 승격시켜 달라고 요청했을 때 나폴레옹은 웃으면서 그것은 그에게도 좋다며 "만일 그것이 그가 원하는 모든 것이라면 그가 왕이 되게 하라"고 말했다.273)

군단 체제는 나폴레옹으로 하여금 일단 라인 강을 건너자 그의 전 군대를 90도 각도로 우측으로 돌리는 것을 허용했다. 그런 기동은 지금까지 가장 큰 전선의 변화였으며 10월 6일까지 대군대가 울름에서 다느뷰 강에 있는 인골슈타트(Ingolstadt)까지 남쪽을 마주하는 전선에 있다는 것을 의미했다. 마크(Mack) 장군이 무슨 일이 발생하고

---

272) *Ibid.*
273) *Ibid.,* p. 371.

있는지를 알기 전에 마크의 후퇴 전선의 건너편에 전혀 병사들의 손실 없이 아주 대규모의 군대를 배치하는 이 민첩함은 나폴레옹의 가장 인상적인 군사적 성취들 중의 하나로 우뚝 선다. 그는 베르나도트(Bernadotte)에게 이번에는 대포의 발포를 빼고는 오스트리아인들과 협상할 더 이상의 약속은 없다고 말했다. 나폴레옹은 바덴, 바바리아 그리고 뷔르템베르크에서 온 분견대들 모두가 대군대에 합류했다는 사실에 의해서 힘이 났다.

10월 6일 저녁 나폴레옹은 처음으로 다뉴브 강을 보고 싶은 초조감에서 도나우뵈르트(Donauwoerth)까지 밀어붙였다. 비록 그의 계획들은 모두가 스케줄을 앞서 있지만 이 군사작전에서 그에 가까이에 있었던 장군들 모두는 그가 아주 초조해하고 있었다고 언급했다. 나폴레옹은 그가 아직 밤베르크(Bamberg)에 있을 때 37개의 보고서들 가운데 첫 번째 것을 작성했는데 거기에서 그는 적의 "완전한 파괴"(total destruction)를 예언했다. 10월 9일 프랑스인들은 귄츠부르크(Guenzburg)에서 소규모 교전에서 승리했고 그리고 나서 다시 10월 11일에 하스라흐-융잉엔(Haslach-Jungingen)에서 승리했다. 다음날 밤 11시까지, 베르나도트가 뮌헨을 장악하고, 그리고 나폴레옹이 일레 강(River Iller)에 있는 브루가우(Brugau)를 향해 떠나기 한 시간 전에 그는 적은 패배했고 그의 머리를 잃었으며 모든 것은 그가 지금까지 수행한 작전들 중에서 가장 행복하고, 가장 짧고, 가장 빛나는 것임을 선포한다고 조세핀에게 이미 말하고 있었다. 그렇게 말하는 것은 물론 오만이었지만 그의 말은 결국 진실로 드러났다. 마크가 노출된 위치에서 퇴각하지 않도록 격려하기 위해서 프랑스 정보관계자들은 포로가 된 탈영병들을 심어서 오스트리아인들에게 프랑스 군대가 하극상을 준비하고 있으며 곧 프랑스로 돌아갈 것이라고, 그리고 심지어는 파리에서 쿠데타의 소문이 있다고 말하게 했다.[274]

울름의 포위는 거의 완벽했다. 10월 13일 나폴레옹은 네(Ney) 장군에게 다뉴브 강을 다시 도강하여 울름 앞에 있는 마지막 주요 장애물인 엘힝엔(Elchingen) 고지를 장악하라고 명령했다. 네 장군은 그것을 다음 날 장악했다. 그날 밤 부관 하나가 나폴레옹에게 오믈렛을 만들어 주었지만 어떤 포도주도 발견할 수 없었다. 그러자 나폴레옹 황제는 전에 자기는 샹베르탱(Chambertin) 없이는, 심지어 이집트의 사막의 한 가운데에서조차, 지낸 적이 없다고 유머러스하게 언급했다. 병사들이 그들의 무릎까지 진흙에 빠져서 엘힝엔의 장악에 관해서 그날은 두려웠다고 썼다. 그러나 이제 그는 울름을 완벽하게 포위했다. 10월 17일 마크는 만일 자기가 21일 내에 러시아인들에 의해서 구원되지 않는다면 항복을 약속하는 협상을 열었다. 식량이 줄어들기 시작하고 있고 또 작전 동력을 잃고 싶지 않았던 나폴레옹은 그에게 최대한 6일을 주었다. 뮈라(Murat)가 베르네크(Werneck) 원수에 의한 구원의 노력을 패배시키고. 10월 18일 트로히텐핑엔(Trochtenfingen)에서 1만 5천 명을 포로로 잡았을 때 그 소식은 마크를 마치 명치에 대한 타격처럼 그를 때려서 그는 아파트의 벽에 기대고 버틸 수밖에 없었다.

1805년 10월 20일 오후 3시 마크(Mack) 장군은 약 2만 명의 보병, 3천 3백 명의 기병, 59문의 야전포, 300대의 탄약 마차, 3천 마리의

---

274) Andrew Roberts, *Napoleon: A Life,* New York: Penguin Books, 2014, p. 372.

말, 17명의 장군과 40개의 군기와 함께 울름에서 항복했다. 2주간에 프랑스인들에 의해서 잡힌 오스트리아군의 포로들은 5만 명에 달했다.275) 항복은 울름 밖 미헬스베르그(Michelsberg) 고원에서 발생했다. 그곳에서 오스트리아 군대는 포로가 되어 그들의 총과 총검들을 내려놓고 프랑스 농토나 파리의 건축 프로젝트로 일하러 가야 했던 것이다. 어떤 오스트리아 장교가 나폴레옹의 진흙이 튀긴 제복에 관해 말하면서 그런 젖은 날씨에 군사작전이 얼마나 피곤했을까에 관해서 말했을 때 나폴레옹은 "너의 황제가 내가 군인이라는 것을 상기시켜 주길 원했다. 나는 제국의 자색이 나로 하여금 나의 첫 직업을 잊게 하지 않길 바란다"고 말했다. 포로가 된 오스트리아의 장군들에게 말하면서 나폴레옹은 그들처럼 용감한 사람들이 오직 미친 프로젝트의 꿈만을 가지고 국가의 존엄성을 타협하는 걸 부끄러워하지 않는 어리석은 내각의 희생자들이라고 덧붙였다. 전쟁은 단지 영국인들이 런던의 장악을 막기 위하여 빈(Wien)에 뇌물을 쓴 결과로서 전적으로 불필요했다는 것을 그들에게 설득하려고 했다. 쟝 라프(Jean Rapp) 장군은 나폴레옹이 자기의 성공을 너무 기뻐했다고 회고했다. 그의 작전이 결함이 없었고 또 거의 무혈이었기에 그는 아주 기뻐할 충분한 이유가 있었다. 나폴레옹은 자신의 한 보고서에서 "황제는 전쟁을 수행하는 새로운 방법을 발명했다. 그는 오직 우리의 다리와 우리의 총검만을 사용한다"고 그의 병사들이 말하는 것을 인용했다.276)

---

275) Adam Zamoyski, *Napoleon: A Life*, New York: Basic Books, 2018, pp. 390; John Laffin, *Brassey's Battles*, London: Brassey's Defense Publishers, 1986, p. 440.

276) Andrew Roberts, *Napoleon: A Life*, New York: Penguin Books, 2014, p. 374.

나폴레옹은 다음 4주 동안 그것에 관해서 알지 못했지만 거의 시적인 타이밍으로 연합은 바로 다음 날 프랑스에 복수를 가했다. 카디즈(Cadiz)의 서쪽으로 50마일 떨어진 트라팔가 곶(Cape Trafalgar)에서 프랑스와 스페인 동맹의 포진한 33척의 함대가 넬슨(Nelson) 제독이 포진한 27척 배에 의해서 파괴되었다. 프랑스와 스페인의 동맹 함대가 총 22척을 영국에 잃었던 데 반해, 영국은 단 1척의 손실도 없었다. 후에 영감을 받은 리더십의 넬슨 터치(the Nelson Touch)[277] 라고 알려진 것을 과시하면서 영국제독은 자기의 함대를 두 개의 소함대로 나누어 동맹국 함대의 포진에 90도 각도에서 공격하였고 그리하여 두 척을 산산조각내기 전에 3개 그룹으로 갈라버렸다. 다뉴브에 대군대가 있었기에 빌뇌브(Villeneuve)가 전투에 들어갈 필요가 없었다. 설사 그가 승리했다고 해도 영국은 이제 아무리 빨라도 다음 해까지 침공될 수 없었을 것이었다. 그러나 교전하라는 나폴레옹의 지속적인 명령이 직접 재앙으로 몰아갔다.[278] 철학자인 베르트랑 드 주브넬(Bertand de Jouvenel)은 나폴레옹이 유럽에서는 마스터였지만 그곳에서는 그도 역시 일개 포로였다고 지적했다.[279] 나폴레옹에게 약간의 위로가 있다면 그것은 전투 중 넬슨 제독의 죽음이었다.

트라팔가 해전에서의 승리는 영국에게 프랑스에 대한 경제적인 전

---

277) N. A. M. Rodger, "Horatio Nelson" in Robert Cowley and Geoffrey Parker, eds., in *The Reader's companion to Military History,* Boston: Houghton Mifflin Company, 1996. pp. 330-331; John A. Lynn, "Nations in Arms 1763-1815," in Geoffrey Parker, ed., *The Cambridge Illustrate History of Warfare,* Cambridge: Cambridge University Press, 1995, 특히, pp. 208-213.을 참조.
278) 빌뇌브(Villeneuve)는 트라팔가 해전에서 잡혔지만 프랑스로 귀국할 수 있게 허용되었다. 그러나 그는 1806년 4월 렌(Rennes)에서 자살했다.
279) Andrew Roberts, *Napoleon: A Life,* New York: Penguin Books, 2014, p. 374.

쟁을 촉진했다. 그리하여 1806년 영국정부는 브레스트에서 엘베 강에 이르는 전 유럽 해안에 봉쇄를 부과한 칙령을 통과시켰다. 그러나 나폴레옹은 자기의 침공의 꿈들을 모두 포기하는 대신에 순전히 선박의 숫자를 통해서 그가 다시 영국을 위협할 수 있다고 믿는 함대를 재구축하려고 엄청난 양의 돈, 시간 그리고 에너지를 계속해서 쏟아부었다. 그는 항구에서 시간의 7/8을 보내는 함대는 그것의 작전 능력의 절정에서 영국 해군을 공격하는 데 필요한 선박 조종술을 획득할 수 없다는 것을 결코 이해하지 못했다.[280] 대군대에 징집된 신병은 전선을 향해 행군하는 중에 훈련과 소총사격술이 훈련될 수 있는 반면에 수병들은 강풍 속에서 잃어버린 선구(top-temper)를 다루는 법이나 동일한 시간에 2~3발을 발사하도록 훈련을 받은 적에 대항하여 넘실거리는 바다 위의 뱃전에서 한 번 이상 발포하는 법을 땅 위에서 배울 수 없었다. 나폴레옹의 지상전에서 지배력은 1805년의 여름의 사건들이 보여주었듯이 바다에서 영국의 지배력에 의해서 완벽하게 균형을 이루었다.[281] 트라팔가 전투는 그것의 역사에 관해 모든 사람들이 조금은 알고 있는 드문 사건들 중 하나이다. 왜냐하면 그것이 영국의 유산의 일부가 되었고 거의 신화적 지위를 얻었기 때문이다.[282]

대군대가 빈에 도달하기 전에 그것을 막을 것은 이제 아무 것도 없었다. 그러나 당시에 이탈리아에 있었던 샤를 대공(Archduke Charles) 지휘 하의 오스트리아 병력 9만 명과 서쪽으로 이동하는 쿠투조프

---

280) *Ibid.,* p. 375.
281) *Ibid.*
282) Roy Adkins, *Nelson's Trafalgar: The Battle that Changed the World,* New York: Viking Penguin, 2006, p. xvii.

(Kutuzov) 장군의 10만 명의 군대의 결합을 중지시켜야만 했기 때문에 나폴레옹에게 군사 작전은 결코 끝나지 않았다. 마세나(Masséna)가 10월 말 3일 동안에 걸쳐 칼디에로(Caldiero) 전투에서 열심히 싸운 전투로 오스트리아인들을 끌어들였을 대공작 찰스가 빈을 방어하지 못하도록 막을 수 있을 것이라는 나폴레옹의 희망이 실현되었다. 11월 3일 그는 하그 암 하우스루크(Haag am Hausruck)에서 조세핀에게 거대한 행군을 하고 있다고 말했다. 그러나 그는 알 수 없었지만 바로 그 날 프러시아가 오스트리아 및 러시아와 포츠담 조약(the Treaty of Potsdam)을 체결했다. 그것은 영국의 보조금을 받고 프랑스에 대항하여 무장한 중재를 약속하는 것이었다. 11월 15일 비준된 조약이 사건들에 의해서 보다 더 신속하게 추월당하는 일은 드물었다. 프러시아의 프리드리히 빌헬름 3세는 그의 병참선이 확장되자 프랑스에 압력을 가할 생각이었지만 너무나 겁이 나서 공격하지 못했고 그래서 러시아의 무장한 중재의 대가로 하노버를 획득하는데 실패했다.[283]

나폴레옹은 빈을 향해 행군했다. 보급의 혼란으로 병사들의, 그리고 심지어 피에르 마콩(Pierre Macon) 장군 같은 고위 장교들의 불평이 이어졌지만 그는 군대를 전진하도록 독려했고, 11월 7일에 그는 약탈을 금지하는 가장 엄격한 명령들을 내렸다. 11월 10일 멜크(Melk)에서 군대에게 나폴레옹은 그들이 포도주의 나라에 도착했다고 말했지만 장병들은 병참감들에 의해서 요구된 것만을 마시도록 허용되었다. 11월 13일 오전 1시에 다뉴브 강의 타보르(Tabor) 교량이 프랑스인들에 의한 호통으로 장악되었고 프랑스인들은 빈에서 평화조약이 체결되었고

---

283) Andrew Roberts, *Napoleon: A Life*, New York: Penguin Books, 2014, p. 375.

빈은 개방된 시가 되었다는 완전한 가짜 뉴스를 퍼트렸다. 공작 폰 아우어슈페르크(von Auersperg) 야전군 원수의 지휘 하에 오스트리아의 포병과 보병은 싸울 준비가 되었고, 그래서 그 교량을 날려버리려고 공격했다. 그러나 뮈라(Murat)와 다른 장교들이 우디노(Oudinot)의 2개 대대의 진격을 감싸버리자 2개 대대의 병사들은 가연성 있는 물건들을 강물에 던지고, 화약에 물을 뿌리고, 도화선들을 잘라버렸다. 일단 너무 늦었다는 사실이 밝혀졌다. 그래서 뮈라는 단호하게 오스트리아인에게 그 지역을 소개하라고 명령했다. 그리하여 오스트리아의 고위 사령부가 교량을 파괴하는 것을 넘어 많이 저항할 계획을 하지 않았음에도 불구하고 빈을 프랑스인들의 손에 넘겨준 것은 전쟁의 술책이었다.[284]

나폴레옹이 그 소식을 들었을 때 그는 미친듯이 기뻐했다. 그리고 그는 재빨리 합스부르크 왕가의 쇤브룬(Schönbrunn) 궁전을 점령하기 위해서 밀어붙였다. 나폴레옹은 그곳에서 그날 밤에 머물고 다음 날 그의 군대와 함께 빈에 입성했다. 오스트리아의 황제 프란시스와 그의 왕실 수행원들은 다가오고 있는 러시아인들을 향해 동쪽으로 후퇴했다. 승리는 11월 15일 홀라브룬(Hollabrunn)에서 오스트리아 군대가 붙잡히지 않고 도망치는 것을 허용했을 때 손상되었을 뿐이다. 그가 필요한 결정적 승리를 위해 바르게 열심히 밀어붙이고 있던 나폴레옹은 16일에 뮈라에게 화가 나서 쇤브룬 궁전을 떠났다. 나폴레옹이 트라팔가에 관해서 알게 된 것은 11월 17일 츠나임(Znaim)에서였다. 그가 명령한 검열이 너무나 완벽해서 대부분의 프랑스인들은

---

284) *Ibid.*, p. 376.

1814년에 가서야 처음으로 그 재앙에 관해서 들을 수 있었다.[285]

점령된 마을들을 수비하고 그의 보급선들을 보호할 필요성은 11월 말까지 그가 적과 접촉을 하기 위해 동쪽으로 200마일을 더 행군함에 따라 전장의 병사들이 7만 8천 명으로 감소된다는 것을 의미했다. 프러시아인들이 북쪽에서 위협적인 자세를 취하고 있는 상황에서 대군대가 심하게 노출되기 시작했다. 대군대는 3개월 동안 굳건히 행군했지만 이제 배가 고프고 또 지쳤다. 황실 근위대의 쟝 로슈 코아네(Jean-Roch Coignet) 대위는 6주 동안에 700마일을 행군한 것으로 추산했다. 그 후에 따른 평화조약의 한 귀절에서 나폴레옹은 전쟁 배상금의 일부로 신발 가죽을 요구했다.[286]

11월 20일 나폴레옹은 브륀(Brunne, 지금의 브르노[Brno])의 항복에 놀라면서도 기뻐했다. 그곳은 무기와 식량으로 가득했다. 그래서 그는 그곳을 자기의 다음 기지로 만들었다. 다음날 그는 아우스터리츠(Austerlitz, 지금의 슬라프코프[Slavkov]) 마을로부터 멀지 않은 산톤(Santon)이라 불리는 타운의 동쪽으로 10마일 지점에서 멈추었다. 그리고 그는 급경사를 증가시키기 위해서 적의 측면을 향해 낮은 부분을 깊이 파야 한다는 명령을 내렸다. 그리고 나서 그는 지상을 둘러보고, 2개의 호수들과 노출된 지역들에 주의 깊게 주목하고, 그리고 전에 플라첸(Platzen) 고지로 알려진 주로 고원지대인 그것의 보다 올라온 지점들에서 여러 차례 멈추었다. 그리고 자기의 참모에게 그곳이 전투장이 될 것이라고 선언했다. 추가로 기르치코비츠(Girzikowitz),

---

285) *Ibid.*
286) *Ibid.*, p. 377.

푼토비츠(Puntowitz), 코벨니츠(Kobelnitz), 조콜니츠(Sokolnitz), 텔니츠(Tellnitz)와 뫼니츠(Moenitz)의 마을들을 같은 정찰 목적으로 가보았다. 그리고 그는 자기의 부하에게 말했다: "만일 그가 적이 통과하는 걸 정지시키길 원한다면 그가 자리잡은 곳은 거기이지만 그러나 그는 평범한 전투를 갖게 될 것이다. 그러나 다른 한편으로 만일 그가 그의 권리를 포기하고 브륀(Brno)을 향해 철수한다면, 3만 명의 병력이 있는 경우에도 그들은 현행범(*in Flagrante delicto*)으로 붙잡힐 것이며 희망 없이 패배할 것이다." 그러므로 처음부터 나폴레옹은 "섬멸의 전투"(a battle of annihilation)를 계획하고 있었다.[287]

러시아인들과 오스트리아인들은 그들 사이의 함정에 나폴레옹을 빠트리려는 계획을 개발했다. 두 황제들이 이끄는 주력군대는 총 8만 6천 명의 병력으로 올뮈츠(Olmuetz)로부터 서쪽으로 행군하는 반면에 페르니난드(Ferdinand) 대공작이 프라하(Prague)로부터 남쪽으로 나폴레옹의 열린 후방을 칠 것이다. 나폴레옹은 군대가 약간의 휴식을 취하도록 11월 28일까지 브륀에 머물렀다. 세귀르(Segur)는 고립과 먼 위치의 위험성이 매일 증가했다고 회고했다. 그리고 나폴레옹은 바로 그 사실을 유리하게 이용하기로 결정했다. 11월 27일 브륀에서 두 명의 오스트리아 사신들인 요한 폰 슈타디온(Johann von Stadion) 백작과 규레이(Giulay) 장군과의 만남에서 그는 자신의 지위에 대한 걱정과 일반적 약세를 꾸미고 적에게 지나친 자신감을 심기를 바라면서 오스트리아인들의 앞에서 부대들에게 퇴각을 명령했다. 러시아인들은 프랑스인들이 전투를 하지 않을 것이라고 믿었다고 티에보(Thiébault) 장군

---

287) *Ibid.*

은 이 책략에 관해서 기록했다. 프랑스인들은 그들이 위협하는 모든 지점에서 소개했고 야간에 비슈코프(Wischau), 라우스니츠(Rausnitz), 그리고 아우스터리츠에서 도망쳤다. 그들은 멈추지 않고 8마일을 퇴각했다. 이런 망설임과 염려의 표시들은 그들에게 프랑스인들의 사기가 흔들리고 자기들의 승리를 위한 확실한 예시라는 최종적 증거처럼 보였다.[288]

다음날 나폴레옹은 중재의 개념을 거부하면서 프리드리히 빌헬름의 외교사절인 크라스티안 폰 하우그비츠(Christian von Haugwitz) 백작에게는 보다 더 거칠었다. 연합군 병력이 명백하게 공세적이라는 것을 탈영병으로부터 알게 되고 그들이 1만 4천 명의 러시아 지원병을 기다리지 않을 것이라는 사바리(Savary)의 첩보로부터 알게 된 나폴레옹은 자신의 병력을 집중시켰다. 그라츠에서 마르몽(Marmont), 빈에서 모르티에(Mortier), 보헤미아를 감시하는 후방의 베르나도트(Bernadotte), 프레스부르크를 향해 이동하는 다부(Davout), 지금까지 조용한 헝가리를 감시하면서, 그리고 브륀-비슈코프-아우스터리츠 축에서 그의 앞에 펼쳐진 란느(Lannes), 뮈라(Murat)와 술트(Soult)로 나폴레옹은 이제 전투를 위해 자기의 모든 군단들을 함께 모을 필요가 있었다. 11월 28일 그는 차르 알렉산드르 1세의 오만한 부관인 27세의 표트르 페트로비치 돌고루코프(Peter Petrovich Dolgoruky) 공작을 포소르지츠(Posorsitz)의 외각에 있는 올뮈츠 길에서 만났다. 돌고루코프 공작은 나폴레옹이 이탈리아를 사르디니아 왕에게 넘겨주고, 그리고 벨기에와 네덜란드를 프러시아나 영국의 공작에게 넘겨줄 것을 요

---

288) Andrew Roberts, *Napoleon: A Life*, New York: Penguin Books, 2014, p. 380.

구했다. 나폴레옹은 적당히 냉담한 답변을 주었지만 그가 퇴각을 위한 준비처럼 보이는 것을 알아볼 때까지 그를 돌려보내지 않았다.[289]

나폴레옹의 원래 계획은 슐트, 란느 그리고 뮈라가 오스트리아와 러시아의 동맹국의 6만 9천 5백 명의 보병과 16,565명의 기병대와 247문의 포를 향해서 유인하는 견제(holding) 조치로 싸우고 그리고 일단 적이 완전히 교전에 들어가고 그들의 약한 지점들이 분명해지면 다부와 베르나도트가 도착하는 것이었다. 나폴레옹은 오직 5만 명의 보병과 15,000명의 기병들만 보유하고 있었지만 282문의 포와 동맹국들이 허위 정보로 알고 있는 것보다 더 많은 병사들을 집중시켰다. 나아가 그가 막 퇴각하려 한다고 적이 생각하도록 유도하기 위해서 슐트는 프라첸(Pratzen) 고지를 성급히 포기하라는 명령을 받았다. 11월 29일과 30일은 재검토와 정찰에 시간을 보내면서 오늘날에도 여전히 볼 수 있는 토루들로 전장의 북쪽 끝에 있는 산톤(Santon)의 흙더미에 둘러싸여 다부와 베르나도트를 기다렸다.

동맹국들도 역시 프라첸 고지의 중요성을 인식했다. 그들의 계획은 프리드리히 폰 북스회브덴(Friedrich von Buxhöwden) 장군이 남쪽에 있는 프랑스의 우측으로 그 고지로부터 3개 종대의 공격을 감독하는 것이었다. 이들은 거기서 북쪽으로 방향을 틀어 전 군대가 압박하고 들어와서 프랑스 전선을 포위하는 것이었다. 그 경우에 이것은 전장의 남쪽에서 울퉁불퉁한 지상에 너무 많은 병사들을 집중했다. 그리하여 그곳에서 그들은 보다 작은 수의 프랑스 병력에 의해서 저지될 수 있는 반면에 중앙을 나폴레옹의 반격을 위해 넓게 열어놓았다.

---

289) *Ibid.*

차르 알렉산드르 1세는 그의 전장 사령관인 쿠투조프(Kutuzov)가 그 것들에 동의하지 않았음에도 불구하고 이 계획들을 승인했다. 이와는 대조적으로 프랑스의 전략은 하나의 권위에서만 나왔다. 즉, 러시아와는 달리 프랑스에서는 "지휘의 통일 원칙"(the unity of command)이 지켜졌다.[290]

12월 1일 나폴레옹은 베르나도트가 브륀에 있고 다음 날에는 도착해서 전투에 합류할 수 있다는 것을 알았다. 오후 6시에 그의 장군들에게 명령을 내렸다. 8시 30분에 그는 숙영지의 모닥불들을 베르티에 장군과 함께 둘러보고 병사들에게 말을 걸었다. 달은 없었고 밤의 어둠은 전진을 어렵게 만드는 짙은 안개가 증가했다. 병사들은 나폴레옹에게 환호했다. 다음날은 징후가 좋았다. 왜냐하면 나폴레옹의 황제 대관식의 일주년이 될 것이기 때문이다. 1805년 12월 2일 월요일 새벽 4시, 프랑스 병력은 아우스터리츠 전투장에서 주로 노출되지 않고 그들의 처음 위치로 이동했다. 왜냐하면 저지대는 짙은 안개에 휩싸였고 동맹국 고위 사령부는 전투 초반 나폴레옹의 의도에 관해서 계속 혼란을 겪고 있었기 때문이었다. 적이 오인하도록 프랑스의 사단들은 밝고 아주 추운 밤에 조용히 모여서 그들이 남겨둘 모닥불들을 피웠다.

나폴레옹은 적이 남쪽으로 공격하도록 유인하기 위해서 우측 측면을 약하게 유지하는 것이었지만 그것은 다부의 다가오는 군단에 의해서 잘 보호되게 하는 반면에 북쪽의 좌측 측면은 란느의 보병과 18문의 대포를 배치한 산톤에 있는 뮈라의 기병예비대에 의해서 지켜질

---

290) *Ibid.*, p. 381.

것이다. 술트 군단의 제3사단은 클로드 르그랑(Claude Legrand) 장군 지휘하에 중앙에서 오스트리아의 공격을 막는 반면에 베르나도트의 군단은 그 날의 주된 공격을 지원할 것이다. 그것은 생 일레르(Saint-Hilaire)와 방담므(Vandamme)의 사단들이 주도하는 프라첸에 대한 술트의 공격이 될 것이다. 그리고 그 공격은 연합국 병력들이 남쪽에 있는 프랑스인들을 공격하기 위해 그곳의 소개를 개시하자마자 시작할 것이다.

오전 7시 직후 술트의 병사들이 정열하기도 전에 르그랑이 기대했던 대로 오스트리아인들에 의해서 공격을 받았을 때 텔니츠(Tellnitz) 주변에서 전투가 시작했다. 7시 30분에 술트의 병력은 그들이 우측 측면으로 이동하는 것으로 동맹군들이 생각하도록 기만하기 위해서 푼토비츠(Puntowitz)에서 정열하였다. 그러나 사실 그들은 실제로는 프라첸 고지로 기습하고 그리고 전장의 중앙을 돌파해 들어가려는 것이었다. 오전 8시에 러시아인들은 동맹군의 중앙을 약화시키면서 프랑스의 우측 측면을 향해서 프라첸 고지 밖 남쪽으로 이동하고 있었다. 8시 30분에 동맹군들은 텔니츠와 조콜니츠(Sokolnitz)를 장악했지만 8시 45분에 한 개의 여단을 직접 지휘한 다부 장군의 반격에 따라 소콜니츠는 프랑스의 손 안으로 들어왔다. 그 마을에 들어가자마자 35세의 원수는 텔니츠의 방어자들로부터 긴급한 호소를 받았다. 그래서 그는 108부대와 함께 루이 프리앙(Louis Friant) 장군을 파견했다. 르그랑 장군은 이제 2개의 준 여단으로 조콜니츠를 방어했다. 9시 30분에 러시아인들이 총공세로 조콜니츠 성을 습격했다. 12명의 최고 지휘관들 중 7명이 죽거나 부상당했다. 오전 10시 30분까지 다부

(Davout)의 1만 명 병사들이 3만 6천 명의 적을 막았다. 다부는 나폴레옹에게 그가 중앙을 지배하는 데 필요하고, 나아가서 그곳에서 불리함을 역전시켜 프라첸 고지의 결정적 지점에서 1만 7천 명의 러시아인들에 대항하여 3만 5천 명의 병력을 집결시키는데 가장 중요한 시간을 벌어 주었다.[291]

오전 9시에 나폴레옹은 추란(Zuran)에서 프라첸 고지를 떠나는 4개의 종대 가운데 2개를 초조하게 기다리고 있었다. 공격은 생 일레르의 사단으로 시작했다. 10시까지 태양이 떠올랐고 안개를 제거했다. 그 이후 아우스터리츠의 태양은 나폴레옹의 천재성과 행운의 전통적인 이미지가 되었다. 프랑스인들은 공격하기 위해서 종대와 횡대의 결합을 채택했다. 위험을 알아차린 쿠투조프 러시아 사령관은 콜로브라트(Kollowrath)의 오스트리아인들을 러시아 종대들의 사이에 배치하도록 보냈다. 이어진 치열한 투쟁에서 아주 적은 수의 포로가 잡혔고 사실상 어떤 부상자도 살아남지 않았다. 생 일레르는 격정의 전투 속에서 프라첸 마을과 고원의 고지를 장악했다. 쿠투조프는 고지에서 여전히 1만 2천 명의 동맹군과 2만 4천 명의 프랑스 군이 교전할 때 낙심하여 바라보면서 떠났다. 그는 남쪽에 묶인 마지막 부대들의 방향을 뒤집었지만 너무 늦었다. 추란에서 바라보면서 나폴레옹도 부관들의 보고를 받고 있었다.

오전 11시에 방담므의 사단이 차르 알렉산드르 1세의 본부를 습격했다. 콘스탄틴(Constantine) 대공작이 방담므를 잡기 위해서 기병대를 포함하여 러시아 제국의 근위대 3만 명을 전진으로 파견했다. 방담므

---

291) *Ibid.*, pp. 384-385.

의 부대가 타격을 받고 동요했다. 조제프 보나파르트가 명예 대령으로 있었지만 실제로는 비갸르(Bigarré) 소령의 지휘 하에 제4 부대는 러시아 근위대의 공격을 받고 깨지고 돌아서서 도망쳤다. 그럼에도 불구하고 도망가는 병사들은 나폴레옹을 지나칠 때 "황제 만세"를 외쳤다. 오후 1시에 나폴레옹은 러시아의 근위대로부터 방담므가 프라첸에서 공세를 다시 시작하는 것을 돕기 위해 5개의 기병대대와 함께 베시에르(Bessières)와 라프(Rapp)를 파견했다. 전장의 북쪽에서 뮈라와 란느는 많은 수의 사상자들을 감수하는 표트르 바그라티온(Peter Bagration) 장군과 교전을 벌였다. 정오까지 나폴레옹은 아주 만족스러웠다. 술트가 프라첸 고지를 장악했고, 산톤의 방어들은 북쪽에서 안정을 유지했으며, 다부가 남쪽에서 굳건히 버티고 있었다. 오후 1시에 나폴레옹은 자기의 본부를 스타레 비노흐라디(Stare Vinohrady)로 옮겼다 그곳에서 그는 골드바하(Goldbach) 계곡을 내려다볼 수 있었고 적의 섬멸을 위한 계획을 세울 수 있었다.[292]

나폴레옹의 7만 3천 명 병사들은 그들을 마주하고 있는 8만 6천 명의 러시아와 오스트리아 동맹군에게 수적으로 열세였으며 적의 270문의 포에 비해 139문의 포로 크게 열세였다. 그러나 지상을 감제하고 방어에 유리한 진지에 자리잡은 그는 적들이 공격할 방향을 예상했고 그에 따라 자신의 계획들을 세웠다. 그는 우측 날개에 있는 다부에게 그들의 중대한 후퇴를 좀 더 어렵게 만들기 위해서 러시아의 왼쪽 날개가 도전할 때 후퇴하여 고지 밖으로 그들을 끌어들이라고 지시했다. 러시아인들은 기대했던 대로 반응했다. 그리고 그들이 과잉

---

292) Andrew Roberts, *Napoleon: A Life,* New York: Penguin Books, 2014, p. 388.

산개되었을 때 나폴레옹은 이제 노출된 적의 중앙을 힘차게 공격했다. 그의 좌측 날개가 그들의 우측 날개를 협공하여 그것을 밀어내고 중앙의 간격을 넓혔다. 그가 의도한대로 적은 혼란에 빠졌다. 그러나 러시아인들은 끈질기게 싸웠다. 그리고 러시아의 근위대에 의한 반격이 결과를 위협했던 순간도 있었다. 그러나 그것은 나폴레옹이 파견한 베시에르와 라프가 이끄는 활기찬 기병대가 처리했다. 연합군은 무너졌다. 그리고 개별부대들이 지상을 지키는 동안 다수가 도주했고, 굴욕을 당한 알렉산드르 1세도 전장에서 재빠르게 사라졌다.[293]

나폴레옹은 12월 5일 조세핀에게 보낸 편지에서 아우스터리츠의 전투가 그가 싸운 전투들 중에서 가장 멋진 것이었다고 말했다.[294] 프랑스 군대는 적의 깃발 45개를 빼앗았고 186문의 포와 19,600명의 포로를 잡았다. 비록 사망자의 수가 2만 명 이하로 상당히 적었지만 동맹군은 적어도 1/3로 줄었고 그들의 사기는 깨졌다. 오스트리아인들은 휴전을 요청했고 다음날 사전에 조정된 공개 장소에서 오스트리아의 황제를 만났다. 프란시스는 영국인들이 인간 생명의 상인들임을 인정하고 연합을 포기했다. 나폴레옹은 프란시스가 러시아인들을 자신의 영역에서 추방한다는 조건으로 휴전에 동의했다. 그것은 12월 6일에 서명되었다.[295]

12월 5일 나폴레옹은 알렉산드르 1세의 처남인 뷔르템베르크의 선거제후에게 편지를 써서 차르가 무기를 내려놓고 협상에 응하도록 그

---

293) Adam Zamoyski, *Napoleon: A Life,* New York: Basic Books, 2018, p. 396.
294) *Ibid.*
295) *Ibid.,* p. 397.

의 중재에 나서라고 말했다. 그러나 알렉산드르 1세는 그의 군대보다도 더 철저히 패배해서 자신의 명예를 회복할 기회만을 갈망했다. 그는 계속 싸우고자 했다. 12월 12일 나폴레옹은 빈의 쉔브룬 궁전에 돌아와 있었다. 3일 후에 그는 프러시아가 반-프랑스 연합에 합류할 것으로 생각되었던 바로 그날에 그는 프러시아와 동맹조약을 체결했다. 그리하여 그는 영국왕의 영지인 하노버의 합병을 승인하고, 그리하여 대륙에서 영국의 잠재적 동맹국들 중에 하나를 훔쳤다.[296]

탈레랑은 오스트리아에 관대하고 그것을 주된 유럽의 동맹으로 전환하라고 나폴레옹을 설득하려고 애를 쓰고 있었다. 그러면 그것이 프랑스에게 이탈리아와 지중해에서 고요함을 주고 러시아에 대한 방벽이 될 뿐만 아니라 독일에서 프러시아의 영향력에 대한 평형추가 될 것이라고 탈레랑은 주장했다. 그러나 나폴레옹은 유일한 대안인 러시아와의 동맹이 전망이 거의 없다는데 대해 탈레랑에게 동의하면서도 오스트리아에 대한 존경심을 상실했다. 그는 빈과 그 주변에서 여기 저기로 이동할 때 전혀 주의하지 않았다. 주민들은 조용했고 프랑스 병사들을 적들이라기보다는 관광객으로 대한다고 지적했다. 12월 17일 나폴레옹은 오스트리아의 장군들과 의회 의원들을 모아 놓고 2시간 동안이나 훈계했다. 나폴레옹은 그들을 가치 있는 동맹으로 고려하지 않았다. 위협한 대로 나폴레옹은 성탄절을 빈에서 보냈다.

12월 27일자 프레스브루크 조약(the Treaty of Pressburg)에 의해 오스트리아는 티롤(Tyrol)과 포어알베르크(Vorarlberg)를 바바리아에 양도했고 독일의 다른 영토들은 나폴레옹의 동맹들인 뷔르템베르크와

---

296) *Ibid.*

바덴에게 양도했다. 그리고 캄포 포르미오 조약(The Treaty of Campo Formio)에 의해서 획득한 베네치아(Venice), 달마티아(Dalmatia), 프리울리(Friuli), 그리고 이스트리아(Istria)는 프랑스에 할애했다. 프란시스는 자기 2천 4백만 식민들 중에서 1/6을 상실함에 따라 신성로마제국의 남아 있던 것을 파괴했다. 같은 조약에 의해서 프란시스는 나폴레옹을 이탈리아의 왕으로 인정했고, 바바리아와 뷔르템베르크의 지배자들도 왕의 지위로 승격된 반면에, 바덴의 지배자는 대공작이 되었다. 최종적으로 오스트리아는 전쟁의 비용을 부담하기 위해서 프랑스에게 거액의 배상금을 지불해야만 했다. 나폴레옹은 그가 통치할 나라가 있었기에 빈에서 시간을 낭비할 수 없었다. 12월 31일에 그는 뮌헨에 있었고 1월 6일에는 바바리아의 새 왕과 모차르르트(Mozart)의 <티토 황제의 자비>(la Clemenza di Tito)의 관람을 즐겼다. 다음 방문지는 뷔르템베르크의 새 왕이 오페라와 사냥을 포함하는 향연을 베푼 슈투트가르트(Stuttgart)였다. 남부 독일에서는 그가 어디를 가든 진정한 열성으로 그를 맞이했지만 그는 더 이상 지체할 수 없었다. 조제프와 깡바세레스의 광기의 편지들로부터 프랑스의 재정적 위기가 가라 앉지 않았다는 것이 분명했다. 아우스터리츠의 승전보가 긴장을 완화했지만 깡바세레스는 파산이 속출하고 있어서 정부에 대한 신뢰가 손상되고 있다면서 나폴레옹에게 가능한 한 빨리 돌아오라고 촉구했다. 사람들은 안정과 질서를 나폴레옹의 인물과 동일시하게 되어 그의 부재는 그 자체가 불안의 원인이었다.[297] 그리하여 1806년 1월 26일 저녁 10시에 나폴레옹은 튈르리(Tuileries) 궁으로 돌아왔다.

---

297) Adam Zamoyski, *Napoleon: A Life,* New York: Basic Books, 2018, p. 399.

제11장
역사의 종말: 프러시아와 전쟁

"전쟁에서 지휘의 통일 보다 더 중요한 것은 아무 것도 없다."
-나폴레옹 보나파르트-

나폴레옹 황제가 돌아왔다는 소식에 파리의 시민들은 안도했다. 그러나 그가 돌아온 바로 다음 날 튈르리 궁에서 소집된 회의에 참석하는 사람들은 그럴 수 없었다. 그들은 무엇인가를 설명해야 했기 때문이다. 1805년 여름에 오스트리아와의 전쟁에 들어갈 필요성을 직면했을 때 나폴레옹은 그의 재무상 프랑소와 바르브 마르보아(Francois Barbe-Marbois)에게 자금을 모으라고 지시했었다. 그것은 주요 군사적 및 민간인 식량공급자들 가운데 한 사람인 조제프 방레베르게(Joseph Vanlerberghe)와 함께 파리의 재정가와 상인들의 집단이 관련된 비정통적 방법에 의해서만 달성될 수 있었다. 그들이 지불불능이 되는 것은 오래 걸리지 않았다. 그리고 방레베르게의 경우에는 파산했지만 그러나 그들은 재정가이고 투기꾼인 가브리엘 우브라드(Gabriel Ouvrard)에 의해서 물 위에 떠있었다.

멕시코와 기타 다른 미국의 식민지들로부터 금과 은, 코인 화폐와 금괴를 가져온다는 계약에 대한 대가로 그는 스페인 정부에 돈을 빌려주었다. 그러나 1804년 10월 영국 해군이 스페인의 보물선을 나포했고 1805년 7월 또 한 척의 보물선도 나포했다. 우브라드는 북미와 네덜란드 파트너들이 관련된 하나의 정교한 계획을 마련했지만 이것은 풀리지 않았다. 파리에서 모든 재정가들의 연쇄 몰락을 피하기 위해서 바르브 마르보아는 프랑스 은행을 통해 방레베르게와 그의 동료들에게 신용을 연장해 주었다. 사업가들과 그들의 방식에 대한 그의 혐오에도 불구하고 나폴레옹은 그가 군대에 합류하러 떠나기 전에 그 시행을 재가했었다.[298]

온전히 9시간 지속된 회의에서 나폴레옹은 이제 그의 의원들과 상(장관)들을 엄중히 문초했고 그 회의 끝에 바르브 마르보아 재무상을 파면했다. 재무상은 황제가 자기를 도적으로 고발하지 않겠느냐고 물었을 때 나폴레옹은 그가 도적이라면 백 번이라도 그렇게 하고 싶다고 말하면서 부정직은 한계가 있지만 어리석음은 한계가 없다고 대답했다.[299] 나폴레옹은 그의 후임자로 재정적 귀재들에 대한 자신의 혐오감을 공유하면서도 핑계의 필연성을 이해하는 탁월한 행정가인 니꼴라 몰리엥(Nicolas Mollien)을 임명했다. 그는 프랑스 국가의 재정을 재건할 것이다. 그리고 그는 동시에 나폴레옹으로 하여금 그것들을 비밀리에 탈취하는 걸 허용할 것이며 대응하는 자신의 재정도 관리할 것이다.

---

298) Adam Zamoyski, *Napoleon: A Life,* New York: Basic Books, 2018, p. 400.
299) *Ibid.,* p. 401.

신임 재무상이 취한 첫 번째 조치는 프랑스 은행을 보다 가까운 통제 하에 두기 위해서 프랑스 은행의 지위를 변경하는 것이었다. 두 번째 조치는 우브라드(Ouvrard) 작전으로부터 건질 수 있는 것을 구제하는 것이었다. 방레베르게, 우브라드, 그리고 다른 사람들이 소환되었고 그들은 8천 7백만 프랑을 갚아야 했다. 어떤 사람들은 한 번에 지불해야 했지만 우브라드는 나폴레옹의 가족 및 부하들과 충분한 연결고리를 갖고 있었기에 빠져나갈 길을 협상했다. 몰리엥 재무상은 암스테르담에 있는 호페(Hope)라는 런던 은행가와 관계하기로 계획했다. 그리하여 한 동안 스페인 금괴들의 대부분이 영국의 선박을 이용하면서까지 프랑스로 들어올 것이다.

나폴레옹은 피에르 다루(Pierre Daru) 하에 별도의 재무부를 설립하고 그곳으로 프레스부르크 조약(the Treaty of Pressburg) 하에 오스트리아부터 오게 될 배상금을 시작으로 전쟁의 모든 수입이 들어올 것으로 기대했다. 이것은 그에게 자신의 준비된 전쟁 금고를 제공했다. 그것을 보존하기 위해서 현지 당국들의 비용으로 자기의 일부 군대를 독일에서 숙영 하도록 했다. 그리고 그는 전시에는 여전히 세금을 올릴 것이라고 경고했다. 그는 또한 자기가 연금, 하사금, 그리고 선물을 위해 사용할 수 있는 하나의 개인적 재무부도 구축하기 시작했다. 현금은 튈르리 궁의 금고에 보관되었고 그것의 내용물은 모든 소득의 원천과 모든 지불의 목록을 기록하는 두 개의 등록으로 면밀히 감독 되었다. 나폴레옹이 어디를 가던 금화 동전 자루들로 가득 찬 작은 상자가 그와 함께 갔다.[300]

---

300) *Ibid.*, p. 401.

나폴레옹은 자기의 부재 중 그가 위임하는 사람들에 의한 불만스러운 업무 수행이 그에게 더 잘 알려야 하고, 파리에서 행해지고 있는 것에 대한 더 큰 통제력을 가질 필요가 있음을 알고 있었다. 그러므로 그는 새로운 소통의 제도를 설립했다. 그리하여 오직 그와 우편 국장인 라발레트(Lavalette)만이 열쇠를 가진 서류가방에 들어있는 급송문들이 한 곳에서 다른 곳으로 선두 마차의 깃에 의해서 수송되었다. 이 것은 그로 하여금 파리에서 행정을 보다 긴밀하게 통제하고 업무를 덜 위임하는 것을 허용할 것이었다. 그가 없을 때에도 국무원은 정기적으로 열렸다. 그러나 나폴레옹은 스스로 그가 그곳에 있지 않는 한 일이 제대로 돌아가지 않고, 그가 있을 때 위원들이 더 많은 주의를 기울인다고 믿었다.301)

나폴레옹이 빈에서 돌아와서 그가 다룬 문제들 가운데에는 교육, 감옥개혁, 사법부, 유대인들의 신분, 빈곤한 사람들의 무료 장례의 규정, 그리고 오페라와 국립극장에 대한 보조금 등이 있었다. 이런 저런 주제들에 대한 그의 아이디어들을 통해서 나오는 것은 그가 이제 단지 국가보다는 사회의 건설에 보다 더 관심이 있다는 것이었다. 1806년 5월 10일 그는 프랑스 대학을 설립했다. 그것은 제국의 전역에서 직접 정치적 및 도덕적 의견들에 특별한 대의를 가진 대중의 교육과 교수와 배타적으로 관련된 기구였다. 그것은 모든 기존의 교육제도를 단일한 관리하에 두는 것으로 전체 교육제도를 지배하는 하나의 피라미드였다. 나폴레옹은 대규모의 기술관리들을 구축하려는 희망으로 과학을 발전시키는데 특별히 예민했던 반면에 그는 무엇보다도 교사들의 도

---

301) *Ibid.*, p. 403.

덕성과 커리큘럼의 획일성에 더 많은 관심을 보이는 것 같았다.302)

개인주의에 대한 그의 편견도 그가 일종의 독립적 법인으로 간주하는 사법부의 구성원들에 관한 나폴레옹의 불평에서 분명했다. 그는 판사들의 판단에 맡기기보다는 그들의 판결이 표준화되는 것을 보고 싶어 했다. 그는 유대인들에게도 신경이 쓰였다. 그는 그들의 존재를 북동부의 프랑스와 서부 독일에 대한 방문에서 비로소 알게 되었다. 그는 유대인들의 생각이 국가와 별다른 것을 좋아하지 않았으며 그들을 불충과 첩보활동으로 의심했다. 그들의 거주가 알자스(Alsace) 국경지역에서 가장 현저하다는 사실이 그에게 신경을 쓰게 했고 그래서 그들을 처리하는 최선의 길은 그들을 프랑스 영토의 전역에 균등하게 분포시키는 것이었다. 나폴레옹의 가장 소중한 많은 입법은 사람들을 사회에 통합시키는 것을 목표로 했다. 그는 모든 노동자가 자기의 직업을 정의하고 소지해야 하는 "수첩"(*livret*)을 도입했다. 그는 또한 새 헌법에 부응하는 것으로 묘사된 토지등록증인 토지대장(*cadastre*)의 도입을 실시한 것을 유난히 자랑스러워했다. 왜냐하면 그것은 그들이 소유한 재산에 대한 모든 권리를 고정했을 뿐만 아니라 그들의 과세 신분과 그에 따른 사회적 지위를 고정했기 때문이었다. 그들은 이제 더 이상 그들의 재산을 빼앗길 걸 두려워할 필요가 없었지만 그에 대한 대가로 그들의 몫을 획득한 국가에 복종해야만 했다.303)

지난 한 해 동안 나폴레옹은 대륙에서 두 개의 가장 큰 강대국들의 결합된 힘을 패배 시켰다. 그에게는 불가능한 것이란 아무 것도 없

---

302) *Ibid.*
303) Adam Zamoyski, *Napoleon: A Life,* New York: Basic Books, 2018, p. 405.

었다. 그는 모든 지도자들을 다양한 정도의 경멸의 눈으로 보게 되었다. 그 경멸을 완전히 받을 만한 한 사람이 나폴리의 왕이었다. 지난 1805년 나폴리 왕은 프랑스인들이 영국인들과 러시아인들의 상륙에 대비하여 점령했던 나폴리의 항구들로부터 프랑스 병력을 철수한다는 조건으로 중립을 서약하는 프랑스와의 조약에 서명했었다. 그러나 나폴리의 왕이 프랑스에 대항하여 영국 및 러시아와 조약을 이미 체결했다는 사실을 첩보원들을 통해 알게 된 나폴레옹은 편지를 써서 나폴리의 여왕 마리아 카롤리나(Maria-Carolina)에게 어떤 적대적 움직임도 하지 말라고 경고했다. 프랑스 병력이 철수하기 시작한 3주 후인 10월 중순에 영국과 러시아의 소함대가 나타나서 1만 2천 명의 러시아인들과 8천 명의 영국 군대가 상륙했다. 그리고 그 양국 병력들은 4만 명의 나폴리 군대와 함께 이탈리아의 왕국에 대항하는 작전을 시작했다. 영국과 러시아의 부대들은 아우스터리츠 전투의 결과에 관한 소식을 듣자 후퇴하여 배에 재승선했다.

1805년 12월 26일 나폴레옹은 쇤브룬 궁에서 그들의 신뢰성 부재로 나폴리의 부르봉 왕가는 그들의 군림 권한을 상실했다고 선언하는 선포문을 발표했다. 마리아 카롤리나 여왕은 그녀가 그렇게 행동하도록 만든 맹목성으로부터 회복했다고 선언하는 비굴한 편지를 써서 자기의 남편이 왕좌에 남아 있게 해달라고 나폴레옹의 관용에 호소했다. 그러나 조제프 보나파르트가 이미 나폴리에 입성했고 3월 30일에 나폴레옹은 유럽의 고요함을 위해서라며 그를 나폴리의 왕으로 지명하였다. 나폴레옹의 견해로 이것은 지중해에서 영국과 러시아의 야심을 억제할 필요가 있었다. 이탈리아 전체와 아드리아 해 동쪽 해안이

프랑스의 손에 들어왔고 스페인을 동맹국으로 하는 것이 가능하게 보였다.304)

1806년1월 23일 46세의 소 윌리엄 피트(William Pitt the Younger) 수상이 위궤양으로 사망했다. 후임 수상인 윌리엄 그린빌(William Grenville) 내각에서 프랑스 혁명과 나폴레옹에게 오랫동안 동정적이었던 찰스 제임스 폭스(Charles James Fox)가 영국의 외상이 되었다. 나폴레옹은 아우스터리츠 전투 후에 상트 페테르부르크로 레프닌(Repnin) 공작을 되돌려 보낼 때 알렉산드르에게 평화의 제안을 했다. 이제 그는 2월 20일 탈레랑에게 정직한 사람으로서 나폴레옹에 대한 암실기도를 경고하고 음모들의 이름을 알려주기까지 한 폭스로부터 평화의 제안들을 환대했다. 폭스는 조지 3세가 이 혐오스러운 일에 동일한 감정을 느낄 것이라고 덧붙였다. 이 품위 있는 조치로 여름 내내 지속된 전면적 평화협상이 시작되었으며 그것은 제안된 평화조약의 기초단계에 도달하기까지 했다.

협상은 어느 쪽도 그것이 실패하면 자기들 탓이라고 인정하길 원하지 않았기에 비밀로 수행되었지만 1806년 2월과 9월 사이의 기간과 관련된 프랑스 외무성에는 148개에 달하는 별개의 문건들이 있었다. 몰타, 하노버, 한스 타운(the Hanse Towns), 알바니아, 발레아레스 제도(Balearic Islands), 시실리, 희망봉(the Cape of Good Hope), 수리남(Surinam), 퐁디세리(Pondicherry)를 커버하는 이 지루한 협상들이 8월 9일 폭스가 병이 나자 실제로 중지되었고, 9월 13일 57세의 그가 죽자 그 협상들은 완전히 사형 선고를 받았다. 영국은 파리가 중심인

---

304) *Ibid.,* p. 409.

세계에서 하나의 구석에 지나지 않는다는 것을 아주 잘 알고 있다고 나폴레옹은 협상이 깨졌을 때 탈레랑에게 말했다. 그러므로 그는 평화를 가져오지 않는 어떤 것도 영국과는 아무런 관계도 맺지 않는 것을 선호했다. 일단 그린빌의 정부가 1807년 3월 프랑스에 대항하여 피트의 호전적인 정책에 헌신했던 제3차 포트랜드(Portland) 공작의 정부에 의해 대체되자 평화의 어떤 희망도 생각할 수 없게 되었다.305)

1806년 첫 9개월의 대부분을 광범위한 문제들을 특징적으로 처리하면서 나폴레옹은 국무원에서 보냈다. 1806년 3월 나폴레옹은 버터와 달걀 시장에 징세하는 길을 들고 나왔다. 그는 또한 언론에 관해서 자유방임의 유명한 경구가 글자 그대로 취해지면 위험스럽고 그래서 온건하고 주의 깊게 적용되어야 한다고 말하면서 신문들에 관세를 승인했다. 1806년 5월 30일 나폴레옹은 유대인들이 부당한 탐욕과 그리고 시민적 도덕성의 결핍을 비난하는 "유대인과 고리대금에 관한 칙령"을 국무원에서 통과시켰다. 이것은 나폴레옹이 지금까지 우호와 존경을 보였던 사람들에 대한 적대감의 첫 표시였다. 비록 그가 어린 시절이나 학교에서 많은 유대인들을 만나지 않았지만 유대인 친구는 없었다. 그는 이탈리아의 원정 기간 동안에 베니스, 베로나, 파두아, 리보르노, 안코나 그리고 로마의 유대인 거주지역들(ghettos)을 시찰했으며 유대인들에게 다윗의 별(the Star of David) 강제 패용을 종식시켰다. 그는 몰타에서 유대인들이 노예로 팔리는 것도 중단시켰으며 그곳에서 그들에게 유대교의 설립을 허락했다. 뿐만 아니라 나폴레옹은 그의 성지(Holy Land) 군사작전에서 그들의 종교적 및 사회적 구

---

305) Andrew Roberts, *Napoleon: A Life,* New York: Penguin Books, 2014, p. 401.

조들을 허가했다. 뿐만 아니라, 그는 1799년 4월 20일에는 팔레스타인에 유대인들의 모국을 위한 선포문마저 썼다. 그는 그의 모든 작전에서 프랑스 국경선 넘어 살고 잇는 유대인들에게 시민적 평등을 부여했었다.[306)

그러나 아우스터리츠 전투 후에 파리에 돌아와서 나폴레옹은 잘츠부르크(Salzburg) 상업인들과 은행가들이 알자스 농민들에게 유대인의 대부를 제약해 달라는 탄원을 받았다. 알자스의 유대인들은 프랑스의 유대인 인구 5만 5천 명의 가운데 거의 절반을 이루었고 그들은 과도한 고리대금에 책망을 받았다. 국무원은 이 문제를 더 조사하였고 그것에 관해서 심각하게 분열되었다. 나폴레옹은 자신의 위원들에게 반-유대인 알자스 법이 시행되는 것을 허용함으로써 후세들의 눈에 그의 영광을 더럽히고 싶지 않다고 말했다. 그리하여 다음 달에 그 조항들은 폐기되었다. 그후 나폴레옹은 유대교를 프랑스의 3개 공식적 종교들 가운데 하나로 선포했다.[307) 유대인들에 대한 그의 관용의 한 가지 이유는 오스트리아, 프러시아, 러시아와 특히 교황 국가들에서 지배하는 제약에 적어도 상대적인 것으로 자기 이익이었다. 나폴레옹은 후에 유대인들은 수가 많고 또 그들은 다른 어떤 나라에서 보다 많은 특권을 누릴 프랑스로 대규모로 올 수 있을 것이기 때문에 많은 부를 프랑스에 가져올 것이라고 말했다.[308)

그러나 1806년 1월에 고리대금 칙령을 고려하기 위한 국무원의 모

---

306) *Ibid.,* p. 403.
307) *Ibid.*
308) *Ibid.,* p. 404.

임에서 나폴레옹은 유대인들을 저질이고 타락한 민족으로 시민들이 아니라 국가 내에 국가이며, 모든 프랑스를 약탈하는 전염병 같은 착취자들이며 메뚜기들이라고 부르고, 그는 프랑스인들의 피를 빠는 그런 유대인들을 프랑스인들로 간주할 수 없다고 덧붙였다. 그는 또한 국무원의 방청인들이 알자스의 빚과 저당은 자발적으로 맺어진 것이고 계약은 신성하다고 확인해준 사실에도 불구하고 탐욕스럽고 무자비한 대부업자들에 관해서 말했다. 그런 말은 모든 문명화된 사람들에게 역겨운 것이지만 이것들이 19세기 초에 프랑스 군의 중·상급 장교에게는 제법 표준적 견해들이었다. 비록 나폴레옹이 그의 계급과 배경의 다른 사람들만큼이나 유대인들에 개인적으로 편파적이었지만, 그는 프랑스가 유럽의 어떤 다른 곳에서 보다 프랑스에서 덜 환영 받지 않게 하는 데에서 프랑스의 이득을 보았다. 그러므로 나폴레옹은 유대민족 사이에서 올바른 이방인이라는 현재의 명성을 받을 자격이 별로 없다고 하겠다.[309]

신성로마제국(the Holy Roman Empire)은 그것이 수백 개의 작은 독일 및 중부 유럽국가들을 상호 무역과 안전을 위해 느슨한 덩어리로 묶였던 중세에는 그것에 논리를 갖고 있었지만, 근대 민족국가의 법적 토대가 1648년 베스트팔렌 조약에 의해 놓여진 후에, 그리고 일단 제국의 교황의 칙서(Imperial Rescript)가 1803년 독일에서 합리화되자 그것은 존재이유를 박탈당했다. 1806년 7월 12일 나폴레옹이 새로운 독일의 실재인 라인 국가연합(the confederation of the Rhine)의 수호자로 자신을 선언했을 때 나폴레옹은 그것을 훨씬 더 부적당한

---

309) *Ibid.,* p. 406.

것으로 만들었다. 라인 국가연합은 오스트리아와 프러시아가 배제된 채 프랑스에 동맹한 16개의 피보호 국가들로 구성되었다. 1806년까지 바바리아, 작소니, 뷔르템베르크(Württemberg), 레겐스부르크(Regens-burg) 공국들, 이센브르크-비르슈타인(Isenburg-Birstein), 레옌(Leyen), 리히텐슈타인(Liechtenstein)과 잘름(Salm) 공국들, 바덴(Baden), 베르크(Berg), 헤세-다름슈타트(Hesse-Darmstadt)와 뷔르츠부르크(Würzburg) 대공국들, 그리고 아렌베르크(Arenberg), 나사우(Nassau), 작센-코부루크(Saxe-Coburg), 작센-고타(Saxe-Gotha), 작센-힐드부르크하우젠(Saxe-Hildburghausen), 작센-마이닝엔(Saxe-Meiningen)과 작센-바이마르(Saxe-Weimar) 공국들이 모두 국가연합에 가입했다. 1807년 12개의 공국들과 함께 베스트팔렌 왕국도 역시 가입했다. 과거 신성 로마제국의 대법관이었고 또한 나폴레옹의 대단한 찬양자인 마인츠(Mainz)의 대주교인 칼 달베르크(Karl Dalberg)가 라인 국가연합의 공작수령으로 임명되었다. 라인 국가연합의 창설은 유럽에 심대한 의미를 갖게 되었다. 가장 즉각적인 것은 신성 로마제국으로부터 그 회원들의 동시적 철수로 AD 800년에 샤를마뉴(Charlemagne)의 대관식에 의해 수립된 신성 로마제국이 1806년 8월 6일 프란시스에 의해서 공식적으로 폐지되었다는 것을 의미했다. 신성 로마제국이 사라짐과 함께 프란시스 2세가 단지 오스트리아의 프란시스 1세가 되었는데 그는 이미 1804년 8월에 오스트리아 제국을 선포함으로써 역사상 그는 유일한 이중황제가 되었다.[310]

라인국가연합의 창설의 조건으로 나폴레옹은 이제 추가로 6만 3천

---

310) *Ibid.*, pp. 406-407.

명의 병력을 자신의 휘하에 갖게 되었고 이 숫자는 곧 증가되었다. 또 다른 결과는 프러시아의 프리드리히 빌헬름 3세가 프랑스에 대항하는 제4차 연합에 참여할 준비가 되어 있지 않는 한 자신의 국가의 국경 선을 넘어 중대한 리더십 역할을 할 어떤 더 이상의 희망도 포기해야 만 했다. 그 사이에 국가연합은 독일 민족주의 발생 감각을 조장했고 언젠가 독일이 독일인에 의해서 통치되는 독립적 국가가 될 것이라는 꿈들이 조장되었다. 나폴레옹이 그의 사후 반세기 만에 그의 조카인 나폴레옹 3세인 프랑스 황제를 파괴할 국가의 창조에 기여할 것이라 는 것은 의도하지 않은 결과라는 역사의 법칙에 보다 강력한 본보기 는 없을 것이다.[311]

1806년 6월 프러시아의 전 외상인 칼 폰 하덴베르크(Karl von Hardenberg)는 프리드리히 빌헬름에게 편지를 써서 그가 러시아와 프 랑스 두 나라와 동시에 동맹국인 유일한 위치에 놓여있다고 말했다. 그런 상황은 계속될 수 없었다. 프랑스와 전쟁에 들어갈 프리드리히 빌헬름의 결정은 일찍 이루어졌으나 10월까지 연기되었는데 그것은 시간이 프러시아의 편에 있지 않다는 두려움에 기인했다. 비록 프러시 아가 나폴레옹을 황제로 인정한 첫 국가임에도 불구하고 1806년 10월 에 가서 전쟁으로 들어갈 것이다. 프리드리히 빌헬름은 프랑스와 오스 트리아로 부터 자유로운 지역적 헤게모니를 꿈꾸었으며 북부 독일에 서 프랑스의 세력확장에 점증하는 두려움을 품고 있었다. 1806년 6월 말과 7월 초에 하덴베르크의 후임자인 폰 하우비츠(von Haugwitz)외 상은 나폴레옹이 프러시아에 대항하는 전쟁의 원인을 찾고 있으며 또

---

311) *Ibid.*, p. 407.

한 헤세(Hesse)를 프러시아의 궤도에서 떼어내려 한다고 결론을 내린 3개의 메모랜덤을 작성했다. 그는 작소니, 헤세와 러시아로 구성되는 반-프랑스 동맹을 구축하고 영국의 전쟁 보조금을 확보하기 위해서 하노버의 합병을 포기해야 한다고 권고했다. 그의 입장은 영향력 있는 에른스트 폰 뤼헬(Ernst von Ruechel) 장군의 지지를 받았다. 그럼에도 불구하고 폰 뤼헬 장군은 아우스터리츠 전투 후 일년도 지나지 않아 프랑스와 전쟁을 한다는 것은 위험한 게임이라고 인정했다.[312]

그 사이에 파리에서는 차르의 외교사절인 표트르 야코브레비치 우브리(Peter Yakovlevich Ubri)가 7월 20일 프랑스와 "항구적인 평화와 우정"(eternal peace and friendship)의 조약 문구에 동의했고 그 조약은 제4차 연합에 대한 프러시아의 희망을 도려내기 위해 상트 페테르부르크에서 차르의 비준만을 필요로 하고 있었다. 그러나 차르는 콘스탄티노플에서 프랑스 대사인 세바스티아니(Sebastiani) 장군이 터키로 하여금 러시아를 공격하도록 격려하고 있다는 보고서들에 분개하였고, 그리하여 그는 프랑스와 프러시아 사이에서 선택하기 전에 기다렸다. 세바스티아니 대사가 나폴레옹이나 탈레랑의 명령에 따라 행동하고 있다는 정도는 알려지지 않았지만 아우스터리츠 전투 후 평화조약의 부재인 상황에서 프랑스가 콘스탄티노플에서 그런 외교적 노선을 따르고 있다는 것은 말이 되었다. 그러나 나폴레옹은 프러시아와 러시아의 두 나라와 동시에 전쟁은 말할 것도 없고 어느 한 쪽과도 전쟁을 원하지 않았다.[313] 8월 2일 나폴레옹은 탈레랑에게 명령하

---

312) *Ibid.*, p. 410.
313) *Ibid.*

여 베를린 주재 프랑스 대사인 앙토안 라포레스트(Antoine Laforest)에게 어떤 대가에도 그가 프러시아와 좋은 관계로 남기를 열망하고 있으며 필요하다면 하노버 문제로 영국과 평화를 이루지 않을 것이라고 말하게 했다. 같은 날 그는 루르(the Ruhr)계곡의 베르크(Berg)에 있는 뮈라(Murat) 장군에게 프러시아에 적대적이라고 생각될 지도 모르는 어떤 행동도 하지 말라고 명령을 내렸다.[314]

1806년 8월 초 나폴레옹은 파리 주재 오스트리아의 신임 대사인 클레멘스 폰 메테르니히(Klemens von Metternich) 공작이 생 클루 궁에서 신임장을 제시했을 때 그를 처음으로 만났다. 나폴레옹은 그의 알현 내내 모자를 계속 쓰고 있었다. 메테르니히는 그것이 갑자기 출세한 사람임을 보여주는 부적절한 행동이었다고 지적했다.[315] 겁먹지 않기로 결심한 메테르니히 대사는 자신의 주권자를 단순히 오스트리아의 황제라고 부르면서 일종의 간결한 연설을 했다. "나는 오직 좋은 관계의 토대 위에서만 지속적인 평화가 독립국가들 사이에 수립될 수 있기 때문에 두 제국간 좋은 관계를 강화하기 위해 언제나 노력할 것이다."[316] 이 간단한 연설은 나폴레옹을 놀라게 했고 심지어 당황하게 했다.[317] 나폴레옹도 역시 간단히 대답했다. 메테르니히는 나폴레옹이 발끝으로 걷는 걸 발견했다. 그는 나폴레옹이 좀 더 커 보이고 그리고 자신의 모습에 위엄을 추가하기 위해 많이 애를 쓰고 있다고

---

314) *Ibid.*
315) *Ibid.*
316) Desmond Seward, *Metternich: The First European,* New York: Viking, 1991, p. 35.
317) *Ibid.*

확신했다. 그럼에도 불구하고 메테르니히는 그가 역사에서 가장 매혹적인 사람들 가운데 한 사람과 같이 있다는 것을 의식했다.[318] 메테르니히는 나폴레옹의 화해하기 어려운 적들 가운데 한 사람이 될 것이기 때문에 나폴레옹에 대한 그의 일반적으로 긍정적인 첫 인상은 흥미롭다:

> "처음에 나에게 가장 강렬한 인상은 그의 마음과 그것의 과정의 현저한 명쾌함과 거대한 단순성이었다. 그와의 대화는 항상 나에게는 매력적이었고 정의하기 어려웠다. 주제들의 본질적 핵심을 포착하고, 그것들에서 쓸모없는 부속물들을 제거하고, 자신의 생각을 발전시키고, 그가 그것을 완벽하게 분명하고 결론적으로 만들 때까지 그것을 끊임없이 다듬고, 사물에 대한 적합한 단어를 항상 발견하거나, 아니면 언어의 이미지가 그것을 창조하지 않은 경우에 새로운 것을 발명하면서 그와의 대화는 언제나 흥미진진했다. 그러나 그는 그에게 향한 언급이나 반대에 경청하는데 실패하지 않았다. 그는 그것들을 받아들이고, 업무용 대화의 한계를 넘어서 음조를 잃거나 선을 넘지 않고 그것들을 질문하거나 반대했다. 그리고 심지어 그것이 그를 즐겁게 하지 않는 경우조차도 내가 진실이라고 믿는 것을 그에게 말하는데 아무런 어려움을 결코 느끼지 않았다."[319]

8월 26일 프리드리히 빌헬름은 나폴레옹에게 최후통첩(an ultima-tum)을 보내고, 그에게 10월 8일까지 라인 강의 서쪽에 있는 모든 프

---

318) *Ibid.*
319) Andrew Roberts, *Napoleon: A Life,* New York: Penguin Books, 2014, p. 411.에서 재인용.

랑스의 병력을 철수하라고 명령했다. 어리석게도 그는 이런 일을 벌이는데 러시아, 영국, 혹은 오스트리아와 준비를 맺지 않았다. 그때, 젊은 프러시아 장교들은 심지어 베를린에 있는 프랑스 대사관의 전면 계단에서 그들의 기병 검들을 갈기까지 했다.[320]

1806년 9월 초에 나폴레옹은 알렉산드르 1세가 우브리 조약을 비준하지 않았고, 따라서 러시아가 어떤 다가오는 전쟁에서도 프러시아 편에서 싸우기 쉽다고 인정했다. 9월 5일 그는 술트(Soult), 네(Ney), 그리고 오제로(Augereau) 장군들에게 프러시아의 국경에 집결하라는 명령을 내리고 만일 그가 8일 만에 크로나하(Kronach)를 넘어서 자기의 군대를 갖는다면 단지 10일 만에 베를린으로 행군할 것이며, 그러면 그는 러시아가 프러시아를 돕기 위해 오기 전에 프러시아를 박살낼 수 있을 것이라고 예상했다. 그는 5만 명을 징집했고 예비군에서 3만 명을 동원했으며, 밤베르크(Bamberg)에서 프러시아의 수도까지 도로들을 정찰할 첩자들을 파견했다. 만일 그가 예비 기병대와 제국의 수비대를 추가하여 6개 군단의 20만 명의 병사들을 적의 영토 안으로 수백 마일을 이동하려면 나폴레옹은 그것의 지형, 특히 그것의 강들, 수원지들, 화덕들, 제분소들과 탄약고들에 관한 정확한 정보가 필요할 것이다. 그의 지도를 만드는 지형학의 기술자들은 상상할 수 있는 모든 조각의 정보들, 특히 도로의 길이, 넓이와 성질, 개울은 추적되고 교량, 얕은 여울, 그리고 물의 깊이와 넓이가 주의 깊게 측정되어야만 했다. 타운들과 마을들의 가구와 주민의 수가 표시되고 언덕과 산의 높이가 주어져야 했다.

---

320) *Ibid.,* p. 411.

이와 동시에, 적에겐 잘못된 정보를 심어야 했다. 9월 10일 나폴레옹은 콜랭꾸르(Caulaincourt)에게 그 일을 아주 신비스럽게 하라면서 사람들에게 자기가 콩피에뉴(Compiegne)에서 사냥하러 갈 것이라고 사람들이 믿도록 노력하고 만들라고 말했다. 같은 날 그는 루이(Louis)에게 영국과 전쟁을 핑계로 위트레흐트(Utrecht)에서 3만 명을 대비시키라고 명령했다. 9월 18일 11시에 제국 수비대가 파리에서 마인츠까지 역마차들로 이동하는 동안에 나폴레옹은 그의 전쟁상인 앙리 클라크(Henri Clarke)에게 대 군대의 재결집을 위한 일반적 배치를 지시했다. 이것이 이번 군사작전의 수립 서류인데 그것은 10월 2일과 4일 사이에서 어느 날에 어느 원수의 지휘 하에 어떤 위치에서 어떤 병력이 필요할 것인가에 관해 정확하게 말했다. 9월 20일 하루 동안에만 나폴레옹은 36개의 편지를 썼는데 그것은 1806년의 그의 최다 기록이었다.[321]

9월 25일 나폴레옹은 마인츠를 향해 파리를 떠났다. 앞으로 10개월 동안 그는 돌아오지 않을 것이다. 그곳에 도착한 4일 후에 나폴레옹은 베르티에(Berthier) 장군으로부터 전략적 상황에 대한 그의 전략적 견해를 완전히 바꿀 보고를 받았다. 프러시아인들이 전진 위치를 취하는 대신에 그들은 여전히 아이젠바하(Eisenbach), 마이닝엔(Meiningen)과 힐드부르크하우젠(Hildbrughausen)의 주변에 여전히 있는 것이 분명했다. 그것은 프랑스인들로 하여금 산들과 잘레(Saale)강을 넘어서 차단되지 않고 전개하는 것을 허용할 것이다. 그러므로 나폴레옹은 자기의 작전계획을 전면적으로 바꾸었다. 나폴레옹은 루이에게 라인 강

---

321) Andrew Roberts, *Napoleon: A Life*, New York: Penguin Books, 2014, p. 412.

과 밤베르크(Bamberg) 사이의 공간을 완전히 열어 놓고 그의 모든 군사력을 그의 우측에 집중하여 전투의 같은 현장에 20만 명을 결집시킬 수 있을 것이라고 말했다. 엄청난 양의 행군이 필요할 것이다. 다부(Davout)가 크로나하를 곧 점령했다. 나폴레옹은 프러시아인들이 그곳을 방어하지 않은데 크게 놀랐다. 자기의 병참선을 조심스럽게 보호하면서 베를린을 장악하려는 나폴레옹의 전체적 계획은 그가 마인츠를 떠나 뷔르츠부르크에 도달했을 때 마련되었다. 군대는 10월 7일까지 공격할 준비가 되었다. 나폴레옹은 7일에 밤베르크에서 적의 의도를 알기 위해 기다리면서, 그들이 마그데부르크(Magdebrug)를 향해 후퇴하거나 아니면 풀다(Fulda)를 통한 진격을 기대하고 있었다.

1806년 10월 7일 같은 날 프러시아의 전쟁 선포가 너무나 예측 가능하여 나폴레옹이 끝까지 읽지도 않은 20쪽의 성명서와 함께 도착했다. 그는 그것을 경멸스럽게 던져버렸다. 그리고 그는 프리드리히 빌헬름에 관해서 "프러시아에 연민을 느낀다. 빌헬름도 마찬가지다. 그는 그가 무슨 서사시들(rhapsodies)을 쓰게 될지 모르고 있다. 이것도 역시 웃음거리이다"고 말했다. 그리고 10월 12일 나폴레옹은 그의 군대가 튀링겐(Thuringia)으로 진격해 들어갈 때가 지금이라고 전쟁의 파괴와 불행으로부터 그의 신민들을 구제하라면서 전쟁을 멈추면 유럽이 고마워할 것이라는 개인적 답장을 보냈다. 그러나 이 답장은 오만과 침략, 냉소주의와 잘못된 걱정의 숨찬 혼합으로 비난되었다. 그러나 진정으로 오만하고 침략적인 것은 최후의 통첩을 보낸 프러시아의 공작들, 장군들 그리고 각료들로부터 왔다.[322]

---

322) *Ibid.,* p. 414.

프러시아가 22만 5천 명의 병력이라는 잠재적으로 거대한 군대를 보유하고 있지만, 그들 중에도 9만 명은 요새들을 경비하는데 묶여 있었다. 러시아나 영국으로로부터 즉각적인 도움도 기대할 없었다. 프러시아의 몇 명의 지휘관들이 프리데릭 대왕 밑에서 싸운 적이 있었지만 아무도 지난 10년 동안 전장을 보지 않았다. 최고 사령관인 브룬스비크(Brunswick) 공작은 연령이 70대였고 또 하나의 고위 지휘관인 요아힘 폰 묄렌도르프(Joachim von Moellendorf)는 80대였다. 더 나아가서 브룬스비크와 프러시아 군대의 좌측 날개를 맡고 있는 장군인 프리드리히 폰 호엔로헤(Friedrich von Hohenlohe) 장군은 경쟁적 전략가들이어서 서로를 증오해서 전쟁 위원회들은 결론에 도달하는데 불화로 3일간이나 걸렸다. 나폴레옹은 그의 전 작전을 통해 단 한 번의 전쟁위원회도 개최하지 않았다.[323]

10월 9일 밤에, 나폴레옹은 보고들로부터 적이 에어푸르트(Erfurt)로부터 게라(Gera)에서 집결하기 위해 동쪽으로 이동하고 있다는 결론을 내렸다. 그러나 실제로 그들은 그러지 않고 있었다. 나폴레옹은 그릇된 가정을 했지만, 일단 그것을 발견하자 다음날 그는 그 실수를 바로잡기 위해 비상한 속도로 이동해서 새로운 상황을 유리하게 이용했다. 프러시아가 점령한 작소니로의 프랑스의 진격은 뮈라(Murat) 지휘 하에 오직 가벼운 기병 여단들에 의해서 보호를 받았다. 그들 뒤에서 베르나도트(Bernadotte)의 군단이 선두를 맡고 란느와 오제로가 좌측을, 술트와 네(Ney)가 우측을, 황실 근위대가 중앙을, 그리고 다부와 기병의 주력이 예비병력으로 남았다.

---

323) *Ibid.*

10월 10일 자알펠트(Saalfeld)의 전투에서 란느가 프리드리히 빌헬름 왕의 조카인 루이 페르디난트 공작 하에 있는 프러시아와 작손의 선봉군을 패배시켰다. 프랑스의 172명의 사망자의 희생으로 1,700명의 프러시아의 사상자를 낸 이 승리는 프러시아의 사기에 악영향을 미쳤다. 대군대는 프러시아의 병참선, 보급과 철수를 절단했다. 신속하게 이동하여 라살르(Lasalle)는 오후 8시에 게라에서 호엔로헤의 보급선을 장악하고 프러시아인들이 예나(Jena)를 통해 행군하도록 만들었다. 10월 12일 새벽 1시에 뮈라에게서 이 보고를 들었을 때 나폴레옹은 2시간 동안 깊이 생각하고, 그리고 나서 전 군대를 잘레(Saale) 강 뒤에 있는 프러시아의 군대를 향해 동쪽으로 회전시키는 효과를 가진 폭풍설 같은 명령들을 보내기 시작했다.324)

10월 12일 뮈라의 기병대와 첩보원들이 프러시아의 주력군이 지금 에어푸르트에 있다는 것을 확인하자 뮈라는 자기의 기병대를 북쪽으로 몰고 갔고 다부는 나움부르크(Naumburg)에서 강을 건너 브룬스비크가 전진방어를 채택할 어떤 희망도 종식시켰다. 그러므로 프러시아인들은 북동쪽으로 또 하나의 주요한 퇴각을 시작했고, 사기가 떨어졌으며 그리고 어떤 중대 교전이 발생하기도 전에 심리적으로 불리한 상황에 있었다. 10월 13일 란느가 자신의 선봉대를 예나 타운으로 몰아넣어 그곳에서 프러시아의 전초부대를 축출했고, 즉시 마을 위에 있는 란트그라펜베르크(Landgrafenberg)를 장악하기 위해 군대를 파견했다. 이때 나폴레옹은 프러시아인들이 마그데부르크(Magdeburg)에서 후퇴하고 있고, 그리고 란느가 고립되어서 그가 그 근처에서 보고했

---

324) *Ibid.*, p. 415.

던 약 3만 명의 프러시아인들의 강력한 반격에 의해 공격을 받을 위험에 처해 있다고 정확하게 추론했다. 그는 다음날 대 군대 전체를 예나에 집중하라고 명령했다. 다부(Davout)와 베르나도트(Bernadotte)는 나움부르크와 도른부르크(Dornburg)를 거쳐서 예나에 남아있는 적을 치라는 명령을 받았다. 다부는 프러시아의 주력군이 사실상 그를 향해서 오고 있는 것을 알 수가 없었다. 그리하여 지나친 자신감에 베르티에(Berthier)에게 그가 이미 마주치고 있는 적의 대규모 병력에 관해서 경고하지 않았다. 베르나도트와 예비 기병대는 피곤하여 예나를 향해 보다 천천히 이동했다.

10월 13일 오후에, 나폴레옹이 말을 타고 예나 마을을 둘러보는 동안에 철학자 게오르크 빌헬름 프리드리히 헤겔(Georg Wilhelm Friedrich Hegel)이 그의 서재 창문에서 나폴레옹을 보았다. 자신의 <정신의 현상학>(*The Phenomenology of Spirits*)의 마지막 페이지들을 쓰고 있던 그는 한 친구에게 "나는 황제를 보았으며, 이 세계-영혼(Weltseele, world-soul)이 말을 타고 마을을 나갔다. … 진실로 세계 위에 자기의 팔을 올리고 그것을 지배하는 그런 말을 탄 개인을 본다는 것은 주목할 만한 감동이라"고[325] 말했다. 자신의 <현상학>에서 헤겔은 인습과 타인의 이익을 무시하고 자치적으로 행동하는 힘이 나폴레옹 자신의 나쁜 특징화가 아니라는 것을 지적했다.[326] 그 후 그의 "세계-영혼"이라는 말은 영어권에서 "세계사적 인간"(a world historical

---

325) Andrew Roberts, *Napoleon: A Life,* New York: Penguin Books, 2014, pp. 415-418.
326) Peter Paret, *The Cognitive Challenge of War: Prussia 1806,* Princeton, New Jersey: Princeton University Press, 2009, p. 21.

man)으로 번역되어 일반적으로 통용되었다.

1806년 10월 14일 오전 6시 30분 짙은 안개 속에서 예나의 전투는 시작했다. 나폴레옹은 밤 1시 이후 이미 일어나서 란느 사단 지휘관들 중 한 명인 루이 수셰(Louis Sucher) 장군과 함께 전진 부대들을 정찰하고 있었다. 그곳에서 그들은 좌측 날개에 있는 한 프랑스 경계병의 총격을 받았고 그것은 그들이 프랑스인들이라고 루스탐(Roustam)과 뒤록(Duroc)이 소리를 질렀을 때에야 멈추었다. 자신의 텐트로 돌아온 나폴레옹은 새벽 3시에 폭포 같은 명령을 발하기 시작했다. 그의 계획은 란느가 평지에서 기동할 나머지 군대를 위한 공간을 확보하기 위해서 자기의 2개 사단을 이용하여 보기슬라프 폰 타우엔치엔(Bogislav von Tauentzien) 장군 휘하의 호엔로헤의 선봉을 공격하는 것이었다. 오제로(Augereau)는 예나-바이마르 도로에서 정렬하여 네(Ney)가 그의 우측으로 오는 동안 란느의 좌측까지 이동하는 것이었다. 술트(Soult)가 우측 측면을 수비할 것이고 황실 근위대와 기병은 그들이 적의 전선에서 전개할 약점을 이용하기 위해 예비병력으로 둘 것이다. 나폴레옹은 오전 6시에 란느의 사단들을 타우엔치엔으로 보내기 전에 직접 그들에게 열변을 토했다.[327]

그의 전략에 관한 1804년 발간된 책이 나폴레옹의 관심을 끌어서 나폴레옹의 참모진의 공식 역사가로 임명된 군사학자인 남작 앙리 드 조미니(Henri de Jomini) 대령은 "적에 대해 지나친 경멸을 결코 진작하지 않는 것이 필요하다. 왜냐하면 그곳에서 당신은 완고한 저항을 발견할 것이고 병사의 사기가 그것으로 흔들릴 것이기 때문이라는

---

327) Andrew Roberts, *Napoleon: A Life,* New York: Penguin Books, 2014, p. 419.

것"을 나폴레옹이 이해하고 있다는 인상을 받았다. 그러므로 그가 란느(Lanne)의 병사들에게 연설할 때 그는 프러시아의 기병대를 칭했지만 그러나 자기의 이집트 병사들의 총검에 대항해서는 아무 것도 할 수 없을 것이라고 약속했다. 그것으로 그는 피라미드들의 전투에서 참가했던 란느의 베테랑들을 의미했다. 수셰(Suchet)는 그들이 일단 고원지대에 도달하면 전선으로 전개할 준비가 된 부대들로 클로제비츠(Closewitz)의 마을로 진격했지만 그러나 안개 속에서 그들은 좌측으로 전환해서 클로제비츠와 뤼체르로다(Luetzerroda) 사이의 적을 공격했다. 안개가 서서히 걷히면서 치열한 전투가 거의 2시간 동안 계속되어 프랑스인들을 혼란에 빠뜨렸고 전장의 가장 고지인 도른부르크에서 대규모 적의 기병들이 대열을 갖추었을 때 엄청난 탄약을 소비해버렸다.

그럼에도 불구하고, 란느는 자기의 두 번째 전선을 통과하여 전면으로 나와 싸워서 고지대를 깨끗이 정리했고, 뤼체르로다로부터 반격을 격퇴하고 그 과정에서 피어첸하일리겐(Vierzenheiligen)을 마주했다. 그곳을 넘어서면 전장의 지면이 갑자기 아주 평평해서 기병에게 이상적이었다. 피어첸하일리겐과 도른베르크가 모두 장악하고 나서 호엔로헤가 조정된 대규모 공격이 아니라 프랑스인들에 대항하여 부대들을 조금씩 보냄에 따라 전투의 과정에서 그곳들을 다시 상실했다. 나폴레옹은 전투의 이 단계에서 란느와 합류했고 오전 7시 30분경 안개가 걷히자 25문의 포들을 퍼부었고 또 제40 부대로 하여금 피어첸하일리겐을 공격하도록 지시했다. 술트의 도착과 함께 생 일레르(Saint-Hilaire)는 프러시아인들을 클로제비츠로부터 몰아냈고, 그리고 일단 그의 포병과 기병들이 집결하자 그는 뢰디겐(Roedigen) 마을로 이동하기 시작했다. 그는 치열한 프러시아의 저항에 진격이 멈추었지만 그러나 오전 10시 15분이 되자 그는 적의 좌측 측면을 공격하기 위해 헤름슈테트(Hermstedt)를 통해 진격을 재개할 수 있었다.

오제로(Augereau)가 전 사단을 코스페다(Cospeda) 협곡에 몰아넣어 그는 오전 9시 30분까지 고원지대에 나타날 수 없었지만 일단 그가 이세르슈테트(Isserstedt)의 동쪽에 있는 적과 교전에 들어갔다. 그 사이에 네이 장군이 약 4천 명의 병력과 함께 고원지대에 도달하여 란느의 좌측에서 간격이 열리는 것을 보았다. 그러므로 그의 이니셔티브로 그가 란느의 뒤로 이동하여 란느가 피어첸하일리겐에서 밀리고 있는 참에 그의 좌측 전선에 들어왔다. 네(Ney)의 공격이 그 마을을 회복하고 프랑스인들을 도른베르크의 남쪽 끝으로 몰고 갔다. 프러시아의 포병 화력의 위엄이 그들의 전진을 억제했지만 그러나 네의 보병들은 불타는 마을에 집착했다. 그 시점에서 나폴레옹은 란느에게 또 한 번 지시하여 그의 군단이 도른베르크를 습격하였고 오전 10시 30분에 네와 합류했다. 바로 그때 호엔로헤는 피어첸하일리겐의 방어자들과 천둥 같은 일제사격을 교환하기 위해 완벽한 연병장의 질서로 5천 명의 보병, 약 3천 5백 명의 기병과 500문의 지원포를 파견했다. 중대하게도 그러나 호엔로헤의 병력들은 그 마을을 습격하지 않았다.

오전 11시까지 오제로는 이세르슈테트를 장악하고 네(Ney) 장군과 연결시켰고, 그리고 정오에는 술트가 우측 측면에 도착했다. 란느의 좌측에 네의 2개 사단을 두고 도미니크 클렝(Dominique Klein), 쟝 조제프 도트풀(Jean-Joseph d'Hautpoul)과 에티엔 낭수티(Étienne

Nansouty) 장군들 휘하에 기병을 둔 나폴레옹은 주요 공격을 위해 올바른 순간이라고 판단했다. 그의 명령에 따라, 프랑스 군대는 대대급 부대들이 뒤따르는 두터운 충돌전선을 향해 몰려갔다. 프러시아인들은 한 시간 동안 완강하게 물러섰지만 그들의 손실은 증가했고 뮈라(Murat)의 거듭되는 공격에 타우엔치엔의 여단들이 와해되어 도주했다. 오후 2시 30분까지 호엔로헤의 군대는 완전히 무질서 속에서 전투장에서 도주하고 있었다. 뮈라는 손에 채찍을 들고 용기병, 중기병과 3군단의 모든 경기병들을 이끌고 6마일의 잔혹한 추격을 감행하여 많은 적병들을 살육하고 그 길에서 수천 명의 작손인들을 붙잡았다. 그는 오후 6시에 바이바르에 도착해서야 멈추었다. 예나 전투 후에 프러시아 병력들의 극한의 추격은 하나의 교과서 작전이었다. 그것이 오늘날에도 여전히 군사학교에서 승리들을 극대화하는 방법에 관하여 여전히 가르치고 있기에 실제로 그렇다.[328]

일단 승리를 한 뒤에야 나폴레옹은 자기가 브룬스비크 공작 하의 적의 주력군과 전혀 싸우고 있지 않고 호엔로헤의 휘하의 후위군과 싸우고 있었다는 것을 깨달았다. 왜냐하면 13마일 떨어진 아우어슈테트(Auerstaedt)에서 같은 날 다부(Davout)가 프리드리히 빌헬름과 브룬스비크를 패배 시켰고 프리드리히 빌헬름 왕은 많은 시간을 보낸 후에 말을 타고 도주하고 있었고 브룬스비크는 전투 직후에 입은 부상으로 죽어가고 있었다.[329] 3만 명의 병사와 46문의 포로 다부(Davout)는 5만 2천 명의 병사와 163문의 포를 가진 프러시아를 이중

---

328) Andrew Roberts, *Napoleon the Great,* New York: Penguin Books, 2015, p. 420.
329) *Ibid.*

으로 포위하는 작전을 수행하였다. 그는 이 치열한 교전에서 7천 명의 사상자가 났지만 프러시아인들에게는 거의 배가 넘는 사상자를 낳게 했다. 그것은 나폴레옹의 전쟁들 중에서 가장 현저한 승리들 가운데 하나였으며, 아우스터리츠에서처럼 다부 장군이 우열을 나폴레옹에게 유리하게 급진적으로 바꾸었다. 그러나 일단 나폴레옹은 그 사실을 알았을 때 그는 감정이 넘쳐흘렀다. 그럼에도 불구하고 아우어슈테트(Auerstaedt)는 전투의 명예로 깃발을 날리지 못했다. 왜냐하면 그것은 나폴레옹의 호엔로헤에 대한 멋진 승리를 브룬스비크에 대한 다부의 놀라운 승리와 비교할 것이기 때문이었다.[330]

이와는 대조적으로 베르나도트는 어느 전장에도 도착하지 않았다. 이에 대해 나폴레옹과 다부는 그를 결코 용서하지 않았다. 당시에 나폴레옹은 그를 군법회의에 회부할 생각마저 잠시 했었다. 베르티에(Berthier)가 명령을 착각하는 것은 드문 일이었지만, 2개 전장에서 베르나도트의 부재는 그가 있었더라면 무엇이 발생했을지를 시사했다. 그럼에도 불구하고 베르나도트는 자기가 다시 한 번 나폴레옹 분노의 표적이라는 것을 알고 있었다. 그의 오랜 사적 혐오와 나폴레옹에 대한 시기는 상황을 더 나쁘게 만들었을 뿐이었다. 나폴레옹은 프러시아의 왕을 보고 그에게 가까이 갔지만 그를 잡지 못했다고 조세핀에게 과장하여 자랑했지만, 프리드리히 빌헬름은 예나가 아니라 아우어슈테트에 있었다. 나폴레옹은 그렇게 완전하게 패배한 병사들을 본 적이 없다고 예나 후 프러시아인들에 관해서 말했지만 아직도 프리드리히 빌헬름은 항복하지 않았다. 그 대신에 그는 러시아 군대가 오고

330) *Ibid.*, p. 421.

있다는 것을 알고 계속해서 싸우기 위해 북동쪽으로 철수했다.331) 전투 후에 협상이 열리긴 했지만 아무런 소득이 없었다.

그 사이에 프랑스 대군대는 프러시아를 통해 무자비한 진격을 계속하면서 프러시아인들에게 정지하여 재집결할 기회를 결코 허용하지 않았다. 1806년 10월 25일 스판다우(Spandau)가 수셰에게 항복했고, 29일에는 스테틴(Stettin)에서 라살(Lassalle)까지, 그리고 철저히 요새화된 바그데부르크가 11월 11일에, 네(Ney) 장군은 프러시아의 서부 절반을 확보했다. 12월 7일 아우어슈테트에서 용맹스럽게 싸웠던 게르하르트 폰 블뤼허(Gerhard von Blücher) 장군도 탄약이 완전히 떨어졌을 때 뤼베크(Lübeck)에서 자기의 전 병력과 함께 항복할 수밖에 없었다.332)

10월 26일 나폴레옹은 포츠담에서 러시아인들이 오고 있다고 선포했다. 그들은 프러시아의 심장부에서 또 하나의 아우스터리츠를 발견할 것이라고 나폴레옹은 말했다. 그러나 그 말은 군대의 장병들이 듣고 싶었던 것이 아니었다. 프러시아의 수도가 함락된 이제 그들은 집으로 돌아가길 원했다. 다음 날 27일에 나폴레옹은 완전 무장을 한 2만 명의 근위대와 경기병대를 이끌고 나폴레옹은 장엄한 행군으로 베를린에 입성했다. 그는 베를린에서 프리드리히 빌헬름의 화려한 샬로텐부르크(Charlottenburg) 궁전에 정착했다. 그리고 그곳은 그의 본부가 되었다. 10월 30일 나폴레옹은 프러시아가 엘베(Elbe)강의 서쪽에 있는 모든 영토를 포기하는 토대 위에서 평화를 제안했

---

331) *Ibid.*, p. 422.
332) *Ibid.*

고, 프리드리히 빌헬름은 그 제안을 받아들일 준비가 되었지만, 나폴레옹이 프러시아 왕국이 다가오는 러시아와의 전쟁에서 그의 작전기지로 봉사해야 한다고 덧붙였을 때 빌헬름 왕은 자기 위원회 다수의 권고를 무시하고 발트해 해안에 있는 쾨니히스베르크(Koenigsberg, 오늘날 Kaliningrad)로 후퇴하여 전쟁을 계속하기로 결심했다.[333]

당시까지 역사에서 한 나라의 군대가 프러시아보다 더 신속하고 결정적으로 축소된 경우는 거의 없었다. 프레데릭 대왕의 위대한 전통과 그의 정당하게 유명한 기술들이 그의 후계자들에게는 치명적임이 입증되었다.[334] 낙관주의가 근대화의 모든 계획들의 거부를 가져왔고 지나친 자신감이 나폴레옹을 마주하기 위해 필요했던 것에 대해 완전한 몰이해를 가져왔다. 중앙집중적 지휘체계와 확실한 군사정책의 부재가 프러시아의 최고 사령부의 혼란과 우유부단을 주로 낳았다. 영광스러운 과거에 파묻혀 프러시아의 전사들은 전쟁의 현실이 변했다는 것을 어렵게 배워야만 했다. 프랑스는 승리에도 불구하고 과잉 자신감의 피해를 입지 않았다. 나폴레옹 자신이 장기적 전쟁을 준비했고 병사들도 조심스러운 태도를 반영했다. 예나 전투의 중요한 교훈은 프러시아의 머리가 많은 히드라(hydra)의 혼란스러운 리더십과 프랑스의 완전하게 집중화된 리더십의 대조였다.[335] 요새 말로 바꾸어 표현한다면, 프러시아와는 아주 달리 나폴레옹의 프랑스 군대는 대군대였음에도 불구하고 "지휘의 통일"(the unity of command) 원칙

---

333) *Ibid.*, p. 425.
334) David G. Chandler, *The Campaigns of Napoleon*, New York: Simon & Schuster, 1966, p. 502.
335) *Ibid.*, pp. 503-504.

이 지켜졌던 것이다.

뿐만 아니라, 역사철학자 헤겔은 예나 전투에서 프러시아의 군주제가 예나의 전투에서 나폴레옹에 패배하는 것을 목격했고 프랑스 대혁명의 이상이 승리하는 것을 보았으며 자유와 평등이 원칙을 실현하는 국가의 임박한 보편화를 보았다.336) 그리하여 헤겔은 나폴레옹이 거둔 빛나는 역사적 승리를 "역사의 종말"(the End of History)이라고 선언했다. 헤겔은 역사가 완성되고 있거나 아니면 이미 완성되었음을 감지했던 것이다. 20세기에 알렉산드르 코제브(Alexandre Kojeve)가 헤겔의 역사철학에서 발견한 역사의 종말이라는 개념을 20세기 중반에 재발견했고, 정치학자 프란시스 후쿠야마(Francis Fukuyama)가 소련제국의 몰락과 냉전체제의 종식이 이루어지고 있는 것을 목격하고 그 개념을 프랑스 대혁명의 200주년이 되는 1989년, 즉 20세기 말에 적용했던 것이다. 나폴레옹의 수많은 전투들 중의 하나에 불과했지만 헤겔의 지성적 영향으로 예나 전투는 세계사적 의미를 갖게 되었다.337)

---

336) Francis Fukuyama, "The End of History?," *National Interest,* No. 15(Summer 1989), pp. 3-18; Francis Fukuyama, *The End of History and The Last Man,* New York: Free Press, 1992.

337) 냉전종식 이후의 세계에 대한 역사적 종말이라는 개념의 적실성과 타당성에 관한 나의 진지한 분석을 위해서는, 강성학, <카멜레온과 시지프스: 변천하는 국제질서와 한국의 안보>, 서울; 나남출판, 1995의 "제1장, 역사의 종말과 포스트모던 국제정치: 20세기 말 지성적 위기의 철학적 배경"을 참조.

제12장
나폴레옹의 대륙체제(the Continental System) 정책과 프러시아-러시아 연합국들과 전쟁

"행동할 올바른 순간을 선택하는 것은 인간들의 위대한 예술이다."
-나폴레옹 보나파르트-

프러시아의 왕 프리드리히 빌헬름이 쾨니히스베르크에 숨어있으면서 러시아에 의한 구원을 기다리는 사이에 나폴레옹은 프랑스에 대항하는 모든 연합의 돈줄을 공격하기로 결정했다.[338] 당시에 대부분의 유럽인들처럼 그는 신용에 크게 의존하는 영국 경제가 그 신용을 지원하는 무역이 파괴된다면 내부적으로 폭발할 것이라고 믿었다. 프랑스 항구들을 봉쇄하고 프랑스의 수송을 나포하라고 명령한 1806년 5월 16일 영국의 추밀원령에 대응하여 11월 21일 나폴레옹은 자기의 통제 하에 있는 모든 유럽의 항구들을 영국의 선박, 영국의 상품, 그리고 영국의 무역에 폐쇄하는 베를린 칙령(the Berlin Decree)에 서명했다. 이 칙령은 나폴레옹이 영국에 대해 유럽대륙을 봉쇄하는 정책

---

338) Adam Zamoyski, *Napoleon: A Life,* New York: Basic Books, 2018, p. 419.

이라서 그의 대륙체제(the Continental System)라고 불리었다. 그 정책을 지지한 탈레랑 외상에 의해서 작성된 그 조항들은 아주 비타협적이었다:339)

1. 영국의 섬들은 봉쇄상태에 있다.
2. 영국 섬들과 모든 무역과 모든 통신은 금지된다.
3. 모든 영국의 신민들은 그가 어떤 상태나 조건에 있든지 전쟁의 포로가 될 것이다.
4. 영국의 신민에 속하는 모든 창고와 모든 상품, 모든 재산은 그것이 어떤 성격의 것이든 타당한 경품으로 선언될 것이다.
5. 영국이나 영국의 식민지에서 직접 오거나 아니면 현 칙령의 발행 이후 그곳에 있었던 어떤 선박도 모든 항구에서 받아주지 않을 것이다.

영국의 직접 수출의 1/3과 재수출의 3/4이 유럽대륙으로 갔기 때문에 나폴레옹은 그 칙령이 영국정부에 거대한 정치적 압력이 되어 8월에 결렬된 평화협상을 재개하게 하려 했다. 12월 3일 그는 "육지의 힘으로 바다를 정복할 것"이라고 말했다.340)

트라팔가 해전에서 프랑스 함대의 파괴 이래 통상이 아닌 다른 방법으로는 영국을 손상할 직접적인 방법이 나폴레옹에게는 없었다. 그리하여 그의 베를린 칙령의 목표는 영국의 산업에 그것의 시장들을 거부하고 곡물, 목재와 원료들의 중대한 공급을, 특히 발트지역으로부

---

339) Andrew Roberts, *Napoleon: A Life,* New York: Penguin Books, 2014, p. 427.
340) *Ibid.*

터, 단절하는 것이었다. 나폴레옹은 다음 해에 그 압력을 증가시킬 것이다. 그때에 그는 영국의 항구에서 도크에 들어간 어떤 선박도 몰수될 수 있다고 명령하고 그리고 나서 이것을 영국해군에 의해 수색된 모든 배에 확대했고, 그리하여 중립국의 선박에 실은 영국의 물품을 프랑스의 해적선들이 몰수할 수 있게 허용했다. 대륙체제는 프랑스의 사업자들에게 인기가 있었지만, 그것은 지금까지 나폴레옹 정권의 가장 강력한 지지자들이었던 중산층, 무역인, 상인들과 잘사는 농민들, 그리고 그가 항상 도우려고 모색하는 국가재산의 획득자들이었던 사람들에게 정확하게 손해를 가했다.[341]

영국도 이에 동일한 방법으로 맞섰다.[342] 1807년 1월 7일 영국은 유럽의 한 적대적인 항구에서 다른 항구로 무역하는 모든 중립적 배들은 나포될 것이며 적의 해안무역을 중립국들에게 금지한다는 추가적 추밀원령으로 보복했다.[343] 대륙체제의 문제는 그것이 전 지구적으로 부과될 수 없는 것이었다. 역으로 영국해군에 의해 봉쇄당한 프랑스 해군은 유럽의 해안들을 정찰할 수 없었다. 모든 항구에서 다른 때에 다른 양의 영국의 상품들이 버젓이 혹은 비밀리에 유럽 대륙에 들어올 수 있었다. 프랑스의 관세관리들은 밀수품으로 장악했지만 그것의 일부는 뇌물을 받고 돌려주었다. 그리고 적절한 절차를 통해 런던의 로이드(Lloyd) 은행에서 몰수된 것에 대하여 보험료를 받는 것이 가능하게 되었다.[344]

---

341) Ibid., p. 428.
342) Adam Zamoyski, Napoleon: A Life, New York: Basic Books, 2018, p. 420.
343) Andrew Roberts, Napoleon: A Life, New York: Penguin Books, 2014, p. 428.
344) Ibid., p. 430.

1806년 11월 21일 나폴레옹이 베를린 칙령에 서명하기 이틀 전인 11월 19일 그는 10년 전에 프러시아에 의해서 병합된 한 폴란드 지방의 수도인 포젠(Posen)으로 부터 폴란드 애국자들의 대표단을 맞이했다. 프러시아의 몰락으로 러시아, 프러시아, 그리고 오스트리아에 의해서 1795년에 분할되어버린 폴란드의 전지역에서 폴란드의 재창설에 대한 희망이 제기되었다. 그것의 프러시아 부분은 이제 사실상 자유롭게 되었고 그래서 폴란드 애국자들이 그 지역에 대한 나폴레옹의 계획을 발견하기 위해 그를 찾아왔던 것이다. 그러나 나폴레옹은 그들을 위한 아무런 계획이 없었다.[345] 대부분의 서유럽인들처럼 나폴레옹도 그들의 조국 상실 이후에 폴란드인들에 대한 남겨진 동정심을 느꼈다. 그의 첫 이탈리아 원정 동안에 그는 여러 명의 폴란드 장교들과 특히 자신의 부관인 설코브스키(Sulkowski)를 높게 평가했다. 프러시아의 병사로 징집된 많은 폴란드인들이 프랑스로 탈영을 하기도 했으며 나폴레옹은 그들을 이탈리아와 이집트 원정에서 그에게 봉사했던 유제프 자인체크(Józef Zajączek) 장군 하에 하나의 부대를 편성했다.[346]

그때까지 프랑스의 대군대는 다가오는 러시아인들을 만나기 위해서 폴란드를 통해 행군하고 있었다. 1806년 11월 25일 그것에 합류하기 위해 나폴레옹은 베를린을 떠났다. 11월 27일 늦게 그가 포젠으로 들어섰을 때 그는 마치 구원자처럼 환영을 받았고. 그리고 젊은이들이 그의 지휘하에서 자기들의 조국을 위해 싸우겠다는 희망으로 주변 시골에서 말을 타고 왔다. 다음 날 바르샤바에 입성한 뮈라(Murat) 장

---

345) Adam Zamoyski, *Napoleon: A Life,* New York: Basic Books, 2018, p. 420.
346) *Ibid.,* p. 421.

군은 그렇게 강한 민족정신을 결코 본적이 없었다고 기록했다. 폴란드인들은 모두가 무기와 지도자와 장교들을 요구하고 있었다. 그는 나폴레옹에게 어떻게 진행할지에 대한 지시를 요청했다. 나폴레옹은 포젠에서 폴란드인들은 피상적이고 믿을 수 없으며 아무 것도 제안하지 말라고 그에게 답장을 했다.[347]

1806년 12월 2일 나폴레옹은 자기의 대관식을 기념하기 위해 현지의 귀족들이 베푼 무도회에 참가했지만 그는 좌절했다. 왜냐하면 그는 폴란드에서 지금 베니그센(Bennigsen) 장군의 지휘 하에 있는 러시아 군대를 분쇄하기 위해 계획된 과감한 기동을 준비했기 때문이었다. 그는 자기의 군단장들에게 자세한 지시들을 보냈지만 그러나 그의 계획은 지도상에서만 정연했다. 그러나 그것은 집행하기에 어렵다는 것이 입증되었고 또한 그가 군사작전 운영의 현장에 더 가까이 갈 필요가 있다는 것을 깨달았다. 그리하여 그는 12월 16일 바르샤바를 향해 떠났다. 그는 그곳에 도로의 사정으로 마차를 포기하고 말을 타고 도착했다. 그는 리셉션 위원회와 마주하는 걸 피하기 위해서 야간에 바르샤바에 들어갔고 그곳에서 그가 결정적 전투가 되길 희망하는 조정을 하면서 4일간을 보냈고, 그리고 작전을 직접 지휘하기 위해 그곳을 떠나 비스와(the Vistula) 강과 부크(the Bug) 강을 건너 성탄절에 나지엘스크(Nasielsk)에서 자기의 군대에 합류했다.

러시아의 주력병력의 행방에 관한 정보가 혼란스러웠다. 그리고 2만 5천명의 병력을 가진 란느가 베니그센의 4만 명의 주력군으로 입증된 것을 플투스크(Pultusk)에서 공격하는 동안 나폴레옹은 골리민

---

347) *Ibid.*, p. 422.

(Golymin)으로 행군했다. 그것에서는 다부, 오제로, 네, 그리고 뮈라가 다른 러시아 부대들에 맞서 교전 중이었다. 그가 상황을 파악하고 란느에 합류하려고 애를 쓸 때까지는 전투가 모두 끝나버렸다. 란느가 베니그센을 박살냈고 그가 후퇴했지만 추격은 극악한 조건으로 불가능했다. 갑작스러운 해빙이 눈과 얼음을 녹여서 도로들과 진로들을 진흙의 강으로 바꿔버렸기 때문이었다. 나폴레옹만큼 자기의 군대를 위해 보급을 제공하기 위해 많은 명령을 내린 사령관이 없었지만 그러나 진흙탕 속에서 그의 명령들은 제대로 실행되지 않았다. 나폴레옹의 신속하게 기동하고 주어지는 기회를 포착하는 그의 일상적 방법이 이런 조건하에서는 쓸모가 없었다. 폴란드의 진흙이 이집트의 뜨거운 모래들처럼 프랑스의 군사학에 들어갔다.[348] 12월 29일 풀투스크에 돌아온 나폴레옹은 계속해서 싸우는 것이 불가능하다는 것을 알고 자기의 군대에게 동계 숙영을 명령했다. 1807년 1월 1일 그는 그들이 싸울 수 없으니 모두가 즐기라고 선언했다.[349]

나폴레옹은 1월 한 달을 모두 바르샤바에서 보냈다. 폴란드 사회는 프랑스 손님들에게 잔치를 베풀었으며 많은 여자들이 애국적 열정에서 그들의 추정되는 해방자들에게 자신들을 내놓았다. 나폴레옹은 존경받았으며 어떤 경우에는 경외심의 대상이었다. 그러나 만일 그가 정복자의 특권들을 즐기려고 기대하고 있었다면 그는 많은 실망을 마주했을 것이다. 한 무도회에서 그는 아름다운 루보미르스카(Lubomirska) 공작부인을 만난 뒤 아침에 비서를 통해 그가 그녀를 방문하겠다고

---

348) *Ibid.*, p. 423.
349) *Ibid.*, p. 424.

알렸다. 자신의 순결을 염려한 그 공작부인은 그녀의 마차를 불러 시골로 떠나버렸다. 바르샤바의 한 왕궁에서 탈레랑이 주최한 한 무도회에서 그는 10일 전 한 리셉션에서 눈에 띈 젊은 여성과 춤을 추고 매료되어 버렸다. 그녀의 이름은 마리아 왈레브스카(Maria Walewska)였다. 그녀는 20세였으며 72세의 노인과 결혼했다. 그녀는 자기의 남편을 사랑하지 않았지만 결혼의 신성함에 대한 강력한 원칙들과 믿음을 갖고 있었다. 프랑스 군대의 장교인 그녀의 두 형제들과 나폴레옹의 관심을 눈치챈 여러 다른 폴란드 애국자들은 그녀에게 그들의 조국의 미래가 달려있는 사람의 비위만이라도 맞추라고 촉구했다.[350]

그리하여 그녀는 그에게 약간의 희망을 주었던 것으로 보였다. 다음날 그는 뒤록(Duroc)을 통해 그녀만을 열망한다는 쪽지를 보냈다. 그녀는 뒤록과 함께 열렬한 나폴레옹에게 가기를 거절했다. 그녀는 그날 저녁에 왕실의 성에 있는 그에게 왔지만 그에게 자신을 허락하지 않고 새벽 4시에 떠났다. 왈레브스카의 과묵은 굴복에 익숙하게 된 나폴레옹에게는 새로운 경험이었다. 그는 그녀의 애국심에 의존하며 그녀를 치켜세웠다. 그녀가 저항하면 할수록 사랑에 번민하는 청소년처럼 리셉션에서 그녀의 주변을 맴돌았다. 결국 왈레브스카는 그를 다시 방문하기로 동의했고 그가 할 수 있는 모든 주장을 하여 그녀의 눈물을 자아냈다. 그는 저명한 폴란드인들로 구성된 위원회를 임시행정부로 설립했지만 그것은 탈레랑과 마레(Maret)의 엄격한 감독을 받았다. 그 위원회의 임무는 폴란드의 군대를 육성하고 그의 군대에게 식량과 말을 제공하는 것이었다. 동시에 그는 프랑스식의 행

---

350) *Ibid.*, p. 425.

정구조의 설립과 심지어 시민법(the Civil Code)의 도입까지 명령했다. 그는 군사적 상황이 명백해질 때까지 더 이상의 어떤 공약도 하지 않을 것이다.[351]

1807년 1월 30일에 나폴레옹은 바르샤바를 떠나 풀투스크(Pultusk)를 지나는 여행을 했다. 그곳에서 그는 아픈 란느를 위문했는데 란느는 그에게 그곳은 싸울 가치가 없다며 본국으로 돌아가야 한다고 말했다. 그것은 그의 많은 부하들의 견해를 반영한 것이었다. 3일 후에 그는 술트의 군단과 베니그센 간의 충돌을 관찰했는데 베니그센은 후퇴했다. 2월 4일에는 그 자신이 알렌슈타인(Allenstein)에서 베니그센을 공격하여 그로 하여금 북쪽 방향으로 퇴각하게 하였고 그리고 2월 7일에는 아일라우(Eylau)라는 작은 타운을 포기하게 했다. 날씨가 다시 바뀌었다. 눈이 오고 있었다. 그의 병사들은 일주일 전에 바르샤바를 떠난 이후 빵을 먹지 못했다. 그리고 그날 저녁에 나폴레옹은 그의 근위보병들과 함께 감자를 구우며 야영하는 모닥불 옆에 앉았다. 아침에 베니그센에 반격을 가했고 눈보라 속에서 혼란한 전투가 뒤따랐으며 나폴레옹 자신이 거의 붙잡힐 뻔했다. 양측은 격렬히 싸웠다. 베니그센이 후퇴하고 그의 손실이 더 컸지만 그것은 프랑스의 승리라고 보기 어려웠다. 그리고 나폴레옹이 완전히 통제하지 못했다는 것도 별로 의심이 없었다.[352]

4월 1일 나폴레옹은 근처에 있는 핑켄슈타인(Finckenstein) 성으로 이동했다. 그곳에서 그는 마리아 왈레브스카와 합류했다. 그녀의 오빠

---

351) *Ibid.*
352) *Ibid.*, p. 426.

들 중 한사람이 표시 없는 마차로 밤중에 그녀를 데려와서 그녀에게 숙소를 보여주었다. 그녀는 다음 6주 동안 그곳을 떠나지 않을 것이다. 그곳에서 그녀의 존재는 비밀이었고 오직 나폴레옹의 시종(valet) 콘스탕(Constant)과 그의 비선인 메네발(Meneval)만이 그녀를 볼 수 있도록 허용되었다. 그러나 바르샤바 사회는 그녀가 그곳에 있다는 것을 알고 있었다. 그녀는 후에 그녀의 양심적 가책이 사라져버렸다고 친구에게 인정했다. 왜냐하면 나폴레옹이 그녀가 자기의 부인인 것처럼 느끼게 만들었기 때문이었다. 그녀는 그의 성적 무용을 비판하거나 불만스러웠던 것 같지 않았다 그녀는 그와 사랑에 빠진 것으로 보였다. 그들은 마치 결혼한 한 쌍의 부부처럼 행동했다.353)

나폴레옹의 전략적 상황은 좋지 않았다. 그는 오스터로데(Osterode)에 7만 명의 병사들을 갖고 있었지만 그러나 많은 병사들이 병들었고 나머지 병사들도 굶주리고 사기를 잃었으며 탈영자의 비율도 놀라웠다. 그는 끊임없이 증가하는 러시아 군사력을 마주하고 있었다. 프러시아의 손에 있는 마지막 요새인 단치히(Danzig)가 르페브르(Lefebvre) 원수에게 떨어졌다. 그러나 비록 프러시아의 군대가 거의 붕괴되었다고 할지라도 장교들 중 많은 사람들이 스스로 러시아로 가서 러시아의 임무를 맡고 있었다. 4월 26일 프리드리히 빌헬름은 러시아와 바르텐슈타인(Bartenstein) 협정을 맺었다. 그것으로 양국은 개별 평화조약을 맺지 않기로 서약했다. 나폴레옹은 자신의 뒤에 오스트리아가 있었다. 그것은 이탈리아의 남부 국경에서 외젠(Eugène)의 휘하에 있는 이탈리아 군대에 의해서 견제되고 있을 뿐이었다. 그는 최근에 스페인의 수

---

353) *Ibid.*, 427.

상 고도이(Godoy)와 영국 사이에 반-프랑스 연합에 스페인이 참여할 가능성에 관한 접촉에 관한 소문을 들었다. 5월에 나폴레옹은 페르시아(Persia)와 핑켄슈타인 조약(The Treaty of Finckenstein)을 체결했고 그는 그것이 러시아의 남쪽 국경선에서 군사적 행동을 가져오길 희망했다. 그는 또한 터키인들이 러시아 병력의 관심을 돌릴 수 있는 이동을 하라고 격려하고 있었다. 그는 이런 정신으로 핑켄슈타인 성에서 터키의 외교사절을 맞았다. 그러나 영국의 이집트 침공과 함께 영국의 함대가 다다넬즈(Dardanelles) 해협으로 항해하여 술탄에게 러시아와 평화를 이루고 프랑스 대사를 추방하라고 압력을 가했다.[354]

6월 초에 베니그센(Bennigsen)은 네(Ney)의 군단을 공격했고 두 개의 교묘한 기동작전으로 다른 프랑스 군단 사이에서 혼란의 씨앗을 심었다. 나폴레옹은 그들을 결집하여 베니그센을 추적했고 베니그센은 알레(Alle) 강의 커브에 있는 프리드란트(Friedland)라는 작은 마을로 퇴각했다. 그곳에서 6월 4일 그는 전투에 들어갈 수밖에 없었다. 기동할 공간이 없고 또 후퇴할 가능성이 없는 그곳에서 강 위에 있던 3개의 교량들 중 2개가 프랑스 포병에 의해서 파괴되고, 그의 부대는 반 정도가 완전히 분쇄되었다. 그것은 마렝고(Marengo) 전투의 기념일이었다. 근처에 있었던 차르는 휴전을 요청할 수밖에 없었다. 평화를 원했고 자기 병사들의 본국으로 돌아가고 싶은 마음을 고려하여 6월 21일에 휴전에 동의했다. 3일 후에 틸지트(Tilsit)라는 작은 마을에 있는 본부에서 그는 지난 2년 동안 알렉산드르 1세가 프랑스와 동맹을 갈구했다는 말로 시작하여, 오직 그것만이 유럽의 평화와 안녕

---

354) Adam Zamoyski, *Napoleon: A Life,* New York: Basic Books, 2018, p. 428.

을 보장할 수 있을 것이라며, 회담을 요청하는 노트를 차르 알렉산드르 1세로부터 받았다.[355]

차르 알렉산드르는 아우스터리츠에서, 굴욕을 당하고 한 개의 군대를 잃었다. 그리고 이번에는 아일라우와 프리드란트에서 또 하나의 군대를 잃었다. 그는 더 많은 병사들을 일으킬 수 있었지만 그의 장교단이 그렇게 할 만한 능력이 없었다. 만일 그가 이번에도 퇴각한다면 10년 전에 폴란드로부터 취한 지역으로 프랑스인들을 끌어들이게 될 것이다. 그곳에서 프랑스인들은 환영을 받겠지만 그는 아니었다. 그는 혼자서 분쇄되고 비효율적인 프리드리히 빌헬름을 지원하고 있었고 그의 동맹국 영국에 의해 버림받았다고 느꼈다. 영국은 러시아인들의 피와 곤란을 제외하고는 아무 것도 구매하지 못했다. 약간 환상주의자였던 알렉산드르 1세는 자기가 나폴레옹을 유인할 수 있다고 상상했다.

나폴레옹 측에서는 오스트리아와 전략적 동맹을 위해 끊임없이 압박을 가하는 탈레랑의 권고에 반하여 러시아와 가능한 동맹에 관해서 생각하기 시작했다. 알렉산드르 1세의 노트를 받은 바로 그날 그는 빈에 있는 대사인 앙드레도시(Andredossy) 장군으로부터 오스트리아가 적대적이며 복수할 기회만을 기다리고 있다는 보고서를 받았다. 그날 나폴레옹이 받은 또 다른 소식들은 콘스탄티노플에서 궁전 쿠데타가 발생하여 그가 협상하고 있던 셀림 3세(Selim III)가 쫓겨났고, 그래서 그가 그곳에서는 러시아에 대항하는 지지를 기대할 수 없다는 것이었다. 나폴레옹은 알렉산드르 1세의 제안에 동의했고, 그리고 다

---

355) *Ibid.*

음날 회담에 그를 초대했다.356) 그는 자기의 공병들에게 그 위에 텐트를 치고 구 군주들의 무기와 암호들로 장식된 뗏목을 만들어서 니멘(Niemen) 강 중간에 그것을 정박시키라고 명령했다. 알렉산드르 1세가 반대편 강둑에 수행원들과 같이 도착했을 때 그는 뗏목으로 노를 저어갔고 그곳에서 그의 서쪽 강둑에 늘어선 병사들이 환호하는 가운데 알렉산드르 1세를 포옹으로 맞이했다. 알렉산드르 1세와 함께 온 프리드리히 빌헬름은 동쪽 강둑에서 자기 말 위에 남아서 앉아 있었다. 그는 뚜렷하게 배제되었다. 당시에는 상징이 중요했다. 그래서 나폴레옹이 쇼맨십을 발휘했던 것이다.357)

다음 2주 동안 나폴레옹은 알렉산드르 1세를 만찬으로 환대하고, 그의 앞에서 자기 병사들에게 퍼레이드를 시키고, 그와 사적인 대화를 어떤 때는 밤 늦게까지 지속된 대화를 가졌다. 그들이 팔짱을 끼고 걸을 때에 나폴레옹은 보다 젊은 사람의 숨겨진 성질을 감지한 위대한 정보가의 역할을 했으며 그를 평등한 필적으로 정중하게 대우했다. 그리고 그가 국가의 막중한 문제들을 논할 때에는 알렉산더를 신임했다. 이것이 젊은 차르, 복잡하고, 연약하고 자신감이 없고, 군사적 지도자로서 내세우기 위해 필사적인 사람에게는 향유였다. 그는 나폴레옹이 프랑스의 정치적 체제와 사회의 건설을 성취한 것, 그가 러시아에서 자신이 하고 싶어 꿈을 꾸고 있는 어떤 것을 성취한 것을 이해할 만큼 충분히 지적이었다. 비록 그의 마음속에서 일부가 저항했음에도 불구하고 그는 나폴레옹의 마력에 빠지지 않을 수 없었다. 나폴

---

356) *Ibid.*, p. 429.
357) *Ibid.*

레옹은 유럽 대륙의 문제에 알렉산더가 수행할 역할의 전망으로 그를 유혹했고 심지어 콘스탄티노플을 정복하는 러시아 군주정의 꿈을 달성하고 영국을 축출하고 그들의 제국들을 확대하기 위해서 함께 인도로 행군하는 꿈의 실현 전망으로 유혹했다. 이것은 가장 용맹한 자를 찾아 그에게 레지옹 도뇌르 훈장을 수여하기 위해서 러시아의 근위대에게 그의 앞에서 퍼레이드를 요청하는 전형적인 나폴레옹의 제스처를 동반했다. 양측의 병사들이 형제가 되었으며 프랑스의 근위대는 러시아의 상대방을 야외에서 만찬에 초대했다.

알렉산드르 1세가 나폴레옹에게 프러시아의 왕을 만나고 그를 축제에 초대하라고 설득했지만 나폴레옹은 그를 계속해서 무관한 것으로 그를 취급했다. 나폴레옹은 프리드리히 빌헬름을 폐위시키는 선포문까지 이미 준비했지만 차르의 요청으로 마음이 다소 누그러졌을 뿐이었다. 1807년 7월 7일 조약이 핵심인데 그것에 의해서 러시아는 이오니아 해의 섬들에 대한 그의 보호령을 제외하고는 잃은 것이 없고, 그 대신에 완전히 패배한 뒤에 기적적인 결과로 보이는 프러시아로부터 작은 조각의 영토를 획득했다. 러시아는 또한 러시아가 터키인들과 갈등을 겪고 있는 다뉴브 공국들로부터 철수하기로 했지만, 그 대신에, 스웨덴으로부터 핀란드를 장악할 허락을 받았다. 더 나아가서, 러시아는 1807년 11월 7일까지 영국을 협상 테이블에 끌어내기로 했다. 그리고 만일 이것이 불가능하다고 입증된다면 영국에 대항하는 동맹에 프랑스에 합류할 것이다. 그에 대한 대가로 러시아는 프러시아의 극적인 축소를 포함하여 유럽에서 모든 나폴레옹의 조정을 인정할 것이다. 축소된 프러시아의 영토 중에서 폴란드의 소유는 바르샤바 대공국으로 전환할 것이며 작소니 왕에 의해서 지배될 것이다. 과거 프러시아 지방들의 대부분에는 베스트팔렌(Westphalia) 왕국이 창설되고 나폴레옹의 동생인 제롬(Jérôme)이 왕이 되어 통치할 것이다.[358]

1807년 7월 7일 틸지트(Tilsit)에서 체결된 프랑스-러시아 조약은 콘스탄티노플에 대한 러시아의 계획을 효과적으로 부인하고 러시아를 독일에서 영향을 배제했다. 그리고 바르샤바 대공국의 형태로 그것의 국경에 프랑스의 전초기지로 남았다. 그 조약은 프러시아에게 치욕이었다. 프러시아의 인구가 거의 1천만에서 폴란드의 정복지들이 제거되고 지방들이 베스트팔렌의 왕국에 흡수되어 5백만 이하로 감소했다. 그것은 또한 영국에 대항하는 전쟁에 합류할 의무를 지고, 또 프랑스에게 지독한 배상금을 지불해야 했다. 그리고 그 문제가 타결될 때까지 프랑스의 군사 점령하에 남을 것이다. 더 나아가서, 덴마크, 스웨덴, 그리고 포르투갈은 영국에 자기들의 항구를 폐쇄하고 그들의 외교관들을 소환하도록 요구될 것이다. 만일 그들이 이 요구를 거부한다면 그들도 프랑스와 러시아의 적으로 간주될 것이다. 이렇게 나폴레옹은 모든 것에서 자기 멋대로였다. 이제 대륙에서는 영국의 대리인으로 행동할 만큼 충분히 독립적인 국가가 없었다. 그러나 그의 동맹국들을 무역전쟁에 투입함으로써 나폴레옹은 그들에게 인기 없는 그리고 어떤 경우에는 자살 정책을 강요했다. 그리고 자신에게는 대륙봉쇄정책의 성공을 위해서 유럽의 어느 곳에서나 어떤 항구도 자기의 통제를 확실히 넘지 않게 할 의무를 부여했다.[359]

---

358) Adam Zamoyski, *Napoleon: A Life,* New York: Basic Books, 2018, p. 431.
359) *Ibid.*

제13장
나폴레옹의 "궤양"(the Ulcer): 스페인

"신을 볼 수 없다면 조용히 하라. 나는 나의 별을 볼 수 있다.
그것이 나를 안내하는 것이다."
—나폴레옹 보나파르트—

1807년 여름에 나폴레옹이 9개월 만에 파리에 돌아왔을 때 60번의 예포가 그를 맞아주었다. 1807년 8월 15일 자신의 생일날 나폴레옹은 노트르담으로 가기 위해 시내를 통과할 때 그들은 이제 긴 평화와 번영을 기대할 수 있겠다고 믿는 사람들에 의해서 환호를 받았다. 그는 9개월 동안이나 멀리 나가 있었지만 매 이틀마다 그가 파리에서 받았을 대부분의 새로운 소식들과 정보를 가지고 오는 기병 전령을 받았다. 그리하여 그는 그 기간 내내 정부의 지배권을 유지할 수 있었다. 모든 것이 무난히 작동했다. 그리고 그가 바르샤바에서 카니발을 즐기거나 핑켄슈타인 성의 벽난로 옆에 앉았을 때에도 그는 공공사업을 계속해서 집행할 수 있었고 또 시민법의 일부를 형성하는 통상법 같은 프로젝트를 계속해서 감독할 수 있었다. 그는 대종교회의(Grand Sanhedrin)의 회의들에 앞서 갔고, 그것은 프랑스 제국에서 유대인들의 신분을 논하도록 소집되었다. 그는 회계를 검열했고 가장 적은 비용들까지 캐물었다.

나폴레옹은 그가 돌아와서 모든 문제들을 보다 단호하게 자신의 손에 쥘 필요를 느꼈다. 그는 여러 명의 각료들을 교체하고 또 새 상원들을 임명하고 그리고 8월 19일에 그는 호민관을 폐지했다. "수다의 장"의 폐쇄는 많은 놀라움이나 경종을 야기하지 않았고 많은 사람들은 체제가 그것이 없이도 더 잘 작용할 것이라고 느꼈다. 사람들이 그것에 관해서 어떻게 생각하든 나폴레옹의 정권은 안정과 번영을 가져다주었다. 그리고 그것이 대부분이 사람들이 원하는 것이었다. 그러나 그는 점점 그 중대한 사실을 보지 못하는 것으로 보였고, 그리고 그의 비전은 그의 다수 신민들의 것과 서로 빗나가기 시작하고 있었다.[360] 그의 최근 전투의 승리들은 과거의 승리들처럼 여론에 동일한 효과를 생산하지 않았다. 왜냐하면 부분적으로 사람들은 더 이상 나폴레옹의 회람(bulletins)을 믿지 않았기 때문이지만, 대부분은 주로 그들이 그것들에 별다른 의미를 볼 수 없었기 때문이었다. 그들은 승리의 소식에 흥분을 느끼지 않았으며 오직 패배하지 않았다는데 안도했다. 나폴레옹은 이 사실을 알고 실망을 표현했지만 그러나 그 원인에 관해서 성찰하지 않았다. 이제 사람들이 원하는 것은 성취한 것을 수호할 수 있는 강력한 지도자였다. 그러나 이것은 나폴레옹이 사태를 보는 방식이 아니었다.[361]

러시아와 프러시아에 대한 자기의 승리는 그의 상상력에 무제한적

---

360) Adam Zamoyski, *Napoleon: A Life,* New York: Basic Books, 2018, p. 433.
361) *Ibid.*

새로운 전망을 열어주었으며 그 속에서는 동반정복의 신기루들이 이제는 유럽의 거대한 새 관리의 개념들과 싸우고 있었다. 틸지트에서 황홀했던 경험과 그리고 아마도 그가 결국 불임이 아니라는 것을 알게 된 것이 그를 조용한 삶에 정착하도록 두지 않았다. 8월 3일 프리드리히 빌헬름이 그에게 편지를 써서 동맹을 구걸했지만 그러나 나폴레옹은 대답하지 않았다. 그는 프러시아의 피가 바짝 마르기를 선호했다. 프러시아는 지불할 수밖에 없는 거대한 액수 덕택에 전쟁 배상금을 거의 갚았다. 그래서 더 짜낼 것이 있었다. 폴란드의 일부를 넘겨받았을 때 프러시아의 정부에 의해서 몰수된 재산은 바르샤바 대공국의 정부에 반환되지 않고 그 대신에 프랑스의 원수들과 저명인사들에게 주어졌다. 이것은 나폴레옹의 성장하는 제국을 자기 자신에 의해서 통제되는 거대한 망으로 묶으려는 계획의 일부였다. 그는 귀족의 타이틀을 모든 인간은 살 수 있다는 신념 하에서 충성스러운 하인들과 잠재적 적들에게 똑같이 분배했다. 그리하여 그는 3,263명의 공작, 후작, 백작 자작, 그리고 남작들을 제국의 종말까지 창조했다. 그들 가운데 59%는 군인들이었고 나머지의 대부분은 국가의 기능인들과 명사들이었다. 22.5%는 옛 귀족에서, 58%는 중산층에서, 그리고 19.5%는 노동계급에서 나왔다.[362]

어쩌면 그가 돌아와서 행한 가장 중대한 변화는 탈레랑을 외무성에서 제거한 것이었다. 이것은 체면 손상이나 심지어 불만의 표시가 아니었고 그는 그를 궁정의 심장부에 계속 두는 부선거제후의 직위로 명예롭게 되었다. 그것은 정책의 문제였다. 탈레랑은 타고난 기회주의

---

362) *Ibid.*, p. 436.

자였겠지만 그도 역시 전략가였다. 그는 거듭해서 그리고 강력하게 나폴레옹에게 그가 잘못된 방향으로 이동하고 있다는 자기의 의견을 제공했으며, 강화된 오스트리아와 전략적 동맹의 토대 위에서 프랑스의 외교정책의 방향 수정을 촉구했다. 나폴레옹은 자기 스스로 외교정책을 지시하길 원했다. 타국들의 이익이나 염원을 고려할 생각이 없거나 할 수 없는 나폴레옹은 고정된 전략을 개발할 수 없었다. 그의 행동 대부분은 지금까지 영국의 경제력을 파괴함으로써 영국을 벌하려는 결심에 의해서 이루어졌던 반면에 러시아, 프러시아, 그리고 덴마크의 항구들을 영국의 수송에 폐쇄하여 달성될 영국의 경쟁을 제거함으로써 본토 유럽에서 산업발전을 조장하는 것이었다. 네덜란드에는 루이가, 베스트팔렌에서 제롬이, 그리고 베르그(Berg) 대공국에는 뮈라(Murat)가 있어서, 상트 페테르부르크에서 프랑스까지 전 해안선이 이론적으로 확보되었고, 중부유럽은 영국의 통상 경계선의 밖에 있었다. 수출의 약 36%가 그곳으로 갔기에 이것은 영국의 경제를 해쳤다.[363]

나폴레옹의 경제전쟁에서 초기의 실패는 1807년 9월의 시작과 함께 왔다. 덴마크가 커다란 함대를 가지고 영국에 대항하는 동맹에 합류하도록 프랑스에 의해서 압력을 받고 있다는 정보에 입각하여 영국의 내각은 코펜하겐(Copenhagen)에 대한 공격을 명령했고 그 결과 덴마크의 전 함대가 나포되었다. 푸셰는 차르 파벨 1세(Paul I)의 암살 소식을 들은 이후 나폴레옹이 그렇게 분노하여 어떤 소식에 반응하는 것을 본 적이 없었다고 지적했다. 그러나 그는 영국에 대항하는

---

363) *Ibid.*, p. 437.

자기의 동맹에서 다른 약한 연결을 안전하게 해야만 한다는 것을 신속하게 깨달았다.[364]

스페인은 1700년 이래 루이 14세(Louis XIV)로부터 내려오는 부르봉 왕들에 의해서 지배되었다. 그리하여 스페인은 프랑스의 가장 가까운 정치적 및 상업적 파트너였다. 나폴리와 시실리의 부르봉 왕국과 함께 스페인은 가족간 유대의 일부, 즉 주로 오스트리아와 영국의 계획에 주로 대항하는 하나의 방어동맹이었다. 이것이 프랑스 혁명의 발생으로 흔들렸고, 그리고 루이 16세의 처형에 따라 그의 스페인 사촌들이 프랑스를 침공했다. 그러나 그들은 곧 격퇴되었다. 혁명의 전염을 두려워 한 스페인은 평화를 선택했고, 1795년 바젤 조약(the Treaty of Basel)에 의해서 다시 한번 프랑스의 동맹국이 되었다. 스페인의 왕 찰스 4세(Charles IV)는 온화하지만 어리석은 사람으로 국가의 업무보다는 사냥과 수공 작업에 데 더 관심이 있었다. 국정에 더 관심을 가진 것은 그의 왕후인 파르마(Parma)의 마리아 루이사(Maria Luisa)였다. 그녀는 자기가 좋아하는 나폴레옹보다 두 살이 위인 마누엘 드 고도이(Manuel de Godoy)에 의해서 1792년 이래 사실상의 지배를 받게 되었다. 권력과 부를 축적하는 것 외에 그가 가진 원칙들이 있었다면 그는 보수적이었고 프랑스에 반감을 가지고 있었다. 그는 널리 증오의 대상이었다. 대부분의 그의 적들과 당시의 사람들은 다음 왕위 계승권자인 24세의 아스투리아스(Asturias)의 페르디난트(Ferdinand) 공작에 그들의 희망을 걸었다.[365]

---

364) *Ibid.*

365) Adam Zamoyski, *Napoleon: A Life*, New York: Basic Books, 2018, p. 438.

지정학적 위치와 식민제국 때문에 스페인은 프랑스에게 엄청 중요했다. 그래서 나폴레옹은 스페인이 영국의 영향력 하에 떨어지는 것을 막는데 있어서 고도이를 믿지 않았다. 예나 전투 후에 나폴레옹이 베를린에 도달했을 때 그는 고도이로부터 러시아와 프러시아를 지원하여 프랑스의 공격을 제안하는 프러시아의 왕에게 보낸 편지들을 발견했다. 그런 공격의 위험은 그가 중부유럽에 전념할 때조차 나폴레옹을 걱정하게 하지 않았을 것이지만 영국이 이베리아 반도(the Iberian Peninsula)에서 발판을 얻을 가능성은 그를 걱정시켰다. 왜냐하면 그것은 통상적 봉쇄를 깨뜨릴 것이기 때문이었다. 프랑스의 동맹국으로서 스페인은 봉쇄정책에 헌신했지만 포르투갈은 그렇지 않았다. 1807년 9월 나폴레옹은 포르투갈의 섭정 돔 호아오(Dom Joao)에게 편지를 보내 그에게 프랑스와 영국 사이에서 선택을 하라고 말했다. 그는 우호적으로 반응하여 영국에 전쟁을 선포했지만 너무 늦었다. 10월 27일 초조한 나폴레옹이 스페인의 찰스 4세와 퐁텐블로 조약(the Treaty of Fontainebleau)을 체결하고 그것에 의거해서 프랑스와 스페인이 공동으로 포르투갈을 장악했다.[366]

이 작전을 실행하기 위해서 나폴레옹은 주노(Junot)를 선택하고 그에게 그의 원수직의 지휘봉이 리스본(Lisbon)에서 그를 기다리고 있다고 말했다. 그를 파견한 이유들 가운데 하나는 9개월 간 그의 부재 중에 파리의 군사 지사인 그가 자기의 여동생인 유부녀 카롤린 뮈라(Caroline Murat)와 바람을 피웠기 때문이었다. 나폴레옹은 파리가 주노와 돌아오는 뮈라 사이의 대결을 보지 않길 바랐다. 그는 툴롱에서

---

366) *Ibid.*

처음 만난 이래 그의 헌신을 사랑에 비견될 만큼 주노에 의존할 수 있었다. 그러나 그가 알지 못했거나 아니면 무시한 것은 주노가 심각한 음주자이며, 초기의 정신적 문제의 시작을 감추었다는 것이었다. 주노는 국경선을 넘어 아무런 지도도 없이 그가 가는 곳에 대한 막연한 아이디어만 가지고 2만 명의 병력과 함께 스페인으로 들어갔다. 그의 병력은 전쟁의 경험이 없는 젊은 프랑스의 신병들로 구성되었고, 스위스인들, 이탈리아인들과 독일인들에 의해 보충되었다. 그들은 장비와 보급이 부적절했다. 그들은 가는 길에 지나치게 멍한 스페인 경비대들에 의해서 저지당하지 않은 반면에 그들의 도움에 의존할 수 없었다. 병사들은 곧 뒤처지고 죽어 가기 시작했다. 그리하여 그는 1천 킬로미터의 강제 행군 뒤 11월 30일 리스본에 들어갔을 때 주노(Junot)에게는 1천 5백 명의 병사들만 남았고 기병은 없었으며 포대는 하나도 없었다. 그것은 공적이었지만 불발이었다. 영국인들이 리스본으로 항해했고 나폴레옹이 장악할 것으로 계산했던 포르투갈의 함대와 함께 포르투갈의 왕실 가족을 싣고 그들의 식민지인 브라질(Brazil)로 데려갔다. 주노는 그의 원수 직을 얻지 못했다.

스페인 자체의 상황은 페르디난트의 지지자들이 고도이를 타도할 계획을 세우기 시작하고 스페인에 있는 프랑스 대사의 격려를 받으면서 속도도 다시 악화되고 있었다. 찰스 4세는 자기의 아들을 반역죄로 체포했지만 그를 용서하고 나폴레옹에게 그를 대신하여 보나파르트 가문의 공주와 결혼을 요청하고 있었다. 이것은 페르디난트의 지지자들이 한동안 촉구하고 있었던 것이었다. 1807년 11월 말에 나폴레옹은 자기의 이탈리아 지배 영토의 여행을 시작했다. 그곳은 그가 영국을 지중해에서 배제하고 스페인을 프랑스와 동맹국으로 유지하려면 아주 중대한 곳이었다. 나폴레옹은 다음 몇 년에 걸쳐 70척의 선박을 생산할 야심적인 선박건조 프로그램을 착수했다. 그리고 그는 프랑스 식민지들의 어떤 것들을 회복할 희망을 포기하지 않는 동안 그의 첫 우선순위는 그가 브레스트, 로리엔트, 그리고 로슈포르에 있는 함대들이 베니스에 기지를 둔 아드리아 해의 함대에 합류하라는 명령을 내렸다.[367]

틸지트(Tilsit)의 조약으로 이오니아 해의 섬들을 회복한 이상 그는 코르푸(Corfu)를 몰타에 견줄 만한 해군기지로 전환시키려고 준비하고 있었다. 이탈리아를 영국의 간섭에 대항하여 안전하게 만들려는 이익에서 그는 조제프에게 압력을 가해 시실리를 침공하여 그곳을 기지로 사용하고 있는 영국을 축출하게 했다. 그는 영국에게 충분히 엄격하게 무역을 배제하라는 규칙을 적용하지 않은 에트루리아(Etruria)의 여왕을 쫓아냈다. 그리고 그녀의 왕국을 토스카나(Tuscany) 대공국으로 이름을 바꾸어 자기의 여동생 엘리사(Elisa)를 위한 봉토로 프랑스 제국에 추가하고 전 여왕에게는 그에 대한 대가로 포르투갈의 땅 한 조각을 주었다. 비슷하게 그는 교황의 레마르케(Le Marche) 지방을 이탈리아 왕국에 합병했다. 그리고 다른 교황의 국가들은 여러 개의 전략적 항구들을 갖고 있었다. 그의 나폴레옹과의 관계가 소원해짐에 따라 그곳들의 사용을 영국인들이나 러시아인들에게 부인하는데 교황은 의존할 수 없었다.[368]

---

367) *Ibid.*, p. 440.
368) *Ibid.*

독일에서 나폴레옹이 하는 일은 재정적 착취와 교회 재산의 노골적인 강탈은 말할 필요도 없고 경계선 변경과 프랑스식 행정의 도입은 교회의 지위에 영향을 초래했다. 이것은 1806년 1월 이탈리아에 시민법의 확장으로 강화되었다. 그것은 교회에 의해 관리되는 영역을 침범했으며 시민법은 종교적 결혼에 대한 시민법의 우선권을 수립하고 이혼을 합법화했다. 이에 대한 교황의 항의와 아우스터리츠 작전 동안에 안코나(Ancona)의 프랑스 점령에 대한 항의가 나폴레옹을 분노하게 했다. 그는 그들이 이기고 있는 것으로 보일 때 한동안 적국들의 동맹 편에 섰다고 가정했다. 1806년 2월 교황에게 보낸 퉁명스러운 한 편지에서 "성하는 로마에서 주권자이지만 나는 그곳의 황제"라고 상기시켰다. 그리고 기회가 있을 때마다 교황국가들의 세속적 지배자로서 교황은 프랑스 황제의 신하에 지나지 않는다는 것을 마음속에 깊이 새기게 했다. 그는 교회와 국가는 근본적인 갈등상태에 있다는 루소(Rousseau)의 테제를 잊지 않았다.[369]

또 하나의 불협화음은 나폴리의 왕좌에 조제프를 지명한 것이었다. 전통적으로 나폴리의 왕은 교황에 의해서 수여되었다. 그러므로 나폴레옹의 조치는 반칙을 야기했다. 그가 교황에게 새 군주를 인정하라고 고집을 했을 때 교황은 거부했다. 그러자 나폴레옹은 군대를 파견하여 교황국가들의 모든 항구들을 점령했다. 그것은 교황청과 현재 시실리에 망명하고 있는 부르봉가 사이의 소통을 막기 위한 것으로 보였다. 나폴레옹은 교황이 마치 자기의 각료들 가운데 한 사람인 것처럼 요구를 계속했다. 틸지트에서 돌아오자마자 나폴레옹은 교황국

---

369) Adam Zamoyski, *Napoleon: A Life,* New York: Basic Books, 2018, p. 441.

가들 안으로 보다 많은 병사들을 파견하고 교황이 그의 법전에 대한 종교적 반대를 철회하고 그것을 그의 국가들에 적용하라고 요구했다.

나폴레옹은 군대를 시찰하고, 요새화를 조사하고 또 현지 당국자들에게 강의하면서 이탈리아를 질주했다. 조제프는 나폴리에서 나와 베니스에서 그와 협의했다. 그리고 12월 13일 나폴레옹은 만투아(Mantua)에서 루시엥(Lucien)과 6시간 동안 만남을 가졌다. 3일 후에 밀라노에서 나폴레옹은 대륙의 봉쇄에 관한 또 하나의 칙령에 서명했다. 영국은 그의 베를린 칙령에 영국의 항구에 정박하지 않아 그것의 화물에 25% 세금을 내지 않는 중립국에 속하는 모든 선박은 나포할 것이라는 법을 대응했었다. 나폴레옹은 영국의 칙령에 굴복하는 모든 선박의 나포를 명령함으로써 반응했다. 이것은 미합중국의 토마스 제퍼슨(Thomas Jefferson) 대통령으로 하여금 미국의 항구에 들어오는 영국과 프랑스의 선박 모두에 수출금지 명령을 내렸다.[370]

1808년 1월 1일 나폴레옹은 튈르리(Tuileries) 궁으로 돌아왔다. 3일 후에 그는 진행중인 기념비적 자기 대관식 그림을 보기 위해 다비드(David)의 스튜디오를 방문했고, 1월 9일에는 튈르리에 건축할 새로운 극장을 착공했다. 그가 파리로 불러들여 근사한 저택에 정착시킨 마리아 왈레브스카를 방문했다. 그는 또한 해군에 완전한 군사적 규율의 도입을 명령하고, 조제프에게 시실리를 침공하기 위한 계획서를 보내고, 그리고 교황의 국가들의 군사적 점령을 위한 명령을 내렸다. 오스트리아의 대사인 메테르니히(Metternich)와 만남의 과정에서 그는 터키에 대항하는 프랑스와 오스트리아의 합동 작전의 주제를 꺼냈다.

---

370) *Ibid.*, p. 442.

그러고 나서 2월 2일에는 나폴레옹은 러시아의 차르에게 편지를 써서 그의 앞에 콘스탄티노플의 정복을 흔들었다. 5만 명의 러시아, 프랑스 군대 그리고 어쩌면 부분적으로 오스트리아 병력마저 함께 콘스탄티노플을 통해 아시아로 행군하는 것은 영국을 떨게 하고 대륙 앞에 무릎을 꿇게 하기 위해 유프라테스(Euphrates)까지는 갈 필요가 있다고 그는 차르에게 말했다. 그러나 그가 동방에서 영국에게 한방 먹이는 꿈을 꾸는 동안 그는 본국에 더 가까운 곳에서 자신을 방어해야만 할 것이었다.[371]

1808년 초까지 만일 스페인이 붕괴되지 않으려면 과감한 조치가 필요했다. 역기능의 왕가 주변의 권력을 위한 투쟁은 차치하더라도 전국적으로 들끓는 현지의 적개심뿐만 아니라 광범위한 긴장이 있었다. 농민들과 귀족들 사이에, 귀족들과 성직자들 사이에, 농민들과 성직자들 사이에, 전통주의자와 개혁주의자들 사이에, 그리고 성직자들 내에서는 종교재판을 지지하는 사람들과 그것이 폐지되길 원하는 사람들 사이에 긴장이 들끓었다. 대부분의 역사가들은 스페인 사회를 자극하는 많은 열정들이 극단적 폭력으로 번질 참이었다고 동의했다. 프랑스는 영국의 바다로부터 공격에 특히 3면이 열려 있는 자국의 국경선에 실패하는 국가를 가질 수는 없었다. 대부분의 유럽인들과 함께 프랑스는 스페인을 어리석은 왕조에 의해서 지배되고, 반계몽주의적 군주들에 의해서 배열된 게으르고 타락한 주민들이 살고 있는 낡은 고대의 국가로 간주했다. 한 마디로, 스페인 사회는 계몽주의의 혜택이 절실히 필요한 곳이었다.

---

371) *Ibid.*

최근의 이탈리아 여행의 과정에서 나폴레옹은 전체적으로 그곳의 주민들이 그가 부과한 새로운 질서를 수용하고 또 많은 사람들이 그것을 열심히 포용하고 있다는 인상을 받았다. 따라서 동일한 일이 스페인에서 행해질 수 있다는 것을 의심할 이유가 별로 없어 보였다. 그의 주된 관심은 영국을 배제하는 것이었고, 그래서 그는 포르투갈에서 주노의 보급선을 수호한다는 구실 하에 북부 스페인으로 병력을 점진적으로 보내고 있었다. 1808년 초까지 뒤퐁(Dupont)과 몽세(Moncey) 장군이 바야돌리드(Valladolid)와 부르고스(Burgos)에서 각각 약 2만 명의 병사들을 갖고 있었다. 나폴레옹은 루시엥의 딸과의 왕조적 결혼에 대한 찰스 4세의 제안을 아스투리아스(Asturias) 왕자의 수치스러운 행위를 근거로 피해갔다. 2월 20일 그는 다음에 무엇을 할지를 생각하는 동안에 추가적인 8만 명의 병사들과 함께 뮈라를 파견했다.[372]

　　탈레랑은 프랑스가 스페인과의 동맹에 의존하지 않는 한 결코 안전하지 않을 것이라면서, 루이 14세가 1세기 전에 부과한 해결책 만이 유일하게 지각 있는 것이 될 것이라고 주장했다. 그것은 스페인의 왕조가 프랑스를 지배하는 것과 같은 왕조의 일원에 의해서 점령되어야 하는 것이었다. 깡바세레스는 또 다른 나라에 개입하는 것에 반대하여 경고했지만 나폴레옹이 대안들을 고려하는 동안에 스페인에서 사건들이 그를 끌어들였다. 1808년 3월 8일 밤에 페르디난트의 지지자들이 아란후에즈(Aranjuez)에 있는 고도이의 궁전을 습격하여 그를 감옥에 처넣고, 그의 아들이 찰스 4세를 양위하도록 강제했다. 그리고

---

372) *Ibid.,* p. 443.

그들은 그를 왕 페르디난트 7세(King Ferdinand Ⅶ)라고 선포했다. 그들은 프랑스의 지지를 받고 있다고 가정했다. 그래서 비밀리에 스페인의 대부분을 점령하고 마드리드에 정착한 뮈라가 불행한 찰스를 자기의 보호 하에 두자 놀랐다. 찰스는 나폴레옹에게 자기는 강제로 양위를 당했다며, 사실상 자신을 나폴레옹의 처분에 맡긴다는 편지를 썼다. 나폴레옹은 자기가 마드리드에 가 있는 것이 필요하다고 생각하기 시작했다. 그래서 3월 말에 그는 페르디난트를 파리에 초청했다. 이 단계에서 나폴레옹은 궁극적인 목적을 갖고 있지 않았다.

1808년 4월 2일 나폴레옹은 표면상으로는 남서부 지역을 점검한다는 여행으로 생 클루 궁을 떠나서 군대를 검열하고 현지 명사들을 만나기 위해서 오를레앙(Orleans), 보르도(Bordeaux), 그리고 기타 타운들을 들렀다. 가는 길에서 그는 자기가 권좌에 오른 것을 발표하기 위해 페르디난트가 보낸 3명의 스페인의 대공들을 상봉했지만 그들의 영접을 거절했다. 4월 14일 그는 바이오네(Bayonne)에 도달했고 그리고 3일 후에 근처의 마음이 내키지 않는 마라크(Marracq) 성에서 거처를 정했다. 그리고 다음 날 나폴레옹은 페르디난트에게 편지를 써서 그를 인정하여 바이오네에 초대할 지의 여부에 대해 자신의 결정을 유보하고 있다고 말했다. 같은 날 그는 자기의 형인 조제프에게도 편지를 써서 5~6일 내에 그가 나폴리를 떠나 바이오네로 오라고 요청하는 편지를 다시 쓸 것이라고 그에게 경고했다. 6일 후에 나폴레옹은 막 도착한 고도이를 만나서 그에게 스페인에서 부르봉 왕가가 모든 신용을 잃었으며 사람들은 나폴레옹을 그들의 지도자로 원하고 있다고 말했다. 4월 30일 찰스와 그의 부인 마리아-루이사가 구시대의 화려한 마차를 타고 그 타운에 들이 닥쳤다. 나폴레옹은 스페인의 왕가에 관한 자신의 평가를 하기 시작했다.[373]

나폴레옹이 페르디난트를 배제하는 데에는 별로 시간이 걸리지 않았다. 그는 탈레랑에게 페르디난트가 매우 어리석고, 아주 사악하고, 그리고 프랑스에 아주 적대적이라고 썼다. 찰스는 어리석고 믿을 수 없었다. 그는 영국인들이 농락하기도 쉬울 것이다. 찰스를 두 차례 만나본 후에 나폴레옹은 그도 역시 효율적으로 통치할 수 없다는 것을 확신하게 되었다. 그는 찰스에게 그의 양위를 철회하고 당면한 위기의 해결을 기다리는 동안 뮈라를 그의 부관으로 임명하라고 설득했다. 이것은 5월 2일 마드리드(Madrid)에서 폭동의 발생으로 새로운 차원이 전개되었다. 왕가의 2사람이 더 바이오네로 떠나는 것에 대한 항의로 간주되면서 그것은 수도에 주둔하고 있는 모든 프랑스인들, 특히 군인들에 대한 공격으로 바뀌었다. 150에서 200명 사이의 사람들이 살해되었다. 뮈라는 약 1천 명에 달하는 봉기자들을 처형하면서 야만적 탄압으로 질서를 회복했다. 그 소식이 바이오네에 도착했을 때 그것은 나폴레옹 앞에서 추악한 왕가의 싸움을 가져왔다. 찰스는 페르디난트를 반역으로 비난했고 마리아 루이사는 나폴레옹에게 그를 처형하라고 촉구했다. 격노한 나폴레옹은 페르디난트 같이 비열한 누구도 인정할 수 없다고 선언하고 그에게 압박을 가해 그가 왕좌에 대한 그의 권리주장을 포기하고 자기 아버지를 왕으로 인정하게 했다. 나폴레옹의 압력 때문인지는 확실하지 않지만 찰스도 왕좌에 대한 자기 자신의 권리를 포기하고 나폴레옹만이 질서를 회복할 지위에 있다

373) Adam Zamoyski, *Napoleon: A Life,* New York: Basic Books, 2018, p. 445.

는 근거에서 그는 왕좌를 나폴레옹의 처분에 맡겼다.[374]

나폴레옹은 그날 저녁에 흥분한 상태로 마라크에 돌아왔다. 그는 옛 왕조는 수명을 다했다면서 자기는 루이 14세의 작업을 재건하는 것이 유일한 해결책으로 보았다. 마드리드에서 뮈라가 보여준 단호한 교훈이 더 이상의 곤란을 막을 것이었다. 그는 4일 후에 조제프에게 편지를 써서 그에게 와서 스페인의 왕좌를 취하라고 지시했다. 그는 조제프에게 나폴리가 지구의 끝에 있지만 마드리드에서 그는 프랑스에 있다고 격려했다. 그 후 4주 후에 조제프가 도착했다. 조제프가 6월 7일 바이오네에 도착하여 두 형제는 새 군주제를 수립하기 시작했다. 그들은 많은 스페인의 전통을 살리는 헌법을 마련하고 가톨릭을 국가의 종교로 인정했다. 나폴레옹은 그가 이탈리아에서 고집했던 것처럼 법전의 도입을 자제했다. 6월 22일 발랑케(Valencay)에서 페르디난트는 조제프에게 충성을 맹세하고 조제프는 91명으로 구성된 조급하게 소집된 의회(Cortes)에 의해서 7월 8일 왕 호세 1세(José I)로 선포되었다. 그는 구 왕조의 다른 일원들에 의해서 축하를 받았고 자신을 "돈 호세"(Don Jose)라는 이름으로 포고문들을 발표하기 시작했다.[375]

표면적인 유사성에도 불구하고 스페인 사회와 스페인의 정치적 조직은 조제프가 통치했던 나폴리와는 근본적으로 달랐다. 그리고 복잡하고 모순적인 증오의 가마솥이 그 나라의 안과 밖에서 있었던 최근 사건들의 결과로 끓고 있었다. 프랑스의 군사적 침입은 저항을 촉발했고 거기에 대해 프랑스인들은 야만적 반작용을 낳은 보복으로 대응

---

374) *Ibid.*
375) *Ibid.*, p. 447.

했다. 프랑스인들은 마을을 완전히 파괴했고 교회를 약탈했다. 주민들은 보복으로 프랑스 군인들의 창자를 꺼내고 그들을 십자가에 못 박았다. 프랑스 혁명은 모든 프랑스인들을 교회와 왕좌의 적으로 규정했던 반면에 교황에 대한 최근 나폴레옹의 박해가 그를 스페인의 대중적 상상 속에서 반-그리스도로 전환시켰다. 성직자들이 프랑스인을 죽이는 것은 죄가 아니라 천국으로 가는 길의 한 계단이라고 천명했다. 그리고 페르디난트가 기적적으로 신성한 상징으로 전환되었다. 그는 스페인의 피 한 방울도 갖고 있지 않았지만 국가적 영웅이 되었다. 조제프의 여정은 그가 마드리드에 도착하기 오래 전에 사라져버렸다. 그는 추가적인 15만 명의 병력과 그것들에 대한 전반적 지휘권을 나폴레옹에게 요구했다. 그러나 그동안 무시당한 것에 대해 당혹감으로 병이든 뮤라를 시작으로 모든 군 지휘관들은 그를 무시했고 또 서로 간에 독립적으로 행동하고 있었다.376)

　　나폴레옹은 조제프의 경고를 가볍게 처리했다. 그는 7월 21일 메데나 델 리오세코(Medina del Rioseco)에서 스페인 군대에 대승한 베시에르(Bessières)의 보고를 받은 후에 상황을 처리할 프랑스 군대의 효율성에 자신감을 갖고 바이오네를 떠났다. 그는 7월 31일 보르도(Bordeaux)에 도달했다. 그는 걱정하는 조제프의 편지를 받고 그에게 스페인인들은 겁쟁이들이라는 답장을 하면서 그가 결기를 보이고 무력을 적용해야 한다고 말했다. 8월 2일 그를 깊이 놀라게 한 소식을 접하고 그의 자신감이 무너졌다. 피에르 뒤퐁(Pierre Dupont) 장군 지휘 하에 있는 2만 명의 프랑스의 병력이 카디즈(Cadiz)에서 트파팔가

---

376) *Ibid.*, p. 448.

해전 후에 오도 가도 못하고 있는 프랑스 함대의 잔존자들을 구하기 위해서 행군하고 있었다. 그때 그곳은 7월 22일 바일렌(Bailen)에서 프란시스코 카스타뇨스(Francisco Castaños) 장군 휘하에 대규모 군대에 의해 포위되어 있었다. 자기 휘하의 대부분의 신병들이 식량과 보급품의 심각한 부족으로 고통받고 있던 뒤퐁 장군이 그와 그의 병사들이 자신들의 무기와 포를 가지고 프랑스로 돌아가도록 허용될 것이라는 약속 하에서 항복을 했다.

프랑스의 이런 패배는 스페인 전역을 통해 그들의 적들에 대한 용기를 부여했고, 마드리드에서 겨우 12일 간을 보낸 조제프는 7월 31일 그곳을 철수하고 부르고스(Burgos)로 물러났다. 그는 나폴레옹에게 스페인은 통치할 수 없게 되었다며 나폴리로 돌아가도록 허락해 달라고 간청했다. 그러나 조제프는 갈 곳이 없었다. 나폴레옹이 이미 나폴리 왕국을 뮈라에게 주었고 그는 즉시 자신을 조아킴 나폴레옹(Joachim-Napoleon)이라고 선언해 버렸다. 8월 5일 독일에 아직도 주둔하고 있는 프랑스 군대의 절반을 스페인으로 가게하고 네(Ney) 원수를 지휘하도록 파견했다. 그러나 이베리아 반도의 상황은 계속해서 악화되었다. 포르투갈에서 주노(Junot)는 8월 21일 비메이로(Vimeiro)에 아서 웰즐리(Arthur Wellesley) 장군의 지휘 하에 새로 착륙한 영국 군대를 공격했지만 일방적으로 공격당하고 항복해야만 했다. 그는 뒤퐁보다는 더 다행이었다. 그의 전 병력이 영국해군에 의해서 프랑스로 수송되었다. 이베리아 반도의 대부분에서 프랑스 군대가 사라지자 페르디난트 7세가 마드리드에서 군사정권에 의해서 왕으로 선포되었다. 나폴레옹은 바일렌(Bailen)을 프랑스 군대에 대한 그리고 연장선에서 자기에 대한 모욕으로 간주했다. 나폴레옹은 스페인에서 겪는 고통을 "스페인의 궤양"(the Spanish Ulcer)이라고 불렀다.377)

---

377) Richard Holmes, *The Napoleonic Wars,* London: Andre Deutsch, 2019, p. 88.

제14장
러시아와 동맹 수립과 오스트리아와 전쟁

"나의 위대한 제국이 일단 착수하면 아무도 방해하도록 허용될 수 없다.
그것의 바퀴에 뭉개지는 사람을 슬퍼하라."
-나폴레옹 보나파르트-

1808년 8월 15일 자신의 39번째 생일 날 파리로 돌아왔다. 다음날 나폴레옹은 자기의 생일을 축하하는 파리 주재 외교단을 위한 관례적 알현을 개최했다. 교황대사의 부재로 미남에다 세련된 메테르니히 (Metternich) 공작이 외교관들을 이끌었다. 나폴레옹은 온전히 다른 문제로 한 시간 이상 그를 붙들었다. 오스트리아의 황제 프란시스도 역시 조제프를 스페인 왕으로 인정하는데 시간을 질질 끌고 있었다. 아우스터리츠의 전투 후에 부과된 가혹한 조건들이 오스트리아를 상심하게 했던 반면에 반프랑스 감정이 파도 같은 민족주의적 문학과 민속의 부활뿐만 아니라 프랑스 관리들의 부당한 요구와 오만에 의해 자극을 받아 성장하고 있었다. 심지어 라인 국가연합 내에서조차 동맹국들에 대한 나폴레옹의 위압적인 대우가 분노를 야기했다. 스페인의 바일렌(Bailen) 소식은 복수를 갈망하는 모든 사람들에게 용기를 주었다. 많은 사람들은 프랑스의 지배에 대항하여 일어날 때라고 느꼈다. 오스트리아는 프랑스와 전쟁을 예상하고 재무장하고 있었으며 오스트리아는 독일의 나머지 사람들도 일어나서 오스트리아에 가담할 것으로 가정했다.378)

그런 상황에서 나폴레옹은 그가 자신의 뒤를 담당할 수 있지 않는 한 그들을 스페인에 보내기 위해서 독일과 바르샤바 대공국에서 병력을 빼낼 수가 없었다. 그리고 그렇게 할 수 있는 유일한 길은 그의 동맹국인 러시아를 부르는 것이었다. 그러나 러시아의 신뢰성이 의문시되었다. 상트 페테르부르크에 주재하는 그의 대사인 콜랭꾸르(Caulaincourt)는 그에게 틸지트의 타결은 러시아에서 인기가 없고, 대중의 마음속엔 아우스터리츠, 아일라우(Eylau), 그리고 프리드란트와 연계되어 있고, 봉쇄는 러시아의 경제를 해치고 있는 것으로 간주한다고 경고했다. 다른 사람의 조망으로부터 사태를 보는 나폴레옹의 무능력은 노력의 결과로 결실을 얻을 수 있을 것이라는 그의 성향으로 인해서 이런 경고와 기타 경고들을 무시하게 했다. 알렉산드르의 대사가 틸지트 후에 파리에 부임했을 때 나폴레옹은 뮈라의 화려한 저택을 구입하여 그에게 안락한 대사관을 제공했고 특별히 그를 존중했다. 그러나 바로 그 대사인 톨스토이(Tolstoy) 백작은 냉담했으며 나폴레옹에 대한 그의 혐오감을 별로 숨기지 않았다. 동맹에 대한 알렉산드르의 열망을 부활시키려는 시도에서 나폴레옹은 동방에서 러시아 제국의 확장의 동반 약속을 가지고 그 해 초에 인도에서 영국의 지배에 대항하여 합동 원정의 주제로 돌아왔다. 나폴레옹은 인도에 관해서

---

378) Adam Zamoyski, *Napoleon: A Life,* New York: Basic Books, 2018, p. 451.

꿈꾸는 것을 멈추지 않았지만 그러나 그는 알렉산드르가 아마도 이미 눈치를 챘던 것처럼 그 모험에 착수할 의도가 없었다.[379]

나폴레옹과 알렉산드르는 틸지트에서 헤어지기 전에 다음 해에 다시 만나기로 합의했으며 이 만남은 1808년 9월 말에 베스트팔렌에 있는 에어푸르트(Erfurt)에서 이루어졌다. 나폴레옹은 그의 매력과 함축된 위협의 일상적 혼합을 이용하여 차르에 대한 그의 우위를 내세울 수 있기를 희망했다. 그 만남은 또한 왕조 간의 결혼을 제안할 기회를 제공할 것이다. 그런 결합은 그것이 동맹을 굳건히 하고 그리고 동시에 나폴레옹에게 다시 한번 위급한 문제가 된 후계자를 제공하는 일석이조가 될 것이다. 그 문제는 1807년 5월 5일 그의 조카이며 입양한 아들로 동생 루이와 오르탕스(Hortense)의 자식인 나폴레옹-샤를(Napoleon-Charles)이 후두염으로 사망했을 때 다시 제기되었다. 나폴레옹이 스스로 아이를 생산할 수 있다는 것을 알게 된 이상 푸셰와 탈레랑을 포함하여 그의 많은 부하들은 그에게 조세핀과 이혼하고 가임 나이의 여성과 결혼하라고 촉구했다.[380]

알렉산드르 1세는 2명의 동생을 갖고 있었다. 그리고 나폴레옹은 그 아이디어를 그에게 직접 제시한다면 그 아이디어를 포용하지 않을 이가 없다고 생각했다. 알렉산드르 1세에게 인상을 주고 그들의 만남에 무게를 부여하기 위해서 그는 라인국가연합의 모든 지배자들과 작소니의 왕을 초대했다. 그는 상연될 연극들을 조심스럽게 선발했다. 탈레랑에 의하면 영웅적 장면들을 무대에 올림으로써 그는 그곳에 참

---

379) *Ibid.*, p. 452.
380) *Ibid.*

석한 고대의 왕족들과 귀족들을 혼란시키고 그들을 다른 영역으로 그들의 상상력 속으로 수송하는 것을 의미했다. 그들은 그들의 행동으로 위대하고, 그들의 행동이 예외적이고, 그들 자신의 왕조를 창조하고, 그리고 신들로부터 자기들의 기원을 끌어내는 인간들을 보게 될 것이다. 그가 선택한 각본들에서 반복되는 불멸, 영광, 용기, 그리고 운명은 그에게 접근하는 모든 사람들에게서 칭송을 불러일으키는 것이었다. 코르네이유(Corneille)의 <시나>(Cinna)는 "성공하는 자는 틀릴 수 없다"는 구절에서 놀라운 어구를 전달했다. 볼테르(Voltaire)의 <마호메트>(Mahomet)는 새 신념과 세계의 새 주인의 필요성을 다루었다.381)

알렉산드르 1세가 에어푸르트에 갈 의도를 발표했을 때 그의 부하들 대부분은 그가 나폴레옹에 의해서 러시아에 불리한 일에 유인되게 허용될 것이라는 두려움을 표현했다. 그리고 심지어 바이오네에서 최근 사건들을 고려하여 그들은 그가 결코 돌아오지 않을 위험마저 있다는 두려움을 표했다. 그에게 가지 말라고 애걸하는 어머니에게 한 대답에서 알렉산드르 1세는 바일렌과 비메이로에서 실패에도 불구하고 나폴레옹은 그를 거부하는 어떤 강대국도 패배 시킬 만큼 여전히 충분히 강력하다고 설명했다. 러시아는 그의 동맹국으로 남는 척하면서 러시아의 군사적 잠재력을 증강해야만 한다. 그는 에어푸르트에 가서 나폴레옹에게 자기의 선의를 설득해야만 하며 그곳에서 그의 참가는 오스트리아에게 때가 오기 전에 성급한 어떤 일도 시도하지 말라는 신호를 보낼 것이다. 자기의 여동생 예카테리나(Catherine)가 그

---

381) *Ibid.,* p. 453.

에게 코르시카의 귀신과 관계하지 말라고 간청한 그녀에게 알렉산더는 나폴레옹이 자기를 단지 바보로 생각하지만 마지막 웃는 자가 가장 잘 웃는 자라고 보다 간결하게 대답했다.[382]

틸지트에서 나폴레옹에 진심으로 끌렸던 변덕스러운 알렉산드르 1세는 프리드란트와 틸지트의 패배에 따른 러시아의 귀족계급에 의한 그의 차가운 영접 후에 재고하고 있었다.[383] 예를 들어, 차르의 눈에 폴란드는 러시아의 영토이다. 그러므로 바르샤바 대공국은 얼굴에 국제적으로 한방 맞은 것이다. 폴란드는 그가 결코 변하지 않을 문제라고 그는 프랑스의 새 외교사절인 콜랭꾸르(Armand de Caulaincourt)에게 경고했다. 전쟁이 발생할 경우에 그는 분명히 자신을 폴란드의 왕으로 선언할 것이라고 알렉산더는 인정했다. "세계는 우리(프랑스와 러시아)가 그 나라에 대해서 이해에 도달하기엔 충분히 크지 않다"고[384] 사적으로 인정했다. 아르망 드 콜랭꾸르(Caulaincourt)가 알렉산드르 1세의 그런 아이디어를 당연히 보고했을 때 나폴레옹은 무시하는 미소로 그런 생각을 익살맞게 거절했다. 알렉산드르는 또한 나폴레옹이 프러시아의 왕과 왕비가 당한 동등하게 큰 굴욕을 잊을 수 없었다. 나폴레옹은 거의 반에 달하는 프러시아와 그 주민들을 장악했다. 프러시아의 왕족에게 왕실과 감정적으로 묶여 있는 차르는 긴 추억을 갖고 있었다. 더구나 독일인으로서 차르의 황태후는 그녀가 공개적으로 코르시카의 벼락출세자라고 부르고 사적으로는 피 묻은

---

382) *Ibid.*, p. 454.
383) Alan Schom, *Napoleon Bonaparte,* New York: HarperCollins Publishers, 1997. p. 475.
384) *Ibid.*

폭군이라고 부른 사람에 대한 자기 아들의 지지를 계속해서 공격했다. 약이 오른 알렉산드르 1세가 마침내 되받아 쳤다:

> "우리는 그에게 대항하는 우리 자신들을 선언하기 위해 서두르지 않을 것이다. 왜냐하면 만일 우리가 그렇게 한다면 우리는 모든 것을 잃을 위험에 처할 것이다. 그 보다는 차라리 그가 우리를 당연하게 생각하게 하여 우리의 동맹을 인정하자. 그리고 청산하는 그 날을 위해 우리가 준비하는데 어느 정도의 시간을 벌자. 그 날이 올 때 우리 모두는 나폴레옹 보나파르트의 몰락을 적극적으로 돕는 일을 공개적으로 선언할 것이다. 그러므로 나폴레옹을 공개적으로 선언하는 동안에 과거에 대한 아픈 분노들은 증대하고 있었다."[385]

알렉산드르 1세가 출발했다는 소식을 듣자마자 나폴레옹은 파리를 떠나 9월 27일 오전에 에어푸르트(Erfurt)에 도착했다. 약간의 행정업무를 처리한 뒤에 나폴레옹은 그보다 앞서 도착한 작소니의 왕을 방문했다. 오후 2시경 알렉산더가 가까이 오고 있다는 보고를 받은 나폴레옹은 그 타운 밖에서 그를 맞이하기 위해 말을 타고 나갔다. 나폴레옹이 올라오는 것을 보자 알렉산드르 1세는 자기의 마차에서 내렸고, 두 황제들은 포옹했다. 그들이 다시 말에 올라 마을에 들어가자, 그들은 완전한 군사적 예우로 맞았고, 그날의 나머지 시간을 함께 보내고, 밤 10시에야 헤어졌다. 나폴레옹은 탈레랑이 말하는 "틸지트의 정신"을 재창조하길 희망했다. 그리하여 자기의 군대를 알렉산드르 1세 앞에서 퍼레이드를 시키고 그의 허영심을 부추길 수 있는 모든

---

385) *Ibid.*, p. 476.

주제에 관해서 그와 대화하면서 많은 시간을 보냈다. 동시에 나폴레옹은 그곳에 모인 다른 주권자들에게 명령하고 그들이 어느 테이블에 앉을 지를 지시함으로써 그들에 대한 자기의 권력을 과시했다.[386]

한쪽 귀가 먹은 알렉산드르 1세를 위해 나폴레옹은 극장 무대 옆에 두 사람들을 위한 높은 자리를 마련했다. 이것은, 탈레랑이 지적했듯이, 사람들은 배우에게 경청했지만 그들이 바라보는 것은 그였다. 상연 중에 "정복자와 승리에 도취한 승자의 이름에게"라는 대사에 나폴레옹은 평화주의자의 이름에 합류하고 싶다고 모두가 바라보는 가운데 감정을 드러냈다. 볼테르의 비극 <오이디프스>(*Oedipe*)의 연기 중에 배우가 "위대한 인간의 우정은 신들의 선물이다"는 대사를 말했을 때 알렉산드르 1세가 일어나서 청중을 위해 나폴레옹의 손을 잡는 제스처를 취했다. 나폴레옹은 한 순간에는 매력적인 호스트로 행동하면서 계단을 내려가 만찬을 위해 도착하는 차르 알렉산드르를 맞이하고 그를 자신의 옆 자리에 두었다. 그는 근처에 있는 예나의 전장으로 짧은 여행을 마련했다. 그곳에서 그는 그에게 전투를 설명했다. 그것은 의심할 여지도 없이 그에게 자신의 군사적 역량을 상기시키려는 것이었다.

10월 6일에는 에테르스베르크(Ettersberg) 숲에서 사냥파티가 있었다. 빈약한 시력을 가진 경험이 없는 차르 알렉산드르 1세조차도 자기에게 몰아준 그의 8피트 앞을 지나가는 하나의 사냥감을 잡았다. 사냥 후에는 만찬, 짧은 콘서트, 그리고 무도회가 뒤따랐다. 나폴레옹은 춤을 추는 대신에 시인 빌란트(Wieland)와 독일 문학에 관해서 2시간

---

386) Adam Zamoyski, *Napoleon: A Life,* New York: Basic Books, 2018, p. 454.

동안 논의하면서 자기 자신의 지식을 과시했다. 그리고 나서 그는 괴테(Goethe)에게 다가가서 그와 긴 대화를 나누었다. 10월 1일 이미 조찬에서 그와 긴 만남을 가졌던 괴테는 나폴레옹의 응시 속에서 그가 느끼는 권력에 의해서 압도당했으며 그의 겉으로 보기에 초인간적 성질(qualities)에 의해서 매료되었다.[387]

어느 날 알렉산드르 1세가 자신의 검을 잊었을 때 나폴레옹이 자기의 검을 그에게 넘겨주었다. 그러자 그것을 우정의 표시로 받겠다며 자기는 그것을 결코 그에 대항해서 검을 뽑지 않을 것임을 나폴레옹이 믿어도 좋다고 확약했다. 그러나 그는 나폴레옹이 희망했던 대로 그가 스페인에 몰두하는 동안에 프랑스가 공격을 받으면 오스트리아에 대항하여 그것을 뽑겠다고 약속하지 않았다. 알렉산드르 1세는 완강한 중립의 태도를 취했고 아무 것도 거부하거나 약속하지 않았다. 나폴레옹의 입장도 마찬가지였다. 왜냐하면 그는 알렉산드르 1세가 아무 것도 제안하지 않으면서 알렉산드르 1세를 자기에게 묶어 두길 원했기 때문이다. 그들의 동맹에서 상호이익의 부족은 현저했다. 그러나 아직은 오스트리아를 견제할 뿐만 아니라 효과를 내기 시작하는 영국에 대한 봉쇄를 유지하는 것이 나폴레옹에게는 중대한 일이었다.[388]

대륙으로부터 영국의 상품들을 완전히 배제하는 것은 불가능했다. 러시아도 말로만 그렇게 말할 뿐 상당한 중립국 선박들이 러시아의 항구들에 들어오는 것을 허용함으로써 봉쇄의 조건들을 위반하고 있었다. 그럼에도 불구하고 1808년 봉쇄가 영국의 경제에 치명적 효과

---

387) *Ibid.*, p. 456.
388) *Ibid.*

를 가져왔고, 중대하게 정치적 상황에 영향을 미칠 위협을 하고 있었다. 그러므로 나폴레옹은 러시아를 자기의 대륙 봉쇄체제 안에 유지시키려고 안달이었다. 그리고 그렇게 하는 가장 확실한 수단은 왕조 간 결혼 동맹이었다. 그 주제가 수면으로 떠오르자 알렉산드르 1세는 냉담했고 모든 적절한 기쁨의 표시를 하면서도 그가 명확한 답을 줄 수 있기 전에 자기 어머니의 동의를 받아야한다고 선언했다. 그는 나폴레옹을 손상시키기로 이미 결심한 이상 그런 아이디어를 받아들일 의도가 없었다.[389]

에어푸르트에 도착한 다음날 탈레랑은 프러시아 여왕의 자매인 투른(Thurn)과 탁시스(Taxis)의 공주로부터 그와 차 한 잔 하고 싶다는 노트를 발견했다. 그곳에서 탈레랑은 그 만남을 주선한 알렉산드르 1세를 만났다. 두 사람은 앞으로 며칠간 그곳에서 여러 차례 만났다. 그들은 신속하게 이해에 들어갔다. 탈레랑은 알렉산드르 1세에게 그만이 유럽과 프랑스를 나폴레옹으로부터 구원할 유일하게 문명화된 지배자라고 말했고 자신은 이 대의에서 그를 위해 봉사할 준비가 되어 있다고 선언했다. 언급되었던 아니었든 간에 그런 봉사가 공짜로 이루어지지는 않을 것이었다. 파리로 돌아온 탈레랑은 러시아 대사의 비서인 칼 폰 네셀로데(Karl von Nesselrode)를 통해 접촉을 유지했다. 그는 이미 오스트리아의 대사인 메테르니히와 비밀리에 접촉했으며 메테르니히는 탈레랑의 입장을 이렇게 요약했다:

"프랑스 자체의 이익은 나폴레옹에 맞설 수 있는 강대국들이 그

---

389) *Ibid.*, p. 457.

의 만족을 모르는 야심에 제방을 쌓기 위해 단결해야 하고, 나폴레옹의 대의는 더 이상 프랑스의 것이 아니며, 오스트리아와 러시아 간의 가장 밀접한 동맹을 통해서만 유럽 자체가 구원될 수 있다는 것을 요구한다."390)

10월 12일 나폴레옹과 알렉산드르는 그들의 동맹을 재확인하는 합의서뿐만 아니라, 영국의 조지 3세에게 평화에 대한 그들의 염원을 밝히고 그에게 협상에 들어오라고 호소하는 공동 편지에 서명했다. 3일 후에 그들은 말을 타고 함께 에어푸르트 타운 밖으로 나와서 2주 전에 그들이 만났던 지점으로 가서, 포옹하고, 그리고 헤어졌다. 나폴레옹은 천천히 타운으로 돌아오면서 분명히 깊은 생각에 젖었다. 그는 성찰할 것이 많았다.391)

나폴레옹이 에어푸르트에 도착한 다음날 그는 프란시스 황제의 특사인 드 뱅상(de Vincent) 장군을 맞았었다. 비록 알현은 양측에서 선의의 선언으로 정중했지만 뱅상의 어조와 오스트리아의 무장으로 보아 빈(Wien)이 전쟁을 준비하고 있는 것이 분명했다. 나폴레옹은 프란시스가 자기에게 전쟁을 할 만큼 어리석을 것이라고 생각할 수 없었다. 따라서 그는 프란시스와 알렉산드르 1세 사이에 비밀합의의 존재를 의심하게 만들었다. 이것은 스페인을 가능한 한 빨리 평정하는 것을 보다 더 절실하게 만들었다. 그는 10월 18일 밤 12시에 생 클루 궁으로 돌아왔다. 그후 밤과 낮으로 여행하면서 간단히 식사할 때만 멈추고 그는 여행길에 관리들을 만났다. 11월 3일에 그는 바이오네에

---

390) *Ibid.*, pp. 457-458.에서 재인용.
391) *Ibid.*, p. 458.

있었다. 다음 날 저녁에는 톨로사(Tolosa)에 있었다. 이틀 후에 비토리아(Vitoria)에서 나폴레옹은 조제프가 자기의 각료들을 제시했을 때 나폴레옹은 그들에게 이탈리아어와 프랑스어를 섞어가며 호통을 쳤다. 그는 그들이 무능하고 그들의 성직자들이 영국의 돈을 받고 있다고 비난했으며 스페인 군대에 대해서는 경멸을 퍼부었다. 그는 2개월 내에 전 나라를 평정하고 스페인을 정복된 영토로 취급할 것이라고 선언했다.392)

나폴레옹은 전국에 걸쳐 약 20만 명으로 구성된 스페인 군대의 지휘를 맡았다. 오른쪽 날개에서 술트 원수가 존 무어(John Moore) 경의 휘하 4만 명의 영국군을 밀어붙이는 동안에 그리고 왼쪽 날개에서는 란느가 카스타뇨스(Castaños) 장군을 사라고사(Saragossa)로 밀고 가는 동안에 나폴레옹은 마드리드로 향했다. 11월 12일 그는 방금 장악되어 궁지에 몰린 부르고스(Burgos)에 도달했다. 그는 부르고스에서 10일 간을 보내고 11월 30일 소모시에라(Somosierra)에서 스페인의 강력한 진지를 밀어내고 이틀 후에 마드리드 앞에 도착했다. 그는 다음날 공격을 명령했고 12월 4일 마드리드는 항복했다. 나폴레옹은 그 도시의 외곽에 있는 차마르틴(Chamartin)에서 시골 가옥에 거처를 정하고 마드리드는 자기의 형이 다시 소유하게 맡겼다. 그는 비토리아에 조제프와 합류하는 순간부터 그를 무시했다. 조제프는 군대의 뒤를 따를 수밖에 없었다. 그는 이것이 통치하기 어려운 나라에서 자기의 권위를 손상했다고 불평하고 12월 8일 그는 스페인 왕위에 대한 자기의 권리들을 포기한다고 나폴레옹에게 편지를 썼다. 나폴레옹은

---

392) *Ibid.,* p. 460.

10일 동안 답장을 하지 않았다. 그리고 나폴레옹은 마치 조제프가 존재하지 않는 것처럼 스페인 왕국의 국정운영을 위해 칙령과 명령들을 발했다. 그는 봉건주의와 종교재판을 폐지하고, 수도원들의 문을 닫고, 그리고 자기의 군사작전을 지불하기 위해 그가 할 수 있는 한 많은 재산을 압류했다. 그는 또한 제국의 행정에도 관여하여 상세하게 들여다보고, 숫자들을 점검했다. 그리고, 예를 들면, 어느 정도 양의 퀴닌(quinine)을 제국의 42개의 각 주요 도시의 건강 서비스에 분배해야 할지를 구체적으로 지시했다.

나폴레옹은 자기 군대의 주력군을 시찰하고 마침내 전장에서 그의 적인 영국과 싸울 기회를 갖기를 바라면서 1808년 12월 22일 무어를 직면하기 위해서 출발했다. 그러나 그가 출발한 지 얼마 되지도 않아 날씨가 극적으로 변하여 진눈깨비와 눈 속에서 과다라마 산맥(Sierra de Guadarrama)을 넘어가는 그의 행군은 병사들에게 큰 시련이었다. 병사들은 불만스러울 뿐만 아니라 어떤 경우에는 그가 지나갈 때 그를 향해 총을 쏘아 그들의 감정을 실제로 표현해 주었다. 그는 그런 사건들을 무시하는 것이 최선이라고 생각하고, 전투가 병사들의 사기를 회복시키길 바라면서 밀고 나갔다.[393]

무어는 라 코루나(La Coruna) 항구를 향해 후퇴했다. 그곳에는 영국 해군이 나폴레옹이 추격하는 가운데 자기의 병력을 소개시킬 수 있었다. 그러나 1809년 1월 1일 저녁에 베나벤테(Benavente)와 아스토르가(Astorga)의 중간 지점에서 나폴레옹은 파리로부터 기병 전령이 그에게 도달하려고 한다는 보고를 받고 그는 멈추어서 그것이 도착할

---

393) Adam Zamoyski, *Napoleon: A Life,* New York: Basic Books, 2018, pp. 461-462.

때까지 길가에서 기다렸다. 그가 지급편을 읽었을 때 그의 기분은 어두워졌으며 침묵으로 아스토르가로 갔다. 그의 주변 사람들은 어떤 대가를 지불해도 무어를 잡으려는 충동이 그를 떠나버린 것을 놀라움으로 알아차렸다. 아스토르가에서 하루를 보내고 지휘를 술트에게 넘긴 후에 그는 베나벤테로 돌아갔고 거기에서 바야돌리드(Valladolid)로 갔다. 전보는 오스트리아의 재무장이 급속히 진행 중임을 확인했지만 그것이 그를 곤란하게 하는 것이 아니었다. 그는 프랑스에 많은 불만이 있다는 것을 알고 있었다. 6월에 바이오네에서 그는 발각된 말레(Malet) 장군이 관련된 서툰 음모와 가담자들이 감옥에 있다는 것을 보고 받았다. 바일렌이 상원과 입법부에서 그의 비판자들에게 용기를 주었지만 그들을 침묵시키기 위해서 그는 매질 소리를 내야했던 것을 알고 있었다.

12월 20일 탈레랑이 베푼 리셉션에서 손님들이 모이자 안내인이 경찰부 장관의 도착을 알렸다. 탈레랑과 푸셰는 서로가 싫어한다는 것은 비밀이 아니었다. 그들은 공식적 기능이 필요로 하는 때에만 같은 지붕아래 있었다. 그러나 그의 도착을 맞이하기 위해서 탈레랑은 다리를 절며 열심히 나아가서 모든 사람들이 보는 가운데 팔에 팔을 끼고 리셉션 방을 통해 그를 데려가서 깊은 대화를 나누었다. 정치적 급선회의 가장 완벽한 실천가들인 두 사람이 결합했다는 소식이 파리 주변에 퍼져 나갔으며, 그리고 아스토르가에 있는 나폴레옹에게도 도달했다. 라발레트(Lavalette)에 의한 우편물의 가로채기 덕택에 그에게 역시 도달한 것은 그들이 무엇을 하려는 지에 관한 아이디어였다. 파리에 도달하는 스페인 전쟁의 예외적으로 야만적 성격에 관한 놀라운 보도들로 나폴레옹이 살해될 가능성이 다시 수면위로 떠올랐으며 이 것이 자기들에게 가능한 정치적 결과를 가장 염려한 두 사람이 함께 했다. 두 사람은 한동안 나폴레옹의 여동생인 카롤린(Caroline)과 긴밀히 접촉했으며 만일 나폴레옹이 죽으면 뮈라를 왕위에 옹립할 비상 계획을 준비하고 있었다. 라발레트(Lavalette)는 뮈라로부터 죄를 짓는 편지들을 나폴레옹에게 전달했다.[394]

그는 격노했다. 그가 구 경비대의 구 군인들이 스페인에서 조건에 관해서 구시렁거리는 것을 들었을 때 나폴레옹은 퍼레이드에 나타나 서 그들의 게으름과 파리의 창녀들에게 돌아가기만을 원한다고 규탄 했다. 1월 9일 조세핀에게 보내는 편지에서 나폴레옹은 그녀에게 안 달하지 말고 어느 순간에 갑자기 나타날 자기를 맞을 준비를 하라고 촉구했다. 일주일 후에 한 번에 5시간 동안 말을 타고 파리를 향해 120킬로미터를 달렸다. 그리하여 그는 1월 23일 오전 8시에 파리에 도달했다. 그날 오후에 그는 루브르(Louvre)와 리볼리 가(the rue de Rivoli)의 작업장을 방문했다. 다음 수일 동안 그는 외교단을 접견했고 오페라에 갔다. 그리고 1월 27일 그에게 대기 중의 열쇠를 뒤록 (Duroc)에게 넘겨주라고 지시하는 편지를 썼다. 탈레랑은 복종했고 그렇게 하는 극심한 고통을 표현하면서 그에게 달콤함과 굴종으로 가 득한 편지를 썼다.[395]

1월 29일은 일요일이었다. 통상적 퍼레이드 후에 나폴레옹은 깡바 세레스, 르브룅(Lebrun), 고댕(Gaudin), 푸셰, 드크레(Decrès) 제독, 그

---

394) *Ibid.*, p. 463.
395) *Ibid.*

리고 탈레랑이 참석한 추밀원의 회의를 개최했다. 모임의 말미에 그는 갑자기 흥분하였다. 그리고 탈레랑을 돌아보면서 그의 분노를 폭발시켰다:

"당신은 도둑이고 겁쟁이이며, 신념이 없고, 신도 없는 창조물이다; 당신은 당신의 일생을 통해 당신의 모든 의무에서 실패했다. 당신은 모든 사람을 속이고 배반했다; 당신에게 신성한 것은 아무 것도 없다; 당신은 자신의 아버지도 팔아먹을 것이다. 당신은 양말에 붙어 있는 똥에 지나지 않는다."[396]

나폴레옹은 탈레랑이 그의 태연한 자세로 눈을 반쯤 감고 죽음처럼 창백하여 완전히 정지되고 있는 동안에 방안에서 오가며 고함을 쳤다. 탈레랑은 그가 방을 떠날 때 거만하게 고요했지만 그는 막 들어오는 대 행사장인 세귀르(Segur)에게 인간이 결코 용서할 수 없는 일이 있다고 조용히 말했다. 그리고 후에 그는 저런 위대한 사람이 그렇게 잘못 길러졌다는 것이 얼마나 수치스러운 일인가 하고 덧붙였다. 그는 메테르니히에게 자기는 이제 공동의 대의로 행동할 자유를 느낀다고 알렸다. 의심할 여지없이 불안정의 인상을 주지 않으려는 나폴레옹은 탈레랑에게 부대제후의 지위를 남겨 주었다. 그는 이제 특히 자기가 전쟁하러 가야만 할 것이라는 것이 확실했기에 자기가 여전히 필요로 하는 푸셰는 비난하지 않았다.[397]

이것은 나폴레옹이나 프랑스에게 어떤 구미도 당기지 않는 전쟁이

---

396) *Ibid.*, p. 464.에서 재인용.
397) *Ibid.*, p. 464.

었다. 그것은 역시 동맹국을 찾을 수 없는 오스트리아에서도 별로 열정을 불러일으키지 않았다. 러시아는 그것에 반대했고 프러시아는 두려워했다. 영국조차도 약간의 보조금을 제시할 준비가 되었을 뿐이었다. 그러나 오스트리아는 울름과 아우스터리츠의 굴욕을 일소하길 원했다. 그리고 독일에서 관심의 부족에도 불구하고 역사상 처음으로 합스부르크 군주제가 독일의 민족주의의 카드를 사용하고 있었다. 강력한 영향력은 1808년 1월에 프란시스 황제가 결혼한 그의3번째 부인인 마리아 루도비카(Maria Ludovica)로 그녀는 프랑스적인 모든 것에 혐오감을 가진 독일의 민족주의자였다. 또 하나는 수석 장관 요한 필립 슈타디온(Johann Philipp Stadion) 백작으로 그는 언론과 정부가 후원하는 팸플릿을 통해 민족주의적 선전을 조성했다. 여기에서 그는 다가오는 전쟁이 해방전쟁으로 대변되고, 또 스페인에서 들끓는 분노와 같은 것으로 평행이 그려졌다.398)

37세의 찰스 대공작은 군대를 재조직하고 징집제도를 도입했으며 그것에 보다 많은 민족적 성격을 부여했다. 1809년 3월 그는 민족주의적 작가인 프리드리히 슐레겔(Friedrich Schlegel)을 군사 비서로 임명했다. 1809년 봄까지 오스트리아는 약 30만 명의 병사들을 모았다. 3만 명의 병력은 바르샤바 대공국에서 폴란드의 군사력을 견제하고 또 그들의 프랑스 동맹국들을 지원하는 러시아인들을 억제하기 위해서 갈리시아(Galicia)에 전개되었다. 또 하나의 5만 명은 그의 동생인 욘(John) 대공작 휘하에 이탈리아로 부터 프랑스인들의 이동을 정지시키기 위한 자세를 취했다. 4월 10일 찰스 대공작 휘하의 거의 20만

---

398) *Ibid.*

명에 달하는 주력군이 프랑스의 동맹국인 바바리아를 침공하여 뮌헨으로 들어갔다. 이것은 파르티잔(partisan) 안드레아스 호퍼(Andreas Hofer)의 주도 하에 티롤(Tyrol)에서 계획된 봉기와 우연히 일치하였다. 이것은 프랑스와 바바리안 병력을 그곳에서 항복하게 만들었다. 오스트리아의 진격은 독일의 인민들이 봉기하라는 호소를 동반했다. 그것은 프러시아의 장교 실(Schill) 소령이 이에 응했는데 그는 자기의 여단을 이끌고 베스트팔렌을 공격하였고, 그리고 베스트팔렌에서 복무하던 헤센인인 도른베르크(Dornberg) 대령은 일반적 봉기를 일으키기 위해 6천 명 병사들을 이끌고 출전하였다. 자기의 주력군이 스페인에 묶여 있는 나폴레옹은 그의 여러 동맹국들이 제공하는 덜 믿을 만하고 또 확실히 덜 동기가 부여된 총 15만 명과 함께 10만 명을 모을 수 있었다. 오스트리아인들이 바바리아를 침공했다는 소식을 전신으로 접하자마자 그는 행동을 개시했다.[399]

4월 19일과 21일 사이에 이어진 3번의 교전에서 나폴레옹은 오스트리아 군대의 일부를 포위하려고 시도했다. 그리고 결국 그는 에크뮐(Eckmühl)과 라티스본(Ratisbon)에서 성공을 이루었다. 나폴레옹이 주장한 승리는 아니었다. 오스트리아인들은 이동하여 잘 싸웠고 질서 있게 후퇴했다. 전장을 말을 타고 돌다가 나폴레옹은 승리를 거두는 데 관련된 살육으로 불쾌했다. 그 자신도 라티스본에서 유탄을 발에 맞아 가볍게 상처를 입었다. 전투 후에 발표한 천명에서 그는 자신의 병사들이 시저의 군인들과 크세르크세스(Xerxes)의 오합지졸의 사이의 대조를 다시 한 번 보여주었다고 칭찬했다. 그리고 그는 허구적 수

399) Adam Zamoyski, *Napoleon: A Life*, New York: Basic Books, 2018, p. 465.

의 포와 깃발, 그리고 잡힌 포로들을 나열했다. 그는 깡바세레스에게 그것은 예나보다도 더 멋진 승리였다고 편지를 썼다. 5월 3일 깡바세레스는 모두가 승리의 소식을 기뻐했다면서 그의 신민들이 나폴레옹이 노출되었던 위험에 크게 놀라고 있다는 답장을 했다.[400]

퇴각하는 찰스 대공작을 협공하고 고립시키려는 그의 시도는 허사였다. 그리고 5월 11일 비록 그가 빈에 도달하여 다시 한 번 쉰브룬 궁에서 자리를 잡았지만 그는 기뻐할 것이 별로 없었다. 그의 군대는 피범벅이었고 그것은 제재로 수행하지 못했다. 그것은 주로 그의 경험 있는 병사들과 네와 슐트 같은 그의 최고의 사령관들이 스페인에 있었고 뮈라는 나폴리에 있었기 때문이었다. 이번에 그는 빈(Vienna)이 문을 열기 전에 그 도시를 포격해야만 했다. 그럼에도 불구하고 주민들은 그가 말을 타고 벽으로 올라갔을 때 환호성으로 그에 대한 그들의 칭송을 보여주었다. 찰스 대공작은 다뉴브 강의 북쪽 제방에서 재집결하였다. 그리하여 프랑스 군대가 강을 건너는 것이 쉽지 않을 것이다. 나폴레옹은 다뉴브 강이 로바우(Lobau)라는 큰 섬의 돌아가는 2개의 강줄기로 갈라진 진로를 선택했다.

5월 19일 공병들이 부교들을 건설하기 시작했다. 다음날 오후에 나폴레옹은 로바우에 있었다. 그리고 그는 그의 병력을 강의 두 번째 줄기를 건너 이동하기 시작했다. 5월 21일 오전까지 약 2만 5천 명에서 3만 명에 이르는 병사들이 강을 건너서 아스페른(Aspern)과 에슬링(Essling)의 마을에서 진지를 잡았다. 그들은 9만 명의 오스트리아인들과 마주했다. 이 시점에서 오스트리아인들은 강으로 무거운 짐을

---

400) *Ibid.*, p. 466.

실은 뗏목들을 흘러 보내 그의 부교들을 파괴했다. 공병들이 그것들을 보수하려고 애를 썼지만 보다 무거운 물건들이 강 아래로 흘러내려서 나폴레옹의 군대는 3곳에서 오도 가도 못했다. 찰스 대공작은 기회를 포착하고 프랑스의 진지에 중포로 발포했다. 그가 아스페른에 있는 마세나와 강 사이로 진입하려고 시도하여 치열한 전투가 전개되는 동안 나폴레옹은 에슬링에 꼭 붙어 있었다. 부교들이 보수되어 보다 많은 병사들이 강을 건너와 5월 22일 오전에는 약 6만 명으로 프랑스의 병력 수를 증가시켰다. 나폴레옹은 공격을 개시했고 또 반격을 받았다. 두 마을은 여러 차례 서로간 번갈아 장악되었다. 프랑스인들이 비록 지상을 장악했지만 그들의 뒤에 있는 부교들이 불을 내는 뗏목들로 불이 붙어서 증강병력이 오는 것을 막았다. 따라서 어두워지자 나폴레옹은 모든 병력을 로바우 섬으로 퇴각시켰다. 양측이 모두 승리를 주장했지만 어느 쪽에도 축하할 일이 별로 없었다. 오스트리아는 2만 명 이상, 그리고 프랑스는 란느 원수를 포함하여 최소한 1만 5천 명의 병사들을 잃었다.[401]

나폴레옹은 외젠이 이탈리아에서 오스트리아인들을 몰아냈고 에티엔 마크도날(Etienne Macdonald) 장군이 달마티아(Dalmatia)에서 그들을 축출했다는 남부에서 온 소식으로 고무되었다. 그는 로바우 섬을 하나의 요새로 전환하고 다음 공세를 위한 발판으로 삼아 대부분의 6월 달을 병력 증강으로 보냈다. 6월 14일 외젠과 마크도날이 라브(Raab)에서 욘 대공작을 패배시켰고 나폴레옹과 합류하여 그에게 찰스 대공작보다도 안심할 수 있는 수적 우위를 만들어 주었다. 7월 4일

---

401) *Ibid.*, p. 468.

밤 사나운 폭풍 속에서 나폴레옹은 다뉴브 강의 북쪽 제방에서 강을 건너기 시작했다. 7월 5일 오전에 나폴레옹이 지금까지 싸웠던 전투 중에서 가장 크고 또 가장 긴 전투가 된 것을 강력한 집중 포화로 개전했다. 다음 이틀 동안 유럽의 전역에서 차출된 총 거의 19만 명에 달하는 그의 병력은 17만 명에 달하는 오스트리아 군대와 싸웠다. 엔처스도르프(Enzersdorf)에서 그들의 방어에 대한 포격이 오스트리아인들의 관심을 끄는 동안에 프랑스 군대는 그들의 왼쪽 날개를 돌려서 그들이 바그람(Wagram) 마을로 퇴각하게 만들었다. 찰스 대공작은 마세나(Masséna)의 군단이 우측에서 그를 협공하려는 시도를 격퇴해 냈다. 마세나는 말에서 낙마한 후에 자기의 마차에서 기대는 자세로 지휘하고 있었다. 베르나도트, 외젠, 그리고 다부(Davout)에 의한 프랑스의 공격이 저녁 늦게까지 계속된 근접한 지역에서 치열하게 싸워 지상에서는 정지 상태를 이루고 저녁 11시경이 되어서야 싸움은 잦아들었다. 그때 베르나도트와 다른 이들도 후퇴했다.[402]

다음 날 찰스 대공작이 여전히 마차를 타고 프랑스의 좌측에서 지휘하는 마세나를 포위하려는 대담한 시도를 했다. 나폴레옹은 다부(Davout)에게 그의 좌측 날개를 돌리라고 명령하는 반면에 자기 자신은 바그람(Wagram)에서 그것의 중앙에 집중적 공격을 시작했다. 단단히 저항하는 작손 군단에 승리한 베르나도트가 서툴게 이끌어 후퇴했고 모든 얻은 이점들이 상실되었다. 베르나도트와 엄격한 말을 교환한 후에 나폴레옹은 자기의 병력을 재조직했다. 나폴레옹은 베시에르(Bessières)가 이끄는 대규모 기병대의 공격과 막중한 포격 후에 오

) Adam Zamoyski, *Napoleon: A Life,* New York: Basic Books, 2018, p. 470.

스트리아의 중앙에 대한 두 번째 공격을 결합했다. 양측은 병사와 말의 손실이 컸으며 프랑스 편이 더 컸다. 비록 프랑스인들이 1만 5천 명의 포로를 잡았지만 오스트리아인들은 적은 깃발과 포를 잃었다. 전투는 어느 쪽에도 전술적으로 완벽하거나 결정적이지 않았다. 이틀 후에 츠나이엠(Znaiem)에서 오스트리아인들을 붙잡았을 때 오스트리아인들이 휴전을 제안했다. 나폴레옹은 너무나 많은 피가 이미 뿌려졌다면서 그 제안에 동의했다. 그는 작전의 과정에서 양측에 의해 초래된 막대한 사상자에 경악했다.[403]

오스트리아가 휴전을 제안했지만 그러나 독일은 아직 굴복하지 않았다. 나폴레옹에 대한 인식이 극적으로 변했다. 해방자와 억압받는 자들의 친구로 널리 간주되었던 것과는 아주 달리 그는 이제 억압자로 보이고 있었다. 헝가리인들에게 오스트리아에 대항하여 일어나라고 촉구하는 민족적 카드를 사용하는 그의 시도의 실패가 이것의 웅변적 증거였다. 그들은 나폴레옹을 믿지 않은 좋은 이유가 있었다. 러시아의 민감성을 어지럽히기 위해서 폴란드에서 자기의 편들에게 물을 먹였다. 폴란드의 마지막 왕의 조카인 유제프 포니아토프스키(Joseph Poniatowski) 공작의 지휘 하에 바르샤바 대공국의 군대는 처음엔 페르디난트 대공에게 패했지만 오스트리아를 격퇴하고 그들의 갈리시아 지방의 대부분을 점령했다. 그런데 그것을 폴란드인들로 하여금 바르샤바 대공국의 영토에 추가하게 하는 대신에 나폴레옹은 그것의 절반을 오스트리아에 대항하여 그를 별로 지원하지도 않았던 러시아에 할양했다. 그리하여 나폴레옹은 그의 가장 헌신적 동맹

---

403) *Ibid.*, p. 472.

이 될 준비가 되었던 민족 대부분의 지지를 잃어버렸다.[404]

자신의 코르시카 민족의 억압자들을 증오하고 그것의 해방의 꿈을 꾸었던 젊은 나폴레옹은 자기의 섬에 대한 애국주의에서 벗어나 당시의 진보적 가치를 포용하고 자기의 인민들에게 보다 큰 약속을 제안하는 프랑스의 대의를 드러냈다. 그 프랑스의 깃발을 들고 그는 봉건주의의 쇠사슬을 분쇄했고, 또 북부 이탈리아에서 폭정을 타도했으며, 그 결과로 그곳과 서부 독일에서 합리적 행정의 혜택을 부여했다. 그리하여 그는 수백만의 감사와 사랑까지도 획득했다. 그러나 성장하는 냉소주의가 그로 하여금 이런 수백만 인들의 염원을 보다 그에게 높은 우선순위로 보이는 것에 희생하게 만들었다. 그가 조성하기 위해 많은 일을 했던 독일의 해방에 관한 꿈들은 그 자신과 그의 대리인들의 행위뿐만 아니라 독일 안에서 그의 조정에 의해서 철저히 깨져버렸다.[405]

원래 해방자로 환영을 받았던 나폴레옹이 1809년부터 억압자로 보였다. 프랑스적인 모든 것들에 대한 분노가 성장했다. 젊은이들은 복수를 꿈꾸었다. 이런 저런 이유로 프랑스의 지배와 나폴레옹을 증오하는 모든 사람들은 스페인을 보았다. 그곳에서 프랑스의 간섭에 의해서 촉발된 다양한 동기의 폭력이 신과 페르디난트의 상징 주변으로 합쳐졌다. 희망적 사유가 게릴라의 작은 전쟁으로 돌았다. 작은 수의 정규 부대와 무장한 산적들에 의해 프랑스에 대항하여 수행되는 게릴라 전쟁이 하나의 전형이 되었다. 러시아에까지 걸치는 모든 유럽에

---

404) Adam Zamoyski, *Napoleon: A Life*, New York: Basic Books, 2018, p. 473.
405) *Ibid.*, p. 474.

서 대중들의 상상력 속에서 영웅적 게릴라의 인물은 신화적 성격을 띄게 되었고 그를 모방하려고 꿈꾸는 보수적 가톨릭과 혁명가들의 열정을 일으켰다. 프러시아에서 젊은이들은 "미덕의 연맹"(the League of Virtue)에 가입했다. 그들은 독일을 나폴레옹의 손아귀에서 해방시키는 투쟁을 준비하는 프러시아의 사회단체였다.406)

에슬링(Essling) 전투 후에 깡바세레스가 나폴레옹에게 편지를 써서 파리에서 대중들이 그의 승리들을 반영하지 않고 오히려 그것들이 피를 흘릴 가치가 있다고 느끼지 않는다고 알렸다. 다음 보고서에서 그는 교황에 대한 그의 대우에 많은 비판이 있다는 것을 숨길 수 없었다. 프랑스의 안전은 이탈리아와 지중해에서 다른 강대국들의 영향력을 거부하는데 있으며, 또한 교황국가들은 나폴리와 이탈리아의 왕국들에게 전략적 안전의 위험을 대변한다는 것이 나폴레옹의 오랜 신념이었다. 그는 또한 성직들이 국가의 충성스러운 시민들이어야 하고 정치적으로 중립적이어야 한다고 믿었다. 그들의 대부분은 그의 신민들이었지만 그러나 교황은 그들에게 경쟁적 권위를 행사했다. 나폴레옹이 보기에 교황은 그의 세속적 이익을 위해서 정신적 무기를 사용하고 있었다. 따라서 그것은 이것들을 압류함으로써 그를 무장해제하는 것을 정당화했다.

5월 17일 빈에 도착한 직후에 나폴레옹은 교황의 국가들을 프랑스 제국에 합병하라고 명령했다. 이에 대한 반응으로 6월 10일 교황은 즉시 프랑스 황제를 파문했다.407) 영국은 오스트리아의 전쟁노력에

---

406) *Ibid.,* p. 477.
407) Andrew Roberts, *Napoleon: A Life,* New York: Penguin Books, 2014, p. 530.

많지 않은 보조금을 기여했지만 그것은 나폴레옹의 부재를 이용하려고 시도했다. 나폴레옹은 2개월을 빈의 쉰브룬 궁에서 보냈다. 7월 7일 바그람 전투가 끝나가고 있을 때 1천 명의 영국 병사들이 베제르(Weser) 강의 어구에 있는 쿡스하펜(Cuxhaven)에 상륙했다. 그것은 베스트팔렌의 군대에 의해 곧 저지되고 다시 승선했지만 7월 30일 스켈트(Scheldt) 강의 후미에 있는 발헤렌(Walcheren)이라는 섬에 보다 많은 병력이 상륙하여 플리싱겐(Flushing) 항구를 장악하여 안트베르펜(Antwerp)을 위협했다.[408]

1809년 7월 27~28일 조제프, 주르당(Jourdan), 그리고 빅터가 탈라베라(Talavera) 전투에서 영국의 웰링턴(Wellington) 장군과 스페인의 쿠에스타(Cuesta) 총사령관(captain general)의 손에 완전히 패배했다. 나폴레옹은 웰링턴이 그의 병력의 1/3인 1만 명을 전장의 소유를 잃었다고 주장하는 보고서를 주르당이 그를 오도한 방식에 의해서 특히 격분했다. 나폴레옹이 그 숫자는 진실로 4천 6백 명이었고 또 프랑스가 하루 종일 격퇴를 당했다는 사실을 발견했을 때, 그는 주르당의 거짓말들을 곧바로 범죄라고 서술했고 그것들이 스페인에서 자기의 전략에 당연히 영향을 주었다고 분개했다.[409]

1809년 10월 14일 빈 조약(The Treaty of Vienna)이 서명되었다. 그 조건들은 가혹했지만 나폴레옹이 원래 의도했던 대로 과감하지는 못했다. 그의 처음 생각은 프란시스 황제로 하여금 그의 동생 페르디난트에게 양위하게 하고, 독립적 헝가리 왕국을 창조하고, 다른 지방

---

408) Adam Zamoyski, *Napoleon: A Life*, New York: Basic Books, 2018, p. 484.
409) Andrew Roberts, *Napoleon: A Life*, New York: Penguin Books, 2014, p. 531.

들은 러시아와 동맹을 견고히 하는 데 사용하여 오스트리아 제국을 해체하는 것이었다. 메테르니히와 샹파니(Champagny)에 의해서 수행된 협상들은 오스트리아가 트리에스테(Trieste), 라구사(Ragusa), 피우메(Fiume), 그리고 카르니올라(Carniola)를 양도함으로써 다자의 접근성을 상실하는 결과를 가져왔다. 이곳들은 새 일리리아(Illyria) 현을 만들기 위해 달마티아(Dalmatia) 해안과 함께 프랑스의 소유지로 추가되었다. 오스트리아는 잘츠부르크(Salzburg)도 잃었다. 이곳은 바바리아에게 돌아갔고, 그리고 갈리시아는 바르샤바 대공국과 러시아사이에 분할되었다. 모두 합쳐, 오스트리아는 약 3백 5십만 신민들을 잃었다. 또 오스트리아는 자국의 군대가 15만 명으로 축소되고 무거운 배상금을 지불해야 했다. 나폴레옹은 빈 조약(혹은, 쇤브룬 조약)을 서명한 이틀 후에 파리로 가기 위해 빈의 쇤브룬 궁을 떠났다.410)

---

410) Adam Zamoyski, *Napoleon: A Life,* New York: Basic Books, 2018, p. 485.

제15장
나폴레옹 권력의 절정과 후계자의 생산

"나는 주변의 모든 사람들에게 명령한다; 그러므로 나는 존재한다."
-나폴레옹 보나파르트-

1809년 말 나폴레옹은 러시아의 동맹과 오스트리아와 바그람 전투의 승리에 따른 빈조약으로 스페인의 궤양에도 불구하고 유럽에서 권력의 절정에 있음이 분명했다. 그러나 그는 불안했다. 그가 죽으면 그의 모든 업적도 끝날 것이기 때문이다. 그는 나폴레옹 황제 자신의 정당한 후계자가 더욱 절실해졌다. 1809년 8월 15일 그는 이제 40번째 생일을 보냈다. 빈조약은 카르타고의 평화(a Carthagian peace)로 비판되었다. 그것은 궁극적으로 나폴레옹의 이익에 반하는 것으로 작용했다. 왜냐하면 그것은 비록 러시아에 의해 1812년 참담하게 패배한 후이지만 오스트리아인들로 하여금 다시 한 번 더 전쟁을 하게 했기 때문이다. 당시에 새로운 종류의 프랑스-오스트리아 관계가 이런 끊임없는 복수의 전쟁을 막기 위해 필요했다.

10월 8일 외무상으로 임명된 메테르니히는 12년 동안 오스트리아의 4번에 달하는 계속적인 패배 후에 유일한 대안은 프랑스의 주니어 파트너(a junior partner)로서 프랑스에 합류하는 것이라고 결론을 내렸다. 그는 승리한 프랑스체제에 적응에 관해서 말했다. 이것은 물론 만일 나폴레옹이 조세핀과 이혼하고 12월에 18세가 될 프란시스의 딸 마리 루이제(Marie Louise) 대공주와 결혼을 한다면 단 한방에 달성될 수 있었다.[411) 잠정적인 예비적 탐색이 취해졌다. 1809년까지 나폴레옹은 러시아의 로마노프(Romanov) 왕가의 공주와 결혼하는 아이디어를 포기하지 않았지만 그러나 그가 조세핀과 결혼상태에서는 오스트리아이든 러시아이든 어느 쪽 신부도 가능하지 않았던 것이다.

나폴레옹은 1807년 5월 5일 이른 시간까지는 자기의 동생 루이즈와 오르탕스(Hortense)의 4살된 아들인 네덜란드의 왕세자 나폴레옹-루이-샤를(Napoléon-Louis-Charles)을 자기의 궁극적인 상속자로 고려하고 있었다. 그러나 그날 그가 헤이그에서 후두염 같은 병으로 죽었다. 이제 나폴레옹은 자신의 후계자를 생산하기 원한다는 것을 깨달았다. 그에게는 이미 그의 옛 정부인 엘레노어 드 라 플래뉴(Éléonore de la Plaigne)와의 사이에 태어난 사생아인 레옹(Leon) 백작이 있었고 또 1809년 늦은 여름에 마리아 발레브스카(Marie Walewska)도 임신을 하였기에 나폴레옹은 자신이 아직 아들을 생산할 수 있다는 것을 알고 있었다.[412) 그의 제국이 오래된 것이라면 형제나 조카가 후계를 할 수 있었지만, 나폴레옹의 제국은 아직 5년도 채 되지 않았었다. 따라서 나폴레옹은 보나파르트 왕조가 살아남기 위해서 그는 아들이 필요하

411) Andrew Roberts, *Napoleon: A Life,* New York: Penguin Books, 2014, p. 533.
412) *Ibid.,* p. 534.

다는 결론에 도달했다.413) 조세핀은 이미 불임의 나이가 되었다. 따라서 나폴레옹은 가임 여성, 특히 왕가의 공주와 결혼할 필요가 있었다.

그러나 조세핀과 이혼 과정은 쉽지 않을 것이다. 12월 5일 그는 이혼을 결심했지만 그의 마음은 여전히 주저했다. 12월 8일 조세핀의 아들 외젠(Eugène)이 파리에 도착하였고 나폴레옹은 이혼을 그와 조세핀과 논의했다. 12월 15일 현재 파리에 있는 나폴레옹의 모든 가족들이 참가하는 특별모임에서 나폴레옹과 조세핀은 각자가 이혼을 바라는 준비된 텍스트를 읽었다. 그곳의 모인 참가자들에 의해서 서명된 모임의 기록이 추밀원으로 전달되었고 추밀원은 그날 저녁에 상원의 결의안(*senatus-consulte*)을 작성하였다. 이것은 다음 날 상원에 제출되었다. 상원의 회의는 깡바세레스에 의해 주재되었다. 토론은 없었다. 상원의 결의안은 76표 찬성, 7표 반대, 4표 기권으로 통과되었다. 그날 조세핀은 튈르리 궁을 떠났다. 나폴레옹은 조세핀에게 파리에서 엘리제 궁(Elysee Palace)을 주고 연간 2백만 프랑과 자신의 사적 금고에서 추가적으로 1백만 프랑을 주었다.414)

나폴레옹이 누구와 결혼할 것인가의 문제는 저절로 해결되었다. 차르 알렉산드르는 그가 자기 자매들 중 한 사람과 결혼하는 것은 물론이고 그와의 동맹을 견고히 할 의도가 없었다. 그의 선친인 파벨 1세(Paul I)가 죽기 직전에 자기 딸들의 결혼에 대해 결정할 권한을 자기 배후자에게 준다는 칙령(*ukaz*)을 발했었다. 황태후는 나폴레옹이라는 바로 그 아이디어를 혐오했다. 그녀가 나폴레옹의 의도에 관해

---

413) *Ibid.,* p. 536.
414) Adam Zamoyski, *Napoleon: A Life*, New York: Basic Books, 2018, pp. 487-488.

서 듣자마자 그녀는 그의 큰 딸에게 홀슈타인-올덴부르크(Holstein-Oldenburg)의 조지(George) 공작과 결혼하도록 부추겼다. 1809년 11월 말, 나폴레옹이 상트 페테르부르크에 있는 콜랭꾸르(Caulaincourt) 대사에게 그녀와 결혼을 요청하도록 지시했을 때 알렉산드르 1세의 다른 여동생인 안나(Anna)는 그녀의 15번째 생일에서 2달이 모자랐다. 알렉산드르 1세는 기쁜 척을 했지만 아무 일도 하지 않았다. 2주가 지나자 그는 황태후의 허락을 받아야 한다며 10일간의 말미를 추가적으로 요구했고 그때 가서 또 한 주를 요구했다. 그는 1810년 2월 초에 여전히 미적거리고 있었다. 그 때가 되자 나폴레옹은 거절의 냉대를 두려워하여 자기의 마음을 바꾸었다.[415]

1810년 1월 28일 일요일 튈르리 궁에서 그의 추밀원의 회의는 3명의 후보자들을 검토했다. 러시아의 대 공비 안나, 작소니의 28세 마리아 아우구스타(Maria Augusta), 그리고 18세의 오스트리아 황제의 딸, 마리 루이제(Marie-Louise)였다. 나폴레옹은 결코 작소니 안을 심각하게 고려하지 않았다. 그의 첫 번째 선택이 그것이 영국에 대항하여 러시아와 자기의 동맹을 견고히 할 것이기에 러시아의 안이었다. 그리고 그것은 자기의 상속자들이 동 로마제국의 고대 지배자들로부터 내려온 것임을 주장할 수 있을 것이라는 그의 허영심을 자극했다. 깡바세레스, 뮈라, 그리고 푸셰도 역시 러시아를 선호했다. 그러나 알렉산드르 1세가 만드는 어려움을 고려하여 그들은 루이 14세와 카를 5세(Charles V)로부터 내려오는 그에 못지않게 훌륭한 오스트리아의 후보자를 지지하는 탈레랑과 다른 이들에 동조했다.[416]

---

415) *Ibid.*, p. 489.

비공식적 대화가 탈레랑과 이제 오스트리아의 수상이 된 메테르니히 사이에 이루어졌다. 두 사람은 그런 결혼이 나폴레옹의 지배권 추구로부터 관심을 돌릴 수 있게 할지도 모른다는 결론에 도달했다. 메테르니히는 파리 주재 자기의 대사인 칼 폰 슈바르첸베르크(Karl von Schwarzenberg)에게 만일 그것이 제안되면 수락하라고 허가했다. 일주일 후에 퐁텐블로 궁의 사냥터에서 유진이 슈바르첸베르크에 다가가서 정식으로 나폴레옹을 대신하여 오스트리아의 대공비와 결혼을 요청했다. 나폴레옹은 결혼 계약이 루이 16세와 마리 앙투아네트 사이에 그랬던 것을 모범 삼아서 바로 그날 체결되어야 한다고 명령했다.[417]

그 소식은 영국에 있던 루이 18세를 공포로 몰아넣었고 빈의 여론은 전망되는 평화와 안정뿐만 아니라 다가오는 결혼이 강대국들 사이에서 오스트리아의 지위를 부활시킬 것으로 기대했다. 그 소식은 그밖에 독일에서 반프랑스 감정을 누그러뜨리기도 했다. 최근에 바그람의 공작이 된 베르티에가 신랑의 대리인으로 빈에 왔다. 대리 결혼은 1810년 3월 11일 빈에서 열렸고 이틀 후에 마리-루이제는 프랑스를 향해 떠났다. 매우 초조했던 나폴레옹은 뮈라만을 데리고 그녀를 만나기 위해 마차를 타고가 꾸르셀(Courcelles) 마을에 도달했다. 비가 억수로 쏟아지고 있었다. 그래서 나폴레옹과 뮈라는 마을 교회의 현관에 피신했다. 마리 루이제를 데려오는 마차가 다가왔는데 마부는 그를 알아보고 멈추었다. 나폴레옹은 마차로 달려가 문을 열고 뛰어들었다. 그의 갈색 외투에서 물방울이 떨어지는 대로 그는 놀란 신부

---

416) *Ibid.*, pp. 489-490.
417) *Ibid.*, p. 490.

의 옆에 앉아 그녀에게 키스를 했다. 그리고 그는 마부에게 콩피에뉴(Compiegne)로 곧바로 가라고 말했고 그들은 그곳에 저녁 9시 30분에 도착했다.[418]

연회가 있기로 했지만 나폴레옹은 달리 결정했다. 그들은 그의 여동생 카롤린(Caroline)과 함께 가볍게 저녁을 먹고 잠옷으로 갈아입고 마리-루이제를 따라 그녀의 방으로 들어갔고 그곳에서 그는 결혼의 권리를 행사했다. 아침과 점심을 그녀의 침실에서 먹었고 다음 48시간 동안 그들은 거의 떨어지지 않았다. 두 사람은 아주 행복해 보였다. 그리고 나폴레옹은 후에 그녀가 더 요구했다고 회고했다. 자기 부친 프란시스에 보낸 편지에서 마리 루이제는 코르시카의 귀신 같은 사람이 아주 열심이어서 거부하기 거의 불가능하다고 고백했다. 그녀가 도착한지 8시간 만인 3월 29일 저녁에 콘서트에서 나폴레옹은 계속 졸았다. 가끔씩 황후가 그에게 뭐라고 말하면서 그를 깨웠지만 그는 달콤한 표정을 짓고, 답변하려고 심각한 분위기를 잡고, 그리고는 다시 잠이 들었다. 다음 날 그들은 생 클루 궁으로 이동했고 그곳에서 4월 1일 그들은 민간예식으로 결혼을 했다. 다음날 맑은 햇빛을 받으며 그들은 별도의 마차를 타고 파리로 들어갔다. 구경꾼들은 별로 관심을 보이지 않았다.[419]

국무원 회의에서 본질적인 것들을 처리한 후에 4월 5일 나폴레옹은 신부를 다시 콩피에뉴로 데려갔고 그곳에서 다음 3주간을 보냈다. 그는 사냥을 하고 때때로 업무상 누군가를 만나주었지만 모든 시간을

---

418) *Ibid.*, p. 491.
419) *Ibid.*, p. 492.

자기 부인에게 헌신했다. 그녀는 창문을 열어놓고 자기를 좋아하고 그는 창문을 닫고 자기를 좋아한다는 사실 외에 그들은 잘 어울렸다. 1810년 4월 27일 황제 부부는 벨기에와 북해 연안의 저지대 국가들의 여행을 시작했다. 안트베르펜에서 그들은 선박을 진수시켰으며 거인의 축제(the Festival of the Giants)를 관람했다. 5월 5일 그들은 네덜란드의 왕 루이가 베푸는 리셉션에 참석했지만 나폴레옹은 그를 화나게 하는 뭔가를 알게 되었다. 네덜란드의 경제는 해외 무역과 금융에 크게 의존했기에 영국과 프랑스 사이의 전쟁상태에 의해서 절름발이가 되었다. 그래서 그는 영국과 어떤 종류의 타결이 절실했다. 영국과의 갈등을 종식시키는데 열심인 또 한 사람은 푸셰였다.

푸셰는 런던에 있는 자기 자신의 접촉을 통해 탐색을 했다. 이것이 안트베르펜에서 나폴레옹이 알게 되었다. 그는 푸셰가 자기의 등 뒤에서 음모를 꾸미고 있다는 결론을 곧바로 내렸다. 그는 분개했다. 그는 사바리(Savary)에게 조사를 명령하고 여러 곳의 여행을 계속했다. 그리고 그는 6월 1일 밤에 파리에 돌아왔다. 그는 아침에 자신의 각료위원회를 열고 다음날 푸셰를 파면했다. 그리고 자기의 결혼에 다른 다양한 축제를 열었다. 파리는 유수의 명사들이 새 황후를 알현할 잔치를 시청(the Hotel de Ville)에서 벌였다. 2주 후인 6월 28일 그들이 식사를 하고 있는 동안에 외젠이 들어왔고 마리 루이제가 여전히 얼음을 먹고 있는 동안 나폴레옹이 식탁에서 일어났다. 그녀는 항의했지만 그는 소식이 중요하다는 것을 감지하고 그녀를 무시했다. 그랬다. 루이가 네덜란드의 왕위를 포기하기로 결정했다는 것이었다. 나폴레옹이 루이에게 충고를 했기에 그 소식은 놀라움으로 다가오진 않았을 것이다.

루이는 네덜란드의 왕으로서 자신의 일을 심각하게 생각했다. 그는 네덜란드에 재정적 및 행정적 개혁과 새 교육제도를 도입했다. 그러나 네덜란드는 봉쇄정책에 의해서 경제적으로 참담했다. 밀수를 봉하는 것이 불가능했기에 상품들이 여전히 들어왔지만 국가는 그것들을 통제하거나 징세할 수 없었다. 1808년 12월 나폴레옹이 그것들을 막기 위해서 프랑스와 국경을 폐쇄하여 네덜란드에게 문제를 증폭시켰다. 그는 독일에서 프랑스를 위해 봉사하는 1만 2천 명의 병력과 스페인에서 싸우고 있는 3천 명의 병사들에 추가적인 4만 명의 병력을 공급하라고 루이에게 요구했다. 1809년 나폴레옹은 루이가 네덜란드의 조건에 힘들게 적응시킨 버전(version)의 도입을 거부하고 자신의 법전을 강제하도록 고집했다.

지난 해에는 발헤렌(Walcheren)에 영국군의 상륙을 구실삼아서 나폴레옹은 프랑스 병력을 파견하여 해안지역들을 장악하고 브라반트(Brabant), 질랜드(Zealand), 그리고 헬데를란트(Guelders)를 프랑스에 합병했다. 1810년 3월에 나폴레옹은 루이로 하여금 모든 네덜란드의 병력을 강제로 프랑스의 지휘 하에 두게 하고, 6월에는 퀴디노(Qudinot) 원수를 암스테르담(Amsterdam)에 파견했다. 나폴레옹은 자기 동생의 지위를 견딜 수 없게 만들었지만 그의 양위 결정에 분개하고 그것을 개인적인 모욕으로 간주했다. 루이는 7월 2일 자신의 아들인 나폴레옹 루이(Napoleon-Louis)에게 정식으로 양위하고, 도망쳐, 오스트리아에 있는 그라츠(Gratz)에 피신했다. 일주일 후에 나폴레옹은 그것이 제국에 보완적이라고 주장하면서 네덜란드를 프랑스에 합병하는 칙령을 발했다. 그 조치는 사람들이 또 하나의 전쟁을 야기하는 것이

고, 거기에는 아무런 의미가 없다고 두려워하였기에 프랑스의 여론은 아주 나빴다.[420]

파리의 분위기는 우울했다. 7월 1일 오스트리아의 대사인 슈바르첸베르크(Schwarzenberg) 공작이 새롭게 결혼한 나폴레옹 부부를 위해 무도회를 열었다. 춤이 한참 진행 중에 차양들 중 하나에 불이 붙었다. 사람들이 출구로 몰리면서 경악했고 남자들은 실신한 숙녀들을 옮기려고 애쓰는 동안에 자신들의 검 위에 넘어졌다. 나폴레옹은 마리 루이제를 데리고 나와 안전한 곳으로 데려갔다. 그리고 그는 돌아와서 도왔기에 그 상황을 다루는 그의 솜씨에 대해 칭송을 얻었다. 여러 사람들이 타 죽었고, 많은 사람들이 영원한 상처를 입었다. 사람들은 루이 16세와 마리 앙투아네트의 결혼 축제와 유추하는 걸 실패하지 않았다. 1770년 불꽃놀이가 잘못되어 경악한 200명 이상의 사람들이 밟혀서 죽었다. 그러나 구체제와의 유추는 당치 않았다.[421]

나폴레옹은 튈르리 궁의 금고에 거대한 양의 금을 가진 유럽에서 가장 부유한 군주였다. 그것은 그로 하여금 전례 없이 화려하게 자기의 궁전을 꾸밀 수 있게 해주었다. 자신과 프랑스에 대한 그의 견해는 공공사업과 기념비들에 잘 반영되었다. 황후 마리-루이제가 임신했다는 사실이 알려지자마자 나폴레옹은 샤이오(Chaillot)의 고지에 미래의 아들을 위한 기념비적 궁전을 위해 모든 귀족적인 것에 대한 열정과 장엄함에 대해 강조했는데, 그의 강조는 나폴레옹이 권력을 획득하는 데 도왔지만 모든 세계의 최선의 것을 합병할 프랑스를 재건하

---

420) Adam Zamoyski, *Napoleon: A Life*, New York: Basic Books, 2018, pp. 496-497.
421) *Ibid.,* p. 497.

는데 그와 함께 일했던 사람들의 대부분을 걱정시켰다. 깡바세레스조차도 불편해 했다. 그들에게는 나라가 구체제의 잡종판으로 뒷걸음치는 것으로 보였다. 그러나 제국 하에서 성년이 된 사람들은 그런 유보를 공유하지 않았다. 그리고 나폴레옹의 권력과 영광의 상징들이 그들로 하여금 프랑스인이라는 것을 자랑스럽게 느끼도록 만들었고, 그래서 그에게 봉사했다.[422]

정치적 삶의 중심으로부터 푸셰의 결별은 부르봉 복고에 대항하는 일종의 보장으로 행동했던 혁명과 또 하나의 연계를 깨 부셨다. 탈레랑의 경우처럼 공적 삶의 중심에 그가 있다는 것과 나폴레옹에 대해 하나의 억제적 영향으로 행동하는 그의 능력이 그의 행위에 지혜의 쓴약을 제공했었다. 이런 가벼운 조치는 그의 자리에 사바리(Savary)의 임명으로 하룻밤 사이에 변했다. 그는 점점 전제적이 되어가는 나폴레옹이 원하는 것을 엄격하게 집행했다. 바그람 전투 후에 빈에서 돌아온 그는 그가 효율성이라고 보는 것의 이익을 위해 법원의 작동을 재조직했으며, 그리고 1810년 3월에는 사람들이 재판 없이 구속되는 국가의 감옥들을 재건립했다. 그는 실제로 5~6개의 새 바스티유를 창조했다. 사바리에 의하면, 600명이 넘는 죄수들이 있었고 그들 가운데 상당한 수는 그들의 가족들이 공개재판을 피하려는 이런 저런 일탈자들이었다. 극장의 수도 감소되었다. 비록 나폴레옹이 사바리에게 문학인들을 잘 대하라고 지시했다고는 하지만 나폴레옹은 검열을 강화했다.[423]

그럼에도 불구하고 나폴레옹은 여전히 자기의 인간적인 면, 통상

---

422) *Ibid.*, p. 499.
423) *Ibid.*, p. 500.

적으로 낮은 계급의 사람들에게 그의 인간적인 면을 보여줄 수 있었다. 그는 종종 여행 중에 노변의 숙소에서 일하는 소년과 소녀들을 놀라게 하는 선물들을 주었다. 또한 그는 자기가 사랑했던 여성들을 잊지 않았다. 그는 제국의 스타일로 우아하게 꾸며진 파리의 타운 하우스에 마리아 발레브스카를 살게 하고 그녀에게 불로뉴에 있는 빌라를 주었으며 그들 사이의 아들에게는 나폴리 왕국에서 그에게 토지를 제공했다. 조세핀도 도움이 필요할 때마다 나폴레옹에게 부탁했고 그는 그녀를 실망시키지 않았다. 메테르니히마저도 사적이거나 친근한 동반 시에 나폴레옹의 대화가 정의하기 어려운 매력을 갖고 있다고 인정해야만 했다. 그는 역시 명확하고 솔직했다. 어느 날, 나폴레옹은 자기 주변의 사람들에게 그가 죽을 때 사람들이 뭐라고 말하겠는가 하고 물었다. 각자가 아첨하는 뭔가를 말하기 시작하자 그는 그들을 중단시켰다. 그리고 그는 스스로 "사람들은 마침내 그들이 숨을 쉴 수 있게 되었다고 말할 것이다. 그를 제거했으니 얼마나 즐거운가" 라고 말할 것이라면서, 그는 자기가 황제가 된 것은 정말로 어떤 우연이었다고 인정했다.[424]

메테르니히가 나폴레옹의 교황과의 갈등을 해소해 보려고 시도했지만 나폴레옹의 견해는 굳어 있었다. 그는 성직자들이 모든 것을 통제하고, 모든 일에 간섭하고, 그리고 모든 것의 주인이 되려고 한다고 짜증스럽게 말했다. 나폴레옹은 그 당시에 자기의 통치의 권리를 국민의 의지에 기초했음에도, 자신의 대관식에 있어야 한다고 교황에게 고집하여 가톨릭 군주들의 관습에 립-서비스를 했지만 이제 그는 교

---

424) *Ibid.*, p. 501.

황이나 국민을 필요로 하지 않았다. 어느 날 저녁에 퐁텐블로 궁에서 추기경 페쉬(Fesch)와 이 점을 주장하면서 나폴레옹은 그에게 하느님을 볼 수 있는 지의 여부를 물었고, 그 질문에 대해 추기경이 부정적으로 대답했다. 그러자 나폴레옹은, "거봐, 그렇다면 당신은 조용히 하는게 더 낫겠다. 나는 나의 별을 볼 수 있다. 그리고 그것이 나를 안내한다"고 잘라 말했다.[425]

1811년 3월 저녁에 황후가 출산의 진통에 들어가자 궁전의 사람들이 튈르리 궁에 모였고 두 사람의 의사들이 두 명의 외과의사들이 참여하는 가운데 책임을 맡았다. 기대감이 파리를 장악했다. 국립기념관 앞에는 프랑스 황실 근위대의 대포들이 준비하고 발포의 명령을 기다렸다. 분만이 어려워지자 그들은 밤이 새도록 기다려야 했다. 아기가 잘못 위치하여 합병증이 있었다. 나폴레옹은 무슨 일이 있어도 엄마를 구하라고 말했다 그는 옷을 갈아입고 그녀의 침대 옆에서 의사들과 함께 했다. 아기는 발이 먼저 나왔다. 그리고 머리가 나오는 데는 약간의 시간이 걸렸다. 마리 루이제가 너무나 울부짖어서 나폴레옹이 눈물에 젖었다.[426]

아침 8시경에 아기는 태어났다. 엄마가 위험에서 벗어난 것에 만족한 나폴레옹은 자신의 팔로 아기를 안고 제국의 명사들이 기다리는 옆방으로 들어갔다. 그는 "로마의 왕을 보라"라고 선언했다. 비서 한 사람이 방들을 통해 포병들에게 그들의 명령을 전하기 위해 기다리고 있는 말로 뛰어 갔다. 첫 발포 소리에 파리가 정지했다. 처음 21발은 모

---

425) *Ibid.*, p. 502.
426) *Ibid.*, p. 505.

든 사람이 셀 수 있도록 몇 초 간의 간격으로 발포되었다. 거기서 멈춘다면 공주가 탄생한 것이다. 22번째 포는 왕자의 탄생을 알리는 것으로 발포 소리가 들리자 전 마을에 기쁨의 긴 함성이 울려 퍼졌다. 남아 있는 78발은 빠른 속도로 발포되었다. 파리에서는 모든 종소리가 울렸다. 다음 날 나폴레옹은 자신의 왕좌에 앉아서 상원, 입법부, 정부와 행정의 기타 기관들, 외교단, 그리고 지방 당국자들의 축하를 받았다.[427]

자신의 아들이 태어난 직후 나폴레옹은 이제 자기 치세의 가장 멋진 시대를 시작한다고 선언했다. 겉으로는 그 말이 맞는 것 같았다. 5년간의 부재 후에 파리에 세례를 위해 온 미오 드 멜리토(Miot de Melito)는 파리의 변화에 놀랐다. 어디에서나 새로운 건물들, 교량들, 그리고 기념물들이 보였고 루브르와 다른 박물관을 방문했고 파리의 장엄함에 압도되었다. 넓은 거리들, 거대한 건축물들, 분수들 그리고 정원들을 가진 파리만이 중심이었고, 그곳으로부터 14개의 제국의 대로들과 그만큼 많은 개선된 작은 도로들, 202개의 보조 도로들이 제국의 가장 먼 지점까지 뻗어 있었다. 나폴레옹의 통치 과정에서 여행 시간이 반으로 줄었고 1,400곳의 우편역과 16,000마리의 말들의 망으로 제국의 운송과 파발은 사람들과 우편을 미증유의 속도로 운송했다. 전신은 암스테르담, 마인츠, 베니스로 확장되었다. 센(Seine) 강을 새 수로로 발트해에 연결하는 계획이 있었다. 포룸 로마눔(the Roman Forum)을 청소하고 티베르(the Tiber) 강을 준설하고 제방을 쌓으라는 칙령들이 발표되었다. 그리고 로마의 왕이 출생한 후에는 수도의 새로운 제국의 지대를 위한 칙령이 내려졌다. 암스테르담에서 로마까지

---

427) *Ibid.*

130개의 현과 유럽의 총 1억 7천만 인구들 가운데 4천만 명을 가진 프랑스 제국은 대륙에서 가장 큰 강대국이었고 외부 관찰자도 그렇게 남을 것으로 정하는 것처럼 보였다. 그러나 실제로 그것은 심오한 문제들을 가진 깊게 결함을 가진 구조였다.[428]

프랑스 제국은 대륙에서 계속 성장하는 반면에 해외에서 줄어들고 있었고 영국에 그것의 마지막 식민지들을 잃고 있었다. 진정한 문제들은 경제력이었다. 나폴레옹의 웅대한 프로젝트들과 제국의 화려함은 돈을 필요로 했고 그리고 그것의 필요성은 계속 증가하고 있었다. 군사적 지출은 어마어마했다. 과거에 전쟁은 그 비용을 감당했다. 그리고 바그람 전투 후에 서명한 조약은 거대한 배상금을 가져왔다. 그러나 이제 전쟁은 사상자의 면에서 좀 더 값비싼 것이 되었고 이베리아 반도에서 전쟁은 그만큼 비용이 들었으나 가져온 것은 아무 것도 없었다. 전쟁은 질질 끌려가고 있었고 그의 재정에 대한 비용은 증가하고 있었다.

나폴레옹은 1809년 가을에 스페인으로 돌아가서 자신의 지휘하에 영국인들을 몰아내고 질서를 부여하려고 했다. 그러나 그의 이혼과 결혼이 그를 사로잡았고, 1810년 봄에는 그의 새신부와 삶의 즐거움을 발견하여 스페인에 가는 것을 연기했다. 군사적 상황이 나빠 보이지 않았기에 위급성이 없었다. 유제프와 술트는 안달루시아(Andalucia)와 세빌(Seville)을 점령했고, 그곳에서 그들은 바일렌(Bailen)에서 잃었던 모든 깃발들을 회복했다. 수세(Suchet)가 아라곤(Aragon)을 통제했고, 그리고 메세나도 웰즐리(Wellesley)를 포르투갈로 다시 밀어냈다. 그

---

428) *Ibid.*, pp. 507-508.

러나 독일과 네덜란드 그리고 이탈리아의 병사들을 스페인에서 복무하도록 파견한 나폴레옹의 정책은 그들 가운데 많은 병사들이 탈영의 첫 기회를 잡고, 적의 편으로 넘어간 그들의 프랑스 전우들에게 그것이 스스로 말하는 풍조를 창조했다.[429]

영국과의 경제전쟁은 결과를 가져오지 못하면서 양측에 손상을 입히고 있었다. 영국이 고통을 받기 시작했을 바로 그때 프랑스의 스페인 개입이 영국에 생명선을 제공했다. 중앙 및 남아메리카의 스페인 식민지들이 마드리드의 왕조 변화를 이용하여 독립을 선언하고 그들의 항구들을 영국에 개방했고 영국의 제조상품들에 대한 시장을 창조했다. 그리하여 만일 영국이 대륙 봉쇄에 의해서 경제적으로 손상을 입었다면 프랑스에 대한 효과도 별로 나을 것이 없었다. 프랑스의 해상 무역이 고갈되었다. 프랑스의 선박들이 항구에서 썩었고, 그리고 재정은 관세세입이 없었다. 새로운 소득의 원천을 발견하는 압력 하에서 나폴레옹은 상인들이 영국과 무역항 면허들을 구매하도록 허용했다. 그러자 멀지 않아 곡물이 부족해지자 영국정부가 프랑스에 대해서 동일한 조치를 취했다. 그리하여 연말까지 프랑스는 브랜디, 과일, 채소, 소금, 그리고 옥수수를 영국에 수출하고 있었고, 그리고 목재, 대마, 철, 퀴닌, 그리고 옷감을 수입하고 있었다. 이것은 대륙체제를 웃음거리로 만들었으며, 프랑스의 주된 동맹인 러시아에 대한 모욕이었기에, 깊은 정치적 결과를 가져왔다.[430]

1810년 6월 30일 나폴레옹은 러시아로부터 불평의 리스트와 그가

---

429) *Ibid.,* p. 509.
430) Adam Zamoyski, *Napoleon: A Life,* New York: Basic Books, 2018, pp. 510-511.

폴란드에 대한 협정에 서명하라는 갱신된 요구를 만일 그것이 없다면 영국에 대한 봉쇄를 유지할 수 없을 것이라는 시사와 함께 받았을 때 그는 분개했다. 그는 러시아의 새 대사인 쿠라킨(Kurakin)공작을 소환했다. 나폴레옹은 그런 요구로 러시아는 무엇을 의미하는가? 러시아는 전쟁을 원하는가? 왜 이런 불평들을 하는가? 왜 이런 모욕적인 의심을 하는가? 만일 그가 폴란드를 회복하길 원했다면 그는 그렇게 말했을 것이고 독일에서 그의 군대를 철수하지 않았을 것이다. 러시아는 동맹에서 이탈하려는 것인가? 그는 러시아가 영국과 평화로 가는 날에 러시아와 전쟁에 들어갈 것이라고 말했다. 그리고 나서 그는 상트 페테르부르크에 있는 콜랭꾸르 대사에게 편지를 보내서 만일 러시아가 그를 협박하려고 들고, 또 폴란드 문제를 영국과 화해를 추구하는 구실로 이용한다면, 전쟁이 있을 것이라고 알렉산드르에게 말하라고 지시했다. 그것은 도움이 안 되는 위협이었다. 왜냐하면 러시아와 전쟁은 그가 결코 원하지 않는 것이었기 때문이다.[431]

그러나 이와는 정반대로, 알렉산드르 1세는 전쟁이 불가피하다고 보고 있었다. 러시아 사회는 나폴레옹과의 동맹에 분노했다. 왜냐하면 그것은 그가 폴란드를 회복시키려 한다는 두려움뿐만 아니라 그가 혁명 및 무신론과 관련되었기 때문이었다. 정교(Orthodox)의 러시아의 전통주의자들은 가톨릭 폴란드인들을 슬라브 바스켓의 썩은 사과들로 간주했고, 그리고 이제 프랑스 제국의 서부 지방인 폴란드의 주민들을 그 안에서 서방 부패의 제5열로 간주했다. 그런 감정들은 1810년 스웨덴인들이 프랑스인을 자신들의 군주와 사실상의 통치자로 선출했

---

431) *Ibid.,* p. 513.

을 때 편집병이 되었다. 스웨덴의 왕 찰스 13세는 고령자이고 자식이 없었다. 그의 후계자를 찾아서 스웨덴인들은 1809년에 러시아에 잃었던 핀란드를 그들이 회복하는데 도움을 준 뛰어난 프랑스 군인을 찾았다. 그들이 나폴레옹에게 부탁하자 그는 외젠을 제안했다. 그는 자신의 가톨릭 신앙을 포기하고 싶지 않아서 사양했다. 그리하여 샹파니에 의해 고무되어 그들은 베르나도트 장군을 제안했다. 그러나 베르나도트의 선출은 러시아에서 대소동을 일으켰다. 각자와 모두의 가슴 속에서 불타는 복수와 복수만이 유일한 감정이었다.[432]

그런 러시아인들의 감정은 대륙체제에 의해서 야기된 경제적 고난에 의해서 강화되었다. 러시아는 산업이 별로 없었다. 그래서 그들은 여러 가지 일상용품들을 수입에 의존하고 있었다. 지금 그것들은 스웨덴을 통해서 아니면 러시아의 발트해안에 있는 작은 항구들을 통해서 밀수되어야 했다. 목재, 곡식과 대마 등의 러시아의 수출품목은 덩치가 커서 밀수출하기가 어려웠다. 러시아의 화폐는 대부분의 유럽이 통화에 대비해 25%나 가치가 떨어졌다. 따라서 상처받은 자부심과 재정적 난관이 알렉산드르 1세의 정책에 어느 때보다도 많은 난폭한 비판을 가져왔다. 그가 그런 비판을 무마하는 유일한 길은 나폴레옹에게서 벗어나는 것이었다. 그는 틸지트 이래 자기의 군대를 증강하고 근대화하고 있었다. 그래서 지난 1809년 12월에는 자기 동생에 대한 나폴레옹의 결혼을 여전히 찬성하는 척하면서 알렉산드르 1세는 러시아의 비호 아래 자치권의 약속으로 폴란드인들을 전복하려고 시도하기 시작했다.[433]

---

432) *Ibid.*, p. 513.

1810년 여름에 영국에서 빈약한 수확이 있었다. 그것은 스털링 (sterling) 가치의 극적인 하락과 때가 일치했다. 나폴레옹은 면허된 수입에 관세를 더 올림으로써 경제적 나사를 더 죄었다. 영국은 경제적으로 어려운 투쟁을 하였고 그러자 나폴레옹은 영국을 협상 테이블로 데려올 수 있을 것이라고 확신했다. 그러므로 그는 1810년 10월에 그는 콜랭꾸르에게 지시하여 러시아에게 관세를 인상하라고 명령하게 했다. 이것은 알렉산드르 1세에게 대륙체제를 공개적으로 부인하는 것 외에 별다른 대안을 남기지 않았다. 12월 31일에 그는 미국의 선박들에게 러시아의 항구들을 개방하고 육지를 통해 러시아로 수입되는 프랑스의 제조상품에 대해 관세를 부과했다. 영국의 상품들이 곧 러시아로부터 독일로 쏟아지고 있었다. 나폴레옹의 대륙체제는 이제 누더기가 되고 말았다.[434]

나폴레옹은 그것을 받아들일 수 없었다. 수입의 모든 지점들을 통제하려는 그의 결심에서 그는 북부 독일의 모든 항구들을 합병했다. 1811년 1월 그는 올덴부르크(Oldenburg) 대공국도 합병했다. 그곳의 통치자는 차르 알렉산드르 1세 매부의 아버지였다. 그는 보상으로 다른 독일 지방을 그에게 제안했지만 거절당했다. 차르 알렉산드르는 분개했고 또 개인적으로 굴욕감을 느꼈다. 그의 동맹국이 이제 자기 가족의 구성원들을 강탈하고 있었다. 체면을 위해서라도 그는 행동해야만 했다. 그는 자기의 동생 예카테리나(Catherine)에게 "피가 다시 흘러야만 한다"고 말했다.[435]

433) *Ibid.*, p. 514.
434) *Ibid.*

1811년 1월 초에 알렉산드르 1세는 폴란드인들을 끌어들이거나 아니면 적어도 그들의 중립을 얻기 위한 시도를 재개했다. 그의 전쟁상인 바클라이 드 톨리(Barclay de Tolly) 장군은 그 공국으로 쳐들어가서 프러시아로 진격할 계획들을 수립했다. 알렉산드르 1세는 28만 명의 병력이 이미 준비되었고 만일 폴란드인들과 프러시아인들이 그에 가담한다면 그는 나폴레옹이 반응할 수 있기 전에 38만 명의 병력으로 정렬할 수 있을 것이었다. 나폴레옹은 보고를 당연히 받았고 그 위협을 심각하게 생각했다. 그는 북부 독일에 있는 프랑스 병력의 사령관인 다부(Davout)에게 전쟁을 준비하라고 명령하고 또 바르샤바 대공국의 폴란드인들에게 동원하라고 명령했다. 1811년 1월 17일 프란시스에 대한 보고에서 메테르니히는 프랑스와 러시아 사이의 전쟁은 피할 수 없다고 자기의 의견을 피력했다.[436]

1811년 5월 나폴레옹은 러시아의 슈발로프(Shuvalov) 백작과 생 클루 궁에서 가진 인터뷰에서 자기는 러시아에서 전쟁하기를 원하지 않는다고 선언했다. 차르가 파리의 나폴레옹에게 보내는 편지와 함께 체르니쇼프(Chernyshyov) 대령에게 거듭해서 자기는 폴란드를 위해 자신이나 병사들을 피곤하게 할 의도가 없다고 천명했다. 그러나 그런 선의의 표명은 충분하지 않았다. 1811년 6월 5일 오전에 콜랭꾸르 대사가 파리로 돌아왔을 때 그는 곧바로 생 클루로 갔고, 도착한지 수 분 내에 나폴레옹을 만났다. 그는 알렉산드르 1세의 입장을 설명하고 차르가 나폴레옹의 요구에 굴복하기보다는 끝까지 싸울 것이라고 경

---

435) *Ibid.*
436) *Ibid.,* p. 515.

고했다. 나폴레옹은 이것을 허장성세라고 무시하고 알렉산드르 1세가 그릇되고 허약하다고 주장했다. 그는 러시아의 사회가 시사된 희생을 감수할 것이라는 것을 믿지 않았다. 그는 러시아의 명사들은 그들의 토지가 알렉산드르 1세의 명예를 위해서 파괴되는 것을 보고 싶지 않을 것이며 농노들은 노예제도를 위한 싸움으로 그들에게 대항하여 봉기할 것이라고 믿었다.[437]

나폴레옹은 러시아의 대륙체제의 포기를 배신으로 간주하고 차르 알렉산드르 1세의 병력증강을 중부유럽에서 자기의 영향력에 대한 위협으로 보았다. 그는 알렉산드르가 폴란드 문제와 무역의 주제를 동맹에서 벗어나 영국에 가까이 가려는 구실로 이용하고 있다고 확신했고, 또한 그가 기회가 주어지는 순간에 바르샤바 대 공국을 침공할 것이라고 확신했다. 콜랭꾸르(Claulaincourt)는 나폴레옹이 오직 2개의 대안이 있다고 지적했다. 바르샤바 대공국의 전부는 아니라 해도 상당한 일부를 알렉산드르에게 주거나, 아니면 폴란드의 왕국을 회복할 목표를 가지고 전쟁으로 가는 것이었다. 그는 나폴레옹에게 그의 생각에 안정된 평화를 보장할 첫 번째 길을 택하라고 권고했다. 그러나 나폴레옹은 폴란드인들에 대한 그런 배신은 그를 불명예스럽게 할 것이며 유럽의 중심으로 러시아의 팽창을 더욱 더 가져올 것이라고 선언했다. 그는 러시아와 동맹을 유지하길 원했지만 아직은 필요한 대가를 지불하지 않을 것이며, 폴란드 문제에는 공약하지 않고 미결로 남기길 원했다. 그러나 이것은 더 이상 가능하지 않았다.[438]

---

437) Adam Zamoyski, *Napoleon: A Life,* New York: Basic Books, 2018, p. 516.
438) *Ibid.*

제16장
나폴레옹의 오만(Hubris): 러시아의 침공

"적에 의해서 점령된 수도는 순결을 잃은 소녀와 같다."

-나폴레옹 보나파르트-

1811년 8월 15일 자기의 42번째 생일날 나폴레옹의 초조감이 분출했다. 그는 한 낮에 특별히 더운 날에 그들의 제복과 축하 복장을 하고 땀을 흘리는 궁전 관리들과 외교관들로 가득한 튈르리 궁에 있는 왕의 방으로 활기차게 들어갔다. 그들의 인사를 받은 후에 나폴레옹은 러시아 대사에 미치자 러시아가 바르샤바 대공국을 침공할 의도로 병력을 집중하고 있다고 비난하고 그것은 공개적 적대행위라고 묘사했다. 불행한 러시아의 대사 쿠라킨(Kurakin)은 대답하기 위해 입을 계속 열었지만 옆에서 한 마디도 내뱉지 못한 채 그의 얼굴에 땀만 흘러내렸다. 한동안 겁을 준 후에 나폴레옹은 그를 쇼크 상태에 남겨두고 걸어가 버렸다.[439]

다음날 아침에 외무상으로 샹파니를 계승한 마레와 틸지트 이래

---

439) Adam Zamoyski, *Napoleon: A Life,* New York: Basic Books, 2018, pp. 516-517.

러시아에 관한 모든 서류들을 검토하는 회의를 가진 후에 나폴레옹은 프랑스가 영국에 대항하여 러시아를 동맹국으로 원하기에 러시아와 싸우길 바라지 않지만 프랑스가 폴란드인들을 배신하면서까지 러시아의 우정을 살 수는 없다는 결론을 내렸다. 그러므로 프랑스는 러시아가 전쟁으로 가는 것을 막기 위해서 전쟁을 준비해야만 했다. 상트 페테르부르크에서 콜랭꾸르의 후임자인 로리스통(Lauriston) 장군은 차르 알렉산드르 1세에게 이것을 설명하라는 지시를 받았다. 나폴레옹은 자기가 알렉산드르 1세를 불가능한 입장으로 밀어 넣었다는 사실을 알지 못했다. 그리고 그는 자기가 물러서지 않는 한 전쟁이 불가피하다는 것을 믿지 않았다. 그리고 그는 러시아가 너무나 방대해서 짓밟고 굴복시킬 수 없기에 전략적으로 취약하지 않다는 사실을 마주하려고 하지도 않았다.

역으로, 프랑스는 이미 이베리아 반도 전장에서 교전 중에 있고, 또 그곳의 전 해안선을 따라 영국으로부터 공격에 노출되어 있었기 때문에 아주 취약했다. 나폴레옹이 국경선을 계속 이동하고 그들의 행정을 재조정하고 나폴리와 같은 위성국가들은 의존할 수 없기 때문에 독일과 이탈리아에서 프랑스의 소유지들은 불안정했다. 또한 라인 국가연합에 있는 동맹국들도 어쩔 수 없을 뿐 충성하지 않았다. 나폴레옹의 전 체제는 발전 중에 있는 일이었고, 그것의 최종적 조정은 영국과의 결과에 달렸으며, 이제 스페인과 러시아에서의 해결에 달려있었다. 전반적인 전략이 없이 전술적으로 행동하면서 나폴레옹은 그것으로부터 유일한 출구가 물러서는 궁지로 자신을 밀어 넣었다. 그러나 물러서는 것은 그가 늘 생각하고 있던 조치가 아니었다.[440]

1811년 12월까지 병력들이 전 유럽에서 이동하고 있었다. 하지만 나폴레옹은 여전히 자기가 전쟁을 의도한다는 것을 부인했다. 그러나 메테르니히와 많은 다른 사람들에게는 전쟁이 필연적으로 보였다. 그리고 유일한 의문은 결과가 유럽에 무엇이 될 것인지에 관한 것이었다. 1812년 초에도 나폴레옹은 정해진 정책이 없었다.[441] 그는 자신의 군사적 재능과 인내력이 하락했다고 두려워했으며 자기가 아직 에너지를 가지고 있는 동안에 러시아를 처리해야 한다고 느꼈다. 그가 자기의 병력을 재조직하고 전쟁을 준비하기 시작하자 나폴레옹에게서 군인이 살아난 것처럼 보였다. 그러나 실제로 그는 무엇을 해야 할지 진실로 알지 못했다. 그는 어떤 알 수 없는 목적을 향해 자신을 몰아가고 있다고 느꼈다. 그는 자기의 운명은 정해졌다고 부언했다. 그는 세상이 경험한 가장 큰 군대를 모았다. 프랑스의 병사들은 그 숫자에서 폴란드인들, 독일인들, 오스트리아인들, 벨기에인들, 스위스인들, 이탈리아인들 스페인인들, 포르투갈인들, 그리고 크로아티아인들에 의해서 압도당했으며 그들 모두는 상이한 이익과 충성심을 갖고 있었다. 단지 군사적 본능과 모방의 정신이 그들을 함께 묶고 있었다. 그러나 군대의 규모는 그것의 질을 모호하게 했다.[442]

1812년 3월 기병대의 검열 결과 말들의 1/3은 너무나 약해서 사람을 태울 수 없었다. 병사들의 1/3만이 대부분의 위급시에 행동하기에 적합했다. 나폴레옹은 이것을 가볍게 보았다. 그가 4만 명을 말에 태

---

440) *Ibid.*, p. 517.
441) *Ibid.*, p. 521.
442) *Ibid.*, p. 522.

우면 소문이나 신문들에 의해서 그가 4만 명의 기병이 있다는 것을 첩자들을 통해 알게 될 적의 사기를 노린 것이라고 나폴레옹은 주장했다. 젊은이들의 열정에 고무된 나폴레옹은 보다 경험이 많은 사람들의 심리상태를 무시했다. 1790년대와 1800년대 초기의 프랑스 군대들의 불을 붙였던 많은 혁명적 열기가 1812년에 와서는 꺼져버렸다. 나폴레옹이 권좌에 오른 순간부터 군사적 관습이 급속히 바뀌었다. 빈곤과 물질적 안녕에 대한 욕구 그리고 삶의 안락함이 군의 내부에 스며들어 마음의 통일이 사라졌다. 그는 자기의 원수들과 장군들에게 직함, 토지, 그리고 연금을 주었다. 그들은 자기들의 따뜻한 침대와 궁전, 부인과 가족들을 전쟁의 야영과 불확실성을 위해 덜 포기하려고 했다. 많은 사람들이 중년에 접어들고 있었다. 그들은 보다 큰 영광의 획득을 기대하기 어려웠지만 그들이 가진 모든 것을 잃고 그들의 가족들을 궁핍하게 남길 것이다. 나폴레옹의 원수들과 고위 장군들과 부하들은 대부분이 구체적인 이유로 전쟁을 반대했다. 즉, 거리, 지형, 적의 성격, 무의미함, 그것에서 얻을 이점의 부재, 그리고 프랑스에서 정치적 상황에 대해 미치는 가능한 결과 등의 이유가 제시되었다.[443]

나폴레옹은 다가오는 전쟁에서 유럽국가들의 절반을 관련시키고 있는 반면에 그들을 진정한 동맹국들로 병적에 넣지 않을 결심이었다. 왜냐하면 그는 자기의 대안들을 열어 놓기를 원했기 때문이었다. 또한 그는 외교적 차원에서 지상전을 준비하는 데 신경을 쓰지 않았다. 오히려 정반대로 행동했다. 1812년 1월 27일에 대륙체제가 그곳

---

443) *Ibid.*, p. 523.

에서 엄격하게 실시되고 있지 않다는 구실로 그는 스웨덴의 포메라니아(Pomerania)에 자기의 군대를 파견하여 소유해버렸다. 그는 스웨덴에게 반-러시아 동맹과 병력을 요구로 이런 일을 단행했다. 이런 요구가 거절되자 그는 포메라니아를 반환하고 보다 큰 보조금과 메클렘부르크(Mecklemburg)를 덤으로 보태 주었다. 그러나 그것은 너무 늦었다. 그의 강압적 포메라니아의 장악은 스웨덴에서 굴욕으로 간주되었다. 그 소식이 스톡홀름(Stockholm)에 도착한지 2주도 되기 전에 베르나도트 왕의 사자가 러시아와 조약을 요구하면서 상트 페테르부르크에 있었다. 그 조약은 4월 5일에 당연히 서명되었다.

나폴레옹은 발칸에서 러시아와 전쟁을 수행하도록 터키인들을 고무하는데 실패했다 그 결과 그들은 곧 평화를 이룰 것이고 러시아로 하여금 그곳에서 병력을 이동하여 그를 마주하게 허용할 것이었다. 오스트리아와 프러시아에 대한 그의 취급은 그를 버리거나 그에게 대항하여 돌아서는 기회를 기다리고만 있는 두 개의 불만스러운 동맹국들을 자신의 등 뒤에 두는 것을 의미했다. 이것은 독일에서 반-프랑스 감정의 부상하는 조류의 관점에서 경솔했다. 그곳에서 프랑스 사령관들과 외교적 첩자들로부터 온 1811년 보고들은 모두가 점증하는 위험에 대해 그에게 경고를 했었다. 프러시아에서 왕은 특히 군대에서 강력한 민족적 감정을 간신히 억누르고 있었다. 발효가 고도에 도달했고, 그리고 황당한 희망들이 열정적으로 조장되고 신봉되고 있다고 12월에 이웃의 베스트팔렌에서 불안한 제롬(Jérôme)이 보고했다. 그는 사람들이 스페인의 본보기를 인용하고 있다. 그리고 만일 전쟁이 발생한다면 라인 강과 오데르(Oder) 강 사이에 있는 모든 땅들은 광

대하고 적극적인 봉기에 의해서 포용 될 것이라고 덧붙였다.[444]

알렉산드르 1세도 세계무대에서 큰 역할을 꿈꾸었고 또 나폴레옹과 결투를 단지 도전이 아니라 하나의 기회로 보기 시작하고 있었다. 전쟁이 온다면 나폴레옹은 프러시아가 예나에서 그랬던 것처럼 러시아 군대가 모든 능력과 저항할 의지를 잃을 그런 파괴적 한 방을 가격할 필요가 있었다. 그러나 1807년 그의 작전은 이런 곳에서는 속도가 달성될 수 없다는 것과, 그리고 1809년의 작전은 그의 적들이 그의 전술들을 알게 되어 그가 쳐 놓은 덫에서 빠져나가는데 능숙하게 되었다. 그는 아무런 첩자가 없는 주민들이 드물게 살고 있는 지역에서 어둠 속에서 작전하게 될 것이었다. 그리고 그는 그렇게 거대한 병력을 집중함으로써 신속한 기동의 어떤 가능성도 상쇄했다.[445]

러시아와의 전쟁은 병참의 악몽을 제시했다. 나폴레옹은 지형, 기후, 그리고 작전현장의 특징들에 관하여 자기의 손에 넣을 수 있는 모든 책을 읽었다. 그는 지도들을 들여다보고, 거리를 계산하고 또 그가 작전을 전개할 조건들을 상상했다. 출발점인 니멘(Niemen)에 있는 러시아의 국경은 파리에서 약 1,500킬로미터 떨어져 있으며 러시아의 두 개 주요 도시인 상트 페테르부르크와 모스크바는 그것을 넘어 각각 650과 950킬로미터가 되었다. 국경의 서쪽에서 300킬로미터와 그것을 넘어 500킬로미터의 범위는 형편없는 도로들과 교량들, 소수의 타운들, 여러 개의 강들, 길을 잃을 습지와 숲들 그리고 드문 자원을 가진 매우 빈곤하고 가는 길에 살고 있는 주민들이 별로 없는 나라였

---

444) *Ibid.*, p. 524.
445) *Ibid.*, p. 525.

다. 따라서 프랑스의 대군대는 그것이 필요로 하는 모든 것을 가지고 가야만 할 것이다.[446]

아마도 이런 고려사항보다도 더 중요한 것은 전쟁의 성격에 변화가 발생했다는 것이었다. 나폴레옹이 과거에 달성했던 그런 종류의 빛나는 승리들은 더 이상 같은 결과를 가져오지 않을 것이었다. 전장의 심판은 결정적이기를 멈추었다. 스페인이 그렇지 않다는 것을 이미 보여줬음에도 불구하고, 나폴레옹은 만일 적군이 패배하고 그것의 수도가 점령된다면 적은 평화를 호소할 수밖에 없을 것이고 그러면 제 아무리 부담이 되어도 그것의 조건을 감수할 것이라고 여전히 믿고 있었다. 나폴레옹은 러시아의 크기를 고려할 때 그들이 자리를 물려줄 곳이 항상 더 많을 것이며, 그러므로 소모전에서 질 수밖에 없을 것이라는 결론을 얻지 못했다. 러시아가 취약한 곳은 오직 두 영역 뿐이었다. 최근에 거대한 양의 영토를 점령해서 아직 토착 주민들을 완전히 흡수하거나 평정할 시간이 없었기에 러시아가 여러 민족적 봉기에 의해 도전을 받을 수도 있다는 것이다. 그리고 러시아는 농노에 토대를 두고 있어서 혁명에 의해 불안정해질 수 있다는 것이다. 그러나 이것들은 나폴레옹이 사용하길 원하는 대안들이 아니었다. 왜냐하면 그것들은 그가 선호하는 결과, 즉 알렉산드르 1세와 동맹의 갱신을 손상할 것이기 때문이었다.[447]

1812년 4월 24일 쿠라킨(Kurakin) 러시아 대사가 알렉산드르 1세의 편지 한 장을 전달했는데, 그 속에서 차르는 나폴레옹이 라인 강

---

446) *Ibid.*
447) *Ibid.,* p. 526.

서쪽에서 그의 모든 병력을 철수하지 않는 한 더 이상의 회담은 없을 것이라고 선언했다. 이것은 전쟁의 선언이나 마찬가지였다. 3일 후에 전달된 그의 답변에서 나폴레옹은 차르가 그에게 자기 자신이 공국의 국경에 있는 군대의 머리에 서 있는데 그의 병력을 어디에 주둔시킬 것인지를 그에게 명령하고 있는 것은 유감이라고 표현했다. 그리고 그들 사이에 전쟁을 하는 것이 숙명이라고 해도 그에 대한 감정은 결코 변하지 않을 것이라고 덧붙였다. 그는 더 이상 지연할 수 없었다. 그는 가서 자기의 군대들을 지휘해야 했다. 그렇게 하기 전에 그는 프랑스의 방어와 행정을 위한 조정을 했다. 비록 그가 영국에 이베리아 반도에서 프랑스와 영국이 쌍무적으로 철수를 하고, 조제프가 스페인 왕으로 남고 그곳의 과거 지도자들은 포르투갈로 돌아가는 것을 조건으로 평화를 제안했지만 그는 영국에게서 아무 것도 기대하지 않았다. 그러므로 그는 프랑스의 해안 방어를 강화하고 비상시에 소집될 수 있는 10만 명의 국가 경비대를 조직했다.[448]

나폴레옹의 출발 전날밤에 그들의 마지막 만남에서 경찰지사인 에티엔느 파스퀴에(Étienne Pasquier)는 그가 멀리 가 있는 동안에 그의 적들에 의한 권력의 장악시도의 가능성에 관해서 두려움을 말했다. 나폴레옹은 입을 다물고 한동안 방안을 서성이다가 마침내 이렇게 말했다:

> "그렇다. 당신의 말에는 확실히 약간의 진실이 있다. 이것은 내가 직면해야 하는 또 하나의 문제이다. 나는 가장 큰, 그래서 가장

---

448) *Ibid.*

어려운, 일에 착수했다. 그러나 우리는 착수한 것을 달성해야만
한다."[449]

나폴레옹은 그가 느꼈을 불안감을 숨길 줄 알았다. 5월 16일 그는
작소니의 왕과 여왕에 의해서 영접을 받았다. 그리고 그들은 함께 드
레스덴(Dresden)으로 들어갔다. 베스트팔렌의 여왕과 뷔르츠부르크
(Wuerzburg)의 대공은 그날 늦게 도착했고, 다음에 오스트리아의 황
제와 황후가 도착했다. 이틀 후에 프러시아의 왕 프리드리히 빌헬름
과 그의 아들 왕세자가 합류했다. 드레스덴에서 나폴레옹은 진실로
신이었다. 그는 왕들 중의 왕이었다.[450]

나폴레옹은 알렉산더가 그의 측근들에 의해서 조종되고 있다고 확
신했다. 그래서 그는 만일 자기가 직접 알렉산더에게 얘기하거나 아
니면 어떤 믿을 만한 제3자를 통해서 그들이 이해에 도달할 것이라고
믿었다. 그는 자기의 비서인 루이 드 나르본(Narbonne)을 빌니우스
(Vilnius)에 있는 차르의 본부에 파견했다. 알렉산더는 그를 냉정하게
영접하고 그를 드레스덴으로 돌려보냈다. 나폴레옹은 상트 페테르부
르크에 있는 로리스통(Lauriston)에게 급사를 보내 그에게 빌니우스에
있는 알렉산드르 1세에게 가서 조리 있게 말하라고 지시했지만, 그와
의 알현이 거부되고 러시아를 떠나라는 말을 들었다. 이제 나폴레옹
에게는 싸우는 것 외에 다른 대안이 남아있지 않았다. 그는 알렉산더
가 그의 제안들을 계속 거부한다면 니멘(Niemen) 강을 건널 것이라고

---

449) *Ibid.,* p. 527.에서 재인용.
450) *Ibid.,* p. 528.

말했다. 그러나 그는 그 다음에 무엇을 할 것인지에 관해서 아무런 정해진 아이디어가 없었다.[451]

만일 그가 러시아를 침공한다면 그는 모스크바까지 갈 것이라고 그의 외교관들 중의 한 사람에게 보내는 지시에 썼다. 한두 차례의 전투가 그에게 길을 열어 줄 것이다. 모스크바가 진정한 러시아 제국의 수도이다. 모스크바를 장악하고 나서 그는 그곳에서 평화를 발견할 것이다. 그러면서 그는 만일 전쟁이 길어지면 프랑스인들로 강화된 5만 명의 폴란드인들에게 일을 맡길 것이라고 덧붙였다. 그는 알렉산더를 여전히 패배 시킬 적으로 보기를 거부했다. 탈레랑, 나르본, 그리고 마레는 러시아의 팽창에 대한 방벽으로 폴란드 국가의 창설을 주장하는 사람들에 속했다. 나폴레옹도 그것을 배제하지는 않았다. 나폴레옹은 세계가 본적이 없는 가장 큰 군대를 모았지만 구체적인 목적이 없었다. 목표가 없는 전쟁은 이길 수 없는 것이다. 드레스덴에서 자기 권력을 과시한 것 외에 성취한 것이 별로 없이 13일을 보낸 뒤에 나폴레옹은 작소니 왕과 마리 루이제에게 애정 어린 작별을 고하고 자기의 여행용 마차에 올랐다. 이틀 후에 그는 포젠(Posen)에 있었다. 보급을 감독하고 있는 다루(Daru)와 회의를 한 뒤에 그는 자기의 준비가 비효율적이라는 사실을 직면해야만 했다. 그가 원정을 계속하면서 그는 스스로 비참한 보급을 목격할 수 있었다. 상황은 날이 갈수록 더 악화되고 있었다. 나폴레옹은 자기의 군대가 굶어 죽기 전에 빨리 이동해야만 했다.[452]

---

451) *Ibid.*, p. 529.
452) Adam Zamoyski, *Napoleon: A Life*, New York: Basic Books, 2018, p. 531.

러시아는 병력을 3개 군으로 나누어 빌나를 방어하거나 아니면 나아가 공격할 수 있게 했다. 제1군은 미하일 보그다노비치 바클레이 드 톨리(Mikhail Bogdanovic Barclay de Tolly) 장군의 지휘 하에 약 16만 명의 병력을 그 도시의 전면에 전개하였다. 제2군은 표트르이바노비치 바그라티온(Piotr Ivanovich Bagration) 장군 지휘 하에 6만 명 이상의 병력이 제1군의 진격을 지원하거나 아니면 적을 협공하거나 적의 측면을 위협하여 그것의 방어를 도울 것이었다. 거의 6만 명의 병력으로 구성된 제3군은 토르마소프(Tormasov) 장군의 지휘 하에 프리페트 습지(Pripet Marshes)의 남쪽에 주둔하여 우크라이나(Ukraine)로의 접근을 경비할 것이었다.

나폴레옹은 외젠과 생 시르(St. Cyr)의 군단들이 바클레이의 제1군과 바그라티온 사이에 쐐기를 박기 위해 러시아군을 공격하고 더 남쪽에서 제롬은 3개의 다른 군단들로 바그라티온을 상대할 것이었다. 그 공격은 거대한 기병대로 뮈라(Murat)가 선봉에 설 것이었다. 북쪽에서는 프러시아의 부대를 가지고 있는 마크도날(Macdonald) 원수가 퀴디노(Quidinor)의 지원을 받으면서 리가(Riga)로 진격할 것이었다. 프리페트의 남쪽에서는 슈바르첸베르크의 오스트리아인들이 토르마소프를 막을 것이었다. 프랑스 대군대의 진정한 힘을 결정하기는 불가능하다. 이론상으로, 그것은 590,687명의 병력과 157,878기의 말들, 그리고 폴란드와 독일의 여러 곳에서 추가적인 9만 명 정도로 구성되었다.

1812년 6월 20일과 22일 2개의 회보에서, 특히 6월 2일자 회람에서 나폴레옹은 틸지트 이래 그가 어떻게 러시아를 수용하려 했으나

러시아가 "영국의 정신"에 사로잡혀 그와 전 유럽에 대항하여 무장을 시작했는지를 설명했다:

> "병사들이여! 두 번째 폴란드 전쟁이 시작되었다. 첫 번째 폴란드 전쟁은 프리드란트와 틸지트에서 끝났다. 틸지트에서 러시아는 프랑스와 항구적인 동맹을, 그리고 영국과의 전쟁을 서약했다. 오늘날 러시아는 그것의 서약을 위반하고 있다. … 러시아는 우리가 퇴보하고 있다고 믿는가? 우리가 아우스터리츠의 군인들이 더 이상 아니란 말인가? 러시아는 우리에게 불명예와 전쟁 사이에 밀어넣고 있다. 선택은 의심의 여지가 없다. … 니멘 강을 건너자! … 우리가 체결할 평화는 러시아가 지난 40년간 유럽의 문제에 대하여 행사한 해로운 영향을 종식시킬 것이다."[453]

나폴레옹 자신의 영웅인 줄리우스 시저가 BC 49년에 루비콘 강을 건넌 이래 어떤 강을 건너는 것이 나폴레옹의 거대한 군대가 니멘 강을 건너 러시아로 들어가기 시작했을 때 보다 더 무거운 잠재력을 갖지는 않았다. 수일 전에 로리스통 대사가 나폴레옹의 마지막 순간의 평화제안에 대한 답변도 없이 알렉산드르 1세의 본부에서 쫓겨난 이래 공식적인 전쟁선포의 필요성은 없었다.[454] "그들은 운명을 유혹하고 있다. 운명이 그것의 길을 가게 하자"고 나폴레옹은 말했다. 6월 23일 이른 시간에 나폴레옹은 말을 타고 나가서 좋은 도강의 지점을 찾기 위해 니멘 강을 정찰했다.

---

453) Andrew Roberts, *Napoleon: A Life,* New York: Penguin Books, 2014, p. 576.에서 재인용.
454) *Ibid.,* p. 576.

1812년 6월 24일 새벽 3시에 그는 다시 한 번 프리드란트라는 이름을 가진 말에 올랐다. 그리고 태양이 솟아오르자 그는 강 위에 건너 펼쳐진 3개의 부교를 볼 수 있었다. 한 개 사단이 반대편에서 방어적 자세를 취하고 있었다. 그는 도강 장면을 내려다볼 수 있는 언덕 위에 자리를 잡고 그의 오른손에 망원경을 들고 왼손은 뒤로 한 채 응시하고 있었다. 마침내 나폴레옹은 1812년 6월 24일 수요일 오전 5시에 니멘 강을 건넜다.[455] 거대한 군대가 강을 건너고 있었다. 러시아는 1812년에 65만 명의 병사들을 가지고 있었지만 그들은 러시아 제국에 걸쳐 넓게 퍼져 있었다.[456] 상징적으로 말하면, 마침내 나폴레옹은 루비콘(the Rubicon) 강을 건넌 것이다.[457]

　　러시아의 최고 사령부에서는 바그라티온(Bagration)의 반격-공세를 지지하는 귀족적 장군들과 바클레이 드 톨리(Barclay de Tolly)의 넓은 지역으로 철수 전략을 지지하는 "외국인들"(종종 발트 지방의 독일인들) 사이에 분열되었다. 나폴레옹이 니멘 강을 건넜을 때 후자가 이겼다. 부분적으로는 프랑스 대군대의 규모가 반격-공세를 생각할 수 없게 만들었기 때문이다. 그러므로 차라리 보다 작은 군대였다면 역설적이게도 나폴레옹이 병참문제로 싸울 필요가 있는 이른 전투로 러시아인들을 유인함으로써 그를 도왔을 것이다. 그리고 그것은 그에게 싸움보다 많은 시간을 허용했을 것이다. 알렉산드르 1세가 바클레이 대신에 러시아 태생의 바그라티온을 전쟁상과 제1군 사령관으로 임명했더

---

455) *Ibid.*, p. 580.

456) *Ibid.*

457) Adam Zamoyski, *Napoleon: A Life*, New York: Basic Books, 2018, p. 534.

라면 나폴레옹은 빌니우스에서나 아니면 그 이전에 러시아 군대를 파괴할 수도 있었을 것이다. 그 대신에 알렉산드르 1세는 덜 현란하고 더 예리한 바클레이를 선발했다. 알렉산드르 1세는 프랑스 대군대를 러시아의 영토 안으로 끌어들여서 그것의 보급선을 마인츠, 단치히, 쾨니히스베르크 그리고 그 밖의 다른 곳에 있는 거대한 군사적 저장소들로부터 멀리 늘어뜨리는 계획의 인상을 받았다.[458]

6월 28일 나폴레옹은 폴란드와 리투아니아(Lithuania) 연방의 수도인 빌니우스(Vilnius)에 입성했다. 그리고 그는 그곳을 대규모 공급 중심지로 전환시켰다. 러시아인들은 떠나기 전에 자기들의 모든 것을 제거하고 불태웠다. 그는 그곳에서 리투아니아 폴란드인들을 위한 임시정부를 설치했다. 그리고 그는 빌니우스 성당에서 가진 행사에서 리투아니아를 폴란드와 정식으로 재통일을 시켰다. 나폴레옹은 빌니우스에서 폴란드 국민의 대표자들에게 그가 그들의 국가를 사랑한다고 말했다. 그는 빌니우스에서 10일간 머물면서 자기의 병사들이 휴식을 취하게 하고, 재편성하고, 시험되지 않은 제롬의 지휘 하에 군대의 우익의 베레치나(Berezina) 강을 향해 진격하여 바그라티온의 군대를 협공하도록 승인했다.[459]

6월 29일 전위대가 이동했지만 무더운 열기가 폭우로 바뀌고 홍수가 졌다. 비는 지상을 습지로 만들었고 도로들은 진흙탕이 되었다. 그리하여 보급문제가 발생했고 러시아를 추격하는 전위부대는 전진이 지연되었다. 베르티에(Berthier)는 빌니우스에서 제롬에게 바그라티온

458) Andrew Roberts, *Napoleon: A Life,* New York: Penguin Books, 2014, p. 581.
459) *Ibid.,* p. 584.

에 거리를 가깝게 유지하라고 계속 촉구했고 민스크(Minsk)를 장악하라고 했다. 나폴레옹은 제롬이 강력하게 밀어붙인다면 바그라티온이 상당히 위태롭게 될 것이라고 말했다. 그러나 제롬의 잘못된 지휘와 바그라티온의 효과적인 철수로 인해 러시아의 제2군이 빠져나갔다. 7월 13일까지 제롬은 실패한 것이 분명했다. 나폴레옹은 이 실패에 대해서 알게 되자 제롬의 군대를 지휘하도록 다부(Davout)를 임명했다. 이에 격분한 막내 동생인 제롬은 사령관 직을 사임하고 겨우 3주 만에 베스트팔렌으로 뛰쳐나가버렸다.[460]

7월 1일 나폴레옹은 알렉산드르 1세의 부관인 알렉산드르 발라쇼프(Alexander Balashov) 장군을 영접했다. 그는 나폴레옹에게 늦었지만 나폴레옹이 러시아에서 여전히 철수하여 전쟁을 피할 수 있다고 말했다. 나폴레옹은 차르에게 틸지트에서 그의 반영국적 발언을 상기시키고 그가 에어푸르트에서 몰다비아, 발라치아와 다뉴브에 관하여 알렉산드르 1세의 필요성을 수용했다고 지적하는 아주 긴 편지를 썼다. 1810년 이래 차르가 대규모로 재무장하고, 협상의 길을 거부했으며, 유럽의 타결에 수정을 요구했다고 그는 말했다. 그는 차르 알렉산드르가 그에게 때때로 보여준 개인적 존경을 기억하지만 독일에서 철수하라는 4월 8일자의 최후통첩은 자기를 전쟁과 불명예 사이로 밀어 넣으려고 분명하게 계획된 것이라고 말했다. 비록 18개월 동안 차르가 아무 것도 설명하지 않았음에도 그의 귀는 평화협상에 항상 열려 있을 것이라고 썼다. 나폴레옹은 전쟁을 위한 차르의 나쁜 보좌진들과 쿠라킨 대사의 오만을 탓했다. 그리고 나서 그는 만일 그가 1809

---

460) *Ibid.,* p. 585.

년에 싸워야 하지 않았더라면 스페인 일은 1811년에 끝났을 것이고, 그리고 아마도 그 당시에 영국과도 평화의 중재가 이루어졌을 것이라고 주장했다. 결론적으로 나폴레옹은 매 2주마다 포로의 귀환과 모든 문명국가들 사이에 전쟁의 관습이 허용하는 모든 다른 규정들의 가장 너그러운 토대 위에서 휴전을 제안했다. 그리고 그는 그들 사이에 전쟁에도 불구하고 사적인 감정은 이런 사건들에 의해서 영향을 받지 않을 것이라고 거듭 강조하면서 편지를 끝냈다.[461]

그러나 차르 알렉산드르는 나폴레옹의 어떤 제안도 받아들이지 않았다. 러시아인들은 프랑스 대군대 앞에서 꾸준히 후퇴하고 있었다. 어느 쪽이든 1천 명 이상의 사상자를 가져오는 첫 충돌은 4주 동안이나 발생하지 않았지만 그것은 러시아인들이 아무런 저항을 하지 않는다는 것을 의미하지 않았다. 이 전쟁은 전투들만큼이나 병참에 관한 것이 될 것이라는 것을 인식하고 그들은 제거될 수 없는 모든 것을 다 체계적으로 파괴했다. 작물, 풍차, 교량, 가축, 창고, 사료, 피난처, 곡물 등 다가오는 프랑스인들이 사용할 수 있을 만한 모든 것이 도로의 양측에서 수마일에 걸쳐서 가져가거나 불태워졌다. 나폴레옹 자신도 아크레(Acre)에서 후퇴할 때 같은 짓을 했었다. 그리고 그는 웰링턴의 비슷한 초토화 정책의 능숙한 실행을 찬양했었다.[462]

동부 폴란드와 백러시아는 영양실조가 흔할 정도로 빈곤하고 주민들도 적은 지역이었기 때문에 그 후진적 농업경제가 갑자기 수십만의 추가적인 병사들을 먹이도록 소환되었을 때에는 항상 심각한

461) *Ibid.*, p. 586.
462) *Ibid.*

보급 문제가 있었을 것이다. 그러나 퇴각하는 러시아인들이 전 마을들을 불태우자 상황은 곧바로 가혹했다. 더욱 더 나쁘게도, 프랑스 전선들 뒤에서 작전을 수행하는 러시아의 경 기마병 부대들이 있었다. 그것은 나폴레옹의 길어진 병참선들을 위협하는 알렉산드르 체르니쇼프(Alexander Chernyshyov)가 이끄는 유명하게 대담한 부대도 있었다. 6월 말 심하게 젖은 날씨가 끝나자마자 뜨거운 태양이 돌아왔다. 먹을 물이 부족했고 신병들은 지쳐서 정신을 잃었다. 열기가 숨막히는 진한 먼지를 일으켜서 드럼치는 병사는 뒤에 오는 병사들이 길을 잃지 않도록 대대의 앞에 서야만 했다. 7월까지 강을 건너는 부교 위에서 마차들의 병목현상 때문에 프랑스 대 군대는 심각한 식량부족에 직면했다. 모르티에(Mortier)가 나폴레옹에게 젊은 경비대 여러 병사들이 굶어 죽었다고 보고하자 나폴레옹은 일단 큰 승리가 모든 것을 해결할 것이라는 결론을 내렸다. 대군대가 러시아에서 보낸 175일 동안에 평균 1천 마리의 말들이 매일 죽어갔다. 나폴레옹의 말 담당자인 콜랭꾸르는 절망했다. 강요된 행군의 속도, 마구 장비와 예비 부품들의 부족, 식량의 결핍, 돌봄의 부족 등, 이 모든 것들이 말들이 죽어가는 이유가 되었다고 그는 기록했다.[463]

7월 8일 나폴레옹은 러시아의 주력군인 서부 제1군단이 전략적으로 어려움에 처해있는 강력한 요새인 드리사(Drissa)에 있다는 것을 알게 되었다. 희망에 차서, 그 곳으로 자기의 전위 경비대를 파견했지만 그들이 17일에 도착했을 때에는 그곳이 이미 버려진 곳임을 발견했다. 하루 전인 16일에 나폴레옹은 비록 다부(Davout)가 민스크(Minsk)를

---

463) *Ibid.*, p. 587.

장악했지만 바그라티온은 그 곳에서 또다시 빠져나가 버렸다. 나폴레옹은 빌니우스를 떠나기 직전에 조미니(de Jomini) 장군과 식사를 같이 했다. 그들은 모스크바가 얼마나 가까운가에 관해서 (실제로는 500마일 떨어진) 얘기했고 조미니는 그가 그곳으로 행군할 생각인지를 물었다. 나폴레옹은 웃음을 터트리면서 이렇게 말했다:

> "나는 2년의 시간을 가지고 그곳에 가기를 많이 선호한다. ⋯ 만일 내가 그를 뒤쫓아 줄곧 볼가(Volga) 강까지 가기를 원한다고 바클레이가 생각한다면 그는 아주 많이 착각한 것이다. 우리는 스몰렌스크(Somolensk)와 드비나(the Dvina)까지 그를 추격할 것이다. 그곳에서 멋진 전투가 우리들이 숙영에 들어가게 허용할 것이다. 나는 겨울을 보낼 본부가 있는 이곳, 빌니우스로 돌아올 것이다. 나는 프란시스 극장(the Theatre-Francais)으로부터 오페라 회사와 배우들을 보낼 것이다. 그리고 겨울 동안에 우리가 평화를 이루지 못한다면 다음 5월에 우리는 일을 끝낼 것이다. 나는 이것이 모스크바로 가는 것보다 낫다고 생각한다. 전술가여(Monsieur Tactician), 당신은 어떻게 생각하나?"[464]

조미니가 나폴레옹에 동의했다. 그때까지 그날의 어떤 군대도 준비하지 않은 무서운 새 전장을 마주하고 있었다. 그것은 발진티푸스라는 열병이었다. 그것은 오물에서 발생하는 질병이었다. 더위, 목욕물의 부족, 밤에 많은 수의 병사들의 동거, 옷을 갈아입지 못함으로 심각했다. 발진티푸스는 혁명 전쟁 및 나폴레옹 전쟁이 진전됨에 따

---

464) Andrew Roberts, *Napoleon: A Life*, New York: Penguin Books, 2014, p. 588.에서 재인용.

라 프랑스 자체에서도 점증하는 문제였다. 대부분의 경우에 죽음에 이르렀다. 7월 18일에 나폴레옹은 글로보코예(Gloubokoïé)에 도착했다. 그곳에서 그는 4일간 머물면서 미사에 참석하고 병원을 설립했다. 그리고 그는 끝없는 행군의 결과로 군대가 직면하고 있는 심각한 문제들에 관한 보고들을 들었다. 나폴레옹에게 식량 보급과 군대의 건강한 병사들의 수에 관해서 오도되고 있었다는 것을 암시하는 증거가 있다. 10일 간의 식량을 가지고 있다고 그가 들은 부대들은 실제로 식량이 모두 다 떨어졌다. 그는 계속해서 직접 검열을 했지만 대군대의 규모와 진격의 속도가 과거 어느 작전에서 보다 훨씬 더 그의 지휘관들에게 의존하는 것을 의미했다. 7월 19일 나폴레옹은 뮈라의 부관인 마리 조셉 로세티(Marie-Joseph Rossetti) 소령으로부터 러시아인들이 드리사(Drissa)를 포기했다는 소식을 들었을 때 그는 스스로 기쁨을 억제할 수가 없었다.[465]

1812년 6월 23일 바클레이는 만일 바그라티온이 그에게 합류한다면 싸울 준비를 하고 빌니우스의 동쪽 200마일 지점에 있는 비테프스크(Vitebsk)에 도착했다. 그러나 바로 그날 첫 중요한 교전에서 다부(Davout)가 비록 4,100명의 사상자에도 불구하고 살타노프카(Salta-novka) 전투에서 바그라티온이 북쪽으로 나가는 것을 차단했다. 바그라티온은 그 대신에 스몰렌스크(Smolensk)로 향해 나갈 수밖에 없었다. 이틀 후 뮈라의 전위 경비부대가 비테프스크의 서쪽 오스트로브느(Ostrovno)에서 오스테르만-톨스토이(Ostermann-Tolstoy) 백작이 지휘하는 바클레이의 후위 부대와 충돌했다.

---

465) *Ibid.*, p. 591.

뮈라는 1만 5천 명의 기병들과 6만 명의 보병에 대항하여 싸웠다. 그리하여 7천 명의 사상자들을 내고 또 포로들을 잡았다고 나폴레옹이 과장했으나 실제로는 2,500명에 달했다. 그는 프랑스의 손실을 200명 사망, 900명의 부상자, 그리고 50명이 포로로 잡혔다고 주장했다. 7월 26일 나폴레옹은 러시아인들이 비데프스크에서 항복하기 보다는 싸울 것이라는 고도의 희망을 갖고 있었다. 바로 그날 모스크바로 행군할 가능성에 관한 조미니의 의문이 처음으로 진지한 가능성으로 나폴레옹의 전략적 생각에 들어간 것으로 보였다. 4일 후에 그는 마레에게 편지를 써서 정규사단들이 모스크바를 장악하길 원할 것이라는 생각으로 기울었다고 말했다. 만일 적이 진투에 임하지 않는다면 비테프스크나 스몰렌스크에서 멈출 그의 계획이 이제는 모두 함께 보다 더 장엄하고, 또 보다 더 야심적인 어떤 것으로 변질되고 있었다. 즉 그는 바클레이 드 톨리(Barclay de Tolly)가 쳐 놓은 덫의 안으로 자신이 끌려 들어가는 것을 허락하고 있었다.[466]

1812년 7월 28일 뮈라는 러시아인들이 그가 추격 중에 비테프스크에서 사라졌다는 보고를 보냈다. 그들은 모든 것을 가지고 가버려 그들이 어느 방향으로 갔는지를 가리키는 것을 아무 것도 남기지 않았다. 뮈라, 외젠, 그리고 베르티에와의 만남에서 나폴레옹은 그들이 그렇게도 원했던 결정적 승리가 빌니우스에서처럼 그들의 손아귀를 막 빠져나갔다는 사실을 마주해야만 했다. 그가 비테프스크에서 보낸 16일 동안 나폴레옹은 그곳에서 그 해의 작전수행을 끝내고 1813년에 재개할 것을 아주 진지하게 고려했다. 그는 이제 구 러시아의 국경에

466) Andrew Roberts, *Napoleon: A Life*, New York: Penguin Books, 2014, p. 592.

와 있었다. 그곳에서는 드비나(the Dvina) 강과 드네프르(the Dnieper) 강이 자연적 방어선을 형성했다. 그는 바테프스크로부터 필요하다면 상트 페테르부르크를 위협할 수 있었다. 뮈라의 참모장인 오귀스트 벨리아르(Auguste Belliard) 장군이 기병대가 지쳐서 공격을 명령할 때 더 이상 달릴 수 없기 때문에 휴식이 절대적으로 필요하다고 나폴레옹에게 솔직하게 말했다. 더구나 충분한 말굽도 없었다. 7월 28일 나폴레옹은 비테프스크에 들어서면서 이렇게 말했다:

"여기서 나는 멈춘다! 여기서 나는 주변을 살펴보아야 한다, 규합하고, 나의 군대를 새롭게 하고 폴란드를 재조직한다. 1812년의 작전은 끝이다. 1813년의 작전이 남은 일을 할 것이다."[467]

그곳에서 나폴레옹은 지난 3월에 서명된 러시아와 터키간 조약과 러시아와 스웨덴간 조약의 상세한 내용을 보고받았다. 그가 알지 못했던 것은 러시아가 7월 18일에 영국과 동맹조약을 체결했다는 사실이었다.[468] 그러나 그는 영국과 미국 사이에 전쟁의 발발 소식에 의해 고무되었다.[469] 나폴레옹은 여러 가지 완벽한 이유들로 바클레이의 추격을 계속하기를 선택했다. 그는 한 달에 190마일을 진격하면서 만 명 이하의 전투 사상자를 낳았다. 7월에 그 해의 작전 중지를 명령하다는 것은 그의 작전 캘린더에서 기이하게 너무 일렀다. 차르는 7월 24일 40만 명의 농노들뿐만 아니라 모스크바에서 8만 명에 달하는

467) *Ibid.,* p. 593.에서 재인용.
468) Adam Zamoyski, *Napoleon: A Life,* New York: Basic Books, 2018, p. 439.
469) *Ibid.*

민병대를 소집했다. 그러므로 그들이 훈련을 받고 전개되기 전에 공격하는 것이 중요했다. 뮈라(Murat)는 러시아의 사기가 지속된 퇴각으로 형편없을 것이라고 지적했다. 차르는 평화를 구하기 전에 얼마나 더 많이 러시아의 파괴를 보려는 것인가? 그러나 그는 알렉산드르가 상트 페테르부르크에서 그는 멀지 않아 자기의 수염이 그의 허리까지 내려가고 시베리아에서 감자를 먹을 것이라고 말하면서 그는 결코 평화를 이루지 않을 것이라고 선언한 것을 알 수가 없었다.[470]

프랑스인들은 바클레이의 군대가 겨우 85마일 떨어진 스몰렌스크(Smolensk)에 있다는 것을 알게 되었다. 그곳에서 그들은 바그라티온의 군대와 8월 1일에 합류했다. 나폴레옹은 러시아인들이 주요 전투를 하지 않고 구 러시아의 가장 큰 도시들 가운데 하나를 내놓지 않을 것이라고 가정했다. 그러므로 그는 결국 비테프스크에서 멈추지 않기로 결정했지만 그러나 스몰렌스크에서 러시아인들과 싸운 뒤에 그곳으로 돌아올 대안을 열어 놓았다. 스몰렌스크로 밀고 가는 결정은 가볍게 생각되지 않았다. 나폴레옹은 러시아인들은 겨울에 언 강을 넘어 행군할 수 있다는 것도 지적했다. 아직 피를 흘리지 않았다. 러시아는 너무나 강력해서 싸우지 않고 굴복하지 않는다. 알렉산더는 큰 전투 후에 가서야 협상할 수 있을 것이라고 나폴레옹은 말했다. 그리고 스몰렌스크에서 그는 큰 요새를 획득하거나 아니면 결정적 전투를 이길 수 있을 것이라고 지적했다. 그가 소집한 지휘관들과 8시간에 걸친 회의 도중에 베르티에가 울음을 터트리면서, 대륙체제와 폴란드의 부활은 프랑스의 병참선들을 과잉 확장해야 할 좋은 이유들이

---

470) Andrew Roberts, *Napoleon: A Life,* New York: Penguin Books, 2014, p. 594.

아니라고 나폴레옹에게 말했다. 나폴레옹과 뒤록(Duroc)의 우정은 그 결정에 의해서 거의 종식되었다. 그럼에도 불구하고, 나폴레옹은 대담성이 유일한 분별력 있는 길이라는 자기의 신념에 집착했다.[471]

나폴레옹은 만일 그가 여기에서 정체하면 오스트리아인들과 프러시아인들이 그들이 그와 맺은 동맹을 재고할지도 모르며, 따라서 병참선을 단축하는 유일한 길은 신속한 승리를 확보하고 돌아가는 것이며, 정체하고 길어진 방어는 프랑스인들의 본성에 없다고 추리했다. 그는 또한 러시아에 대한 영국의 군사적 원조가 곧 효과를 낼 것이라고 두려워했다. 그리고 나서 이렇게 결론지었다.

"우리가 목적에 도달하는데 20일이면 충분한데 이곳에서 왜 8개월이나 멈추어야 하는가? 우리는 즉시 공격해야만 한다. 그렇지 않으면 모든 것이 타협될 것이다. 전쟁에서 기회가 모든 것의 절반이다. 만일 우리가 항상 유리한 환경의 조성을 기다린다면 우리는 결코 어떤 것도 끝내지 못할 것이다. 요약하면, 나의 작전 계획은 전투이다. 그리고 모든 나의 정치는 성공이다."[472]

1812년 8월 11일 나폴레옹은 스몰렌스크로 이동하라는 명령을 내리고 자기 자신은 13일 새벽 2시에 비테프스크를 떠났다. 나폴레옹이 초고속으로 이동하고 있을 때 그의 마차 바퀴들의 과열을 막기 위해서 물을 부어야만 했다.[473]

스몰렌스크의 기동작전은 대군대의 대부분을 남쪽 제방으로 신속하

---

471) *Ibid.*, p. 595.
472) *Ibid.* 에서 재인용
473) *Ibid.*, p. 596.

게 이동하는 동안 러시아의 군대를 드네프르 강의 북쪽에 묶을 의도였다. 그러나 스몰렌스크를 향한 이 작전은 14일 크라스노이(Krasnoi)에서 네베로프스키(Neverovski) 장군이 지휘하는 제27사단의 희생적 후위 행동에 의해서 좌절되었다. 그것은 제1군 및 제2군이 스몰렌스크에 도달하여 그곳을 방어할 시간을 벌어 주기 위해 싸우면서 퇴각하는 것이었다. 16일 오전 6시에 뮈라의 기병대가 스몰렌스크의 접근로들에 있는 러시아의 전초기지들로 공격해 들어갔다. 나폴레옹과 베르티에는 오후 1시에 그 위치를 정찰하고 그 도시 성벽의 200야드 안으로 들어갔다. 8월 17일 스몰렌스크 전투에서 나폴레옹은 러시아의 좌측 측면을 우회하여 그들을 모스크바와 단절시키고, 또 그들을 드비나 강의 아래쪽으로 몰아가길 희망했다. 그러나 강력한 성벽과 깊은 계곡에 의해서 보호되는 그 도시의 견고한 방어는 바클레이에게 약 6천 명 정도의 손실을 입은 후에 동쪽으로 퇴각할 기회를 주었다. 네(Ney)와 포니아토프스키(Foniatowski)의 군단들은 8천 5백 명 이상을 잃었다. 스몰렌스크에 대한 로바우(Lobau)의 포격으로 그 도시에서는 화재가 발생했다. 나폴레옹은 자기의 본부에서 자신의 참모와 함께 이 무서운 장면을 바라보았다.[474]

8월 18일 여명에, 프랑스 병사들이 돌덩이들과 버려진 시체들을 밟으면서 숨이 막히는 그 도시에 입성했다. 드네프르 강 근처에 있는 성채의 문 앞에서 그는 아주 드문 전쟁위원회를 개최했다. 뮈라, 베르티에(Berthier), 네(Ney), 다부(Davout), 콜랭꾸르(Caulaincourt), 그리고 아마도 모르티에(Mortier), 뒤록(Duroc) 그리고 로바우(Lobau)가 참석

---

474) *Ibid.*

했다. 나폴레옹은 "자! 우리는 모스크바로 행군해야만 한다"고 말했다. 이 회의는 한 시간 이상 지속된 활발한 논의를 가져왔다. 다부를 제외한 모든 사람들이 스몰렌스크에서 멈추는 데 찬성했다. 그는 모스크바에서만이 그들이 평화조약을 서명할 수 있을 것이라고 주장했다. 이것은 뮈라의 생각이기도 했다. 그리고 그후 나폴레옹이 종종 반복할 말이었다. 수년 후에 나폴레옹은 겨울을 위해 스몰렌스크에서 그의 병사들을 야영에 들어가게 했어야 했다고 인정할 것이다.[475]

러시아를 바짝 추격하려는 나폴레옹의 희망은 발루티나-고라(Valu-tina-Gora) 전투에서 러시아인들이 네(Ney)에게 큰 타격을 가한 후에 또 다시 성공적으로 철수했을 때 날아가 버렸다. 그 전투에서 재능 있는 사단 지휘관인 귀댕(Gudin) 장군이 죽었다. 발루티나에서 러시아인들을 협공하려는 네의 희망도 주노(Junot)가 시간에 맞춰 진격하지 못함으로써 부서져 버렸다. 그 실패는 나폴레옹의 이해할 만한 분노를 샀다. 바클레이가 이번에는 다로고부즈(Dorogobuzh)를 향해서 또 다시 도주했다는 사실에도 불구하고, 8월 20일 차르는 철수정책이 러시아 군대에서 너무 인기가 없었기 때문에 어쩌면 바로 그것 때문에 바클레이 사령관을 아우스터리츠 전투에서 패배했던 67세의 늙은 육군 원수인 미하일 쿠투조프(Mikhail Kutuzov) 백작으로 대체했다. 나폴레옹은 그가 싸운다는 조건으로 군대를 지휘하도록 소환되었다고 가정하면서 기뻐했다. 그러나 실제로 그가 임명을 받은 뒤 처음 2주 동안 쿠투조프는 자기가 맞설 장소를 조심스럽게 정찰하면서 모스크바를 향해 계속해서 후퇴했다. 그는 모스크바의 서쪽으로 65마일 지

---

475) Andrew Roberts, *Napoleon: A Life,* New York: Penguin Books, 2014, p. 597.

점에 있는 마을을, 즉 보로디노(Borodino)라고 불리는 모스크바 강 (the River Moskva)의 바로 남서쪽을 선택했다. 8월 24일에 나폴레옹은 그의 보급의 어려움에도 불구하고 쿠투조프에게 압박을 가하기로 결정했다.[476]

나폴레옹은 다음날 오후 1시에 스몰렌스크를 떠나 오후 5시에 다고로부즈에 도착했다. 그는 자기의 참모에게 평화가 그들 앞에 있다고 말했다. 그는 쿠투조프가 러시아 제국의 취약한 옛 수도인 모스크바의 신성한 도시를 주요 전투 없이 내줄 수 없을 것이며, 그 후에 차르가 평화를 탄원할 것이라고 진정으로 믿고 있었다. 나폴레옹은 러시아인들이 전투에 나서도록 강요하기 위해 모스크바로 행군했다. 그리고 그의 마음은 이미 그가 부과할 항복의 조건들에 이미 향하고 있었다. 그는 드크레(Decrès)에게 체결되는 어떤 평화의 조건 하에서도 선박의 돛대들을 위해 다로고부즈의 나무들을 확보하려고 노력할 것이라고 말했다.[477]

1812년 8월 26일 나폴레옹은 마레(Maret)에게 편지를 써서 적이 비야즈마(Vyazma)에서 그들을 기다릴 결의에 차 있다고 말했다. 만일 적이 그곳에서 박살나고 아무 것도 이 위대한 수도에서 확보될 수 없다면, 그는 9월 5일에 모스크바에 있을 것이라고 말했다 그러나 러시아인들은 비아즈마에도 있지 않았다. 프랑스의 대군대는 29일 그 도시에 입성했지만 그곳의 1만 5천 명의 주민들은 비어 있었다. 9월 2일 나폴레옹은 7월 22일 살라만카(Salamanca) 전투에서 웰링턴의 손에

---

476) *Ibid.*, p. 598.
477) *Ibid.*, p. 599.

자신이 패배했음을 알리는 마르몽(Marmont)의 보고서를 받았다. 마르몽은 조제프의 증강군을 기다리지 않고 잘 보호되는 살라만카를 떠나 웰링턴(Wellington)과 전투에 들어간 것이었다. 나폴레옹은 몹시 분개했다. 그럼에도 불구하고, 나중에 그는 10월에 합류한 프랑스 군사력에 의해서 웰링턴이 마드리드에서 쫓겨나 포르투갈로 돌아갈 수밖에 없었다는 소식에 의해서 위안을 받을 수 있었다. 조제프는 11월 2일까지 자기의 자리에 돌아갔다.

나폴레옹이 놓치고 있는 가장 분명한 것은 러시아의 크기가 단 한 번의 작전으로는 빌니우스를 넘어 러시아를 침공하는 것이 불가능하다는 사실이었다. 그의 군사행정은 그가 일으키는 굉장한 압박을 처리할 능력이 없었다. 매일 결정적 전투를 위해 필사적인 나폴레옹은 바클레이의 함정에 더 깊이 빠져들었다. 9월 5일 나폴레옹은 보로디노(Borodino) 전장의 남서쪽 끝에 있는 셰바르디노(Shevardino) 성채에 자리를 잡았다. 그곳은 러시아의 주력군으로부터 너무 멀어서 적절히 방어될 수 없었다. 프랑스의 4천 명에 비해 약 6천 명의 러시아인들이 죽고, 부상당하거나 포로가 되었다. 그후 나폴레옹은 10주 전에 니멘 강을 건넌 이래 그가 줄곧 갈구해 왔던 충돌을 위해 자기의 군대를 분발시켰다. 그 사이에 11만 명의 병사들이 모두 다 죽은 것은 아니지만 발진티푸스에 감염되었다. 그러므로 나폴레옹이 큰 전투를 위해 전개할 수 있는 군대는 12만 8백 명의 병사들과 640문의 포를 가진 쿠투조프에 대항하여 10만 3천 명과 587문의 포로 감소되었다. 러시아인들은 지난 3일 동안 계곡과 그리고 작은 탑(*fleches*)이라고 불리우는 화살촉 모양의 방어용 보루들을 팠다.[478]

전투 당일 날 나폴레옹은 제대로 잠을 자지 못한 밤을 보낸 뒤 새벽 3시에 일어났다. 전투 중에 그는 셰바르디노 성채에서 잘 앉아 있었다. 그는 자기의 소형 망원경을 통해 모든 움직임을 추적하고 침착하게 명령을 내렸다. 하루 전날 나폴레옹은 전장의 끝을 정찰하면서 나폴레옹, 베르티에, 외젠 및 다른 참모 장교들이 포도탄이 발사되고 또 코사크 족(Cossack) 기병대에 의해 위협을 받자 철수할 수밖에 없었다. 일세기 후에 마른(Marne)의 첫 전투 때까지 전사에서 가장 유혈의 하루가 된 보로디노 전투는 1812년 9월 7일 월요일에 발생했다. 러시아인들은 이번에는 야간을 틈타 또 다시 도주하지 않았다.

오전 6시에 1백개의 프랑스 포대가 러시아의 중앙에 발포했다. 다부(Davout)는 오전 6시 30분에 자기의 공격을 개시하고 루이 프리앙(Louis Friant), 장 콩팡(Jean Compans)과 조제프 드새(Joseph Desssaix) 장군들 휘하의 3개 사단의 2만 2천 명의 우수한 보병들을 투입했다. 네의 3개 사단의 1만 명도 그들의 뒤를 따랐고, 7만 5천 명의 베스트팔렌인들은 예비병력으로 남았다. 이와 같은 야만적 싸움은 오전 내내 계속되었으며 이 때 다부(Davout)가 부상을 당했다. 러시아인들은 전투에서 지상을 양보하지 않으려는 관습적 저항을 보였다. 끝날 때까지 약 4만 명의 프랑스 보병과 1만 1천명의 기병들이 보루들을 장악하려는 투쟁에 투입되어야 했다. 보루들은 7번이나 빼앗기고 또 다시 빼앗았다. 그것은 러시아인들이 탁월하고, 그리고 본국에서 아주 멀리 떨어진 나폴레옹은 회피할 필요가 있었다.[479]

478) *Ibid.,* p. 601.
479) Andrew Roberts, *Napoleon: A Life,* New York: Penguin Books, 2014, p. 605.

오전 7시 30분까지 외젠(Eugène)은 총검공격으로 보로디노의 마을을 장악했지만 너무 멀리 가서 칼라차(Kalatscha) 강에 있는 다리를 건너서 고르키(Gorki)를 향해 진격했다. 그의 병사들은 보로디노로 후퇴할 때 크게 당했다. 오전 10시 포니아토프스키가 우티챠(Utitsa) 마을을 장악했고, 그리고 큰 성채가 모랑(Morand) 장군 지휘하에 한 보병여단에 의해서 장악되었지만 그것은 적절히 지원을 받지 못해서 그는 곧 큰 손실과 함께 물러났다. 또한 같은 시간에 바그라티온 보루가 프랑스인들의 손에 의해 떨어지고 바그라티온 자신이 부상을 당했다. 120가구의 세뇨 노브스코예(Semyonovskoe)라는 마을이 오전 늦게 다부(Davout)에 의해서 장악되었을 때 나폴레옹은 포병을 끌어올려 러시아 좌측 측면에 발포할 수 있었다. 정오에 전투의 위기로 여러 명의 원수들이 나폴레옹에게 황실 근위대를 풀어서 여전히 확장되어 있는 러시아의 전선을 돌파하게 해달라고 애걸했지만 나폴레옹은 거절했다. 파리에서 1,800마일 떨어진 곳에서 그는 예비병력을 유지해야 했다. 그리하여 기회를 놓쳐버렸다. 러시아인들은 그들의 두 번째 진지로 질서 있게 후퇴하고 있었고 이 시점에서 베시에르(Bessières)가 도착하여 말했다.[480]

오후 4시까지 대군대가 전투장을 장악했다. 외젠, 뮈라와 네가 이번에는 황실 근위 기병대를 풀어 달라는 요청을 거듭했지만 나폴레옹은 다시 거절했다. 오후 5시까지 뮈라는 여전히 근위대의 전개를 주장하고 있었지만 이제 베시에르가 유럽이 나폴레옹과 프랑스 사이에 있다고 지적하면서 반대했다. 이 시점에 베르티에(Berthier) 역시 마음

480) *Ibid.*, p. 606.

을 바꾸고 그 때는 이미 늦었다고 덧붙였다. 5시까지 반 마일을 철수한 러시아인들은 멈추고 자기들의 진지를 방어할 준비에 들어갔지만 지쳐버린 대군대는 발포는 해도 공격하려고 하지 않았다. 나폴레옹은 근위대 포대를 맡고 있는 지휘관인 장 소르니에(Jean Sornier) 장군에게 "그들이 그것을 원한다면 그들이 그것을 갖게 하라"고 말하면서 새 러시아 진지들에게 포격하라고 명령했다.[481]

어둠을 틈타 약 4만 3천 명이라는 엄청난 사상자를 낸 뒤에 쿠투조프는 그날 밤에 철수했다. 그들의 저항은 너무나 치열하여 오직 1천 명의 포로와 20문의 포만이 장악되었다. 프랑스의 승리는 완전했다. 러시아의 손실은 너무 커서 대부분의 부대들이 작전을 수행할 수 없었고, 프랑스인들과 모스크바 사이에는 아무 것도 서있지 않았다.[482] 그러나 쿠투조프는 재빠르게 차르에게 영광스러운 승리를 보고했다. 상트 페테르부르크에서는 테 데움(Te Deum)의 노래가 울려 퍼졌다. 나폴레옹은 그날 저녁에 셰바르디노 대성채의 뒤에 있는 자기의 천막에서 베르티에, 다부와 함께 저녁을 먹었다. 그의 심장은 너무나 많은 장군들과 병사들의 손실로 비탄에 빠졌다. 비록 그가 전장을 확보하고, 모스크바로 가는 길을 열고, 또 러시아인들에 비해 6천 6백 명의 사망과 2만 1천 4백 명의 부상으로 손실이 적었지만, 부분적으로는 그의 상상력이 부족한 전면공격과 또한 부분적으로 그의 예비병력의 투입을 거절했기 때문에, 그가 그렇게 간절히 필요했던 결정적 승리를 얻지 못한 사실로 인해 나폴레옹은 아마도 개탄하고 있었을 것이

481) *Ibid.*, p. 607.
482) Adam Zamoyski, *Napoleon: A Life*, New York: Basic Books, 2018, p. 547.

다. 이런 의미에서 나폴레옹과 쿠투조프는 둘 다 보로디노 전투에서
졌다. 나폴레옹은 나중에 세인트 헬레나(St, Helena)에서 그가 워털루
에서 죽지 않았다고 비난을 받지만, 그가 스스로 생각하기에, 그는 모
스크바 전투에서 죽었어야 했다고 말했다.[483]

---

483) Andrew Roberts, *Napoleon: A Life,* New York: Penguin Books, 2014, p. 607.

제17장
러시아 동장군(General Winter)의 저주(Nemesis)

"보다 많은 전투들이 피의 손실 보다는 희망의 상실로 패배한다."
-나폴레옹 보나파르트-

1812년 9월 15일 화요일 아침에 모스크바에 입성하여 크레믈린 궁에서 자리를 잡고 일찍 잠자리에 들었다. 나폴레옹의 이른 희망들이 궁전을 보면서 부활했다. 그러나 그날 저녁 황혼에 전 도시에 걸쳐 동시에 불이 났다. 그 불은 강한 북동풍과 모든 소방시설의 제거로 걷잡을 수 없었다. 그날 밤에 불이 너무나 밝아서 램프의 도움 없이도 크레믈린 궁에서 책을 읽을 수 있을 정도였다. 프랑스인들은 모스크바에 들어서자마자 그 곳에서 약탈을 시작하였으나 오히려 그 곳의 주민들에 의해 그 곳이 파괴되는 것으로부터 구제하기 위해서 노력해야만 했다. 그 곳의 지리와 아무런 소방장비 없이 그들은 그 일을 해낼 수 없었다. 그들은 약 400명의 방화자들을 총살했지만 그 도시의 주요 건물 9천개 중 6천 5백 개가 불타거나 파괴되었다. 많은 병사들이 화염속에서 약탈하려고 애쓰다가 죽었다. 프랑스인들이 떠난 후에 그들이 그 도시를 청소했을 때, 모스크바인들은 거의 1만 2천 명의 인간들과 1만 2천 5백 두에 달하는 말들의 새까맣게 탄 잔해들을 발견했다.[484]

나폴레옹은 곧바로 잠이 들었고, 다음날 새벽 4시에 깨어나 화재에 관한 얘기를 들었다. 그는 창살이 이미 너무 뜨거워 손을 댈 수 없는 창문에서 바라보면서, ˝장관이다˝고 소리쳤다. "그들의 짓이다. 그렇게 많은 궁전들을! 비상한 해결이다! 어떤 인간들인가! 이들은 스키타이인(Scythians)들이다!"[485] 그는 크레믈린에서 무능한 경비원들이 화약마차를 포함하여 한 포대를 그의 침실 창문으로 끌어오도록 허용함에 따라 그 자신이 화염에 희생사가 되지 않은 행운아였다. 만일 주변에 날아다니는 불타는 나무 조각들 중의 하나가 그곳에 내려앉았다면 군대와 황제의 장식들이 파괴되었을 것이다. 자기의 병사들을 소방관으로 조직하면서, 불길에서 말들을 끌어내고 2명의 방화자들과 인터뷰하면서 하루의 많은 시간을 보낸 뒤인 오후 5시 30분에 나폴레옹은 베르티에, 뮈라와 외젠이 크레믈린의 무기고에 불이 붙기 전에 도시를 떠나라고 촉구하는 것에 따랐다. 세귀르(Segur)가 회고한 바로, 그들은 연기와 재만 들여 마셨다. 모스크바 외곽 6마일 떨어진 곳에 있는 페트로브스키(Petrovsky) 궁전으로의 2시간 여행이 위험했다. 그들은 말들이 불꽃을 두려워했기 때문에 때때로 걸어가야만 했다. 크레믈린의 전면 입구들이 그때까지는 불과 쓰레기로 차단되었기 때문에 나폴레옹은 강 위에 있는 바위에서 비밀 통로를 통해 탈출했다.

---

484) Andrew Roberts, *Napoleon: A Life,* New York: Penguin Books, 2014, p. 611.
485) *Ibid.*

멀리 돌아서 그는 위험에서 벗어났다.[486]

　대군대의 중심 공격력이 니멘 강을 건너서 모스크바에 입성하는 82일만에 원래 크기의 절반 이하로 줄어들었다. 나폴레옹이 보고 받은 숫자에 따르면 그는 보로디노 전투가 끝났을 때 92,390명의 병사들을 잃었다. 그러나 그는 그의 선택이 제한된 사람처럼 행동하지 않았다. 아름다운 페테르브스키 궁전에서 그가 보낸 이틀 동안에, 그는 외젠의 군단들을 상트 페테르부르크로 행군하고 있는 것처럼 보이게 하는 반면에 거의 즉시 드비나 강의 하류로 후퇴하는 것을 고려했다. 그는 자기가 10월 중순까지 리가(Riga)와 스몰렌스크의 사이에 있을 수 있다고 믿었다. 그가 지도들을 살펴보고 명령서들을 작성하기 시작했지만, 오직 외젠만이 그 아이디어를 지지했다. 다른 고위 장교들은 군대가 휴식이 필요하고 더 이상 북쪽으로 가는 것은 마치 곧 다가오는 것처럼 겨울을 조심해야 할 것이라고 주장하면서 그 아이디어에 반감으로 반응했다. 그들은 알렉산더에게 평화를 요청하라고 나폴레옹에게 촉구했다.[487]

　거의 400마일이나 떨어진 상트 페테르부르크에 있는 알렉산더의 궁으로 행군하는 또 하나의 계획이 제안되었지만, 베르티에와 베시에르가 신속하게 시간, 식량, 도로의 병참에 근거해서 반대 의견을 나폴레옹에게 확신시켰다. 그 대신에 그들은 남쪽으로 약 100마일 정도 떨어진 칼루가(Kaluga)와 툴라(Tula)로 행군하는 것을 논의했다. 그곳들은 각각 러시아의 곡창이고 병기고였다. 아니면 스몰렌스크로 후퇴

---

486) *Ibid.*, p. 612.
487) *Ibid.*

하는 것이었다. 그러나 나폴레옹은 최악의 가능한 선택으로 드러난 것을 결국 선택했다. 그것은 9월 18일에 화재에서 살아남은 크레믈린으로 돌아가서 차르 알렉산드르가 전쟁의 종식에 동의할 것인지를 기다리는 것이었다. 나폴레옹이 후에 말하기를, "그는 모스크바에 최대한 2주 이상을 머물러서는 안 되었으며 그는 매일같이 속았다"고 말했다. 이것은 진실이 아니다. 알렉산드르는 그가 평화에 관심이 있다고 나폴레옹이 생각하도록 속이지 않았다. 그는 긍정이나 부정의 대답을 단지 거절했을 뿐이었다. 나폴레옹도 스스로 자기 기만에 빠지지는 않았다. 비록 대륙체제로 러시아의 복귀라는 적은 대가로 어쩌면 수락했을 지는 모르지만, 불에 탄 모스크바는 그에게 평화에 대한 희망이 없다는 것을 확인해 주었다. 그가 모스크바에 그렇게 오랫동안 머물렀던 이유는 자기의 군대를 스몰렌스크에서 겨울 야영으로 되돌릴 필요가 있기 전에 충분한 시간이 있다고 생각했으며 또한 적의 자원으로 살기를 선호했기 때문이었다.[488]

9월 18일 나폴레옹은 그들의 집을 잃은 모스크바인들에게 약탈한 루블을 나누어 주고 고아들을 방문하여 그가 주민들을 잡아먹을 것이라는 널리 퍼진 소문을 일소했다. 모스크바는 아름다운 도시였다. 손실로부터 회복하는데 200년은 걸릴 것이라고 말했다. 9월 20일 가을비가 마침내 화재를 끄자, 나폴레옹은 알렉산드르에게 편지를 써서 모스크바의 아름답고 우수한 도시가 더 이상 존재하지 않는다고 말하고, 지난 전투의 전이나 후에 그로부터의 편지는 행군을 멈추게 했을 것이라면서, 자기는 모스크바 입성의 이점들을 희생할 것이라고 말했

---

488) Andrew Roberts, *Napoleon: A Life*, New York: Penguin Books, 2014, p. 613.

다. 이 편지를 받고서 알렉산드르는 즉시 영국 대사인 카스카르트 (Cathcart) 대사를 찾아서 그에게 모스크바에서 발생한 20개의 그런 제안들도 그로 하여금 이 투쟁을 포기하도록 유인하지 않을 것이라고 말했다. 나폴레옹이 그 편지에서 제시한 도시들의 목록은 적의 수도를 장악하는 것이 항복을 가져오지 않는다는 것을 경험으로부터 알고 있다는 것을 보여주었다. 모스크바는 러시아의 수도도 아니었다. 그의 승리를 확보했던 것은 마렝고, 아우스터리츠 그리고 프리드란트에서 적의 군대를 파괴하는 것이었다. 나폴레옹은 도보리노에서 그것을 달성하지 못했다.[489)

차르 알렉산드르의 답변을 기다리는 동안에 나폴레옹은 모스크바에서 그들을 위한 흥행을 조직하여 가능한 한 자기의 병사들에게 삶을 쉽게 만들었다. 나폴레옹이 러시아의 지배계급에게 심각한 문제를 야기할 수 있는 길은 그들의 귀족적 토지 소유자들로부터 농노들을 굴레에서 해방하는 것이었다. 그러나 나폴레옹은 그가 무식하고 문명화 되지 않았다고 생각하는 러시아의 농노들을 해방하지 않았다. 그것은 알렉산드르를 협상 테이블로 나오게 하는 데 도움이 되지 않았을 것이었다. 10월의 첫 주에 나폴레옹은 자기의 전 러시아 주재대사인 자끄 드 로리스통(Jacques de Lauriston)을 쿠투조프에게 보냈다. 그는 모스크바의 남서쪽 45마일 지점에 위치한 나라(Nara) 강 뒤에 있는 타루티노(Tarutino)에서 자신을 견고히 했다. 쿠투조프는 로리스통에게 안전한 통과를 거절하고 대신에 그의 메시지가 세르게이 발콘스키(Sergei Volkonsky)에 의해 전달될 것이라고 말했다. 그러나 다시

---

489) *Ibid.,* p. 614.

한 번 답장이 없었다. 이 단계에서 뮈라가 모스크바의 근교에서 코사크 족 습격자들에게 매일 40~50명의 병사들을 잃고 있었다. 그리고 쿠투조프의 군대는 88,300명의 정규군, 13,000명의 정규 돈 코사크 족들(Don Cossack), 그리고 또 하나의 15,000명에 달하는 비정규 코사크 족과 바쉬키르(Bashkir) 경비대로 증가했다. 이와는 대조적으로, 나폴레옹은 1만여 명이 그곳에서 상처와 질병으로 죽은 반면에, 모스크바에서 보낸 35일 동안에 15,000명의 증원군만을 받았다.[490]

나폴레옹은 러시아 겨울의 혹독함에 관해서 예리하게 이해했었을 것이다. 군대가 마침내 10월 18일에 모스크바를 떠날 때 그는 참모에게 "서둘러라, 20일 만에 우리는 겨울의 숙소에 들어갈 필요가 있다"고 말했다. 첫 큰 눈이 17일 후에 내릴 것이었다. 그러므로 그는 3일만 남은 것이었다. 날씨에 대한 무관심보다는 오직 군사적 고려만이 그로 하여금 스몰렌스크로 가는 원래 의도했던 길보다는 다른 훨씬 더 먼 길을 택하게 만들었다. 첫 눈발은 10월 13일에 날렸다. 알렉산드르로부터는 답장이 없었고 겨울이 분명히 다가오고 있는 상황에서 10월 13일 나폴레옹은 마침내 5일 후 도시를 소개하라는 명령을 내렸다. 이 결정은 17일에 휴전에 대한 쿠투조프의 거절을 가지고 로리스통이 돌아온 것으로 강화되었다. 이제 약 10만 7천 명의 병사들, 수천 명의 민간인들, 3천 명의 러시아 포로들, 550문의 포들 그리고 한 달 동안의 약탈로 얻은 전리품을 실은 4만대가 넘는 운반기구들로 구성된 대 군대가 18일에 모스크바를 소개하기 시작하자 쿠투조프는 타루티노(Tarutino)에서 인상적인 기습공격을 단행했고, 여기에서 뮈라

---

490) *Ibid.*, p. 615.

의 병력 2천 명이 죽고 부상했으며 1천 5백 명의 병사들과 36문의 포대가 붙잡혔다.[491]

　나폴레옹은 1812년 10월 18일 정오에 밝은 태양 아래서 모스크바를 떠났다. 무겁게 움직이는 군대는 너무 느렸다. 10월 21일 밤에 큰 비가 내린 후의 진흙 길은 후퇴 행군을 더욱 지연시켰다. 쿠투조프는 대군대가 60마일까지 신장되어 느릿느릿 걷고 있었지만 이틀 동안이나 소개에 관해서 알지 못했다. 모르티에(Mortier)에게 크레믈린을 폭파하라는 나폴레옹의 명령은 코르시카식 복수라고 비난되었지만 그것은 실제로 자기의 대안들을 열어 놓으려는 수단이었다. 모르티에는 크레믈린 밑에 있는 둥근 지붕에 180톤의 폭발물을 놓았으며 나폴레옹은 20일 25마일 떨어진 곳에서 폭발 소리를 들었다. 그는 회람에서 로마노프(Romanov) 왕조와 시대를 같이하는 고대의 성채인 크레믈린은 더 이상 존재하지 않는다고 자랑했지만, 탑들 중의 하나와 니콜스키(Nikolsky) 문이 파괴되었을 뿐 나머지 크레믈린은 살아남았다.[492]

　작전 중 3번째로 컸던 말로야로슬라베츠(Maloyaroslavets) 전투가 10월 24일 루즈하(Luzha) 강 너머에서 있었다. 이것은 그것의 즉각적인 결과를 훨씬 넘어서는 결과를 가져왔다. 프랑스인들이 궁극적으로 그 타운을 장악했고 쿠투조프가 칼루가(Kaluga) 도로를 따라 철수했지만, 전투의 바로 끝에 도착한 나폴레옹으로 하여금 극단적으로 치열한 전투는 러시아인들이 남쪽 길을 치열하게 막아 설 것이라고 확신하게 했다. 나폴레옹은 이 전투를 승리라고 회람에서 서술했지만

491) *Ibid.*, p. 617.
492) Andrew Roberts, *Napoleon: A Life,* New York: Penguin Books, 2014, p. 618.

그런 승리가 두 번만 있어도 나폴레옹의 군대는 남아 있지 않을 것이라는 비판이 있었다. 오후 11시에 베시에르가 모스크바에서 남서쪽으로 약 60마일 떨어진 고로드냐(Gorodnya)에 있는 다리 가까이에 있는 나폴레옹의 숙소에 도착했다. 그는 황제에게 쿠투조프의 위치가 도로의 더욱 아래쪽으로 한참 내려가 공격 불가라고 보고했다. 나폴레옹이 다음날 아침 오전 4시에 자기가 직접 눈으로 보기 위해 나갔을 때 그는 타타르(Tatar)족의 기마병들에 의해 거의 붙잡힐 뻔했다. 그는 후에 뮈라에게 이 아슬아슬했던 도주에 관해서 웃으며 얘기했지만 그 이후로 붙잡힐 경우에 대비하여 그의 목에 작은 독약병을 달고 다녔다.[493]

쿠투조프는 나폴레옹이 퇴각하고 있다는 것을 알게 되자마자 군대를 돌려서 나폴레옹을 러시아 밖으로 몰아내려는 병행전략을 채택했다. 그 전략은 프랑스 군대와 나란히 행군하면서 그가 약점을 보았을 때 공격하지만 나폴레옹에게 결정적 반격의 기회를 주지 않는 것이었다. 모스크바 이래 빵을 갖고 있던 병사들은 이제 그것을 서로 모르게 조금씩 떼어먹고 있었다. 10월 말에 와서는 장군들마저도 말고기 외에 먹을 것이 아무 것도 없었다. 11월 3일에 다부(Davout)를 포위하려는 러시아의 시도가 비야즈마(Vyazma)에서 네, 외젠 그리고 포니아토프스키가 돌아서 그를 도왔을 때 격퇴되었다. 3천 명이라는 비정상적 큰 숫자의 포로들이 붙잡혔다는 것은 대군대의 사기가 얼마나 헤이되었는가를 가르쳐 주었다.[494]

---

493) *Ibid.*
494) *Ibid.*, p. 621.

프랑스인들이 비야즈마에서 무질서하게 후퇴하던 11월 4일 첫 폭설이 내렸다. 굶주림보다 훨씬 더 극단적인 추위로 고통받는 많은 병사들이 장비들을 포기했다. 그들은 큰 모닥불 옆에 드러누웠지만 출발할 시간이 되었을 때 이 불쌍한 병사들은 일어날 힘이 없었다. 그래서 그들은 행군을 계속하기보다는 차라리 적의 수중에 떨어지기를 선호했다. 붙잡힌 프랑스인들에게 농부나 코사크 족들이 하는 짓에 관한 소문이 터키인들, 카라브리안들(Calabrians)과 스페인인들이 했던 짓과 쉽게 맞먹었으며 산 채 껍질을 벗기는 일도 포함했기 때문에 그것마저도 용기가 필요했다. 그러나 전반적인 퇴각은 이제 지옥이나 다름이 없었다.

11월 5일 네(Ney)는 폭설이 이정표들과 얼음에 덮힌 도로들을 지워버리자 후위의 지휘를 맡았다. 폴란드인들과 약간의 기병여단들을 제외하고는 얼음에 저항하는 말굽들에 대한 생각이 별로 없었기에 많은 말들이 미끄러지고 쓰러졌다. 11월 두 번째 주에는 군대가 완전히 사기와 군사적 조직을 상실했다. 병사들은 더 이상 그들의 장교에 복종하지 않았고, 장교들도 그들의 장군들에게 관심을 보이지 않았다. 흩어진 여단들은 그들 나름대로 최선을 다해 행군했다. 음식을 찾아서 그들은 평야에 흩어졌고 그들의 길에 있는 모든 것을 불태우고 약탈했다. 굶주림에 정신을 못 차린 그들은 말이 쓰러지자마자 모든 말들에 달려들어서 굶주린 늑대들처럼 말고기 한 점을 위해 싸웠다. 그 사이에 발가락과 손가락, 코와 성기를 동상으로 잃었다. 병사들이 쓰러지면 그들의 입술에 약간의 피가 나왔고, 그리고 모든 것이 끝이었다. 그들이 다가오는 죽음의 징후를 보면 그들의 동료들이 그들을 밀

어서 땅에 쓰러뜨렸고 그들이 죽기도 전에 그들의 옷을 가져갔다.[495]

11월 6일 도로고부시에서 나폴레옹은 깡바세레스로부터 끌로드 프랑소아 드 말레(Claude-Francois de Malet) 장군이 2주 전에 파리에서 시도한 쿠데타에 관한 소식을 들었다. 말레는 나폴레옹이 모스크바의 성벽들 아래에서 죽었다고 말하는 서류를 위조했으며 모로(Moreau) 장군을 임시 통령으로 임명하는 상원의 명령서도 위조했다. 20명도 안 되는 공범자들과 말레가 10월 23일 새벽 3시에 1,200명의 국가 수비병들을 장악했다. 사바리 경찰장관이 체포되어 라 포르스(La Force) 감옥으로 데려갔다. 경찰 지사인 파스퀴에(Pasquier)는 자기의 현에서 쫓겨났다. 파리의 지사인 위랭(Hulin) 장군은 턱에 총을 맞았다. 센 현과 국무원의 한 위원은 말레의 얘기를 수용하여 그에게 반대하는 아무런 행동도 하지 않았다. 그로 인해 그들은 나중에 파면되었다.[496]

깡바세레스는 자신의 정신을 찬양할 만큼 유지했다. 그는 생 클루에서 마리 루이제와 로마의 왕을 보호하는 보초병들을 배로 늘렸고 헌병대의 지휘관인 몽세(Moncey) 장군에게 가까운 주둔지에서 병력을 서둘러 사바리를 석방하고 파스퀴에를 복귀시켰다. 오전 9시까지 모든 것이 끝났다. 행복한 파리 시민들은 그 단일 사건에 관해서 알게 되었고 그것에 관해 관용할 만한 농담을 하기도 했다. 나폴레옹은 그 어떤 것도 조금이나마 재미있지 않았다. 그는 깡바세레스 외에는 누구도 그가 죽을 경우에 마리 루이제와 자기의 아들을 나폴레옹 2세로서 프랑스의 정당한 지배자로 생각하지 않는 것으로 보였기에 분개했

495) *Ibid.,* p. 622.
496) Andrew Roberts, *Napoleon: A Life,* New York: Penguin Books, 2014, p. 623.

다. 10월 29일 10여명의 다른 사람들과 처형되기 전에 그의 간단한 군사재판에서 과거 정치적 수감자이며 헌신적 공화주의자였던 말레는 질문에 "누가 공범자들이냐고? 만일 내가 성공했더라면 그들 모두가 공범자였을 것"이라고 말하면서 답변하길 거절했다. 나폴레옹은 이것이 진실일까 봐 두려웠다. 말레의 음모는 그가 최근에 시작한 왕조가 자기 한사람에게 얼마나 많이 의지하고 있는지를 그에게 상기시켜 주었다.[497]

11월 7일 기온이 섭씨 영하 30도로 떨어지고 눈보라가 계속될 것으로 보이는 가운데 후퇴는 기어간다고 할 정도로 늘어졌다. 며칠 사이에 5천두의 말들이 죽었다. 인간의 숨이 입을 떠났을 때 고드름으로 변했다. 전우애는 몰락했다. 11월 8일 외젠은 바르티에에게 이 3일 동안의 고통이 병사들의 정신을 너무나 압박하여 그들은 더 이상의 노력을 전혀 하지 않을 것으로 믿는다고 말했다. 많은 병사들이 추위나 굶주림으로 죽었고 필사적인 다른 병사들은 적에게 잡히길 원했다. 나폴레옹은 11월 9일 정오에 스몰렌스크에 도달했다. 그는 아직도 보리소프(Borisov)의 동쪽으로 160마일 지점에 있었는데 그곳에는 베레지나(the Berezina) 강에 다리가 하나 있었다. 그리고 그와 다리 사이에 쿠투조프가 있었다. 쿠투조프는 전투 준비를 한 채 크라스노이(Krasnoi)에서 차단할 위치를 잡고 있었다. 이틀 후에 나폴레옹은 급히 암호화된 메시지를 빅토르(Victor) 원수에게 보내서 그로 하여금 그의 위치로부터 비테프스크 근처로 지체없이 남쪽으로 행군하라고 명령했다. 냉정하고 완고한 빅토르는 제 시간에 도착할 것이다.[498]

---

497) *Ibid.*

나폴레옹의 병력은 6만 명 이하로 감소되었다. 많은 포대들이 그것을 견인할 말의 부족으로 길가에 방치되었다. 스몰렌스크에서 많은 식량이 첫 날에 먹어 치워졌다. 전 군대가 그곳에 도착하는데 5일이 걸렸지만 네(Ney)의 후위 부대가 도착했을 때에는 아무 것도 없었다. 기온은 섭씨 영하 26도였다. 11월 14일부터 19일까지 5일에 걸쳐 외젠, 다부 그리고 네의 크게 소진된 군단들이 베레지나에 도달하기 위해 쿠투조프의 군대를 박살내려고 노력할 때 나폴레옹은 크라스노이에서 결사적으로 싸웠다. 이 병사들 중 약 1만 3천 명이 죽고 7명의 장군들을 포함하여 2만 6천 명 이상이 붙잡혔다. 총 112문의 포대가 스몰렌스크에서 파괴되고 또 다른 123문의 포대가 노획을 당했다. 그리하여 나폴레옹은 기병대뿐만 아니라 사실상 포병도 없는 처지가 되었다. 그럼에도 불구하고 그는 전투 내내 대단히 차분했다. 프랑스군을 거의 2대 1로 압도했음에도 쿠투조프는 적시에 토르마소프(Tormasov)를 투입하여 달성했을 최후의 일격을 가하는데 실패했다. 러시아도 역시 심각하게 고통을 받았다. 타루티노에서 쿠투조프는 10만 5천명의 병사들을 보유했지만 크라스노이 전투가 끝났을 때 그의 병력은 6만 명만이 남아있었다. 그럼에도 불구하고 그는 병행전략을 여전히 계속할 수 있었다.[499]

자기의 용감한 원수들 중에서 가장 용감한 원수 가운데 한 명의 필사적 상황을 알았을 때 나폴레옹의 슬픔을 표현하기는 불가능했다. 나폴레옹은 네의 전 군단이 크라스노이에서 돌아오는 길에 괴멸된 것

---

498) *Ibid.*, p. 624.
499) *Ibid.*, p. 625.

으로 믿었다. 마침내 11월 21일 네의 부대가 오르샤(Orsha)에서 주력군을 따라잡았을 때 6월에 4만 명이던 군단의 병력은 니멘 강을 건넌 이후 800명에 지나지 않았다. 네(Ney)가 살아남았다는 소식을 듣고 나폴레옹은 튈르리 궁의 지하실에 4억 프랑 이상을 갖고 있다면서, 그 전부를 그의 충성스러운 전우들의 몸값으로 기꺼이 내놓을 것이라고 말했다. 11월 21일 바로 그날 공식적으로 대군대라는 이름으로 위엄을 갖춘 부대들이 300피트 폭의 베레지나 강에 도달했다. 그리고 그들은 보리소프(Borisov) 다리를 장악하고 그것을 불태운 치차고프(Chichagov)의 지휘 아래 러시아인들의 서쪽을 점령하고 있는 것을 발견했다. 프랑스의 우측 측면은 강의 동쪽 제방을 따라 행군하고 있는 비트겐슈타인(Wittgenstein)에 의해서 위협을 받고 있었다. 쿠투조프가 그 뒤를 따르고 있었다. 총 약 14만 4천 명이 약 4만 명의 프랑스 병사들과 수천 명의 낙오병들과 캠프 추종자들을 향해 이동하고 있었다.[500]

네덜란드의 공병들이 오후 5시에 다리를 건설하기 시작했다. 나폴레옹은 11월 26일 목요일 새벽 3시에 도착했다. 오전 11시 직전에 첫 다리가 설치되었고 나폴레옹은 조제프 알베르(Joseph Albert) 장군의 제6사단 제1여단의 제1대대에게 도강을 명령했다. 그들이 안전하게 건너가자, "나의 별이 돌아왔다"고 나폴레옹은 소리쳤다. 퀴디노(Qudinot)의 군단들의 나머지 병사들은 오후에 다리를 건넜다. 나폴레옹은 11월 27일 정오에 흔들거리는 버팀다리를 건넜다. 그리고 그는 그날 밤을 자니브스키(Zaniwski)에서 한 마을의 오두막에서 잠을

---

500) *Ibid.*, p. 626.

잤다. 12월 28일 비트겐슈타인의 병력이 접근하기 시작하자 빅토르가 그 다리들을 파괴해버렸다. 1만 5천 명의 낙오병들과 캠프 추종자들과 민간인들이 러시아인들의 자비에 남겨졌다. 1월 29일 밀로라도비치(Miloradovich) 장군이 보리소프에 도달했고 쿠투조프는 다음 날 30일에 도착했다. 12월 3일 민스크(Minsk)의 북서쪽 45마일 지점에 있는 몰로데크노(Molodechno)에 도달한 나폴레옹은 1812년 작전의 29번째인 그의 가장 유명한 회람을 발표했다. 그는 전적으로 날씨를 탓하면서 섭씨 영하 27도의 기온에서 기병, 보병과 말들이 매일 밤 수백이 아니라 수천 단위로 사라졌다고 썼다. 나폴레옹은 러시아인들에게 그들의 승리에 대한 공적을 인정하지 않고 단지 석이 그런 상황을 열심히 이용하려고 노력했다고만 지적했다.[501]

12월 5일 나폴레옹은 만일 그가 유럽에 겁을 주어 전쟁과 평화 사이에 선택하라고 말하려면 가능한 한 빨리 파리에 돌아가야 한다고 장군들에게 말했다. 그는 뮈라(Murat) 원수에게 사령관 직을 넘겨주었다. 그는 나폴레옹이 떠난 뒤에 비스툴라(the Bistula) 전선을 지키려고 노력할 것이다. 그러나 그의 과업은 러시아의 진격 앞에서 불가능할 것이다. 프러시아의 장군 요한 요르크 폰 바르텐부르크(Johan Yorck von Wartenburg)가 갑자기 타우로겐(Tauroggen) 협정의 조건에 따라 자기 군대의 중립을 선언했다. 그 조약은 12월 30일 그가 러시아인들과 맺은 것으로 칼 폰 클라우제비츠(Carl von Clausewitz)에 의해서 부분적으로 협상되었다. 뮈라는 먼저 폴란드를 포기하고, 그리고 다음에는 오데르 강의 전선을 포기했다. 오스트리아인들과 비밀협상

---

501) *Ibid.*, p. 629.

뒤에 그는 갑자기 대군대의 사령관 직을 외젠에게 떠넘기고 나폴리로 떠나 자기의 왕좌를 구원하려 노력했다.[502]

"프랑스인들은 여자들과 같다. 그들에게 너무 오랫동안 떨어져 있으면 안 된다"고 나폴레옹은 귀국하는 길에서 콜랭꾸르에게 말했다. 그는 자기의 패배에 관한 보고들이 빈과 베를린에서 갖게 될 영향에 관해서 너무나 잘 알고 있었다. 그래서 그가 가능한 한 신속하게 파리로 돌아가는 것이 옳았다. 대군대의 나머지 병사들은 빌니우스로부터 하루 혹은 이틀의 행군의 거리이며 비교적 안전한 곳이었다. 나폴레옹은 재앙의 정치적 및 외교적 반향을 처리하기 위해서 파리에 있을 필요가 있었다. 베레지나(the Berezina) 강을 건넌 후에 1813년 2월 중순까지 러시아인들과 충돌은 없었다. 그들은 "내가 파리에 있다는 것을 안다면 나를 한 국가와 내가 조직할 1백 20만 병사들의 우두머리로 나를 보고 그들이 전쟁을 하기 전에 다시 생각할 것"이라고 나폴레옹은 오스트리아인들과 프러시아인들에 관해서 말했다. 나폴레옹은 스모르고니예(Smorgoniye)로부터 파리까지 빌니우스, 바르샤바, 드레스덴, 그리고 마인츠를 거쳐서 겨울의 도로로 1,300마일을 13일 만에 주파했다. 그는 라치프치히(Leipzig)에서 작소니의 왕을 만났다. 그는 자기의 썰매를 마차와 교환하고, 그리고 그가 에어푸르트를 지나갈 때에는 괴테(Goethe)에게 자기의 안부를 전했다.

1813년 1월 18일 금요일 시계가 자정 25분 전을 알릴 때, 나폴레옹은 튈르리 궁에서 자기 마차에서 내렸다. 그리고 바로 다음 날 그는 하루의 업무에 착수했다. 그는 깡바세레스, 사바리, 그리고 드크레

---

502) *Ibid.*, p. 630.

에게 그가 자기의 평화제안에 대한 답변을 기다리면서 모스크바에서 너무 오래 머물렀지만 그는 그것을 고칠 수단을 가지고 있다고 말했다. 그는 자신의 오만에 대한 러시아 동장군(General Winter)의 저주(Nemesis)를 잘 의식하고 있는 것 같았다. 나폴레옹은 약 524,000명의 병사들을 잃고 그들 중 10만에서 12만 명 정도는 포로가 되었다. 붙잡힌 병사들 중 많은 병사들이 다가오는 해에 죽었고 사실상 아무도 워털루 이전에 프랑스로 돌아오지 못했다. 비록 2만 명의 비프랑스인들은 나폴레옹에 대항하여 곧 소집될 러시아의 새 군대에 지원했다. 마크도날의 32,300명의 군단은 대체로 상처받지 않고 나타났지만 그들 가운데 절반이 프러시아인들로 그들은 곧 프랑스에 대항하도록 정렬될 것이었다. 그리고 슈바르첸베르크의 34,000명의 오스트리아인들은 이제 믿을 수 없었다. 베레지나 강을 건넌 추가적인 15,000명의 생존자들은 그곳에서 빌니우스 사이에서 퇴각하는 중에 상실되었다. 네(Ney) 원수가 12월 14일 니멘 강을 다시 건너는 마지막 전력이었다. 그날에 그는 총 7문의 포대와 함께 겨우 400명의 보병과 600명의 기병들만을 갖고 있었다.[503] 러시아 침공의 결과는 참으로 참담했다. 그러나 나폴레옹은 러시아 동장군의 가혹한 저주에도 불구하고 나폴레옹은 몰락하지 않았으며, 그에게는 더 이상의 전쟁을 끝낼 생각도 전혀 없었다.

---

503) *Ibid.*, p. 635.

제18장
나폴레옹과 유럽 연합군의 결투:
라이프치히(Leipzig) 전투

"일단 공세가 취해지면, 그것은 마지막 극단까지 유지되야 한다."
-나폴레옹 보나파르트-

1812년 12월 18일 파리로 돌아온 날로부터 1813년 4월에 군사작전에 착수하기까지 17주도 안 되어, 나폴레옹은 황실 근위대의 8만 4천 명의 보병과 9천 명의 포병들을 정규군에 포함시켰다. 그는 1809~1812년 연령 그룹으로부터 10만 명 그리고 1813~1814년 연령그룹으로부터 15만 명을 징집했다. 그는 12개의 준여단들로 구성되는 30개의 새 연대들을 형성했다. 그는 무기 공장들에게 15만 정의 총을 주문하고, 추가적인 병사들을 위해 신병 보충부와 수비대들을 훑었다. 1만 6천 명의 수병들을 해군에서 육군으로 이동하고 제대 해군 포병들을 포병으로 편입했다. 프랑스 제국의 1,000개의 군(canton)들은 각각 한 명의 병사와 한 마리의 말을 제공하도록 그는 요구했다. 스페인에서는 황실 근위대를 재건하기 위해서 전선 군대를 약탈했다. 확보할 수 있는 곳에서는 어디에서나 말들을 구매하고 징발했다. 동맹국들에게는 그들의 군대를 재건하라고 명령했고 엘베, 라인, 그리고 이탈리아에서는 관찰 군단을 창설했다.[504]

프랑스의 신병들은 훈련할 시간이 없었기에 그들은 전투에서 훨씬 기동력이 떨어졌다. 다음 2년간의 상상력이 없는 전면공격의 이유들 가운데 하나는 훈련을 받지 못한 대규모의 병사들을 함께 이동을 유지할 필요성 때문이었다. 만일 나폴레옹의 제국 지배가 폭군적이었다면 그것을 가장 오랫동안 참았던 유럽의 그런 곳들이 일단 그가 포괄적으로 굴욕을 당했을 때 제일 먼저 봉기할 것으로 기대할 것이지만 그러나 그런 일은 발생하지 않았다. 오히려 프랑스에 의해 점령당하지 않았던 동부 프러시아와 슐레지아(Silesia)가 1813년 봉기했다. 그러나 베를린과 브란덴부르크(Brandenburg)와 같이 1806년 이래 점령당했던 프러시아의 지역들은 봉기하지 않았다. 비슷하게, 네덜란드, 스위스, 이탈리아 그리고 나머지 독일도 그에게 전혀 봉기하지 않거나 그들의 정부가 그에 대항하는 선언을 기다리거나, 그것도 아니면 동맹국들의 군대들이 도착할 때까지 수동적으로 앉아 있었다.[505]

프랑스 자체 내에서는 브리타니(Brittany)에서 약간의 빵을 위한 소요, 그리고 방데(Vendee)와 미디(Midi)에서 보다 작은 말썽을 제외하고는 1813, 1814년 혹은 1815년에 어떠한 봉기도 나타나지 않았다. 많은 프랑스인들이 전쟁에 진정으로 진절머리가 나고 또, 특히 수확 시기의 징집에 대한 지방의 상당한 반대가 있었지만 프랑스인

---

504) Andrew Roberts, *Napoleon: A Life,* New York: Penguin Books, 2014, p. 637.
505) *Ibid.*

들은 나폴레옹이 프랑스의 적들과 싸우는 동안에 황제를 쫓아내길 원하지 않았다. 나폴레옹을 공개적으로 비난하는 사람만이 체포될 수 있었지만 이 온건한 단속도 고전적으로 프랑스의 18세기 방식으로 수행되었다.[506]

비록 러시아인들이 많은 관심을 끄는 일이 별로 없지만 1812년에 그들의 손실도 엄청났다. 작전 중에 약 15만 명의 러시아의 병사들이 죽고 30만 명이 부상을 당하거나 동상에 걸렸다. 아주 보다 많은 민간인들도 그랬다. 러시아의 야전군은 10만 명으로 감소했고 폴란드에서 모스크바에 이르는 많은 지역이 황폐화되어 러시아의 재정에서 수억 루블을 빼앗아갔다. 1813년 초 4개의 러시아 사단들이 비스툴라 강을 건너서 포메라니아를 침공했다. 그것은 프랑스로 하여금 뤼벡(Lübeck)과 슈트랄준트(Stralsund)에서 철수하게 만들었다. 1813년 1월 7일, 1812년 아보 조약(The Treaty of Abo)의 조건 하에서 지금까지 중립을 지켰지만 이제는 베르나도트 왕의 영향력 하에서 스웨덴이 프랑스에 전쟁을 선포했다. 베르나도트는 나폴레옹에게 자기는 프랑스에 대항하는 것이 아니라 스웨덴을 위해서 행동하고 있으며 나폴레옹에 의한 스웨덴의 포메라니아 장악이 균열의 원인이라고 말했다. 프랑스인들의 피를 흘리지 않으려는 프랑스인으로서 그의 당연한 성향과는 달리 베르나도트는 그렇게 하는 것이 언젠가 자신이 프랑스의 왕이 되는 그의 희망을 포기하게 하는 수단임을 인정했다.[507]

나폴레옹은 놀랍게도 러시아에서 자기 퇴각 후유증의 깊이에 관해

---

506) *Ibid.*, pp. 637-638.
507) *Ibid.*, p. 638.

서 열린 마음을 갖고 있었다. 국내적 불만을 최소화하려는 노력에서 나폴레옹은 1월 늦게 퐁텐블로에서 교황과 새로운 협약을 체결했다. 그는 12월 29일에 "아마도 우리는 국가와 교회 간의 차이를 종식시키는 많이 갈망하던 목표를 달성했다"고 썼다. 그것은 야심적으로 보였다. 그러나 한 달도 안 되어 광범위하고 포괄적인 문건이 이견의 대부분의 영역을 커버하여 서명되었다. 교황은 프랑스와 이탈리아에서 교황의 직무를 행사할 것이고 외교관들과 같은 특권을 갖게 될 것이다. 그것은 나폴레옹에게 좋은 결과였다. 교황은 즉시 후회하고 부인하려고 했다.508)

1813년 2월 7일 나폴레옹은 튈르리 궁에서 큰 퍼레이드를 갖고 그후에 그가 군사작전으로 멀리 나가 있을 기간 동안 섭정을 세우기 위해 국무원의 회의를 개최했다. 말레의 음모가 그를 놀라게 했고 그래서 그는 자기의 부재를 이용하려는 어떤 새로운 시도에 대항하여 자신을 보호하고 싶었다. 그는 또한 자기가 죽을 경우에 자기 아들이 그의 후계자로 아직 어리지만 수용될 것임을 확실히 하고 싶었다. 깡바세레스가 작성한 19개 문단의 상원의 결정 아래에서 만일 나폴레옹이 죽을 경우에 로마의 왕이 성년이 될 때까지 섭정위원회에 의해서 권고를 받을 황후 마리 루이제에게 섭정권이 있을 것이다. 나폴레옹은 깡바세레스가 프랑스의 효과적인 통치자가 되길 원했지만, 그러나 마리 루이제와 같이 정부에게 그녀 이름의 권위를 부여하길 원했다.509)

1813년 2월 13일에 나폴레옹은 오스트리아가 적어도 10만 명에

---

508) *Ibid.*, p. 639.
509) *Ibid.*, p. 640.

달하는 병사들의 야전군을 동원하고 있다는 아주 불길한 소식을 받았다. 직후에 메테르니히가 동맹국에게서 결코 기대될 수 없는 유럽의 평화적 타결을 중재하겠다는 제안을 했다. 그는 러시아의 재앙 이래 그의 국내외적 적들이 훨씬 더 모험적이 될 것임을 알고 있었다. 그래서 그는 한 번 더 작전을 펴서 이 사악한 러시아인들을 잡아야만 한다고 그는 생각했다. 그리고 그는 자기의 원수들에게 불평을 했다. 명령을 지휘할 사람이 한 사람도 없으며 그들 가운데 누구도 그에게 복종하는 것 외에는 아무 것도 모른다는 것이었다. 나폴레옹의 자제력은 그가 2월 14일 입법부와 상원의 개회에 그가 말할 때 분명했다. 그가 러시아의 공과라고 부른 것으로부터 돌아온 이후 그의 의원들에게 그의 첫 발표에서 그는 겨울의 과도하고 또 때 이른 가혹함이 그의 군대를 무서운 재앙으로 고통받았다고 말함으로써 패배를 설명했다. 그리고 나서 그는 교황과의 어려움에 대한 종식을 발표하고, 보나파르트 왕조가 스페인에서 영원히 군림할 것이라고 말하고, 프랑스 제국은 바다가 닫혀 있다고 해도 1억 2천 6백만 프랑의 무역 흑자를 보고 있다고 천명했다. 그리고 그는 프랑스 제국에 명예롭고 잘 어울리는 것 외에는 어떠한 평화도 이루지 않을 것이라고 말했다.[510]

1813년 1월 초에 프러시아의 프리드리히 빌헬름 3세가 타우로겐 (Tauroggen)에서 러시아인들과 불가침 조약을 맺은 데 대해 요르크 (Yorck) 장군을 군사재판에 회부했지만, 그는 때를 기다리고 있었다. 프러시아는 틸지트 이래 근대화 혁명을 수행했다. 그것은 나폴레옹이 이제는 거의 7년 전에 예나(Jena)에서 그가 분쇄한 것과는 아주 다른

---

510) Andrew Roberts, *Napoleon: A Life,* New York: Penguin Books, 2014, p. 641.

적을 마주할 것임을 의미했다. 프러시아는 그 패배를 동기로 삼아 개혁했고 그리고 나폴레옹식 행정 및 군사의 모델을 그들의 모형으로 삼아서 철저한 개혁을 단행했다. 폰 슈타인(von Stein)과 폰 하르덴베르크(von Hardenberg) 공작들과 폰 그나이제나우(von Gneisenau)와 폰 샤른호르스트(Scharnhorst) 장군들이 좋은 의미에서 혁명을 요구했다.511) 그것은 과거의 낡은 편견들을 파괴하고 프러시아의 동면하는 힘을 부활시키는 것이었다. 많은 국내적 관세와 제약적인 독점들과 실천들, 소작농계급의 세습적 굴레, 그리고 직업, 이동, 그리고 토지소유권에 대한 제약들을 포함하여 중대한 재정적 및 행정적 개혁이 있었다. 노동에서 자유시장이 창조되고, 과세가 조화되고, 장관들이 직접 책임을 지게 했다. 유대인들에 대한 재산, 결혼 그리고 여행제한이 철폐되었다.512)

1813년 2월 28일 프리드리히 빌헬름은 차르 알렉산드르와 칼리쉬 조약(The Treaty of Kalisch)을 체결했다. 그것으로 차르는 만일 프러시아가 나폴레옹과 싸우기 위해 8만 명의 병력을 보내고자 한다면 프러시아를 틸지트(Tilsit) 이전의 국경선으로 복귀시키고 15만 명의 병력을 제공할 것을 약속했다. 그 조약이 체결되자마자, 영국은 두 국가들의 군대에 의해서 사용될 무기, 장비 그리고 군복을 발트해의 항구들로 운송하기 시작했다. 외젠은 베를린을 포기해야만 했다. 연합국의 계획은 작소니를 나폴레옹에게서 떼어 내기 위해서 드레스덴으로 이

---

511) 특히 프러시아의 상세한 군사개혁에 관해서는 Peter Paret, *Clausewitz and the State: The Man, His Theories, and His Times,* Princeton: Princeton university Press, 2007.을 참조.

512) Andrew Roberts, *Napoleon: A Life,* New York: Penguin Books, 2014, p. 643.

동하는 것이었다. 게다가, 그들은 북부 독일의 타운들과 라인 국가연합에서 반란을 조성하기 위해서 북부 독일 평원의 전 지역에 쏟아지는 코사크 족 부대들을 보냈다.513)

1813년 3월 18일 코사크 족들은 연합국들이 희망했던 대로 북부 독일에 도착하여 봉기를 촉발했다. 멕크렌부르크(Mecklenburg)가 라인 국가연합으로부터 이탈하는 첫 국가였다. 3월 말까지 상황이 너무 좋지 않아 나폴레옹은 지금 엘베에 있는 관찰 사단들의 사령관인 로리스통(Lauriston)에게 마그데부르크와 스판다우의 방어를 위한 그의 계획에 관해서 외젠에게 더 이상 편지를 쓰지 말라고 말했다. 상황을 더 악화시키기 위해 스웨덴이 만일 영국이 1백만 파운드를 보조해주면 제6차 연합(the Sixth Coalition)에 3만 명의 병사들을 보내기로 동의했다. 그리고 4월 초에 피에르 두르트(Pierre Durutte) 장군의 작은 주둔군이 드레스덴에서 철수해야만 했다.514)

이만 때쯤, 나폴레옹은 몰레(Molé)에게 프랑스가 이전의 경계, 즉 1792년의 전쟁 전 국경선으로 돌아가는 전망에 관해서 말했다. 그는 모든 것이 그의 영광 덕택이라면서 만일 그가 그것을 희생시키면 자기는 존재하지 않을 것이라고 말했다. 나폴레옹은 러시아의 재앙을 나무를 그 뿌리까지 흔들지만 나무를 땅에 여전히 단단하게 조정시키는 폭풍에 견주었다. 그는 프랑스 국민을 논의하길 원했다. 프랑스 국민은 그를 좋아하기 보다는 더 두려워하기 때문에 그의 죽음에 대한 소식을 처음에는 안도로 간주할 것이다. 그러나 그것이 나를 두려워

---

513) *Ibid.*, p. 644.
514) *Ibid.*

하지 않고 나를 좋아하는 것보다는 훨씬 낫다고 말했다. 그 말은 그가 익숙한 마키아벨리의 <군주론>에 있는 말이다. 나폴레옹은 계속해서 러시아인들은 보병이 없기 때문에 그는 러시아인들을 박살낼 것이며 제국의 국경선들은 프러시아의 이탈이 그에게 보상을 추구하게 할 것이기 때문에 오데르(the Oder) 강에서 정해질 것이라고 말했다. 또한 그는 오스트리아인들이 그에게 전쟁을 선포하지 않을 것이다. 왜냐하면 그의 정치적 경력 중 최선의 행위는 그의 결혼이기 때문이라고 생각했다. 적어도 이런 3가지 상황에서 그는 분명히 상황의 사실들을 진정으로 고려하지 않고 몰레의 사기를 높이려고 노력하고 있었다.[515]

1813년 4월 15일 새벽 4시에 전장으로 가기 위해 나폴레옹은 생클루 궁을 떠났다. 3일 후에, 그는 마리 루이제에게 일주일에 한 번씩 부친인 프란시스에게 편지를 써서 그에게 군사적 상황을 말하고 장인에 대한 자기의 애정을 말하라고 말했다. 웰링턴(Wellington)이 스페인에서 공세를 취하고 있고, 뮈라는 나폴리에 대해 오스트리아와 협상 중이며, 베르나도트(Bernadotte)는 스웨덴 군대를 상륙시키려 하고 있는 상황에서, 서부 독일에서 봉기와 신속하게 재무장하면서 기껏해야 중재나 제안하는 오스트리아에 대한 두려움들로 인해서 나폴레옹은 전장에서 이르고 결정적인 승리가 필요하다는 것을 알고 있었다. 라이프치히(Leipzig) 주변으로 모이고 있는 연합국들은 10만 명의 병사들을 집결시켰다. 그들 가운데 3만 명은 기병대였다. 그리고 그들은 크게 재지원을 받고 있었다. 러시아 군은 4월에 쿠투조프의 병사로 인해 비트겐슈타인이 사령관이었다. 그 결과로 인해 신속하게 재구성

---

515) *Ibid.,* p. 645.

된 프랑스의 대군대는 이와는 대조적으로 오직 8,540명의 기병들만을 보유하고 있었다.516)

1813년 4월 25일 나폴레옹은 에어푸르트(Erfurt)에 도달해서 군대의 지휘를 맡았다. 그는 그의 장교들 중 상당수가 얼마나 경험이 없는지를 알고 충격을 받았다. 그는 도착한지 3일 이내에 그는 대 군대의 121,000명을 병력을 이끌어 엘베 강을 다시 건너 작소니로 들어갔다. 그의 목표는 북부 독일을 회복하고, 단치히(Danzig)와 다른 포위된 도시들에 대한 압박을 완화하고, 5만 명의 재향 군인들을 풀어서, 비스툴라의 전선까지 희망적으로 돌아가는 것이었다. 그는 로리스통의 사단들을 선봉으로 하고 마크도날과 레이니에(Reynier) 사단을 좌익으로 하고, 네와 앙리 베르트랑(Henri Bertrand)의 사단을 우익에 두고, 그리고 마르몽의 사단을 후위군으로 하여 라이프치히에 있는 적군을 노렸다. 그의 좌측에서 유진이 추가적인 5만 8천 명의 병사들을, 포니아토프스키가 5월에 그의 군대를 합류 시켰지만 그러나 나폴레옹은 다부(Davout)를 함부르크의 주지사로 보내 버려 그의 가장 유능한 원수를 위험스럽게 과소 사용을 하였다.

5월 2일 일요일 나폴레옹은 총 9만 6천 명의 병력을 마주했다. 그가 로리스통의 진격을 보고 있을 때 그는 비트겐슈타인이 그날 오전 10시에 뤼첸(Lützen) 마을의 근처에서 네에게 기습공격을 단행했다는 소식을 들었다. 연속 포격에 열심히 귀를 기울이며 나폴레옹은 네에게 그가 군대를 돌리는 동안에 그의 진지를 유지하라는 명령을 내리고, 로리스통은 새 예비병력을 형성하고, 베르트랑에게 적의 좌측을, 그리

---

516) *Ibid.*, p. 646.

고 마크도날에게는 우측을 공격하라고 보냈다. 이것은 교과서적 사단들의 기동이었다. 많은 징집 신병들은 전투 수일 전 에어푸르트에 도착했을 때 처음으로 그들의 총검을 받았다. 어떤 신병들은 전투 전날에 총검을 받기도 했다. 오후 2시 30분에 나폴레옹이 경비기병대의 머리에서 전장에 나타나서 카야(Kaja)의 마을로 말을 타고 갔다. 그로스-고르쉔, 카야, 라흐나(Rahna) 그리고 클라인고르쉔(Kleingorschen)의 4개 마을이 전투의 중심부를 형성했다. 차르는 러시아의 말 탄 보병부대를 보냈고 리꺄르(Ricard)의 사단이 각 마을이 주인을 여러 차례 바뀌면서 정지할 때까지 싸웠다. 네(Ney)가 전방 전선에서 부상을 당했고, 수앰(Souham) 자신을 제외하고는 그의 사단의 모든 고위 장교들은 죽거나 부상을 당했다.[517]

비트겐슈타인은 예비병력이 고갈되고 있었고 매시간 그는 도착하는 점점 더 많은 프랑스인들을 볼 수 있었다. 그러나 그는 카야에 대한 공격을 재개하기로 선택했다. 오후 6시경에 나폴레옹은 최종적 공격을 위한 순간이 빠르게 다가오고 있다고 결정했다. 자기가 경비대를 결정적으로 전개하지 못했던 보로디노에서 실수를 기억하여 나폴레옹은 모르티에(Mortier)에게 9,800명의 신 근위대(the Young Guard)를 공격으로 이끌라고 명령했다. 그것은 6개 대대의 구 근위대(the Old Guard)에 의해서 지원받았다. 2개 사단의 경비 기병대가 그들 뒤에 있었다. 그리고 "황제 만세" 소리에 맞추어 그들은 라흐나에서 그로스-고르쉔까지 휩쓸고 나아갔다. 동일한 순간에 보네(Bonnet) 사단도 스타르지델(Starsiedel)에서 진격했으며 모랑(Morand)의 사단도 서

517) *Ibid.,* p. 647.

쪽에서 공격을 계속했다.[518]

연합국들의 모든 예비병력이 투입되어 러시아의 경비대는 그로스-고르쉔의 뒤에서 집결하여 후퇴하는 러시아와 프러시아의 편성부대들이 결속하도록 고무했다. 5개의 불타는 마을로 밝혀진 밤이 되자 프랑스인들은 공격을 재개했고 적을 더욱 흔들어 놓았다. 전투 후에 연합군들이 질서 있게 철수하여 그들의 경비병에서 거대한 이점을 이용하는데 실패했다. 나폴레옹은 큰 대가를 지불했지만 승리했다. 2,700명이 죽고 16,900명이 부상했다. 러시아인들과 프러시아인들도 비슷한 수의 병사들을 잃었다. 나폴레옹은 추격할 경비대가 없었다. 그것은 1813년 작전 내내 주요 문제가 되었다. 그러나 그는 작소니와 엘베 강의 서쪽 둑을 회복하기 시작했다. "나의 독수리들이 다시 승리했다"고 전투 후에 콜랭꾸르에게 말했지만, 그는 불길하게도, "그러나 나의 별은 지고 있다"고 덧붙였다.[519]

연합군들이 엘베 강을 건너 후퇴하자 프랑스인들은 보병의 속도로 따를 수 있었다. 프러시아인들은 당연히 베를린을 보호하기 위해서 북쪽으로 후퇴하는 반면에 러시아인들은 동쪽으로 이동하여 폴란드를 통한 자기들의 병참선을 보호하길 원했다. 비트겐슈타인은 오스트리아의 국경선에서 단지 8마일 떨어진 바우첸(Bautzen)으로 가까이 집결해서 그곳으로부터 베를린과 드레스덴을 모두 엄호하려고 했다. 1813년 5월 8일 나폴레옹은 드레스덴으로 들어가 그곳에서 10일간 머물렀다. 오스트리아가 무장하고 있고 그 어느 때보다도 투쟁적이라

---

518) Andrew Roberts, *Napoleon: A Life,* New York: Penguin Books, 2014, p. 650.
519) *Ibid.*

는 소식에 나폴레옹은 걱정이 되었다. 그는 황후 마리 루이제에게 계속 편지를 써서 그녀의 부친과 중재하도록 요구했다. 동시에 그는 콜랭꾸르를 차르에게 보내 평화를 요청하게 했다. 그러나 그가 연합군의 본부에 도착했을 때 차르는 그에게 프러시아의 왕과 오스트리아와 영국의 대사들의 면전에서만 그를 볼 것이다.[520]

나폴레옹은 스프레(Spree) 강가에 있는 바우첸(Bautzen)이라는 요새화된 마을에서 연합국의 주력군을 공격하기 위해서 5월 18일 오후 2시에 드레스덴을 떠났다. 5월 20일 목요일, 우디노(Oudinot)가 연합군의 좌측을 세차게 공격함으로써 바우첸의 전투가 시작되었다. 나폴레옹은 약 5만 7천 명에 달하는 대군대의 네가 이끄는 확정된 날개가 열린 연합군의 우측 측면을 결정적으로 치고 들어가 그것을 에르츠게비르게(Erzgebirge)산으로 몰고 가기 전에 네를 기다렸다. 그 계획은 차르가 연합군 예비병력의 대부분을 좌측으로 잘못 투입했기 때문에 나폴레옹이 바라던 대로 성공했다. 다음날, 나폴레옹은 네와 로리스통이 전투에 합류할 것이고 승리를 완결할 것으로 믿었다. 우디노가 다시 연합군의 좌측을 강력하게 공격하고, 마크도날과 마르몽이 중앙의 공격에 가담하고, 그리고 나폴레옹은 때가 왔다고 생각했을 때 황실 근위대를 투입했다. 그러나 네(Ney)가 혼란한 질서 후에 늦게 도착하여 그로 하여금 한 시간 동안 중지하게 만들었고, 연합군이 위험을 감지하고 안전지대로 행군해 가버리게 허용했다. 싸움의 치열한 수준은 사상자에서 반영되었다. 21,200명의 프랑스인들이 죽거나 부상한 반면에 연합군은 강력한 방어의 혜택으로 그 수의 절반을 잃었다. 다시

---

520) *Ibid.*, p. 652.

한 번 기병대의 결핍은 나폴레옹이 자기의 전술적 승리를 의미 있는 방식으로 이용할 수 없었다는 것을 의미했다.[521)]

뤼첸과 바우첸에서의 승리는 나폴레옹에게 작소니와 질레시아의 대부분을 통제할 수 있게 했지만, 그의 손실들이 6월 4일 일시적 휴전을 수락할 수밖에 없을 만큼 컸다. 플라이슈비츠(Pleischwitz) 휴전은 원래 7월 20일까지 지속되도록 의도된 것이었다. 휴전에 동의하는 것은 나폴레옹은 본성에 없었다. 그는 후에 연합국들이 그 보다는 보다 이롭게 플라이슈비츠 휴전으로 번 시간을 이용했다고 인정했다. 그들은 병력을 배가하고 또 브란덴부르크와 슐레지아에서 그들의 방어를 강화했다. 영국도 역시 그 시간을 이용하여 라이엔바흐 조약(the Treaty of Reichenbach)을 조직했다. 그것은 러시아와 프러시아에 전쟁의 가장 큰 액수의 보조금인 7백만 파운드를 제공하는 것이었다. 그러나 궁전의 보좌역과 대원수로 뒤록(Duroc)의 역할들을 인수한 콜랭꾸르는 휴전에 찬성했고 베르티에도 그랬다. 오직 술트만이 그것을 실수라고 생각했다.[522)]

당시에 나폴레옹은 절실하게 자기의 군대, 특히 기병대를 훈련하고, 재조직하고 또 재강화하고, 엘베 강의 도강하는 곳들을 요새화하고, 그리고 탄약과 식량의 저장을 채우는 것이 절실히 필요했다. 그가 시간이 필요했던 또 하나의 이유는 오스트리아를 설득해서 자기에게 선전포고를 하지 않도록 하는 것이었다. 휴전 중에 메테르니히는 슈타디온(Stadion) 백작을 동맹국들에게, 그리고 부브나(Bubna) 백작을

---

521) *Ibid.,* p. 653.
522) Andrew Roberts, *Napoleon: A Life,* New York: Penguin Books, 2014, p. 655.

나폴레옹에게 보내서 독일, 폴란드, 그리고 아드리아 해에서 프랑스의 철수를 논의했다. 메테르니히는 평화를 논의하기 위해 프라하(Prague)에서 국제회의를 요구했지만, 그러나 나폴레옹은 그것은 오스트리아가 단지 연합국에 합류하기 위한 구실이라고 두려워했다. 네덜란드, 스페인 그리고 이탈리아에서 프랑스의 철수도 그곳에서 협상 테이블 위에 놓일 예정이었다.[523]

나폴레옹의 원수들 중 몇 사람은 휴전이 몰락한다면 라인 강으로 후퇴하기를 원했다. 그러나 나폴레옹은 이것은 덴마크, 폴란드, 작손과 베스트팔렌 동맹국들뿐만 아니라 오데르 강에 있는 요새들의 주둔군의 포기를 의미할 것이라고 지적했다. 그의 유추는 비록 그것이 그 자신의 판단과 내선의 기동에 관한 명료성에 완전히 의존했지만 건전했다. 그의 중대한 실수는 이제 평화가 그런 방식으로 발견될 수 있을 것이라고 가정하는 것이었다. 이제 그는 자기만큼 단호한 결의에 차 있고 또 그를 굴복시키려는 새로운 결심을 가진 적을 마주했다는 것이었다.[524]

1813년 6월 26일 오스트리아의 수상 메테르니히(Metternich)가 드레스덴에 왔다. 마르콜리니(Marcoloini) 궁의 중국식 방에서 그는 나폴레옹과 회담을 가졌다. 나폴레옹은 유럽에서 가장 침착한 정치가인 메테르니히를 노려보아 중재에 대한 오스트리아의 계획들을 버리도록 할 수 있기를 희망하면서 오전 1시 직후에 회담을 시작했다. 그는 그가 메테르니히를 프랑스 진영에 복귀하도록 설득할 수 있다고 생각했

---

523) *Ibid.*
524) *Ibid.*, pp. 655-656.

다. 이와는 대조적으로 메테르니히는 독일, 네덜란드, 이탈리아와 벨기에에 대한 모든 현저한 영토적 문제들을 커버하는 협상된 평화의 합의에 도달하려는 결심이었다. 그들 각각의 입장의 거대한 불일치가 회담의 길이를 설명해주었다. 빈에서 나폴레옹의 결혼을 주선했던 외교관으로서 메테르니히는 친프랑스 인사로 간주되었다. 그는 프랑스 대군대가 러시아에서 분쇄되었을 때 황당함을 보였다. 그는 분명히 드레스덴이 나폴레옹이 아니라 자기가 대륙의 운명을 결정할 수 있는 시간이라고 분명히 생각했다. 한 때 메테르니히는 나폴레옹이 4번이나 자기의 모자를 방의 구석으로 던졌다고 메테르니히는 후에 자기 부인에게 말했다. 메테르니히는 나폴레옹에게 "폐하는 졌다"고 경고했다고 주장했다. 나폴레옹은 메테르니히가 영국의 돈을 받고 있다고 비난했다. 나폴레옹은 그 말은 농담이었다고 거의 즉각 수정하였지만 또 비록 두 사람이 회담을 예의 있게 끝낸 것으로 보였지만 메테르니히는 그가 구제할 수 없을 만큼 전쟁에 매진하고 있다고 확신했다.525)

메테르니히가 평화를 위해 요구한 조건들은 오스트리아에 일리리아(Illyria) 반환을 훨씬 넘어서는 것이었다. 그는 나폴레옹에게 이탈리아의 절반과 전 스페인의 독립, 프러시아에게 단치히를 포함하여 틸지트에서 탈취한 거의 모든 땅들의 반환, 교황의 로마로 복귀, 독일 국가연합의 보호령의 해체, 폴란드와 프러시아에서 프랑스 군대의 철수, 북부 독일 항구들이 독립과 바르샤바 공국의 폐지 등을 요구했던 것으로 보였다. 어느 지점에서 나폴레옹이 그의 서재 옆에 있다는 지도실에서 너무나 크게 소리를 질러서 그가 일리리아의 포기를

---

525) *Ibid.*, pp. 657-658.

꺼리지는 않지만 그러나 나머지 요구들은 불가능하다는 말을 그의 수행원들이 들었다. 6월 30일에 나폴레옹은 메테르니히를 다시 만났다. 이번에는 4시간 동안 만났는데 이때 그들은 휴전을 8월 10일까지 연장하고 그리고 나폴레옹은 7월 29일로 정한 프라하 회의(the Prague Congress)에서 오스트리아의 중재를 수락했다.526)

1813년 7월 29일 마침내 프라하 회의(the Congress of Prague)가 개최되었다. 콜랭꾸르와 나르본(Narbonne)이 프랑스를 대표했다. 러시아는 이로운 평화에 자격이 있지만 그가 그들의 계획적 배신으로 보는 것으로 인해 프란시스와 메테르니히를 보상해주기를 원하지 않았다. 8월 7일 메테르니히는 바르샤바 공국이 다시 분할되어야 하고, 함부르크는 해방되고, 단치히와 뤼벡은 자유시가 될 것이며, 프러시아는 엘베 강을 국경선으로 재건축되고, 트리에스테를 포함하여 일리리아는 오스트리아에 할양될 것을 요구했다. 그 당시의 거의 모든 다른 정치가는 이런 조건에 동의했을 것이다 그러나 시저와 알렉산더의 후예인 프랑스의 황제는 그가 굴욕적인 평화라고 보는 것을 받아드릴 수 없었다.527)

"연합국 측이 10일 날 휴전을 취소하고 적대 행위가 16일이나 17일 시작할 것이라는 데에는 전혀 의심의 여지가 없다." 8월 13일 나폴레옹은 드레스덴에서 다부(Davout)에게 경고했다. 그는 오스트리아가 그에게 12만 명, 바바리아에 3만 명, 그리고 이탈리아에 있는 외젠에게 5만 명의 병사들을 보낼 것이라고 예측했다. 이것이 연합국들에

---

526) *Ibid.*, p. 659.
527) *Ibid.*, p. 661.

게 어떤 병력의 증가를 가져오든 그는 그들을 마주할 수 있다고 느낄 수 있었다. 그러므로 자기의 44번째 생일을 5일간 앞당겨 8월 10일에 축하행사를 했다. 이것이 그가 프랑스를 통치하는 동안에 공식적으로 열리는 마지막 행사가 될 것이다. 1813년 8월 중순까지 나폴레옹은 4개의 군단들과 12개의 사단들에 분산된 4만 5천 명의 기병들을 집결시켰다. 그것은 휴전을 시작할 때보다 훨씬 많았지만 그에게 대항하여 집결된 병력에 대응하기에는 여전히 충분하지 않았다.

전략적인 상황이 심각했지만 그러나 재앙적이지는 않았다. 그가 천명했듯이 나폴레옹은 비록 국가가 3면에서 대규모의 적군들에 의해서 포위되었지만 작소니 내에서 내선들(the internal lines)의 이점을 갖고 있었다. 슈바르첸베르크의 보헤미아 군대는 이제 23만 명의 오스트리아인들, 러시아인들, 그리고 프러시아인들로 구성되었다. 블뤼허(Blücher) 장군이 상부 슐레지아로부터 서쪽으로 8만 5천 명의 프러시아인들과 러시아인들로 구성된 슐레지아 군대를 이끌었다. 베르나도트(Bernadotte)는 브란덴베르크에서 남쪽으로 이동하는 12만 명의 프러시아인들, 러시아인들과 스웨덴인들의 북부 군대를 지휘했다. 총 425,000명의 병력이었고 더 많은 병사들이 오고 있었다. 나폴레옹은 함부르크와 상부 오데르 강 사이에 분산된 351,000명의 병력을 갖고 있었다. 그는 과거에 아주 자주 그랬던 것처럼 그의 군대를 중앙에 집중하여 유지하고 각 적군을 각개로 패배시킬 필요가 있었다. 그러나 그 대신에 그는 자기의 군대를 분산한 중대한 실수를 범했다. 이것은 "당신의 병력을 계속 집중하고 그것들을 작은 다발로 낭비하지 말라"고 한 그 자신의 가장 중요한 금언들 중 2개를 위반했다.528) 그는 베를린을 장악하고 프러시아를 응징하려는 자신의 욕망 같은 제2차적 정치적 목적이 개입하도록 허용했다.

8월 15일 자신의 44번째 생일 날 나폴레옹은 브레슬라우(Breslau)를 장악한 블뤼허를 공격할 희망에서 슐레지아를 향해 드레스덴을 떠났다. 가는 도중에 그는 바우첸에서 뮈라(Murat)와 합류했다. 그는 우디노(Oudinot)에게 마그데부르크에 있는 지라르(Girard)의 사단이 8~9천 명이라고 말했다. 바로 다음날 그는 마크도날에게 그것이 12,000명에 달한다고 확인해 주었다. 드레스덴의 전투는 1813년 8월 26~27일에 싸웠다. 나폴레옹의 첩보 부대는 그 도시에서 모이는 거대한 연합군에 관해서 정확하게 경고했다. 19일에 바클레이 드 톨리의 러시아인들이 슈바르첸베르크와 합류하여 237,700명의 방대한 병력을 이루었다. 이 확장된 보헤미아 군대는 8월 21일에 5개의 정렬로 작소니로 행군해 들어갔다. 비트겐슈타인의 군대는 드레스덴을 향했다. 그러나 나폴레옹이 엘베 강의 모든 다리들을 통제했기 때문에 프랑스인들은 엘베 강의 양쪽에서 행군할 수 있었다.[529]

드레스덴에서 구 도시의 방어는 생 시르(Saint-Cyr) 군단의 3개 사단들에 의해서 유지되었다. 8개 대대의 구 도시 주둔군이 장벽들에 배치되었다. 차르 알렉산드르와 휴전 중에 러시아로 망명한 앙리 드 조미니(Henri de Jomini) 장군은 나폴레옹의 위치가 공격하기에 너무

---

528) Andrew Roberts, *Napoleon: A Life,* New York: Penguin Books, 2014, p. 664; 나폴레옹의 군사적 금언들을 위해서는, Napoleon Napoleon, *Napoleon's Maxims of War,* Pantianos Classics, 1862; Mete Aksoy ed., *Napoleon's Quotes on Victory, Leadership and the Art of War,* 2018.를 참조.

529) *Ibid.,* p. 668.

강력하다고 생각했다. 그러나 프러시아의 왕 프리드리히 빌헬름은 공격하지 않는 것이 군대의 사기에 손상을 줄 것이라고 주장했다. 오전 9시 30분까지 양측이 싸울 준비가 되었지만 오후 중반까지 아무 일도 일어나지 않았다. 그때 나폴레옹이 생 시르에게 도시의 성벽 밖에 있는 공장을 다시 장악하라고 명령했다. 이 작은 진격이 연합군 사령관들에 의해서 전투의 시작을 위한 신호로 오인되었다. 그러므로 본격적 전투는 본질적으로 우연히 이루어졌다.[530]

나폴레옹은 밤 사이에 빅토르의 군단에 의해 증원되었다. 군단체제를 이용하여 나폴레옹은 다음 날 전투를 위해 155,000명의 병사들을 집결시켰다. 밤새 비가 억수같이 쏟아져서 8월 27일 오전에 짙은 안개가 깔렸다. 안개가 걷히면서 나폴레옹은 연합군이 깊은 바이세리츠(Weisseritz) 협곡에 의해서 분할된 것을 발견했다. 그것은 그들의 좌측 날개가 우측 날개와 중심과 단절된 것을 의미했다. 나폴레옹은 오전 7시에 자기의 거의 모든 기병대와 2개의 보병 군단들로 대규모 공격을 단행하기로 결정했다. 10시까지 오스트리아인들은 거대한 압박을 받았다. 오전 1시에 뮈라가 "황제 만세"를 외치면서 총공세를 명령했다. 중앙에서는 오스트리아인들과 프러시아인들이 4시부터 준비하여 전투의 재개를 기대하고 있었다. 오전 8시에 생 시르는 슈트레흘렌(Strehlen) 고지에 있는 프러시아의 제12 여단을 공격하고 있었다. 이 치열한 싸움은 주로 비에 흠뻑 젖은 총검으로 이루어졌다. 10시까지 나폴레옹은 슈트레흘렌 고지에 대규모 포대들을 집결하여 그곳에서 전투의 중앙부를 지배했다. 오후 이른 시간까지 프러시아의

---

530) *Ibid.*

기병대가 우측으로 이동하여 사라지기 시작했다. 생 시르의 압박이 균형을 천천히 뒤집고 있었다.531)

오전 7시 30분에 나폴레옹의 우측에서 네(Ney)가 공격을 시작했다. 나폴레옹은 1시에 도착하여 공격을 격려했다. 오후 2시까지 나폴레옹은 중앙으로 돌아왔다. 5시 30분에 슈바르첸베르크는 방담므(Vandamme)가 피르나(Pirna)에서 엘베 강을 건너서 자기의 후방으로 행군하고 있다는 소식을 받았다. 그는 이제 싸움을 모두 포기하는 수밖에 대안이 없었다. 6시까지 프랑스인들은 그날 오전에 연합군이 점령했던 위치에서 멈추었다. 양측이 모두 약 1만 명의 병사들을 잃었지만 우측에서 뮈라의 승리가 13,000명의 오스트리아 포로들을 잡는데 이르렀고, 프랑스인들은 40문의 포를 탈취했다. 나폴레옹은 3명의 주권자들이 친히 참여한 오스트리아, 러시아 그리고 프러시아의 군대들에게 드레스덴에서 위대한 승리를 거두었다고 마리 루이제에게 편지를 썼다.532)

그러나 8월 말까지 나폴레옹이 드레스덴의 전투에서 얻은 모든 이점들이 그의 부하들에 의해서 날아가 버렸다. 베를린을 공격하라고 파견한 네(Ney)가 그곳의 우디노(Oudinot)와 함께 브란데부르크에 있는 데네비츠(Dennewitz) 전투에서 9월 6일 패배하고 말았다. 특히 일단 연합국들이 그 달 말에 라인 국가연합의 폐지를 선포하자, 바바리아가 중립을 선언했고 또 그것은 다른 독일국가들로 하여금 그들의 입장을 재고하게 만들었다.533)

---

531) Andrew Roberts, *Napoleon: A Life,* New York: Penguin Books, 2014, p. 670.
532) *Ibid.,* p. 671.

10월 초까지 연합군들은 프랑스의 병참선들을 마음대로 건너서 이동하고 있었다. 그리하여 나폴레옹의 수일 동안 편지를 보내지도 받지도 못했다. 10월 6일 상황이 크게 악화되었다. 그날 바바리아가 프랑스에 대항하여 전쟁을 선포했다. 다음 날, 웰링턴이 스페인에서 나와 비다소아(Bidasoa) 강을 건넜다. 블뤼허와 6만 4천 명의 병사들이 엘베 강을 건너고 2십만 명의 보헤미아 병사들이 라이프치히(Leipzig)를 향해서 행군하고 있었다. 나폴레옹은 생 시르를 드레스덴에 남겨두고 12만의 병사들을 이끌고 북쪽으로 향했다. 그는 블뤼허를 엘베 강 너머로 추격하고 그리고 나서 돌아와서 항상 베를린에 대한 신빙성 있는 위협을 가하는 슈바르첸베르크와 싸우길 희망하고 있었다. 10월 10일까지 슈바르첸베르크, 블뤼허, 그리고 베르나도트 지휘 하에 3국의 총 32만 5천 명의 연합군이 라이프치히에 모여들고 있었다. 그들은 그곳에서 나폴레옹의 훨씬 작은 근대를 덫으로 잡길 바라고 있었다. 10월 13일 나폴레옹은 네에게 "어쩔 수없이 라이프치히에서 대전투가 있을 것"이라고 편지를 썼다. 바로 그날 나폴레옹은 바바리아 군대가 오스트리아인들에게 합류했으며 이제 라인 강을 위협하고 있다는 것을 발견했다. 수적으로 크게 열세였음에도 불구하고 나폴레옹은 라이프치히를 위해 싸우기로 결정했다.[534]

전투는 16일에 일찍 시작되었다. 그런데 프러시아인들이 치열한 거리 싸움에서 포니아브스키의 폴란드인들로부터 마르크클레베르크(Markkleeberg)라는 마을을 장악했다. 그 전투는 인종적 증오심으로

---

533) *Ibid.*, p. 672.
534) *Ibid.*, p. 674.

더욱 치열했다. 바하우(Wachau)는 비교적 가볍게 유지되어 신속히 러시아 군들에게 떨어졌다. 나폴레옹이 정오와 오후 1시 사이에 그곳에 도착했을 때 그는 177문의 포를 조직하고 중대한 반격을 가하여 러시아인들을 라이프치히 평원으로 몰아냈다. 그 곳에서는 은폐물이 없어서 포도탄이 그들 중 많은 병사들을 쓰러뜨렸다.[535]

오전 11시까지 연합군은 지치고 예비병력 없이 그들의 출발점으로 후퇴했다. 그들의 침략에 놀란 나폴레옹은 그가 좋아했을 것 보다 더 빨리 자기의 예비병력을 투입했다. 우디노 지휘 하에 젊은 경비대 2개 사단과 대규모 예비 기병들이 바하우 뒤에 집결했다. 안개가 전장에서 걷히자 나폴레옹은 자기의 분명한 우수성을 평가할 수 있었다. 바하우에서 연합군의 가장 약한 지점에서 연합군을 분산시킬 기회를 보고 그는 정오에 마크도날의 군단을 투입하여 연합군의 우측 측방을 공격했다. 오후 2시에 그는 제22 근위대를 직접 격려하여 콜름베르크(Kolmberg)라고 알려진 그로스푀스나(Grosspösna)를 내려다보는 고지를 습격하게 했다. 비록 그들이 고지를 장악했지만 그들의 의도가 알렉산드르, 프리드리히 빌헬름 그리고 슈바르첸베르크에 포착되어 그들을 중지시키기 위해 프루시아의 예비병력을 들여보냈다. 평원에서는 뮈라가 바하우와 리베르트볼크비츠(Liebertwolkwitz) 사이에 우디노와 포니아토프스키를 지원하기 위해 밀접한 종열로 경비병을 집결시켰다.

오후 2시 30분에 보르드술(Bordessoule)의 경비대가 중앙으로 치고 들어가 뷔르템베르크 공작의 보병을 분쇄하고 연합군 대 포대의 포병

---

535) *Ibid.*, p. 676.

들 사이로 돌격했다. 총 2천 5백 명에 달하는 기병대의 18개 부대가 러시아의 대 기병 사단을 공격하여 그것을 뒤엎고 연합국 사령본부로 돌진하였다. 그러나 프랑스 보병이 이 공격을 뒤따르지 못했다. 나폴레옹은 북쪽에서 도착할 마르몽을 기다렸지만 오후 3시가 되자 그는 자기가 거느린 병력으로 자신의 총공격을 단행하기로 결정했다. 그는 자기의 포병을 잘 전진시켜 적의 중앙을 치고, 기병대의 공격과 반격을 계속하고, 근거리로 포병의 일제사격을 명령하고 연합군의 전선들을 거의 파멸 지점까지 가져갔지만 오스트리아의 새 병력이 신속하게 그 행동에 가담했다. 러시아와 프러시아의 편대들이 프랑스의 돌파를 막았다.[536]

뫼케른(Moeckern)의 방향에서 지속되는 포대의 발포 소리를 듣고 나폴레옹은 전장의 북부로 말을 달렸다. 그곳에서는 블뤼허가 마르몽과 교전하고 있었다. 야만적 육박전이 뫼케른의 좁은 거리에서 발생했고, 마르몽이 마을을 넘어서 진격하려고 시도할 때 요르크(Yorck)가 보병의 지원을 받으면서 기병대로 공격했다. 마르몽의 병사들은 라이프치히 안으로 밀려났다. 네는 그 도시를 향해 꾸준히 후퇴하고 있었고 블뤼허와 베르나도트의 진격을 지연시키지 못하고 자신의 강력한 위치를 하나씩 내어주고 있었다. 연합군이 3면에서 좁혀오자 나폴레옹은 프랑스의 공격들을 너무 얇게 분산하여 어느 한 지점에서도 결정적이지 못했다. 오후 5시까지 양측 군대는 첫 날의 전투를 끝낼 준비가 되었다. 사상자가 컸다. 그들은 약 25,000명의 프랑스인들과 30,000명의 연합군에 달했다. 그날 밤 나폴레옹은 슈바르첸베르크가

---

536) *Ibid.*, p. 677.

대규모 증원군을 받기 전에 자기를 빼내기 위해 서쪽의 도로를 따라 살짝 빠져나갔어야 했다.537)

그 대신에 그는 10월 17일 하루를 휴식과 회복으로 보내도록 허용하고 휴전을 요청하면서, 그날 잡힌 오스트리아의 고위 장군인 막시밀리안 폰 메르벨트(Maximilian von Merveldt)를 노골적인 반-러시아 메시지와 함께 프란시스 황제에게 보냈다. 오스트리아, 프랑스, 그리고 심지어 프러시아에게도 비스툴라에서 멈추는 것은 너무 많은 요구였다. 프란시스는 3주 동안 휴전 제안에 답변을 하지 않았다. 그때까지는 상황이 나폴레옹에게 불리하게 급진적으로 변했다. 웰링턴은 나중에 만일 나폴레옹이 보다 일찍 라이프치히에서 철수했더라면 연합군이 라인 강에 접근하려고 모험하지는 않았을 것이라고 말했다. 그러나 휴전 없이 라이프치히에서 퇴각한다는 것은 동부의 요새들에 주둔하는 수만 명의 병사들을 사실상 포기하는 것을 의미했을 것이다.538)

나폴레옹은 그러면 작손인들과 뷔르템베르그인들이 바바리아인들이 이미 했던 것처럼 그로부터 떨어져 나갈 것이라고 두려워했다. 그러므로 에어푸르트(Erfurt)를 향해서 퇴각하는 대신에 그는 자신의 탄약을 조직하고 또 자기의 전 병사들을 도시의 북동쪽과 남쪽에서 반원형으로 집중시켰다. 그리고 그는 베르트랑(Bertrand)과 모르티에를 보내서 탈출이 필요한 경우에 출구를 확보하게 했다. 그는 7일 밤에 심한 독감에 걸렸지만 그러나 그는 버텨냈다. 그러나 베르나도트와 베니그센(Bennigsen) 사단들의 도착은 전투가 시작한 이래 그가 추가

---

537) Andrew Roberts, *Napoleon: A Life,* New York: Penguin Books, 2014, p. 680.
538) *Ibid.*

적인 1만 4천 명의 지원군으로 재강화된 반면에 슈바르첸베르크는 10만 명 이상의 증원군으로 재강화되었다는 것을 의미했다.[539]

10월 18일 오전 8시에 린데나우(Lindenau)를 향해 말을 달린 뒤에 나폴레옹은 그날의 대부분을 톤베르크(Thonberg)에서 보냈는데 그곳에는 구 경비대와 경비대 기병이 예비병력으로 유지되었다. 그때까지는 태양이 빛나고 군대들은 교전할 준비가 되었다. 전투의 재개를 위해 슈바르첸베르크는 6개의 큰 결합 공격을 조직했다. 그는 라이프치히에서 프랑스 군대를 분쇄할 생각이었다. 오전 9시에 작손의 포대는 실제로 돌아서서 프랑스 전선에 발포하기 시작했다. 그들은 예나 전투 이후 프러시아인들을 저버린 지 7년 동안 나폴레옹을 위해 싸웠다. 그러한 냉혹한 배신은 프랑스인들의 사기에 나쁜 영향을 주었다. 뷜로브(Buelow)가 곧 파운스도르프(Paunsdorf)를 장악했다. 나폴레옹이 구 경비대와 신 경비대의 부대들을 투입하여 그곳을 재 장악했지만 압도적인 수의 프러시아의 병사들이 이들을 몰아냈다.[540]

라이프치히의 북쪽에서는 마르몽과 러시아의 군대에서 싸운 도망자 장군인 랑즈롱(Langeron) 사이에서 쇠네펠트(Schoenefeld)를 놓고 전투가 벌어졌다. 마르몽이 라이프치히 밖에 있는 참호진지로 철수할 때 6명의 프랑스 장군들이 죽거나 부상했다. 랑즈롱이 마르몽과 교전하는 동안 불뤼허가 라이프치히의 교회를 위해 밀어붙였다. 네는 셀러하우젠(Sellerhausen)이라는 마을을 위해 경합하면서 반격으로 2개의 사단을 투입했다. 영국이 그들의 요란하고 고도로 치명적

---

539) *Ibid.*, p. 681.
540) *Ibid.*

제18장 나폴레옹과 유럽 연합군의 결투: 라이프치히 전투 425

인 콩그레브(Congreve) 로켓들을 강력한 효과로 발사한 것은 바로 이 교전에서였다. 비록 로켓이 약 16년 동안 알려져 있었고, 1807년에 코펜하겐에서 실험되었지만, 나폴레옹은 자신의 로켓 능력을 개발하지 않았다.[541]

10월 9일 오전에 나폴레옹은 군대가 퇴각해야 한다고 결정했다. 오전 10시경에 그는 작소니의 왕을 방문한 후에 그 도시를 떠났다. 후퇴는 혼돈이었다. 일단 오전 10시 30분에 연합군의 공격이 시작되자 혼란은 상당히 가중되었다. 부교가 설치되지 않아서 모두가 도시에서 플라이세(Pleisse) 강 위의 단 한 개의 다리를 통과해야만 했다. 파멸적이게도, 그 다리가 오전 1시 30분에 모든 군대가 건너기 전에 파괴되었다. 그리하여 그 결과 2만 명 이상의 병사들이 불필요하게 붙잡히고, 패배를 참패로 만들었다. 몇 명의 장교들이 붙잡히는 것을 피하기 위해 수영으로 건너기로 결정했다. 마크도날은 성공했지만 포니아토프스키는 실패하여 물살에 휩쓸려 내려가 버렸다. 그 3일 동안에 325문의 포, 900개의 마차와 28개의 국기와 부대 깃발과 함께, 나폴레옹은 약 4천 7백 명을 잃고, 약 3만 8천 명이 포로가 되었다. 그것은 나폴레옹이 그의 생애에서 통계학적으로 쉽게 최악의 패배가 되고 말았다.[542]

1813년의 군사작전은 2명의 원수들과 33명의 장군들을 잃었다. 뮈라(Murat)는 10월 24일 에어푸르트에서 나폴레옹과 함께 있는 동안 자기가 나폴리의 왕으로 남을 것이라는 보장을 대가로 연합군에 가담

---

541) *Ibid.*, p. 682.
542) *Ibid.*, p. 684.

하기로 비밀리에 동의했다. 그러나 나폴레옹은 적어도 공개적으로 상심하지 않았다. 11월 9일 파리에 도착한 나폴레옹은 외무상으로서 마레(Maret)를 콜랭꾸르(Caulaincourt)로 대체했다. 그때 그는 연합국들로부터 평화의 제안을 진지하게 생각했다. 평화를 위한 프랑크푸르트(Frankfurt)의 토대라고 불리는 조건들 하에서 프랑스는 소위 리구리안(Ligurian), 알프스, 피레네, 라인과 아르덴느(Ardennes)의 소위 "자연적 국경선"으로, 다시 말해, 소위 부르봉 왕가의 국경선으로 돌아가는 것을 생각했다. 나폴레옹은 이탈리아, 독일, 스페인과 네덜란드를 포기해야만 했다. 여기에 벨기에 전부가 포함되지는 않았다. 나폴레옹은 이베리아와 독일을 포기할 준비가 되어있지만 전시에 오스트리아의 관심을 끌 이탈리아와 아주 많은 자원들을 제공할 네덜란드를 포기하는데 대해서는 저항했다.[543]

프랑크푸르트의 제안이 도착한 바로 그날인 1월 14일 나폴레옹은 튈르리 궁에서 상원의 지도자들에게 연설을 했다. "단 1년 전만 해도 전 유럽이 우리와 함께 행군했다. 오늘은 전 유럽이 우리에 대항하여 행군하고 있다"고 그는 솔직하게 그들에게 말했다. 그는 "세계의 여론이 프랑스나 아니면 영국에 의해서 형성되는 것이 사실이다. … 후손들은 만일 위대하고 치명적인 상황이 발생한다면 그것은 프랑스나 혹은 나에게 지나게 큰 일은 아니다"고 덧붙였다. 12월 1일 연합국들이 프랑크푸르트 조건들을 공개한 뒤에 그들은 프랑스 제국에게 프랑스가 왕들 하에서 알았던 것 보다는 더 큰 정도의 영토를 보장할 것이라고 천명했다. 파스퀴에(Pasquier)와 라발레트(Lavalette)가 나폴레

---

543) Andrew Roberts, *Napoleon: A Life,* New York: Penguin Books, 2014, p. 685.

옹에게 그들의 첩보 부대는 프랑스인들이 그가 수락하기를 바라는 것을 가르친다고 알려주었다. 나폴레옹은 사바리에게 "만일 프랑스가 나를 버리면 나는 아무 것도 할 수가 없다. 그러나 그들은 곧 그것을 후회할 것"이라고 말했다. 다음날 콜랭꾸르 외상은 메테르니히에게 일반적이고 요약된 토대에 동의한다는 편지를 썼다.[544]

12월 10일 웰링턴이 니베(Nive) 강을 건너고 술트(Soult)가 아두르(Adour)로 철수함에 따라 메테르니히는 연합국들이 콜랭꾸르의 제안에 대한 영국의 답변을 기다리고 있다고 대답했다. 나폴레옹 전쟁은 거기에서 그때 끝날 수 있었다. 그러나 영국은 자국이 침공을 받을 수 있는 곳, 구체적으로 안트베르펜(Antwerp)이 있기에 벨기에 해안의 어떤 부분도 프랑스가 소유하도록 남기는 평화에 반대했다. 1814년 1월에 특히 영국의 외상 캐슬레이(Castlereagh)가 일단 유럽에 도착하여 차르에게 나폴레옹과는 어떤 종류의 평화도 반대하도록 촉구하자 메테르니히의 조건들에 대한 캐슬레이의 반대가 프랑크푸르트 평화의 시도를 파괴했다. 그는 만일 나폴레옹이 프랑스의 왕좌에 남아 있다면 지속적인 평화가 가능할 것이라고 믿지 않았다.[545]

상원에 대한 나폴레옹의 연설도 동등하게 강경했다. "전 국민이 무장한 것을 보면 외국인은 도망치거나 그 자신이 제안하는 토대에 입각한 평화에 서명할 것이다. 그것은 더 이상 우리가 이룬 정복들을 회복하는 문제가 아니다"고 나폴레옹은 말했다. 12월 30일 비록 상원은 충성으로 남았지만 입법부는 223대 51표로 나폴레옹의 조치들의 비

---

544) *Ibid.*, p. 686.
545) *Ibid.*

판에 찬성했고, 그것은 정치적 및 시민적 권리의 요구로 끝났다. 그것은 야만적이고 끝없는 전쟁이 교육, 농업, 상업과 예술로부터 찢겨 나간 젊은 이들을 정기적으로 집어삼켰다고 결론을 맺었다. 프랑스인들은 러시아에서 첫 패배를 그에게 허용했지만 라이프치히에서 이번의 두 번째 재앙은 그들 중 많은 사람들을 그에게서 등을 돌리게 했다. 만일 그가 권력에 남기를 원한다면 나폴레옹에게는 조제프 렌(Joseph Laine)이 이끄는 그 문건의 저자들을 추방하고, 또 그것의 출판을 금지하는 것 외에 별로 다른 대안이 없었다. 다음날 그는 입법부를 정회했다.[546] 연합군이 라인 강을 건너고 있는 이상 이제는 국민적 통일이 정치적 논쟁보다도 더 중요했다. 프랑스는 침공을 당할 찰나에 놓여 있고 그리고 나폴레옹은 싸울 결심이었다.

---

546) *Ibid.,* p. 687.

제19장
나폴레옹의 몰락: 연합국의 파리점령

"승리에서 몰락까지는 단지 한 걸음이다. 나는 가장 중대한 상황에서
어떤 적은 것이 항상 큰 사건들을 결정하는 것을 보았다."
-나폴레옹 보나파르트-

1814년 1월 나폴레옹은 전장에서 22만 명도 안 되는 병력으로 총 95만 7천 명의 연합국 병력을 마주했다. 많은 병사들이 새 징집이었다. 비록 나폴레옹이 1793년의 애국주의를 재창조하려고 시도했지만 그러나 더 이상 그것의 감동적인 효과가 없었다. 그는 여전히 자기의 군대와 자신의 능력이 승리하는데 충분하길 바랐다. 그러나 바스티유 감옥의 몰락 이후에 한 세대가 지나갔고 프랑스인들은 새로 발견된 자유와 제도들에 익숙해졌다. 많은 사람들에게 이런 혜택은 그들이 6번 계속된 정통주의자들의 연합이 프랑스 혁명적이고 또 나폴레옹의 프랑스에 대항하여 선언한 일련의 전쟁들을 위해 피와 재정으로 지불해야만 했던 대가에 의해서 빛을 잃었다. 22년간의 전쟁 후에 프랑스인들은 평화를 갈망했고, 그리고 그것을 얻기 위해 불로뉴 숲 (Bois de Boulogne)에서 코사크 족들의 모닥불들의 굴욕을 기꺼이 감

431

내할 것이다. 나폴레옹은 곧 그의 지사들에게 의존할 수 없다는 것을 발견했다. 그는 최근 몇 년간의 징집들이 그의 지지세력인 잘사는 농민들을 소외시켰으며 난폭한 반-징집 소요들이 있었다. 제국 하에서 총 2,432,335명의 징집이 있었다. 그것은 1804년 3월과 1813년 1월 사이에 15번의 칙령과, 8번의 상원의 결정과, 한 번의 국무원 명령으로 발령되었다. 이것들의 거의 절반이 군대 충원자들이 최소 연령과 키의 조건을 무시한 1813년에 나왔다.[547]

러시아의 재앙 후에 나폴레옹은 싸움을 재개하기 전에 자기의 군대를 재건하고 재보급하는 데 4개월이 걸렸다. 그러나 이제는 오직 6주가 있을 뿐이었다. 이것이 자기 성격의 보다 매력적인 면들 중의 하나라는 자기만의 지식으로 1814년 초 그는 그가 너무 많은 전쟁을 수행했다는 것을 인정하는 걸 두려워하지 않는다면서, 그는 프랑스에게 세계의 주인임을 확실히 하고 싶다고 말했다. 그런 일은 이제 발생하지 않을 것이다. 그러나 나폴레옹은 파리에 보다 큰 위협을 제기하는 것으로 보이는 어느 적군에 대항해서도 내선을 이용하여 강한 타격을 가함으로써 그가 평화를 위한 프랑크푸르트 토대의 수락을 강요하고, 그리하여 자신의 왕좌를 구원할 수 있기를 바랐다. 동시에 그는 실패에 관해서 철학적이었다. 그래서 그는 아첨꾼들에게 "내가 죽으면 사람들이 무어라고 말할까"하고 묻고는 그들이 대답을 하기도 전에 "아이고"라고 말할 것이라고 스스로 답을 했다.[548]

1814년 1월에 나폴레옹은 메테르니히에게 오스트리아와 휴전을

---

547) Andrew Roberts, *Napoleon: A Life,* New York: Penguin Books, 2014, p. 690.
548) *Ibid.,* pp. 690-691.

요구하는 편지를 썼다. 그는 이 편지가 비밀로 남기를 요청했지만 물론 그렇지 않았다. 메테르니히는 다른 동맹국들과 그 편지를 공유했지만 1814년 봄 내내 나폴레옹의 전권 대사들을 평화조약의 가능성에 대해 동맹국들과 논의를 계속했다. 1월 21일 여론을 끌어들이려는 시도로 교황 퐁텐블로 궁에서 풀려나고 바티칸으로 떠나는 것이 허용되었다. 1월 23일 그는 황실 근위대의 용기에 황후와 로마의 왕을 맡겼다. 승리에 대한 그의 천명된 자신감에도 불구하고 나폴레옹은 24일 밤에 자기의 사적 서류들을 불태우고 다음날 아침 6시에 전선을 향해 파리를 떠났다. 그는 자기의 부인과 아들을 다시는 볼 수 없을 것이다.[549)]

샹파뉴 지역은 파리의 동쪽에 있으며 센(Seine), 마른(Marne)과 엔(Aisne) 강을 건너야 했다. 그 강들이 연합군이 수도로 진격하는데 자연적인 회랑인 강의 계곡들이었다. 그곳에서 전투는 160년에 서방 유럽에서 가장 가혹한 겨울 동안에 일어날 것이었다. 1월 16일 비트리 르 프랑소아(Vitry-le-Francois)에서 오직 3만 6천 명의 병력과 136문의 포의 지휘를 맡아 나폴레옹은 베르티에에게 30만 병의 샴페인과 브랜디를 그곳에 있는 병사들에게 나누어 주라고 명령했다. 그는 "적들이 아니라 우리가 그것을 마셔야 한다"고 말했다. 블뤼허가 전진해 오는 동안 슈바르첸베르크가 그를 살짝 비켜가는 것을 보고서 그는 29일 오후에 브리엔느(Brienne)에서 슐레지아 군대를 공격했다. 그것은 브리엔느에 있는 성채의 기습 공격이었다. 이때 불뤼허와 그의 참모가 거의 붙잡힐 뻔했다. 그리고 활발한 러시아의 반격에도 불

---

549) *Ibid.,* p. 692.

구하고 그곳을 잘 지켜냄으로써 나폴레옹이 승리하는데 도왔다. 그가 메지에르(Mezierres)에 있는 본부로 돌아오자마자, 어떤 코사크 족 일당 중의 한 명이 그에게 창으로 찌를 만큼 충분히 다가왔는데 구르고(Gourgaud)에 의해서 사살되었다. 나폴레옹은 자기의 검을 그에게 주어 보답했다.[550]

전투 후에 상황을 점검했을 때 그가 3천 명의 사상자를 냈고 우디노(Oudinot)가 다시 부상을 당했다. 브리엔느에서 바르 쉬르 오브(Bar-sur-Aube)로 퇴각하면서 프러시아인들은 2개의 타운 사이에 있는 평원에서 슈바르첸베르크의 오스트리아의 몇 개의 부대들과 합류했다. 나폴레옹은 주된 퇴각선인 레스몽(Lesmont)에서 불뤼허의 진격을 정지시키기 위해 작전 초기에 오브(Aube) 강의 다리가 파괴되었기에 전투를 거절할 수 없었다. 그는 하루 종일 머물렀다. 그리하여 그는 2월 1일에 브리엔느에서 3마일 떨어진 라 로티에르(La Rothiere)에서 8만 명의 병력에 의해서 열린 지상에서 공격을 받았다. 프랑스인들이 어두워질 때까지 그 마을을 방어했고, 연합군이 더 많은 병사들을 잃었지만, 나폴레옹은 거의 5,000명의 병사들을 잃었다. 그리고 그는 73문의 포들도 잃었다. 그래서 그는 퇴각할 수밖에 없었다.[551]

로티에르(La Rothiere) 전투 후에 나폴레옹이 파리로 퇴각하고 있다고 믿고 연합군은 다시 분산했다. 슈바르첸베르크가 오브 강의 계곡으로 서쪽을 향해 향하고 있는 반면에 블뤼허는 북쪽으로 30마일 떨어진 마른(Marne)과 쁘띠 모랭(Petit-Morin) 계곡에서 평행으로 행군했

---

550) *Ibid.*, p. 694.
551) *Ibid.*

다. 그들의 군대들이 병참적으로 함께 행군하기에는 실로 너무 많았고, 그래서 그들 사이의 간격이 나폴레옹으로 하여금 두 병력들 사이에서 교묘하게 작전하는 것을 허용했다. 웰링턴은 다음 4번의 전투를 언급했을 때, 나폴레옹의 1814년 작전에 관해서 그것은 그 누구보다도 그에게 나폴레옹의 천재성에 관한 보다 위대한 아이디어를 주었다고 말했다. 웰링턴에 의하면, 만일 나폴레옹이 그 체제를 조금만 더 지속했다면 그는 파리를 구했을 것이다.[552]

적군들은 어디에서나 공포스럽게 행동했다. 브리엔느에서 모든 주민들은 숲속으로 피신했고 마을에서는 농부가 발견되지 않았다. 적은 모든 것을 먹어 치우고, 모든 말들과 가축들, 옷과 농부들의 모든 천 조각들을 다 가져갔다 그들은 남녀를 가리지 않고 때리고 성폭행을 저질렀다. 나폴레옹은 이런 참담하고 고통스러운 상태에서 가능한 한 빨리 그의 인민들이 벗어나게 하기를 갈망했다. 그리하여 나폴레옹은 인도주의적 이유를 제시하면서 그의 협상 대표인 콜랭꾸르 외상에게 2월 5일 샤티용 쉬르 센(Chatillon-sur-Seine)에서 시작된 평화협상에서 적당한 조건들이 제시되면 수락하라는 훈령을 내렸다.[553]

샤티용 회의는 3월까지 계속되었다. 동맹국들은 병력 수의 무게가 우위라는 사실을 알고서 프랑크푸르트에서 그들이 제시했던 대로 프랑스가 자연적 국경선으로 돌아가는 것을 내려놓았다. 그리고 영국의 전권대표인 에버딘(Aberdeen) 경의 주도 하에 벨기에의 영토를 전혀 포함하지 않은 1791년의 국경선으로 돌아가라고 요구했다. 자신의 프

---

552) *Ibid.*, p. 695.
553) *Ibid.*

랑스 황제 대관식에서 공화국의 영토적 순결을 유지하겠다고 서약했고 그것을 지키려고 했다. 그는 심지어 응징적 조건들 하에서도 전쟁을 끝내라고 그에게 촉구하는 베르티에와 마레에게 "어떻게 내가 이 조약에 서명하고, 그리하여 나의 장엄한 맹세를 위반할 것을 기대하는가?"라고 물었다.554)

나폴레옹은 프랑스인들이 그가 정복자로서가 아니면 그가 왕좌에 남아 있는 것을 허용하지 않을 것이기 때문에 벨기에를 포기할 수 없었다. 베르티에, 마레 그리고 콜랭꾸르의 권고에도 불구하고 나폴레옹은 아무런 근거도 없이 연합국들의 분열과 프랑스인들의 애국주의에 의지하여 계속 싸웠다. 그의 병사들이 그들 자신의 동포들의 등골을 빼먹고 있었기에 그는 병사들이 자기 조국의 방어자들이기 보다는 원한의 대상이 되고 있다고 개탄했다. 2월 6일 재무성의 금과 은괴들이 튈르리 궁의 뜰에서 달구지에 실려 비밀리에 파리의 밖으로 빠져나갔다. 그를 축출하려고 계획하고 있는 모든 지도자들, 즉 탈레랑, 렌느(Laine), 랑쥬이네(Lanjuinais), 푸셰(Fouché) 그리고 다른 사람들은 과거에 그를 반대하거나 배신했지만 그는 그들을 처형하지 않았음은 물론이고 투옥하지도 않았다. 이 점에서 나폴레옹은 자비를 보여주었던 사람들에 의해서 암살되었던 그의 롤 모델인 영웅 줄리우스 시저를 닮았다.555)

샤티용에서 정치적 상황이 어두워지자 나폴레옹은 조제프에게 파리가 함락될 전망에 관해 편지를 쓰면서 자신의 죽음에 관해서 생각

---

554) *Ibid.*
555) Andrew Roberts, *Napoleon: A Life,* New York: Penguin Books, 2014, p. 699.

하기 시작했다. 2월 8일 그는 자기가 살아 있는 동안에 파리는 결코 점령당하지 않을 것이라고 되풀이했다. 조제프는 평화를 원한다면 어떤 대가라도 지불하라. 만일 그렇게 할 수 없다면 그가 마지막 황제 콘스탄티누스처럼 불굴의 정신으로 죽는 일이 남아 있을 것이라고 대답했다. 나폴레옹은 블뤼허를 격파할 방법을 찾고 있었다. 그는 몽미라이(Montmirail)로부터 길을 따라 진격하고 있었다. 나폴레옹은 거듭해서 일련의 승리들을 거두었다. 그것들은 지리적으로 그리고 시간적으로 서로 아주 가까웠지만 온전히 별개의 전투들이었다. 2월 11일 폰 자켄(von Sacken) 장군이 나폴레옹을 브리(Brie) 고원에서 직접 공격했지만 네가 마르쉐(Marchais)를 방어하는 동안 모르티에(Motier)와 프리앙(Friant)이 러시아인들에게 반격을 가했다. 그리고 귀요(Guyot)의 기병대가 그들의 후위를 돌아서 러시아인들과 프러시아인들을 박살냈다. 그것은 적의 2차적인 병력을 성공적으로 막으면서 적의 주력군을 패배 시키는 나폴레옹의 전형적인 전술의 본보기였다.[556]

그러나 협상에서 에버딘 경이 안트베르펜에 대한 통제권의 지탱을 나폴레옹에게 허용하길 여전히 거절하고 있었기 때문에 싸움은 계속되어야 만했다. 2월 27일 웰링턴이 아두르(Adour) 강을 건너서 술트(Soult)를 오르테즈(Orthez)에서 깔끔하게 패퇴시키자 전략적 상황이 훨씬 더 필사적이 되었다. 1814년 3월에 연합국들은 서로 간에 쇼몽조약(the Treaty of Chaumont)에 서명하고 프랑스와 별도의 평화를 만들지 않기로 동의하고 그를 축출하고, 또 스위스, 이탈리아, 벨기에, 스페인, 그리고 네덜란드에 대한 프랑스의 영향력을 종식시키기 위해

---

556) *Ibid.,* p. 700.

각 국이 15만 명의 병력을 기여한다는 그들의 목적을 선언했다.557)

이곳저곳에서 계속된 전투로 그의 병력은 3월 10일 까지 2만 4천 명 이하로 감소되었다. 나폴레옹은 비상한 회복력을 보이고 또 렝스(Reims)를 공격하기 위해 즉시 이동했다. 그는 연합군의 병참선들을 절단하기를 희망했다. 그러나 같은 날, 병참선의 모든 개념이 탈레랑으부터 편지가 차르 알렉산드르의 본부에 도착했을 때 의미를 상실했다. 탈레랑은 알렉산드르에게 파리에서 포위에 대한 준비가 조제프에 의해서 아주 소홀히 되었음을 알리면서 연합군이 수도로 곧장 행군하라고 촉구했다. 탈레랑의 최종적 이반은 기대되고 있었다. 그는 나폴레옹이 자기를 스타킹에 붙은 똥이라고 부른 이후 5년 동안 불규칙적으로 이반의 기회를 엿보고 있었다.558)

3월 13일 렝스(Reims)를 습격한 후에 나폴레옹은 20일과 21일 슈바르첸베르크 지휘 하의 오스트리아인들과 러시아인들에 대항하여 아르시스 쉬르 오브(Arcis-sur-Aube)에서 싸웠다. 나폴레옹은 1814년 군사작전에서 1천 마일 이상을 커버했고 6일 동안에 48곳의 다른 장소에서 잠을 잤다. 그러나 이 모든 기동에도 불구하고 라 로티에르(La Rothiere), 라옹(Laon)과 아르시스(Arcis)의 3곳에서 패배는 그가 21세에 아르시스에서 그랬던 것처럼 같은 장소에 너무 오랫동안 머물렀기 때문이었다. 그는 후에 아르시스가 보로디노, 워털루와 함께 그가 가장 죽기를 바랐던 곳으로 자주 언급했다. 3월 21일 나폴레옹은 생 디지에(Saint-Dizier)로 이동했다. 그곳에서 그는 다시 연합군의

---

557) Ibid., pp. 703-704.
558) Ibid., p. 705.

병참선들의 절단을 희망했다. 만일 파리가 충분히 오랫동안 버틸 수 있다면 그는 후위에서 그들을 공격할 수 있을 것이다. 같은 날 오제로(Augereau)는 오스트리아인들이 무혈로 리용(Lyons)을 장악하도록 허용했다. 그럼에도 불구하고 나폴레옹은 파리의 노동자들과 국가경비대가 거리에 바리케이드를 치고 연합군을 막아 주길 희망했다.[559]

　1814년 3월 30일 수요일, 나폴레옹이 자신의 병사들이 빠르게 행군할 수 있는 속도로 상스(Sens)를 통과해 트로아(Troyes)에서 파리로 이동했다. 슈바르첸베르크의 지휘 하에 3만 명의 프러시아인들, 6천 5백 명의 뷔르템베르크인들, 5천 명의 오스트리아인들 그리고 1만 6천 명의 러시아인들이 마르몽과 모르티에 지휘 하의 4만 1천 병사들과 몽마르트(Montmartre)와 파리의 다른 교외 지역들에서 교전을 했다. 그들은 불가능한 도전에 임하고 있는 것은 아니지만 상황을 되돌릴 수 없다고 생각했다. 그리하여 그들은 파리를 파괴하겠다는 슈바르첸베르크의 위협에 굴복했다. 그들은 다음날 아침 7시에 파리를 내놓을 생각으로 회담을 열었다. 3월 30일 오후 10시 약간 후에 나폴레옹은 파리로부터 단지 13마일 떨어진 주비시(Juvisy)에 있는 역참인 르 쾨르 드 프랑스(Le Coeur de France)에 도달했다. 벨리아르(Belliard) 장군이 곧 그곳에 도착하여 오직 하루의 비결정적 싸움 후에 파리가 굴복했다고 알려주었다. 자기가 좀 더 일찍이 도착했더라면 모든 것이 구원되었을 것이라고 말하면서 그는 자기의 손으로 머리를 감싸고 거의 30분 동안을 앉아 있었다. 그는 그곳의 상황과 관계없이 그냥 파리로 행군할 것을 고려했지만 그의 장군들에 의해서

---

559) *Ibid.,* p. 708.

그렇게 하지 않도록 설득되었다. 나폴레옹은 1420~1436년의 프랑스 점령 이래 수도를 상실한 첫 프랑스 왕이 되었다.560)

나폴레옹은 평화를 요청하기 의해 콜랭꾸르를 파리로 보내고 자기는 퐁텐블로 궁으로 갔다. 그곳에 그는 3월 31일 오전 6시에 도착했다. 다음날, 4월 1일, 연합국들의 군대들이 생 드니(Saint-Denis) 문을 통해 파리에 입성했다. 파리의 시민들은 러시아인들이 오직 18개월 전에 모스크바를 불태웠던 것처럼, 그들은 파리를 자기들의 적들에게 할애하기보다 먼저 불태우려는 증거는 하나도 없었다. 프랑스 제국 나머지 사람들의 변덕은 모든 그의 적에게 승리한 "나폴레옹 대제"라 부르려고 의도했던 사람을 축하하기 위해 당시에 파리를 방문하고 있던 한 밀라노의 대표단으로부터 판단될 수 있었다. 수도에 접근하면서, 그리고 파리가 포위되고 있다는 소식을 듣고서 그들은 그대로 진행하기로 했다. 그리고 적들이 도착했을 때 그들은 폭군의 몰락에 대해 연합국들에게 그들의 축하를 제공했다.561)

브뤼메르에 나폴레옹의 쿠데타를 지원한 15년 후에 탈레랑은 1814년 3월 30일 자기 자신의 쿠데타를 단행했다. 그는 연합국들과 평화의 협상을 즉시 시작할 임시정부를 수립했다. 차르 알렉산드르는 부르봉 왕가의 부활에 대한 대안들을 고려했지만 그와 다른 연합국 지도자들은 탈레랑에 의해서 루이 18세(Louis XVIII)를 수락하도록 설득되었다. 4월 2일 상원은 황제를 폐위하고 "루이 사비에르 드 부르봉(Louis Xavier de Bourbon)"을 왕으로 초대하는 상원의 포고문을 통과

---

560) Andrew Roberts, *Napoleon: A Life,* New York: Penguin Books, 2014, p. 709.
561) *Ibid.,* p. 710.

시켰다. 임시정부는 모든 장병들에게 나폴레옹에 대한 그들의 충성 서약으로부터 해방시켰다. 이 사실이 군대들 사이에서 퍼져 나가자 고위급 장교들은 그것을 진지하게 받아들였지만 다른 일반 병사들 사이에서는 그것을 경멸로 취급했다. 퐁텐블로에서 나폴레옹은 자기의 줄어드는 대안들을 고려했지만 그 자신의 선호는 여전히 파리로 행군하는 것이었다. 그러나 그의 부하들은 한결같이 반대했다. 장군들은 파리가 모스크바의 길을 가는 걸 원하지 않았다. 네와 마크도날은 나폴레옹이 즉시 양위를 하여 섭정의 파괴로부터 구원되길 바랐다. 그래서 나폴레옹은 이것이 가능한지를 알아보기 위해 그들과 콜랭꾸르를 파리로 보냈다. 그러나 4월 4일 마르몽이 모든 그들의 무기와 탄약과 함께 항복하기 위해서 연합군 캠프로 똑바로 자기 사단을 행군을 시켰다. 이것은 차르 알렉산드르로 하여금 나폴레옹의 무조건 양위를 요구하게 만들었다.562) 그리고 마르몽의 구 경비부대는 그 후 줄 곧 "유다의 부대"(Judas company)라는 별명을 얻었다.563)

일단 네, 마크도날, 르페브르(Lefebvre), 그리고 우디노가 내전을 치룰 의향이 전혀 없다는 것이 분명해지고 또 연합국들이 나폴레옹에게 이탈리아 밖의 엘바(Elba)라는 지중해 섬의 종신 주권을 줄 것이라고 5월 5일 콜랭꾸르에게 통보하자 나폴레옹은 콜랭꾸르가 그의 협상에서 사용할 수 있도록 퐁텐블로 궁에서 일시적 양위 서류에 서명했다. 양위는 오지 그 자신에 관한 것이며 그의 상속자들에 대한 것은 아니었다. 나폴레옹은 일단 조약이 서명되면 그것을 자기가 비준할 것이므

562) *Ibid.*, p. 711.
563) *Ibid.*, p. 712.

로 그것을 콜랭꾸르가 비밀로 유지해 주길 바랐다. 그러나 뉴스는 곧 누설되었고 장교들과 신하들은 임시정부와 평화를 이루기 위해 떠나 버려 궁전은 텅 비었다. 퐁텐블로 조약(the Treaty of Fontainebleau)은 1814년 4월 1일 5일간의 협상 뒤에 서명되었다. 콜랭꾸르와 마크도날이 이제 나폴레옹의 서명만을 필요로 하는 조약을 가지고 다음날 파리로부터 그곳에 도착했다. 그 조약은 나폴레옹에게 황제의 타이틀을 사용하게 하고, 그의 전 가족을 위해 관대한 재정적 조항들과 함께, 그에게 엘바 섬을 평생토록 제공할 것이다.564)

나폴레옹은 그의 낙관주의적 성격에도 불구하고 4월 1일과 13일 사이의 밤에 자살을 시도했다. 그가 코사크 족에 거의 붙들릴 뻔했던 이래 자기의 목에 걸고 있는 작은 가방에 휴대했던 독약을 마셨다. 그러나 오랫동안 가지고 다녀서 그런지 약효가 떨어졌다. 옆방에서 자고 있던 그의 시종 위베르(Hubert)가 신음 소리를 듣고 의사인 유앙(Yuan)을 불렀고 그는 강제로 나폴레옹에게 벽난로에서 재를 삼키게 하여 구토를 유도했다. 마레(Maret)와 콜랭꾸르(Caulaincourt)도 소환되었다. 일단 그가 죽지 않을 것이라는 것이 확실해지자 나폴레옹은 다음날 아침에 주저하지 않고 퇴위에 서명했다. 마크도날이 4월 13일 오전 9시에 비준된 조약을 가지러 황제의 방으로 갔다. 마크도날은 그 비준된 조약을 파리로 가져가기 위해서 그곳을 떠났다. 그 후 그들은 다시는 서로를 보지 못했다.565)

1814년 4월 15일 베르트랑(Bertrand), 드루오(Drouot), 그리고 피에

564) *Ibid.*, pp. 713-714.
565) Andrew Roberts, *Napoleon: A Life,* New York: Penguin Books, 2014, p. 716.

르 깜브론느(Pierre Cambronne) 장군들이 나폴레옹을 600명의 작은 병력과 함께 엘바 섬으로 수행하기로 결정되었다. 연합국들은 그 섬을 이집트 서부 대서양 연안지역에 출몰하는 바바리 국가들(Barbary), 즉 북아프리카 국가들로부터 보호해 주기로 약속했다. 다음날 4명의 연합국가들의 행정관들이 퐁텐블로에 도착하여 그곳에서 그를 수행할 것이다. 그러나 오직 영국의 행정관인 닐 캠벨(Neil Campbell) 대령과 오스트리아인 프란츠 폰 콜러(Franz Koller) 장군만이 실제로 그 섬에서 거주할 것이다. 나폴레옹 서사시의 가장 위대한 장면들 중의 하나는 1814년 4월 20일 수요일 정오에 그가 엘바를 향해 퐁텐블로 궁전을 떠날 때 발생했다. 나폴레옹은 먼저 연합국 측의 행정관들을 궁전의 이층에 있는 영접방들 중의 한 곳에서 개별적으로 만났다. 그는 자기가 부인과 아들로부터 강제로 계속 떨어져 있어야 하는 것에 관해서 30분 이상 화가 나서 말했다. 대화 도중에 눈물이 실제로 그의 뺨에 흘러내렸다.566)

4월 20일 병사들과 남아 있는 소수의 궁정 신하들과 악수를 한 뒤에 다급히 큰 계단을 내려와 나폴레옹은 두 횡렬의 근위병들에게 자기를 둘러싸라고 명령을 하고 단호한 목소리로 그들에게 연설을 했다. 이따금씩 감정을 못 이겨 말을 더듬었지만 그의 말들은 그의 생애 중 이 커다란 위기에서 그의 웅변을 대변했다.

"장교들, 하사관들, 그리고 근위대의 병사들이여! 나는 그대들에게 작별을 고한다. 지난 20년 동안 나는 여러분들이 언제나 용맹

---

566) *Ibid.*, p. 719.

스럽고 충실했으며 영광의 길로 행군했음을 발견했다. 유럽 전부가 우리에게 대항하여 뭉쳤다. 적은 우리에게 3번의 행군을 몰래 해서 파리에 입성했다. 나는 그들을 축출하기 위해서 진격하고 있었다. 그들은 그곳에서 3일간도 남아 있지 못했을 것이다. 이러한 상황에서도 여러분들이 그 같은 장소에서 보여준 고결한 정신에 감사한다. 그러나 이러한 감정을 공유하지 않은 군대의 일부가 나를 버리고 적의 진영으로 넘어갔다. … 충실하게 남아 있는 군대의 3부분과 거대한 주민의 부분에 의한 동정과 헌신의 도움으로 르와르(Loire) 강이나 나의 요새들로 후퇴하여 수년간 전쟁을 견디어 낼 수 있었을 것이다. 그러나 외국과의 전쟁과 내전은 우리의 아름다운 조국의 땅을 찢어 놓았을 것이고 그리고 이 모든 희생과 이 모든 파괴를 대가로 파리라는 도시가 행사한 영향에 의해서 지원받고 한 파당이 장악하는데 성공한 단결된 유럽을 쳐부수길 바랄 수 있었을 것이다. 이런 상황에서 나는 조국의 이익과 프랑스의 평안만을 생각했다. 나는 나의 모든 권리들을 희생했고, 그리고 나 자신을 희생할 준비가 되어있다. 왜냐하면 나의 전 생애의 목표가 프랑스의 행복과 영광이었기 때문이다. 병사들이여! 여러분들은 의무와 명예의 길에서 항상 충실하여라. 경건함으로 여러분들의 새 주권자에 봉사하라. 앞으로 가장 달콤한 작업은 여러분이 행했던 모든 것을 후손들에게 알리는 것이 될 것이다. 이것은 위대한 일이다. … 여러분들은 모두 나의 자식들이다. 내가 여러분 모두를 포옹할 수 없으나 나는 여러분의 장군에게 그렇게 할 것이다. … 나의 숙명을 한탄하지 말라. 만일 내가 계속 살아간다면 그것은 우리의 영광에 봉사하기 위한 것이다. 나는 우리가 함께 거둔 위대한 업적의 역사를 쓰고 싶다. … 여러분의 기억속에 나를 보존하라. 나의 자식들아, 잘 있거라!"[567)

---

567) David A Bell, *Napoleon: A Concise Biography,* Oxford: Oxford University Press, 2015, p. 97.과 Andrew Roberts, *Napoleon: A Life,* New York: Penguin

그리고 나폴레옹은 쁘띠(Petit)의 양쪽 볼에 입을 맞추고, 그리고 그렇게도 많은 영광스러운 날들에 가이드로서 그들에게 봉사한 그 독수리들을 그는 포옹할 것이라고 선언했다. 그리고 그는 마차에 올랐으며 그가 출발할 때 근위대 밴드가 "황제를 위하여"라는 제목의 트럼펫과 드럼 인사를 했다. 두 말할 필요도 없이, 장교들과 사병들은 울었고, 그곳에 있던 외국의 장교들 중 몇 명도 울었다. 반면에 다른 사람들은 슬픔에 빠졌다. 그리고 모든 다른 사람들은 "황제 만세"를 외쳤다.[568]

캠벨 대령은 토마스 어셔(Thomas Ussher) 대위가 나폴레옹을 프레쥐스(Fréjus)에서 나폴레옹을 영국 해군의 구축함 "언던티드"(*Undaunted*) 호에 승선시키도록 조정했다. 그가 그곳에 도착했을 때 나폴레옹은 그와 추방을 공유하겠다고 제안한 여동생 폴린(Pauline)과 만났다. 자기의 남편에 대해 충실하지는 않았지만 그럼에도 불구하고 그녀는 자기 오빠가 몰락하자 그에게 대단한 충성을 보였다. 나폴레옹은 29일 오전에 프랑스에서 떠나길 바랐지만 조류를 놓쳤다. 그는 오후 8시가 되어서야 항해할 수 있었다. 일몰 후 예포를 발포하지 않는 영국 해군의 관례에도 불구하고 그가 승선하자 주권자의 21발 예포를 나폴레옹이 고집하여 그렇게 실행했다. 퐁텐블로 조약은 그가 군림하는 왕이며 거기에 수반되는 예절에 자격이 있다고 확인했다. 캠벨은 전 여행 동안에 나폴레옹이 그들 모두에게 아주 정중하게 행동했다고 기록했다.[569]

Books, 2014, p. 721.에서 결합하여 재인용.

568) Andrew Roberts, *Napoleon: A Life,* New York: Penguin Books, 2014, p. 721.
569) *Ibid.*

5월 3일 오후 8시에 언던티드 호가 엘바의 주된 항구인 포르토페라이오(Portoferraio)에 정박했고 나폴레옹은 다음날 오후 2시에 하선했다. 그가 해변에 발을 내딛자, 그 섬의 예식용 열쇠들을 가지고 온 부지사, 현지 성직자와 관리들이 환영을 나왔으며 가장 중요하게도 주민들이 "황제 만세"를 외쳤다. 그리고 그들은 그가 디자인했던 깃발을 토대 위에 게양했다. 그는 처음 며칠간을 타운 홀에서 머물렀다. 그리고 나서, 그는 포르토페라리오를 내려다 보이는 크고 안락한 팔라치나 데이 물리니(Palazzina dei Mulini)에 정착했다. 상륙 다음 날 그는 포르토페라이오의 요새화를, 그리고 다음 날에는 그곳의 철 광산을 점검했다.570)

나폴레옹은 그해 11월 중순에 영국의 휘크당(Whig) 국회의원들과, 그리고 1월 초에는 영국의 후작, 그리고 성탄절 전야에는 미래 영국의 수상이 된 존 러셀(John Russell)경 등과 일련의 인터뷰를 했다. 이 모두가 지적이고, 잘 연계되고, 또 세속적인 대담자들은 영국인들의 자부심과 프랑스인들의 허영심의 구별을 포함하여 나폴레옹의 주제 파악 능력과, 어떤 주제도 거리낌 없이 논의하려는 용의성에 경탄했다. 그리고 한 경우에는 비록 그는 모스크바를 불태우지 않았지만 영국인들은 그해 8월에 워싱턴에 불을 질렀다고 지적하면서 자기의 기록을 옹호했다. 그의 지성과 솔직함은 방문자들의 경계심을 낮추도록 유인했다. 그는 종종, "내 입장에서 본다면, 나는 더 이상 관심이 없다. 나의 시대는 끝났다"고 말하곤 했다. 캠벨 행정관은 1814년 10월 캐슬레이 외상에게 나폴레옹이 복귀를 골똘히 생각하고 있을지 모른다고 경

---

570) *Ibid.*, p. 722.

고하는 편지를 썼지만, 영국의 해군의 감시는 파트리지(*Partridge*) 구축함 한 척 이상으로 증가하지 않았다. 그리고 나폴레옹은 엘바 해군의 기함으로 심지어 16개 포함 범선인 랭 콩스탕(*L'Inconstant*)호를 허용하고 있었다.[571]

571) *Ibid.*, p. 726.

제20장
불사조 나폴레옹의 마지막 도박:
워털루(Waterloo)의 결판

"잘못은 하늘의 별에 있는 것이 아니라 우리 자신들에게 있다."

-윌리엄 셰익스피어-

1814년 9월 15일 유럽의 모든 강대국들이 메테르니히와 탈레랑의 주선으로 역사적인 빈 회의(the Congress of Vienna)가 열렸다. 그곳에서는 모든 주요 이견들이 타결될 것으로 기대되었다.[572] 나폴레옹의 몰락이 강대국들 간의 오랜 이견들을 재점화했지만 그에게는 불행하게도 1815년 6월까지 공식회의가 계속되었고 모든 주요 문제들에 대한 합의의 윤곽이 그가 2월에 엘바 섬을 떠나기로 결정했을 때까지는 이미 이루어졌다. 정확하게 언제 나폴레옹이 자기의 왕좌를 되찾기 위해 시도하기로 결정했는지는 알려지지 않았지만 나폴레옹은 루이 18세(Louis XVIII)가 1814년 5월 파리에 돌아온 후에 연합국들의 후원

---

572) 빈 회의에 대한 저자의 상세한 논의를 위해서는, 강성학, <인간神과 평화의 바벨탑: 국제정치의 원칙과 평화를 위한 세계 헌정질서의 모색>, 서울, 고려대학교 출판부, 2006, 제5장을 참조.

하에 저지른 끝없어 보이는 일련의 실수들을 밀접하게 주시했다. 나폴레옹은 부르봉 왕가가 머지않아 난폭한 폭풍을 경험하게 될 것이라고 점점 생각하게 되었다.[573]

비록 루이 왕이 파리에 도착하자마자 시민적 자유를 보장하는 폭넓은 헌장에 서명을 했지만 그의 정부는 그들이 마치 구체제를 재건하기를 몰래 바란다는 두려움을 완화시키는데 실패했다. 오히려 마치 그가 1795년 그의 조카인 루이 17세(Louis XVII)가 사망한 이래, 그리고 그 후에 발생한 모든 것이 단지 불법적인 단절들이었던 것처럼, 그것의 19년간을 지배했던 것으로 공식적으로 기록되었다. 부르봉은 프랑스가 1791년 국경선으로 돌아가야 한다는데 합의했다.[574] 그리하여 프랑스는 109개의 현에서 87개의 현으로 축소되었다. 구 체제시대의 세금과 물가의 인상이 있었다. 가톨릭 교회는 혁명 이전의 권력과 위신으로 상당히 돌아갔으며, 그리하여 그것은 공화주의자들뿐만 아니라 자유주의자들도 자극했다.[575]

영국도 웰링턴 장군을 프랑스 주재 영국대사로 선택함으로써 영국정부는 문제를 향상시키지 않았다. 나폴레옹이 예측했던 대로 영국과 1786년의 무역협정이 재도입되고 어떤 영국의 상품에 대해서는 관세를 축소하고 다른 상품에 대해서는 관세를 폐지했다. 그리하여 이런 조치들은 프랑스의 제조업에 새로운 위축을 조장하였다. 나폴레옹은 부르봉 왕가가 루이 18세로 천명하는 대신에 새 왕조의 창립자로 선

---

573) Andrew Roberts, *Napoleon: A Life*, New York: Penguin Books, 2014, p. 726.
574) *Ibid.*
575) *Ibid.*, p. 727.

포했어야 한다고 생각했다. 만일 그가 그랬더라면 아마도 자기가 엘바 섬을 탈출하도록 유인되지 않았을 것이라고 후에 서술했다.[576]

어떤 사건도 유럽에서 나폴레옹의 복귀만큼 사실상 전적으로 놀라운 사건은 별로 없었다. 1814년의 타결은 나폴레옹의 극적인 쿠데타에의 문을 열어준 두 가지의 깊은 긴장을 안고 있었다. 첫 번째는 나폴레옹 자신과 그를 패배한 왕으로 대우할지 아니면 감금하고 있는 범죄자로 취급할 지를 명확하게 결정하지 못한 연합국들의 무능과 관련되었다. 오랜 정치적 전통은 그들이 협상한 지배자의 주권자적 속성을 인정하지 않기가 어려웠다. 더구나 그들은 그와 많은 경우에 동맹관계를 유지했었다. 또한 그는 합스부르크 왕가와 결혼한 인물이었다. 그러므로 부르봉 왕가의 하얀 깃발이 프랑스의 도시들과 타운들에 다시 게양되었어도 연합국들은 나폴레옹에게 엘바 섬의 주권이라는 장식을 부여했고 작은 군사 부하들과 깃발, 그리고 황제라는 타이틀을 인정했다. 그러나 영국 해군이 섬을 계속 통제하였고 나폴레옹이 멋대로 오고 가는 것을 허용하지 않았다. 또한 연합국 측은 그에게 부인과 아들의 동반을 허용하지 않았다. 오스트리아 황제인 그의 장인은 자기 부인에게 나폴레옹의 어린 상속자를 데리고 빈으로 돌아오라고 압박했다. 이런 모순적인 상황이 지속될 수 있을까? 연합국들 자신들도 확신하지 못했다. 더구나 1814년 초에는 그들이 나폴레옹을 다른 곳으로 곧 이주시킬 것이라는 소문이 엘바 섬에 도착했다.[577]

또 하나의 긴장은 프랑스에서 부르봉 왕가의 부활과 관련되었다.

---

576) *Ibid.*
577) David A Bell, *Napoleon: A Concise Biography*, Oxford: Oxford University Press, 2015, p. 98.

소수의 골수분자들의 희망에도 불구하고 그곳의 신분제도와 귀족들 그리고 강력한 가톨릭 교회와 함께 구체제로의 복귀는 불가능했다. 시민적 평등의 도입과 교회로부터 그리고 망명 귀족들로 부터 농민들로 대규모 토지의 전환을 포함하여 1789년 이후 너무나 많은 것이 바뀌었다. 5월에 마침내 파리에 돌아온 루이 18세는 이점을 잘 이해하고 있었다. 그와 그의 보좌진들은 혁명과 통령부의 행정적 개혁들의 대부분을 보존하고 싶어 했다. 왕은 선출된 의회와 권력을 공유했다. 루이가 나폴레옹이 그랬던 것처럼 그의 새 헌법을 국민투표에 붙였더라면 그는 아마도 자신의 지배를 굳건한 토대 위에 수립했을 것이다. 그러나 바로 이 점에서 그는 양보하기를 거절했다. 그는 왕권신수설의 신봉자였다. 그는 프랑스 인민들에게 그렇게 많은 사람들이 그것을 위해 죽어간 3색 깃발을 폐지하는 반면에 새 헌법을 그들에게 "승인"한다고 고집했다. 또한 그의 정부는 연합국 측과 프랑스의 국경선을 1792년 전으로 축소하는 파리조약(the Treaty of Paris)을 체결했다. 부르봉 왕가가 재산을 교회와 망명자들에게 돌려주는 조치를 곧 취할 것이라는 두려움과 함께 불만이 신속하게 성장했다. 당시 정치 무대에 믿을 만한 자유주의의 성장이 없는 상황에서 불만은 곧바로 자기 자신을 혁명과 그렇게 유명하게 동일시했던 인물, 즉 나폴레옹에 대한 열정으로 전환되었다.[578]

부르봉 왕가의 가장 자기 패배적인 정책들은 군대를 향한 것들이었다. 지난 20년간 유럽에 걸쳐 프랑스 군인들이 승리들을 얻었던 3색 기가 하얀 깃발로 대치되었고 레지옹 도뇌르 훈장이 옛 왕실 훈장을

---

578) *Ibid.*, p. 99.

위해 평가절하 훈장들이 되었다. 명령들에 크게 도전하여 많은 군인들이 1814년 8월 15일 나폴레옹의 생일날을 예포와 "황제 만세"로 공개적으로 추가했다. 물론 나폴레옹으로 하여금 자신의 왕좌를 재획득하기 위해서 모든 것을 감수하게 만든 것은 부르봉의 실수들만은 아니었다. 그의 부인과 아들이 그와 합류를 허용하지 않은 프란시스 황제의 거부도 또 하나의 실수였다. 그리고 그의 비용이 자기 소득의 2배 반이나 나가고 있다는 사실도 있었다. 물론 순전히 권태로움도 있었을 것이다. 또 하나의 고려 사항은 빈회의로부터 오는 신문의 문단들과 소문에서 연합국 측이 그를 엘바에서 강제로 제거할 계획을 하고 있다는 것이었다. 프랑스의 상트 페테르부르크 주재 대사인 조제프 드 마이스트르(Joseph de Maistre)가 가능한 목적지로서 오스트레일리아의 처벌 식민지인 보타니 베이(Botany Bay)를 신경을 괴롭히는 제안을 했다. 대서양 가운데 있는 예외적으로 먼 세인트 헬레나(St. Helena)라는 영국의 섬도 역시 언급되었다.[579]

2월 초에 캠벨은 나폴레옹이 도로에 관한 자기의 개선을 중단하고 시골 거주의 모든 비용을 근거로 끝냈다고 지적했다. 그는 캐슬레이 외상에게 만일 양위시에 그에게 약속된 지불금액이 지연되고 돈의 부족이 그를 압박한다면 그가 어떤 필사적 조치를 취할 수 있을 것이라고 경고했다. 차르 알렉산드르는 후에 나폴레옹에게 갈 자금을 지불하지 않은 데 대해 탈레랑을 비난했다: "우리가 그와 그렇게 하지 않았을 때 왜 우리는 그가 우리와의 약속을 지킬 것으로 기대해야 하는가?"[580]

579) Andrew Roberts, *Napoleon: A Life,* New York: Penguin Books, 2014, p. 728.
580) *Ibid.,* p. 729.

1815년 2월 초에 나폴레옹의 과거 비서였던 플뢰리 드 샤불롱 (Fleury de Chaboulon)이 그를 방문하여 프랑스가 그의 귀환에 분위기가 무르익었다는 메시지를 가져왔다. 나폴레옹은 군대의 태도에 관해서 물었다. 그가 그 어느 때보다도 더 병사들이 그를 사랑한다고 대답했다. 이것은 나폴레옹이 많은 다른 원천과 프랑스에 있는 그의 첩보망으로부터 그가 듣고 있는 것과 일치했다. 2월 16일 캠벨이 영국해군의 파트리지(*Partridge*) 호로 건강을 위한 짧은 대륙 여행을 위해 엘바 섬을 떠났다. 이것은 나폴레옹에게 기회를 주었다. 바로 다음 날 나폴레옹은 랭 콩스탕(*L'Inconstant*)호를 재정비하라고 명령했고 짧은 여행을 위해 창고를 채우고 영국 해군의 선박들과 동일한 색으로 페인트를 칠했다.[581]

1815년 2월 26일 일요일 밤에 나폴레옹은 랭 콩스탕 호를 타고 엘바 섬을 떠났다. 배에 승선한 607명의 구 근위대원은 그들이 프랑스를 향하고 있다고 들었다. 그들은 "파리가 아니면 죽음이다"고 외쳤다.[582] 그 여행의 가장 극적인 순간은 3월 7일 나폴레옹이 정박한 라프리(Laffrey) 타운의 남쪽 수백 야드 지점에서 발생했다. 라프리에서 루이 18세 왕에게 충성을 맹세한 군대인 프랑스 제5 보병여단의 800여 명의 대대와 마주쳤다. 그들은 근처 그르노블(Grenoble) 시에서 수천 명의 병사들에 의해서 지원받고 있었다. 나폴레옹의 모험은 피에 젖은 결말에 빠르게 이를 것 같아 보였다.[583]

---

581) *Ibid.*, pp. 729-730.
582) *Ibid.*, p. 730.
583) David A. Bell, *Napoleon: A Concise Biography*, Oxford: oxford University Press, 2015. p. 2.

군대들이 서로 엉성하게 마주하자 왕실군대의 지휘관이 앞으로 나서 머뭇거리는 나폴레옹에게 "만일 당신이 철수하지 않으면 당신은 체포될 것이다"고 소리쳤다. 양측에서 병사들은 장전된 총들을 불안하게 꽉 쥐었다. 그러나 그때 나폴레옹은 자신의 병사들에게 그들의 무기를 내려놓으라고 명령했다. 한 부관이 항의했지만 그는 고집을 부렸다. 그리고 자기 병사들의 맨 앞에 나섰다. 나폴레옹은 그들에게 "제5여단의 병사들이여! 나는 그대들의 황제이다! 나를 알아보겠는가!"라고 외쳤다. 그는 몇 걸음을 더 걸어 나갔다. 그리고 극적인 제스처로 자기의 코트를 열어 자신의 가슴을 표적으로 노출시켰다. 그리고 그는 "그대들 가운데 자기의 황제를 죽이고 싶은 병사가 있다면 여기 내가 있다"고 단호한 목소리로 계속해서 외쳤다.[584]

한동안 침묵이 흘렀다. 그리고 나서 왕정의 전열들 중 어디선가 병사들에게 발포를 명령하는 목소리가 들렸다. 그러나 아무도 발포하지 않았다. 병사들은 두려움에 차서 엉거주춤하게 서 있었다. 그리고 나서 다른 고함소리가 들렸다. 그것은 "황제 만세"였다. 처음에는 한 병사의 목소리였다. 그러나 거의 즉시 다른 병사들에 의해서 "황제 만세"가 되풀이 되었다. 곧 왕정 대대 모든 병사들이 그 말을 외치면서 자기들의 무기를 내려놓고 환호하며 나폴레옹을 둘러싸고 엘바에서 나폴레옹과 함께 온 병사들에 달려가 포옹을 했다. 긴장했던 병사들은 서로 악수할 때 눈물이 터져 나왔고 "황제 만세'를 열광적으로 외쳤다. 아우성이 가라앉자 나폴레옹은 막 두 배가 된 자기의 작은 병력에 만

---

584) 나폴레옹의 귀환에 관한 자세한 분석을 위해서는, Paul Britten Austin, *1815: The Return of Napoleon,* London: Greenhill Books, 2002, pp. 142-148.을 참조.

족스러운 미소를 지었다. 그는 더 북쪽으로 이동할 준비를 했다.[585)] 불사조 같은 나폴레옹은 그의 마지막 도박을 향해 진군하고 있었다.

3월 5일 나폴레옹의 귀환의 뉴스가 전신을 통해 파리에 도달하자 정부는 3월 7일까지 그것을 비밀에 부쳤다. 그후 몇 시간 만에 거칠게 열정적인 군중들의 환호속에 거대하게 늘어난 지지자들의 군대가 뒤따른 나폴레옹 보나파르트는 파리를 향해 나아갔다. 나폴레옹이 3월 13일 리용을 떠난 날에 여전히 회의 중에 있던 연합국측은 빈 선언 (the Vienna Declaration)을 발표했다:

> "혼란과 무질서의 프로젝트를 가지고 프랑스에 다시 나타남으로써 나폴레옹은 법의 보호를 스스로 박탈했으며 세계 앞에 그와는 평화나 유전이 있을 수 없다는 것을 표명했다. 따라서 강대국들은 나폴레옹 보나파르트가 시민적 및 사회적 관계의 한계를 넘었다고 선언한다. 그리고 세계의 적임이며 어지럽히는 자로서 그는 스스로 공적 보복의 대상이 되었다."[586)]

나폴레옹은 위장한 2명의 장교를 네(Ney) 원수에게 보냈다. 그는 3천 명의 병력을 이끌고 있었다. 그는 내전을 시작하고 싶지 않아서 나폴레옹에게 이탈했다. 나폴레옹은 3월 18일 아침 오세르(Auxerre)에서 네를 만났다. 그는 파리로 진군하라는 명령을 받았다. 19일에 나폴레옹은 오후 5시애 상스(Sens)에 도달했고 퐁 쉬르 욘느(Pont-sur Yonne)에서 저녁을 먹고 잤다. 그리고 3월 20일 월요일 오전 1시에

---

585) David A. Bell, *Napoleon: A Concise Biography,* Oxford: Oxford University Press, 2015. p. 3.

586) Andrew Roberts, *Napoleon: A Life,* New York: Penguin Books, 2014, p. 737.에서 재인용.

퐁텐블로를 향해 출발했다. 그곳을 떠난 후 11개월 만에 백마궁전 뜰에 도착했다. 오전 1시 30분에 통풍에 걸려있는 루이 18세가 튈르리 궁에서 마차에 몸을 싣고 파리에서 도망쳤다. 나폴레옹은 20일, 즉 자기 아들 로마의 왕의 4번째 생일 날에 파리에 입성하길 원했다. 그리하여 그는 그날 저녁 9시에 프랑스의 사실상의 황제로서 다시 한 번 튈르리 궁에 입성했다.[587]

1815년 3월 21일 화요일 새벽 3시에 나폴레옹은 자기의 정부를 재구성했다. 빈 선언은 연합국들이 그가 왕조를 유지하는 것을 허용하지 않을 것이다. 그러므로 그는 프랑스가 침공을 받는 것에 대비할 필요가 있었다. 그는 1814년 과는 달리 일반 프랑스인들이 부르봉의 경험을 한 이상 자기에게 적극적으로 모여들길 희망했다. 어느 정도는 그랬다. 다음 수주 동안 지원군 모집소마다 많은 충원들이 있었다. 프랑스인들이 그들의 충성을 어디에 둘지를 결정하는 괴로운 순간이었다. 나폴레옹의 귀환 소식에 깡바세레스같은 고위 정치가들이 보여준 진실한 놀라움은 그것이 부르봉이 의심하는 것처럼 광범위한 음모의 결과가 아니라 한 사람의 의지력과 기회주의의 결과였다. 깡바세레스는 나폴레옹에 가담했다. 왜냐하면 그들은 나폴레옹이 프랑스인들의 시민적 권리들을 존중하는 헌정적 왕으로 이제는 행동할 것이라는 그의 확약을 진실로 믿었기 때문이었다.[588]

리용과 튈르리로부터 일련의 선포에서 나폴레옹은 신속하게 보다 인기가 없는 부르봉의 개혁들 중 많은 것들을 폐기했다. 또한 권좌에

---

587) *Ibid.,* p. 738.
588) *Ibid.,* p. 741.

돌아오자마자 증오의 대상인 드로와 레위니(*droits reunis*) 세금을 폐지했고, 다가오는 작전을 위한 그의 지불능력을 축소시켰다. 프랑스를 자유스럽게 통치하겠다는 그의 주장을 뒷받침하기 위해서 나폴레옹은 온건한 뱅자맹 콩스탕(Benjamin Constant)에게 방데(Vendée)에서 자발적 망명에서 돌아와 제국 헌법의 부칙(Acte Additionnel aux Constitutions de l'Empire)이라는 이름의 새 헌법을 마련하라고 요청했다. 이것은 영국을 모델로 삼아서 황제와 권한들을 공유하는 양원제 의회제도를 마련했다. 후에 나폴레옹은 누구든 부르봉 왕가의 부활을 더 어렵게 만들기 위해서 새 헌법에 최근 모든 혁신들을 담기를 원했다고 설명했다. 나폴레옹은 모든 검열을 종식시키고, 노예무역을 완전히 폐지했으며, 마담 스타엘(Madame de Staël)과 미국의 독립혁명의 영웅인 라파예트 후작(Marquis de Layette)을 자신의 새 연립정부에 초대했으나, 나폴레옹을 불신한 두 사람 모두 그의 초대를 거절했다. 나폴레옹은 또한 어느 영국인도 구금하거나 괴롭히지 말라는 명령을 내렸다.[589] 그러나 그의 오랜 적들은 나폴레옹이 제국의 야심을 포기할 것으로 믿을 수 없었고, 또한 분명하게 그가 그렇게 할 것이라는 모험을 할 수 없었다. 그 대신에 평화가 그런 사람과는 항상 불확실하다고 가정되었다.[590]

1815년 3월 25일 빈에서 여전히 회의 중이었던 연합국들은 나폴레옹에 대항하여 7번째 연합을 형성했다. 그리고 5월 15일, 연합국들은 프랑스에 정식으로 전쟁을 선포했다. 나폴레옹은 프랑스 정치에서 자

---

589) *Ibid.*, p. 746.
590) *Ibid.*

기의 성공과 실패가 궁극적으로는 오직 전장에서 결정될 것임을 알고 있었다. 6월 7일 그는 베르트랑에게 자기의 망원경, 제복, 말과 마차를 준비시켰다. 이틀 후인 1815년 6월 9일, 연합국들은 빈 조약(the Treaty of Vienna)에 서명했다. 제1조에서 그들은 나폴레옹을 왕좌에서 몰아낼 의도를 재확인했고, 그리고 제3조에서 그들은 이것이 달성될 때까지 자기들의 무기를 내려놓지 않을 것이라고 합의했다.[591]

　1815년 6월 12일 나폴레옹은 아벤느(Avesnes)에서 북부 군대와 합류하기 위해 엘리제(Elysee) 궁을 떠났다. 그는 다음 날 그곳에서 네이와 식사를 함께했다. 15일 정오에 그는 벨기에의 샤를루아(Charleroi)에 있었다. 그는 플뢰뤼스(Fleurus) 근처에서 블뤼허 장군 휘하의 군대와 교전할 준비를 했다. 그는 웰링턴 휘하의 영국-네덜란드-벨기에-독일의 연합군을 공격하기 전에 블뤼허를 패배시키고 싶었다. 싸우는 것은 모험이었다. 그러나 거대한 오스트리아와 러시아의 군대들이 파리를 다시 한번 공격할 준비가 될 때까지는 그렇게 큰 모험이 아니었다. 유럽 전역에서 28만 명의 프랑스 병사들이 비록 오스트리아 부대들은 전장에 수주 동안 그리고 러시아인들은 수개월 동안 나타나지 않겠지만, 80만 명에 달하는 연합군을 마주하고 있었다. 6월 14일 나폴레옹은 아벤느에서 군대에게 만일 그들이 프랑스에 입성하면 그곳에서 그들은 자신들의 무덤을 발견할 것이라고 말했다. 왜냐하면 용기를 가진 모든 프랑스인들이 이번에는 정복하거나 아니면 사라지게 될 것이기 때문이라고 말했다.[592]

---

591) *Ibid.*, p. 750.
592) Andrew Roberts, *Napoleon: A Life,* New York: Penguin Books, 2014, p. 751.

군사작전의 개시 단계들은 지난해에 보여주었던 전략적 능력의 최선을 부활시키고 있었다. 프랑스인들은 처음에 가로 175마일 세로 100마일에 걸쳐 넓게 보다 더 흩어져 있었다. 그러나 나폴레옹은 이 사실을 이용하여 서쪽으로 공격하는 척하다가 중앙부에 집중했다. 4월 5일 빈에서 긴급히 도착한 웰링턴은 그의 병력을 62마일 넓은 전면 전선을 이루었다. 6월 15일 저녁에 그는 나폴레옹이 자기를 속였다는 것을 인정했다. 나폴레옹의 속도와 전술적 능력은 그에게 다시 한번 그가 거의 20년 동안 해왔던 것처럼 그를 마주하는 적군들 사이의 경첩을 공격하도록 허용했다. 그의 군대의 절반이 신병들이라는 사실을 고려할 때 그것은 아주 인상적이었다. 6월 16일 나폴레옹은 자기의 군대를 3으로 나누었다. 그러나 그는 병력을 분산함으로써 전투의 전날에 어떤 병력도 분산해서는 안 된다고 하는 자신의 전략적 경구를 무시하고 있었다. 6월 17일 나폴레옹은 리니(Ligny)에서 두각을 보인 대대들을 방문했다.

1815년 나폴레옹은 거의 46세로 과체중이었고, 20대 중반 때의 에너지를 갖지 못했다. 6월 18일까지 그는 6일만에 겨우 하룻밤을 제대로 잤다. 그러나 그가 6월 18일에 내린 결정들이 그 자신의 오판과 잘못된 정보의 결과이지 그의 신체적 상태의 결과였다는 설득력 있는 증거는 사실상 아무것도 없었다. 워털루 전투에서 나폴레옹의 전술들과 그의 생애를 연구하고 자기의 병력전개에 엄격했던 것은 바로 웰링턴이었다.[593] 6월 18일 일요일 오전 3시 48분에 일출시에 자기의 공격을 시작했더라면 그는 뷜로브(Buelow)의 군단이 그의 우측 옆으

---

593) *Ibid.,* p. 757.

로 파고들기 전에 웰링턴의 전선을 파괴할 7시간 이상의 여유를 가졌을 것이다. 나폴레옹은 네에게 오전 9시에 전투가 있을 것에 대비하라고 명령을 했지만 싸움이 시작하기 전에 또 다른 2시간이 흘러가 버렸다.[594]

워털루의 전투는 제롬 사단과, 뒤를 이은 포이(Foy) 사단에 의한 우고몽(Hougoumont)에 대한 성동격서 방식으로 준비한 레일(Reille) 군단의 포격으로 오전 11시에 시작했다. 농가에 대한 공격은 실패했고, 그리고 그날이 가는 동안 점점 더 많은 프랑스 병사들을 끌어들일 예정이었다. 그러나 어떤 알 수 없는 이유에서 그들은 포병으로 그 농가의 정문들을 파괴하려고 시도하지 않았다. 웰링턴은 그날 병력을 증강했고 우고몽은 소중한 방풍림이 되어 프랑스의 진격을 방해하고 좁게 통과시켰다. 제롬은 용맹스럽게 싸웠다. 그리고 자기의 사단이 단지 2개의 대대로 감소되었을 때 나폴레옹은 그를 소환하여 동생인 그를 너무 늦게 알아봤다고 말했다. 오후 1시에 웰링턴의 전선에 대한 나폴레옹의 83문의 대포대에 의한 처음 포격은 그의 병사들에게 산등선의 끝머리 아래에 엎드려 있으라는 웰링턴의 명령들로 인해 기대만큼 피해를 주지 못했다. 오후 1시 30분에 나폴레옹은 그의 주요 보병 공격을 단행했다. 그 때 델롱(Drouet d'Erlon)의 군단이 가슴 높이의 호밀 밭의 진흙탕을 통해서 웰링턴의 중간 좌측을 공격했다. 그리고 그들은 아우스터리츠에서 오스트리아와 러시아인들에게 했던 대로 웰링턴 전선을 돌파하고 양측을 유린해 버릴 희망으로 그들의 좌측에 있는 라 에 생트(La Haie Sainte)를 지나쳤다. 그곳은 웰링턴의 최대 약한 부

594) *Ibid.*, p. 759.

분으로 공격을 위한 정확한 장소였지만 그러나 실행이 잘못되었다.[595]

델롱 백작은 아마도 적과의 접촉에서 화력을 증가시키기 위해서 그랬겠지만 전선에 전개하기 전에 부대 기동의 모든 프랑스의 모델들을 위반하면서 자기 공격의 시작에서 여러 개의 250명 단위의 병사들을 전개한 모든 여단들과 함께 자기의 전 군단을 전진시켰다. 이것은 전 대형을 움직이기 어렵고, 통제하기도 어려우며 아주 취약하게 남겨 놓았다. 그것은 이상한 편성이 되었고 또 그들에게 값비싼 것이 되었다. 왜냐하면 그들은 기병대 공격에 대항하여 방어책으로 사각형을 형성할 수 없었던 반면에 적의 포병은 20 횡렬의 깊이까지 그들의 편성을 갈아엎을 수 있었기 때문이었다. 이 편성이 누구의 아이디어인지는 아무도 몰랐다. 그러나 궁극적으로 델롱 백작은 자기 군단이 치명적 전선을 고정하는 공격을 시작한 편성같이 중대한 전술적 결정에 책임을 져야만 했다. 나폴레옹 경구들 중 또 하나는 보병, 기병, 그리고 포병은 서로가 없이는 아무것도 아니라는 것이었다. 그러나 이 경우에 델롱의 보병공격은 다른 무기에 의해 부적절하게 보호되었고 또 웰링턴의 전선을 고정하는데 실패하고 격퇴되었다.[596]

그 대신에 영국 기병대의 유니온(Union)과 하우스홀드(Household) 여단들은 군단을 공격하고 또 12개 중 2개의 독수리 상실과 함께 그 군단을 프랑스 전선으로 도망치게 만들었다. 오후 3시에 일단 영국의 기병이 델롱의 퇴각으로 인해서 대포대로부터 벗어나 버렸다. 나폴레옹은 전투장을 보다 가까이서 보기 위해 대포대의 지휘관인 쟝 자끄

595) *Ibid.*, p. 764.
596) *Ibid.*

드보 드 생 모리스(Jean-Jacques Desvaux de Saint-Maurice) 장군에게 합류했다. 황제가 그 옆에서 말을 타고 있는데 드보(Desvaux) 장군이 포탄에 의해 반으로 절단되었다. 12시 반경에 3개 프러시아 군단들 중 첫 번째 군단이 나폴레옹의 우측 옆에서 등장하기 시작했다. 오후 동안에 나폴레옹은 프러시아인들을 직면하기 위해서 꾸준히 증가하는 병력 수를 우측으로 돌려야 했다. 오후 4시에 빌로브의 3만 프러시아 인들이 프리셰몽(Frischermont)과 프랑스누아(Plancenoit) 사이에서 로보(Lobau)의 7천 프랑스 보병들을 공격하고 있었다. 오전에 7만 2천 명의 병사들과 236문의 포들로 웰링턴의 6만 8천 병사들과 136문의 포에 대해 나폴레옹이 누리던 유리함이 일단 연합국들이 10만 명 이상의 병사들과 200문 이상의 포를 함께 전개할 수 있게 되자 중대한 불리함으로 전환되었다.[597]

총 10만 병사에 달하는 일련의 대규모 기병 공격들이 오후 4시경에 웰링턴의 중앙 우측을 향해서 네의 지휘 하에 개시되었다. 누가 그 것을 명령했는지는 여전히 불확실하다. 왜냐하면 나폴레옹과 네가 모두 그것을 나중에 부인했기 때문이다. 그 공격이 시기 상조였고 잘못된 시간이었다고 생각하지만 나폴레옹은 플라오(Flahaut)에게 네가 협곡을 지나 적에게 쏟아 부은 병사들을 돕도록 그가 발견할 수 있는 모든 기병들에게 명령하라고 말했다. 전쟁에서는 종종 동일한 행동을 보존함으로만이 수정될 수 있는 실수들이 있다고 플라오가 후에 철학적으로 말했다. 그러나 불행하게도 나폴레옹에게 이것은 그런 것들 가운데 하나가 아니었다.[598]

---

597) *Ibid.*, p. 765.

웰링턴의 보병은 이제 기병들을 맞이하기 위해서 가운데가 텅 빈 13개의 사각형대들을 형성했다. 번득이는 총검의 벽으로 나아가지 않으려는 말들의 자연적 거부가 기병들에게는 침투를 거의 불가능하게 만들었다. 사각형의 편대는 선을 이룬 포병과 보병에게 특히 취약하지만 이 기병 공격은 어느 것의 지원도 받지 않아서 나폴레옹이나 네의 의도적 명령으로부터가 아니라 우연히 시작했다는 의심을 확인해 주었다. 13개의 사각대형들 중 어느 하나도 깨어지지 않았다. 그날의 승리는 영국인들의 훌륭한 규율이었다고 나폴레옹은 후에 세인트 헬레나에서 인정했다.[599)

프랑스 기병대가 지치고, 말들이 날아가고, 오후 4시 15분에 프러시아인들이 병력으로 도착했을 때 나폴레옹은 그가 최선을 다해 철수하는 것이 현명했을 것이다. 그 대신에 오후 6시 조금 넘은 시간에 네(Ney)가 라 에 생트(La Haie Sainte)와 근처 전장의 중앙에서 모래 채취장으로 알려진 굴착지역을 장악하는데 성공했다. 그리하여 그는 포병의 포대를 300야드 거리를 끌어당겼다. 그리하여 웰링턴의 소총과 포를 가진 중심부를 포격할 수 있게 만들었다. 이것은 전투의 위기 지점, 다시 말해, 프랑스가 순전히 프러시아의 압도적인 수가 그들을 분쇄하기 전에 돌파할 프랑스가 가진 최선의 기회였다. 그러나 네이가 그 상황을 이용하기 위해 나폴레옹에게 추가적 병력을 요청했을 때 자기의 기병대가 지치고 자신의 본부가 지금 프러시아의 포대 사정거리 안에 있는 처지라서 나폴레옹은 거절했다. 실제로 이 시점에서 그

---

598) *Ibid.*
599) Andrew Roberts, *Napoleon: A Life,* New York: Penguin Books, 2014, pp. 765-766.

는 사용하지 않은 14개의 대대들을 갖고 있었다. 그가 한 시간 후에 자기의 마음을 바꾸었을 때에는 웰링턴은 이미 자기의 중앙부에서 브룬스비크인들과 하노버인들 그리고 네덜란드-벨기에 사단으로 그 위험스러운 간격을 막아버렸다.[600]

나폴레옹은 일단 전투선들을 따라 말을 타고 둘러본 다음 오후 7시가 되어서야 사각대형의 정열에 있는 브뤼셀을 향해 중간 근위병들을 주 도로로 파견했다. 워털루의 후반 단계에서 제국 근위대의 공격이 총 전투병력의 약 1/3에 의해서만 착수되었고 나머지 병력은 프러시아인들로 부터 플랑스누아(Plancenoit)를 회복하기 위해서 사용되거나 아니면 후퇴를 엄호했다. 나폴레옹이 네이에게 그것을 지원하라고 명령했지만 근위대가 왔을 때에는 한 개 포대 사단이 우고몽의 숲속에서 나오지 않았고 기병연대도 니벨(Nivelles) 도로에서 돌아오지 않았다. 그러므로 근위대가 이제는 다시 한 번 잘 방어되고 있는 웰링턴 부대를 향해서, 측면을 보호할 경비여단도 없이 오직 지원하는 레일(Reille)의 사단으로부터 소수의 병력만을 가지고, 언덕을 올라갔다. 근위 포대에게 가용한 총 96문의 포에서 오직 12문의 포만이 공격에 참가했다.[601]

이 공격의 절망적인 성격은 비록 150명의 악사들이 선두에서 행군했지만 근위대는 독수리들을 가져가지 않았다는 사실로부터 판단될 수 있을 것이다. 근위대가 "황제 만세"를 외치면서 그를 지나 행군할 때 나폴레옹은 라 에 생(La Haie Sainte)의 남서쪽 사각지대에 있었다.

---

600) *Ibid.,* p. 766.
601) *Ibid.,* p. 767.

그들은 약간의 포병에 의한 호위를 받으며 모두 합해서 4천 명도 안 되는 8개의 대대로 시작했지만 가는 길에 3개 대대는 예비병으로 남겼다. 더 단단한 땅이 웰링턴의 포대에 더 좋았다. 그리고 곧 총알과 포도탄들이 죽은 자와 부상자로 길을 뒤덮었다. 웰링턴이 동원할 수 있는 화력의 집중만으로 황실 근위대의 전투 의지를 깼고 근위대는 사기를 잃은 채로 퇴각했다. 그것은 전 전선에 걸쳐 프랑스 군대의 전반적 붕괴의 신호였다. 무엇이 발생하고 있는지가 분명해졌을 때 나폴레옹은 한 장군의 팔을 잡고, "자, 장군, 일은 끝났다. 우리가 졌다. 떠나자"고 말했다.[602]

나폴레옹의 마지막 도박이었던 워털루는 보로디노(Borodino) 전투 이후 2번째로 값비싼 하루 동안의 전투였다. 2만 5천에서 3만 1천명의 프랑스인들이 죽거나 부상을 당했다. 엄청난 수의 병사들이 포로가 되었다. 웰링턴은 17,200명의 병사를, 블뤼허는 7천 명을 잃었다. 1815년에 복무한 나폴레옹의 최고 고위급 장군들 64명 중에서 26명이 그 해에 죽거나 부상을 당했다. 나폴레옹은 워털루에 관해서 "이해할 수 없는 날"이라고 말했다. 그는 그 전투를 철저히 이해하지 못했다고 인정했지만 그는 손실을 비상한 운명들의 결합이라고 책망했다. 그러나 진정으로 이해할 수 없는 것은 그와 그의 지휘관들이 어떻게 그렇게 많은 실수들을 했는가였다. 웰링턴과 블뤼허는 워털루 전투에서 승리할 만했다.[603] 나폴레옹은 그의 마지막 도박인 이 워털루의 결판에서 최종적으로 지고 말았다.

---

602) *Ibid.*
603) *Ibid.*, p. 769.

제21장
피날레: 그리스의 비극(A Greek Tragedy)

"프랑스의 역사가들은 제국을 다루어야 할 것이다.
그리고 나에게 정당한 대우를 해 주어야 할 것이다."
-나폴레옹 보나파르트-

　　1815년 6월 21일 수요일 오전 8시경에 나폴레옹은 파리에 돌아와
서 곧장 엘리제(Elysee) 궁으로 갔다. 그곳에서 그는 콜랭꾸르를 만났
다. 그는 자기가 군대와 함께 있어야 한다고 믿었다. 파리에서 군대가
없이 그는 정치적으로 공격을 받기 쉬웠다.[604] 실제로 프랑스는 곧바
로 권력의 진공상태에 빠졌다. 그것은 신속하게 라파예트(Lafayette)에
의해서 채워졌다. 그는 상하 양원에서 5명씩을 임명하여 각료의 기능
을 수행하게 했다. 그것은 실제로 의회의 쿠데타였다. 라파예트는 나
폴레옹의 규탄에서 웅변적이고 설득력이 있었다. 루시엥(Lucien)의 반
역이라고 비난하자 그는 이렇게 반박했다:

---

604) Adam Zamoyski, *Napoleon: A Life*, New York: Basic Books, 2018, pp.
　　643-644.

"우리는 아프리카의 사막에, 러시아의 황무지까지 당신의 형을 따랐다. 프랑스인들의 뼈가 모든 지역에 흩어졌고 그것이 우리의 충성에 대한 증언이다."[605]

그날 내내 무장해제하고 풀 죽은 병사들이 파리에 도착하기 시작했다. 그들은 지나가면서 어디에서나 "우리는 모든 것을 잃었다"고 보고했다. 다음 날 정오에 나폴레옹은 그의 가장 충성스러운 각료들과 함께 두 번째로 퇴위를 했다. 나폴레옹은 여전히 침공하는 연합군에 대항하여 프랑스 군대를 이끌도록 입법부에 의해서 요청 받기를 희망했지만 만일 들어서는 임시정부가 자기의 봉사를 필요로 하지 않는 다면 그는 미국에서 사적 시민으로 살려고 한다고 말했다. 미국은 영국과 3년간의 전쟁 후에 최근에 평화를 이루었기 때문에 만일 그가 그곳에 갈수만 있다면 미국 정부에 의해서 자기가 그곳에서 은퇴하도록 허용될 것이 완전하게 가능할 것이다.[606]

6월 24일 푸셰(Fouché)가 의장이 된 임시정부는 양위를 정중하게 받아들였다. 그리고 마크도날을 프랑스 군대의 사령관으로, 라파예트를 국가방위 대장으로, 그리고 탈레랑을 외무상으로 임명했다. 그리하여 탈레랑은 4번째로 외상을 맡게 되었다.[607] 파리를 마지막으로 떠나기 직전에 나폴레옹은 흥분하고 감정적인 비방 드농(Vivant Denon)에게 작별을 고했다. 그의 어깨에 자기의 손을 얹으며 나폴레옹은 "여보게 친구 울지 말자, 이런 위기 시에는 태연하게 행동해야만 한

605) Andrew Roberts, *Napoleon: A Life*, New York: Penguin Books, 2014, p. 772.
606) *Ibid.*, p. 773.
607) *Ibid.*

다”고 말했다.[608]

1815년 7월 7일, 연합군이 다시 파리에 입성했다. 그리고 나폴레옹은 그곳에서 포로로 끌려가는 아이디어를 좋아하지 않았다. 다음 날 그는 사바리와 그의 시종 라 가스(Las Cas)를 항구를 봉쇄하고 있는 영국해군의 군함 “벨러로폰”(*Bellerophon*)호로 보냈다. 벨러로폰의 함장인 메이트랜드(Maitland) 대위는 사바리와 라 가스에게 나폴레옹은 영국에서 망명을 제공받을 것임을 이해시켰다.[609] 7월 14일 자정경에 나폴레옹은 당시 영국의 섭정 왕세자(the Prince Regent)에게 편지를 써서 “나의 정치적 경력을 끝냈으니 나는 마치 아테네의 테미스토클레스(Themistocles)처럼 영국인들의 가슴에 자신을 두게 되었다. 나는 영국의 법의 보호 하에 나 자신을 맡긴다. 그것은 나의 적들 중에서 가장 강력하고, 가장 일관되고 또 가장 관대한 폐하에게 요청한다”고 주장했다.[610] 그러나 나폴레옹의 고전의 관한 교육은 실패했다. 왜냐하면 테미스토클레스는 실제로 자기의 조국인 그리스에 대항하여 페르시아인들에게 가담했었다.[611] 나폴레옹은 전혀 그런 것을 제안하고 있지 않았다.[612]

그러나 영국의 일관성에 관해서 나폴레옹은 옳았다. 1815년 한 해 동안 영국은 30개 보다 적지 않은 국가들에게 보조금을 지불했다. 프러시아에 2백 10만, 러시아에 2백만, 그리고 오스트리아에 1백

---

608) *Ibid.*
609) Adam Zamoyski, *Napoleon: A Life*, New York: Basic Books, 2018, p. 648.
610) Andrew Roberts, *Napoleon: A Life*, New York: Penguin Books, 2014, p. 775.
611) 테미스토클레스에 관한 간결한 스토리를 위해서는, Ian Macgregor Morris, *Themistocles: Defender of Greece*, New York: The Rosen Publishing Group, 2004.
612) Andrew Roberts, *Napoleon: A Life*, New York: Penguin Books, 2014, p. 775.

6십만 파운드가 가장 많은 경우였다. 비록 오스트리아는 프랑스에 대항하여 108개월 싸웠으며, 프러시아는 58개월, 러시아는 55개월 동안 싸웠다. 그러나 영국은 1793년부터 1815년까지 총 242개월 동안 프랑스와 전쟁상태에 있었다. 영국 해군은 20년 동안 프랑스를 봉쇄했고 트라팔가에서 프랑스의 연합 전투함대를 침몰시켰다. 영국은 1808년과 1814년 사이에 이베리아 반도에서 6년 동안 싸웠다. 웰링턴은 전 기간 동안 단 하루의 휴가도 갖질 못했다. 그들은 1801년 이집트에, 1806년에는 칼리브리아에, 1807년에는 코페하겐에, 1809년에는 발헤렌(Walcheren)에, 그리고 1814년에는 네덜란드의 베르겐노프-줌(Bergenop-Zoom)에 원정군들을 상륙시켰다. 포르투갈과 시실리를 제외하고 유럽의 전 나머지 국가들이 틸지트(Tilsit) 조약 체결 후에 나폴레옹과 조약에 들어갔지만 영국인들만이 나폴레옹의 헤게모니에 대한 저항의 불꽃을 밝게 유지했다.[613)

1815년 7월 15일 토요일 오전 8시, 나폴레옹은 벨러로폰 호에 승선해서 메이트랜드 선장에게 항복했다. 그는 품위 있게 임시정부와 연락장교인 베커(Beker) 장군이 그와 동행하는 것을 허락하지 않았다. 그리하여 나폴레옹을 영국인들에게 넘겨주었다는 어떤 미래의 비난을 피하게 해주었다. 깊은 슬픔이 얼굴 전체에 드러났다. 영국의 작은 보트가 나폴레옹을 승선시키기 위해 도착했을 때 그가 벨러로폰에 도달할 때까지 장교들과 수병들은 바다 건너 "황제 만세"를 외쳤다. 어떤 사람들은 절망감에 자기들의 모자를 짓밟았다. 나폴레옹이 도착하자 벨러로폰 해병들이 기립했고 수병들이 활대 끝에 수병들을 배치했지

---

613) *Ibid.*, p. 776.

만 그러나 나폴레옹은 예포의 대우를 받지 않았다. 왜냐하면 영국해군의 규정상 너무 이른 시각이었기 때문이었다. 자기의 모자를 벗으면서 메이트랜드 선장에게 건넨 나폴레옹의 첫 마디는 영국 법의 보호 하에 자기를 두기 위해 그의 배에 승선했다는 것이었다. 혁명 전쟁과 나폴레옹의 전쟁들이 마침내 끝이 났다.[614]

영국으로 가는 여행 중에 나폴레옹은 아무런 우울감을 보이지 않았으며 국가원수의 공식적 위엄으로 대우받았다. 그들의 포로를 어떻게 처리할 것인가의 문제는 영국인들에게 곤란한 것이었다. 엘바 섬에서 돌아온 후 백일간 양측에 거의 십만 명의 병사들이 죽거나 부상했다. 그런 일은 절대로 다시 일어나서는 안 될 것이다. 7월 20일 리버풀(Liverpool) 경이 빈에 있는 외상 캐슬레이 경에게 내각이 어떻게 이 문제를 보고 있는가에 대해서 편지를 썼다:

> "우리 모두는 그를 이 나라에 구금하는 것이 답이 아니라는 의견에 아주 결정적이다. 그 주제에 관해서 아주 근사한 법적 의견들이 일어날 것이며, 그것은 구체적으로 당혹스러운 일이 될 것이다. ··· 그는 즉시 호기심의 대상이 될 것이고, 그러면 몇 개월이 지나가는 과정에서 가능하게도 동정심의 대상이 될 것이다. 그리고 이곳이나 아니면 유럽의 어느 곳에서나 그가 있는 상황은 프랑스에서 어느 정도의 발효를 올리는데 기여할 것이다. ··· 세인트 헬레나(St. Helena)는 그런 사람의 구금을 위해 가장 잘 계산된 세계에 있는 장소이다. ··· 상황은 특별히 건전하다. 오직 한 곳뿐이다. ··· 배들이 정박할 수 있고, 그리고 우리가 중립적 선박들은 모두 다 배제할 수 있는 힘을 갖고 있다. ··· 그런 곳, 그리고 그런 거리에

---

614) *Ibid.,* p. 777.

서 모든 음모는 불가능할 것이다. 그리고 유럽의 세계로부터 아주 멀리 떨어져 그는 곧 잊혀 질 것이다."615)

1815년 7월 23일 해안을 우울한 표정으로 바라보면서, 그 장면을 보는 사람들도 별로 없이, 나폴레옹은 마지막으로 프랑스를 보았다. 다음 날 그들이 영국의 남부 해안에 있는 토베이(Torbay)에 정박했을 때 그는 즉시 구경꾼들을 위해 저항할 수 없는 호기심의 대상이 되었다. 그들 가운데 어떤 사람들은 그를 일견하기 위해 글래스고우(Glasgow)처럼 먼 곳에서 내려왔다. 실제로 벨러로폰 호는 그들을 저지하기 위해서 배 주변에 보트들을 풀어 놓아야 했다. 나폴레옹은 토베이가 그에게 포르토페라리오를 상기시킨다고 말하면서 일반인들을 즐겁게 하기 위해 갑판으로 나가 통로와 선미의 창문에서 자신을 보여주었다. 7월 27일 플리머스(Plymouth)에서 나폴레옹은 훨씬 더 큰 명사의 신분을 즐겼다. 3일 후에 메이트랜드 선장은 각 보트마다 평균 8명이 탄 1천 척의 유람 보트들이 그 배의 주변에 모였다고 추산했다. 그 사이에 나폴레옹은 소파에서 종종 졸았다.

그러나 이런 감금은 7월 31일 오전 10시 반에 해군 제독인 케이스(Keith) 경과 전쟁성 차관인 헨리 번버리(Henry Bunbury) 경이 벨러로폰 호에 도착했을 때 끝이 났다. 그들은 나폴레옹을 "보나파르트 장군"이라고 호칭하면서 그의 세인트 헬레나에서 의도된 숙명을 통보했다. 그것에 대해서 나폴레옹은 영국의 신문을 읽음으로써 이미 예고되었다. 그들은 그에게 3명의 장교와 12명의 가정 일꾼들을 데리고

---

615) Andrew Roberts, *Napoleon: A Life,* New York: Penguin Books, 2014, p. 778.에서 재인용.

갈수 있다고 말했다. 나폴레옹은 세인트 헬레나로 가기 보다는 차라리 자기의 피가 벨러로폰 호의 널빤지들을 더럽힐 것이며, 그 결정은 미래의 영국역사에 어둠의 장막을 칠 것이라고 선언함으로써 케이스 제독에게 대답했다. 그는 기후가 3개월 만에 그를 죽일 것이라고 덧붙였다. 케이스와 번버리가 떠난 후에 나폴레옹은 차라리 부르봉에게 이송되는 것이 낫겠다. 가장 큰 모욕은 그들이 그를 장군이라고 불렀다고 메이트랜드에게 말했다. 그의 수행원들 가운데 보다 불 같은 성격의 몇 사람들은 세인트 헬레나에서 죽는 것은 아주 부끄러운 일이라면서, 차라리 자신들을 방어하다가 죽거나 아니면 화약통에 불을 지르는 것이 더 낫다는데 동의했다.[616)

"나는 포로가 아니다. 나는 영국의 손님이다"라고 항의하는 편지를 영국의 섭정 왕세자에게 또 하나의 편지를 보냈음에도 불구하고 1815년 8월 7일 정오경에 나폴레옹은 세인트 헬레나까지 4,400마일을 항해할 영국해군의 80문의 포를 장착한 "노섬벌랜드"(*Northumberland*) 호로 이송되었다. 그 배는 해군 소장 조지 콕번(George Cockburn)의 지휘 하에 있었다. 그는 전 해에 미국의 수도 워싱턴을 불태웠던 사령관들 중의 한 사람이었다. 나폴레옹은 그와 함께 지구의 끝까지 갈 용의가 있는 26명의 부하들이 그를 수행할 것이다. 그의 여동생 폴린(Pauline) 같이 여러 사람들이 같이 가려고 했지만 영국 당국에 의해서 거부당했다.[617)

콕번 경은 나폴레옹이 테너라이프(Tenerife)에서 정상을 보길 원했

---

616) *Ibid.*, p. 779.
617) *Ibid.*

기 때문에 카너리 제도(Canary Islands)에서 고메라(Gomera)와 팔마(Palma) 섬들의 사이로 항해하기 위해서 그들의 항로를 의무감에서 바꾸었다. 그리고 9월 23일 그들이 적도를 지날 때 나폴레옹은 1백 개의 나폴레옹 인형들이 바다의 신 넵튠(Neptune)에 대한 제물로 던져 넣어져야 한다고 명령했다. 베르트랑(Bertrand)은 그것은 너무 많다고 생각했고, 그리고 콕번은 5개로 만족할 것이라고 생각했다. 10월 14일 토요일에 마침내 그들의 목적지가 시야에 들어왔다. 오직 85평방 마일 지역과 28마일의 주변으로 이루어진 세인트 헬레나의 화산 바위는 앙골라에서 1,150마일, 브라질에서 2,000마일 이상, 그리고 아센션 섬(the Ascension Island)에서 가장 가까운 곳으로부터 700마일 떨어진 곳이었다. 그 곳은 17세기 중반부터 1834년까지 영국제국의 가장 모호한 곳으로 인도를 오고 가는 항로에서 급수를 위해 이용되었다. 그리고 1815년에 그곳에서는 3,395명의 유럽인들, 38명의 흑인들, 489명의 중국인들, 그리고 116명의 말라야 인들의 주민들이 살고 있었다. 영국 정부는 그곳을 운영하는 동인도회사(the East India Company)와 조정에 들어갔고 그것으로 영국 정부는 그곳에서 나폴레옹의 구금 비용을 지불하기로 합의했다.[618]

바다를 통해 세인트 헬레나의 유일한 타운인 제임스타운(Jamestown)에 도착하면 그 작은 항구의 어느 쪽에서나 가파르고 험악하게 솟아오른 600피트의 검은 절벽들의 엄청나게 압도하는 장면을 보게 된다. 1815년 10월 15일 나폴레옹은 그가 아우스터리츠에서 사용했던 소형 망원경을 통해서 그 섬을 둘러보고 "그곳은 매력적인 장소가 아니다.

---

618) Andrew Roberts, *Napoleon: A Life,* New York: Penguin Books, 2014, p. 781.

차라리 이집트에 머물렀다면 더 좋았을 것이다"고 말했다. 영국해군의 소형 구축함 2척이 그 섬을 끊임없이 감시할 것이고, 어떤 배도 그 섬의 서로간 통신하는 여러 곳에 있는 신호소들의 눈에 띄지 않고 어떤 방향에서든 접근할 수 없었다. 나폴레옹은 자기가 그곳에서 죽을 것이라는 것을 알고 있었을 것이다.[619]

1815년 10월 17일 남서풍이 강하게 불고 있을 때 나폴레옹은 하선하여 롱우드(Longwood)로 잠시 안내되었다. 롱우드는 부지사의 저택이었다. 그 후 롱우드가 다시 재정비되고 또 확장하는데 여러 주가 걸렸다. 12월 20일 나폴레옹은 롱우드로 이사했다. 근처 오두막에서 살았던 베르트랑이 그에게 그의 새 장소가 준비되었다고 말했을 때 나폴레옹은 "그곳을 나의 장소라고 부르지 말라, 그곳은 나의 무덤이다"고 대답했다. 1816년 4월에 14일까지 나폴레옹의 구금은 안락하거나 어떤 면으로도 즐겁지 않았지만 그것은 비교적 견딜 만했다. 그러나 바로 그날 새 지사인 허드슨 로위(Hudson Lowe)가 세인트 헬레나에 도착하여 싹싹한 마크 윌크스(Mark Wilks) 대령으로부터 인수인계를 받았다. 그들의 첫 만남에서 나폴레옹은 그에게 금시계를 선물했으나 그들의 관계는 곧바로 악화되었다. 로위 대령의 군사적 경력이 충돌을 사실상 보장했다.[620]

로위와 다투는 하나의 주요 영역은 나폴레옹의 구금 비용을 연간 2만 파운드에서 1만 2천 파운드로 줄이려는 주지사의 시도였다. 로위는 나폴레옹이 왜 여러 가지 것들이 필요한 지 이해하기 어려웠고 절

---

619) *Ibid.*
620) *Ibid.*, p. 786.

감에 대한 베르트랑의 항의에도 불구하고 그는 거의 부족함이 없었다. 예를 들어 1816년의 마지막 3개월 동안 3,700병의 포도주가 롱우드에 운송되었다. 로위는 알지 못했을 것이지만 나폴레옹은 세인트 헬레나로부터 탈출을 결코 고려하지 않았다. 탈출에 관해 그의 부하들 사이에 많은 논의가 있었고 또 여러 개의 계획들이 있었지만 나폴레옹 자신은 모든 그런 아이디어를 허드슨 로위 경의 분노에 보다 많은 권위를 부여하기 위해서 그들이 발명한 하나의 우화라고 비난했다.[621]

　나폴레옹은 세인트 헬레나에서 5년 반 이상을 보냈다. 이 기간은 제1통령으로서 그가 보낸 기간보다 더 길었다. 그는 그곳에서 자기의 회고록이라는 유일한 기념비를 남길 수 있었다. 1802년 그는 미래의 세대들에 대해 후회 없고 그리고 걱정 없는 마지막 시간을 알리는 종소리를 듣고 싶다고 말했었다. 그곳에서 그의 주된 활동은 그런 견해에 영향을 주려는 꾸밈없는 시도였다. 그가 아주 성공적이었다는 것은 그가 전해야 할 이야기의 비상한 성격과 그의 문학적 능력 모두에 있었다. 그는 "역사가는 웅변가처럼 설득해야만 한다. 그는 확신시켜야 한다"고 베르트랑에게 말했다. 그래서 그는 1816년 6월에 그는 라 카스(Las Cases, 아버지와 아들), 구르고(Gourgaud), 몽톨롱(Montholon)과 이따금씩 오메라(O'Meara)에게 구술하기 시작했다. 그 구술은 종종 하루에 12시간까지 진행되었다. 그것이 나폴레옹의 사후 <세인트 헬레나의 회고록>(Le Memorial de Sainte-Helena)이라는 제목으로 4권으로 편집된 책으로 라 카스에 의해서 출판되었을 때 그것은 19세기 최대의 베스트셀러가 되었다.[622] 나폴레옹은 이것을 일단 마치자 줄

---

621) *Ibid.*, p. 789.

리우스 시저에 관한 238쪽의 책을 구술하였는데 그것은 풍성한 자서전적 함축을 갖고 있었다.[623]

나폴레옹은 당구대에 지도들을 펴 놓고 그것들을 당구볼들로 눌러 놓고 자신의 회람들의 도움으로 그의 60번의 전투들을 기억하려고 했다. 그가 한 방문객에게 의해서 어떻게 그가 각 교전에서 싸운 세부사항을 상기할 수 있는가 라는 질문을 받았을 때 나폴레옹은 대답했다: "마담, 이것은 한 연인이 자기의 과거 정부들에 관한 회고이다"고 대답했다.[624] 그는 성취를 과장했고, 패배들을 과소평가하고 그리고 결코 그의 정책이 아니었던 범-유럽주의를 내세웠다. 그리고 그는 또한 어쩌면 자신을 높이기 위해서 줄리우스 시저를 제외하고는 과거의 다른 영웅들을 훼손했다.[625]

권태로움을 피하기 위해서 나폴레옹은 그들의 배가 보급품을 위해 세인트 헬레나를 방문하는 20여명의 사람들에게 인터뷰를 해 주었다. 1817년 6월 7일에 그는 티베트(Tibet)의 탐험가인 토마스 매닝(Thomas Manning) 박사를 만났는데 그때 그는 중국으로 여행을 가는 중이었다. 나폴레옹은 라사(Lhasa)의 대라마(the Grand Lama)의 세입에 관해서 알고 싶어 했고 또 중국에 관해서, 그들의 언어와 관습 등을 포함하여 수많은 질문을 했다.[626] 그런 일이 아니라면 세인트 헬

---

622) 저자가 구해 볼 수 있었던 것은, Louis Antoine Fauvelet de Bourrienne, *Memoirs of Napoleon Bonaparte,* Vol. I & II, Oxford: Benediction Classics, 2011; L. A. Fauvelet de Bourrienne, *Memoirs of Napoleon Bonaparte: Complete & Illustrated,* Istanbul: e-Kitap Projesi, 2014.

623) Andrew Roberts, *Napoleon: A Life,* New York: Penguin Books, 2014, p. 790.

624) *Ibid.*

625) *Ibid.*

626) *Ibid.,* p. 791.

레나에서 삶은 아주 단조로웠다.

1816년 10월 말부터 나폴레옹은 건강하지 못한 심각한 증세들을 보이기 시작했다. 이것은 부분적으로 로위와 관계가 유독했기 때문이었고 또 부분적으로는 야채와 과일이 별로 없었고, 그리고 또한 의사가 그에게 처방한 약을 거부했기 때문이었다. 1817년 말에 나폴레옹은 간 문제, 위통 그리고 아마도 B형 간염뿐만 아니라 우울증으로 고통을 받고 있었다. 1818년까지 그는 자신의 회고록을 썼다. 그는 그의 가족의 누구도 보지 않을 것이다. 그는 떨어지는 기억력과 욕망에 관해 불평을 했다. 그는 분명히 아팠고 또 종종 고통스러 했다. 그는 자살을 할 만큼 충분히 쉽게 용기를 낼 수 있었다. 그의 종교적 신념의 부족은 그가 지옥에 대한 환상적 두려움도 갖고 있지 않다는 것을 의미했다:

> "죽음이란 꿈 없는 수면에 지나지 않는다. 그리고 나의 육체에 관해서는 당근이 아니면 순무가 될 것이다. 나는 죽음을 두려워하지 않는다, 나의 군대에서 나에게 말을 하고 있는 중에 사라지는 많은 병사들을 보았다."[627]

줄리우스 시저에 관한 자기의 전기에서 마르쿠스 포르시우스 케이토(Msrcus Porcius Cato)의 자살이 당대의 사람들에 의해 칭송되었지만 나폴레옹은 도대체 누구에게 그의 죽음이 유용했는가를 나폴레옹은 물었다. 그는 경멸에서 그리고 절망에서 자살했다. 그의 죽음은 위

---

627) Andrew Roberts, *Napoleon: A Life,* New York: Penguin Books, 2014, p. 793.에서 재인용.

대한 영혼의 위약함, 금욕주의자의 실수, 자기의 생명에 대한 손상이었다. 나폴레옹은 세인트 헬레나에서 자살하지 않았다. 그것은 틀림없이, 그가 스스로 지적한대로, 자기의 적들에게 너무도 많은 기쁨을 줄 것이기 때문이었을 것이다. 나폴레옹은 "고통을 받는 것이 죽는 것보다 더 많은 용기를 필요로 한다"고 말했다.[628]

1818년에는 모든 것이 변했다. 그는 다리가 만성적으로 붓고, 보다 많은 두통, 상당한 구역질, 낮은 입맛, 많은 땀, 맥박, 우측 옆구리에서 아픔, 변비, 그리고 아주 낮은 정신으로 고통을 받기 시작했다. 그리고 1818년 중반에 그를 죽일 위암의 초기였다. 그는 이제 자신의 질병이 생명을 위협하고 있다는 것을 알고 있었다.

나폴레옹은 1821년 4월 15일 자기의 유언장을 썼다. 그것은 그가 50여 년 전에 그것의 품속에서 태어난 사도와 로마의 신념으로 죽는다. 그는 자신의 재가 그가 그토록 깊이 사랑했던 프랑스 국민의 가운데에 있는 센(the Seine) 강둑 옆에 묻히길 원한다고 시작했다. 그는 자기가 실제로 소유하지 않은 수백만 프랑을 포함하여 자기의 재산과 소유물을 자기의 가족, 하인들과 전 장군들 사이에 분할했다. 하나의 유산은 웰링턴(Wellington)이 자기를 세인트 헬레나에서 죽게 보내야 했기 때문에 그를 죽일 많은 권리를 가지고 있다고 나폴레옹이 생각하는 자칭 웰링턴의 암살자인 칸티용(Cantillon)에게 10만 프랑이 가게 했다. 또한 그는 영국의 과두정과 그것의 암살자들에 의해서 자기의 수명 전에 그가 죽는다고 로위(Lowe)에 대한 무가치한 비난이 있었다. 그는 1814년과 1815년의 프랑스 침공은 마르몽, 오제로, 탈레랑과 라파예

---

628) *Ibid.*, p. 794.

트의 반역 때문이라고 천명하고, 진정성이 얼마나 많이 있겠느냐고 의문시된다 할지라 해도, 그는 그들을 용서한다면서, 프랑스의 후손도 그가 행한 것처럼 그들을 용서하기 바란다"고 덧붙였다.[629]

4월 26일 나폴레옹은 피를 토했고 그리고 다음 날에는 커피색의 액체를 토했다. 나폴레옹의 유언장에는 8개의 유언 보충서가 4월 29일 전에 작성되었다. 5월 2일 그가 자기의 시종인 마르샹(Marchand)에게 헌정했던 시저에 관한 책에 코르시카의 아작시오(Ajaccio)에 있는 땅을 자기 아들에게 남긴다고 구술했다. 5월 3일 나폴레옹은 극단적 치료법을 아베 앙쥬 폴 비그날리(Abbe Ange-Paul Vignali)로부터 받았다. 한 교황에게 전쟁을 했고 또 한 사람의 교황을 구금했던 삶에서 오직 명목상의 가톨릭이 죽음에서 교회의 품으로 돌아갔다. 그는 베르트랑에게 죽기 직전에 자신의 눈을 나중에 감겨 달라고 요청했다. 5월 4일 나폴레옹은 지속적인 딸꾹질로 고통을 받았고 저녁에는 자기 아들의 이름을 묻는 정신착란에 빠졌다. 다음날 1821년 5월 5일 토요일, 요란하게 폭풍이 치는 오전이 지난 후에 51세의 전 황제는 3번의 긴 간격의 한숨을 쉬고 나서 섬의 일몰을 알리는 발포 소리 직후인 오후 5시 49분에 숨을 거두었다.

나폴레옹은 롱우드로부터 1마일 떨어진, 그가 이따금씩 방문했던 버드나무들이 늘어서 있는 아름다운 장소인 토르베트 스프링(Torbett's Spring)에 완전한 군사적 예절을 다해서 묻혔다. 그에게는 대령의 제복이 입혀졌다. 15개 포문의 3번 일제 발포와 3번 소총의 일제사격이 언덕과 협곡들에 울려 퍼졌다. 그러나 무덤에는 표시가 없었다. 왜냐

---

629) *Ibid.*, p. 799.

하면 전 황제의 사후에도 로위는 묘비에 "나폴레옹"이라는 황제의 타이틀의 새김을 허용하지 않으려는 반면에 베르트랑과 몽톨롱은 왕이 아닌 "나폴레옹 보나파르트"라는 로위의 말을 수락하지 않을 것이었다. 그리하여 그것은 공간으로 남았다.[630] 나폴레옹의 육신은 땅에 묻혔지만 바로 그 순간에 "나폴레옹의 전설"이 시작되었다. 프랑스인들의 마음속에 나폴레옹은 국민적 영웅이었고 그리움의 대상이 되었다.

그리하여 1840년에 베르트랑과 구르고가 그의 유골을 세인트 헬레나의 무덤으로부터 파리로 옮겼다. 그리고 나폴레옹의 황제 대관식의 기념일이며 동시에 아우스터리츠 전투 승리의 기념일인 12월 2일 성대한 장례식이 치러졌다. 그날은 몹시 추운 날이었지만 1백만으로 추산되는 프랑스인들이 파리를 통과하는 행렬의 도로에 줄을 섰다. 프랑스에 돌아온 그의 유골은 12월 15일 프랑스의 국립박물관 앵발리두(Les Invalids)에 안치되었다. 나폴레옹 보나파르트는 리더십의 기술을 전환시키고, 제국을 건설했으며, 시대를 초월한 법들을 전하고, 역사적 영웅들의 대열에 올랐다. 우리는 이제 그를 "나폴레옹 대제"(Napoleon the Great)라 불러도 좋을 것이다.[631] 왜냐하면 그의 리더십에 관한 전설은 후세의 군사 및 정치 지도자들을 위한 하나의 "교과서"가 되었기 때문이다.

---

630) *Ibid.,* p. 802.
631) Andrew Roberts, *Napoleon the Great,* UK: Penguin Books, 2015.

제22장
나폴레옹 리더십의 비결과 덕목

"말하는 기술은 흐름을 방해하는 불필요한 것들을 억압하는데 있다.
-나폴레옹 보나파르트-

천재에겐 스승이 없지만 영웅에겐 스승이 있다. 영웅은 앞선 스승, 즉 롤모델이 있다. 나폴레옹은 영웅이었다. 그래서 그에겐 누구보다도 그리스의 알렉산더 대왕(Alexander the Great)과 로마의 줄리어스 시저(Julius Caesar)가 그의 롤 모델이었다. 나폴레옹은 군인으로서 알렉산더 대왕처럼 끝임 없는 정복전쟁을 했다. 그리고 정치가로서 줄리어스 시저를 답습했다. 시저가 루비콘 강을 건너서 군사 쿠데타를 통해 헌정적(constitutional) 독재자(Dictator)--종신 독재자(Dictator for Lifetime)--황제(Emperor)의 길을 갔듯이, 나폴레옹 보나파르트도 1799년 군사 쿠데타를 통해 사실상 헌정적 독재자인 제1통령(the First Consul)--종신 통령(Consul for Lifetime)--황제(Emperor)의 길을 그대로 답습했다. 종국적으로 형식은 피살과 귀양에서 죽음으로 각자 달랐지만 그들은 모두 자만(hubris)으로 비극적 종말을 맞았다. 이런 경우를 서양세계는 그리스 비극(a Greek tragedy)이라고 불렀다. 그러나 두 영웅은 모두 개인적 비극적 종말에도 불구하고 그들이 후세에 미친 영향은 세계적이었다. 바로 이러한 이유에서 그들은 여전히 전설적인 영웅이었다. 그렇다면 나폴레옹 전설적 리더십의 비결과 덕목은 무엇이었을까?

(1) 군인-정치가(a soldier-statesman)

제1차 세계대전에서 프랑스의 승리를 가져온 조르주 클레망소(Georges Clemanceau) 수상은 지리멸렬한 군사적 상황에 직접 개입하면서 "전쟁은 군인들에게만 맡겨 놓기엔 너무도 중요하나"는 유명한 말을 남겼다. 제2차 대전 후 프랑스 제4공화국의 지리멸렬한 프랑스의 정치에 개입하면서 드골(De Gaulle)장군은 "정치는 민간인들에게만 맡기기에는 너무도 중요하다"고 주장했다. 클레망소와 드골은 다 같이 민-군 관계(the civil-military relationship)에 대한 상반된 입장을 밝혔지만 이것들은 현대 민주정치 국가에서 민-군 관계의 본질적 중요성을 상기시키는 촌철살인의 언명이 아닐 수 없다.

나폴레옹은 군인-정치가였다. 그는 프랑스의 실제로 군의 최고 사령관임과 동시에 최고의 정치 지도자였다. 그는 정치와 군부를 모두 자신이 장악함으로써 성공적 전쟁 수행의 중요한 원칙들 가운데 하나인 지휘의 통일(the unity of command)의 원칙을[632] 확립하고 계속 유지할 수 있었다. 전쟁계획의 효율적인 실행을 위해서 지휘의 통일

---

632) Harry G. Summers Jr. *On Strategy: A Critical Analysis of the Vietnam,* Novato, California: Presidio Press, 1982, Chapter 12.

이 긴요한 요소임은 틀림없는 사실이다. 그리고 나폴레옹의 그 수많은 전투에서 그가 승리할 수 있었던 것은, 무엇보다도, 바로 이 원칙이 변함없이 지켜진 덕택이었다. 그것이 가능했던 이유는 나폴레옹의 정부가 근대 민주 공화국이 아니었기 때문이었다. 그렇다 보니 나폴레옹은 "전쟁을 위한 전쟁"마저 수도 없이 치렀다. 왜냐하면 그의 프랑스 제국은 물론 그의 정권 자체가 지속적인 전쟁의 승리에 달려 있었기 때문이었다. 그리하여 그의 51세의 생애에 자기 나이 보다 더 많은 수인 60차례의 전투를 치렀다.

나폴레옹은 모스크바에서 바르샤바와 프러시아 그리고 북부와 남부의 이탈리아 전역에서, 그리고 이베리아 반도의 평원과 산들을 휩쓸어 포격하거나 불태운 수천만의 가옥들을 잊었다. 그는 그 후에 그가 냉혹하게 처형한 수천 명의 진정한 포로들을 잊었다. 그는 자기의 전쟁으로 집을 잃은 수십만의 민간인 피난민들, 그의 대군대에 의해서 수천만 명의 여자들과 어린 소녀들에 대해 자행된 강제추행, 그가 무자비하게 강탈한 수백만의 타운과 도시들, 전 유럽에 걸쳐 부패하게 남겨진 모든 나라의 3백만 명에 달하는 죽은 병사들, 부상당해 평생 불구가 된 수백만의 장애자들, 여러 국가들과 공국들의 파괴된 정치적 제도들, 파괴된 경제들, 그리고 프랑스를 포함하여 그가 모든 곳에서 뒤에 남긴 공포와 불안을 잊었다. 비교하면 징기스칸(Genghis Kahn)의 기억도 빛을 잃었다.[633]

나폴레옹은 군사학과 정치학의 낡은 통일을 구현했다.[634] 군사학

633) Alan Schom, *Napoleon Bonaparte,* New York: HarperCollins Publisher, 1997, Epilogue (p. 789).
634) Samuel P. Huntington, *The Soldier and the State: The Theory and Politics of*

은 전문적인 훈련과 경험에 의해 습득된 전문화된 능력이 결정과 행동을 위해 필요하다. 그리하여 이상적인 군인은 전략에 있어서는 보수적이지만 그러나 새로운 무기와 새로운 전술적 형태들에 대해서는 열린 마음이고 진보적이다. 그는 군사학의 상수와 변수 양면에서 균등하게 전문가이다. 반면에 정치는 국가정책의 목적들을 다룬다. 정치에서의 능력은 그런 결정을 한 정당한 권위를 소유하고 있고 결정에 들어가는 요소들과 이익의 광범위한 인식을 하는데 있다. 정치는 군사적 능력의 범위를 넘어선다.[635]

전쟁철학자 칼 폰 클라우제비츠는 전쟁을 가장 효과적으로 수행하는데 있어서 군인-정치가가 결합된 총사령관을 가장 이상적인 전쟁지도자라고 주장하면서도[636] 그런 지도자를 갖기 어려운 대부분의 경우에 문민통제(the civilian control)를 주장한 최초의 위대한 군사 전략가였다.[637] 클라우제비츠에겐 조지 워싱턴이나 보나파르트 나폴레옹이 가장 이상적인 전쟁 지도자였을 지는 모르지만 어느 국가도 그런 지도자를 항상 가질 수는 없을 것이다. 그리하여 근대국가에서는 문민통제의 원칙이 민주정치의 중대한 기본원칙으로 간주되게 되었다. 그리하

Civil-Military Relations, Cambridge, Massachusetts: The Belknap Press of Harvard University Press, 1957, p. 70.

635) Ibid., p. 70.

636) Carl von Clausewitz, On War, Ed and trans, by Michael Howard and Peter Paret, Princeton, New Jersey: Princeton University Press, 1976, Book 1. Chapter 3.

637) Samuel Huntington, The Soldier and the State, The Theory and Politics of Civil-Military Relations, Cambridge, Massachusetts: The Belknap Press of Harvard University Press, 1957, p. 73; Carl von Clausewitz, On War, Ed and trans, by Michael Howard and Peter Paret, Princeton, New Jersey: Princeton University Press, 1976, Book 8, Chapter 6, B (pp. 608–609).

여 나폴레옹은 새로운 역할의 구분을 상징하는 프러시아의 비스마르크(Bismarck) 수상과 몰트케(Moltke)사령관에 의해서 대체되었다.[638]

(2) 군사 천재(a military genius)

나폴레옹은 무엇보다도 군사천재였다. 나폴레옹은 군사천재의 지성과 기질이라는 자질의 소유자였다. 칼 폰 클라우제비츠에 의하면 군사천재의 본질은 정신과 기질의 결합에 있다.[639] 전쟁은 불확실성의 영역이다. 전쟁은 안개 속에서 행동하는 것이다. 따라서 전쟁은 궁극적으로 도박의 성격을 벗어날 수 없다.[640] 그러므로 군사천재는 직관력(coup d'oeil)이라는 혜안의 능력이 요구된다.[641] 이것은 통찰력이라고 불러도 좋을 것이다. 나폴레옹이 평생 동안 60차례의 전쟁에서 53번 승리했다는 것은 "전쟁의 신"(the god of war)[642]이라 불리는 이유일 것이다. 나폴레옹은 전쟁을 한 것이 아니라 그는 전쟁을 사랑했다.[643] 그는 전쟁에서 번창했고 전쟁이 삶을 좀 더 넓게 펼치고, 더 위대하게 하고 더 강렬하게 한다고 확신했다.[644]

나폴레옹은 자기가 천재성을 갖고 있다는 것을 1796년 이탈리아의

---

638) 이것에 관해 상세한 논의를 위해서는, 강성학, <오토 폰 비스마르크: 천재-정치가의 불멸의 위대한 리더십>, 서울: 박영사, 2022을 참조.

639) Carl von Clausewitz, *On War,* Ed and trans, by Michael Howard and Peter Paret, Princeton, New Jersey: Princeton University Press, 1976, p. 100.

640) *Ibid.,* p. 82.

641) *Ibid.,* p. 102.

642) *Ibid.,* p. 583.

643) Patrice Gueniffey, trans. by Steven Rendall, *Napoleon and De Gaulle: heroes and History,* Cambridge, Massachusetts, The Belknap Press of Harvard University Press, 2020, p. 186.

644) *Ibid.*

원정군 사령관에 임명되었을 대 처음으로 완벽하게 보여주었다. 그는 이제 자기의 군사적 천재성을 충분히 보여줄 기회를 가진 진정으로 비상한 군사적 능력을 보여주었다. 그는 탄약과 보급품에 대한 현저한 세부사항과 함께 수십 개의 별개 부대들의 위치를 사진처럼 기억하고 생생하게 마음속에 그리는 능력을 갖고 있었다. 나폴레옹은 순간적으로 최대의 효과를 위해 모든 것을 기동하는 법을 알 수 있었다. 이런 기술들은 프랑스 군대가 심지어 포병대를 포함하여 기동성을 강조하는 것을 개발 중에 있었던 전쟁의 스타일에 완벽하게 적합했다. 전형적인 나폴레옹의 전술은 자신의 병력을 서로간 10마일 이상 떨어뜨려 여러 개의 집단으로 분할하고, 적의 작전을 붕괴시키는 협공 조치와 함께, 그들을 단일한 전략적 지점에 신속하게 집중시키는 것이었다. 목적은 단순히 적의 의표를 찌르는 것이 아니라 적의 군대를 완전히 분쇄하는 것이었다. 이 점에서 나폴레옹의 특징은 엄청난 스태미나에 의존했다. 뿐만 아니라 나폴레옹은 자기의 명령들을 조정하기 위해서 참모장을 처음으로 사용한 군사령관이었다.[645]

(3) 정치적 천재

나폴레옹은 그의 경쟁자들보다도, 그리고 돌고 도는 프랑스 혁명 정치에서, 자기의 전임자들보다도 훨씬 더 잘 정치적 천재성을 발휘했다. 그리고 그는 새로운 민주주의 시대에 정치적 성공은 일반 인민들과 유대를 형성하는데 달려있다는 것을 이해했다. 그리고 그것을

---

645) David A. Bell, *Napoleon: A Concise Biography,* Oxford: Oxford University Press, 2015, p. 26.

형성하는 것은 이중적 전략과 관련되었다. 한편으로, 일반 인민들이 그를 따르고 지지하기 위해서는 그들이 그의 탁월한 특성들을 인정하고 더 나아가서 그를 잠재적 구원자로 간주해야 한다. 그러나 그들이 열성적으로 애착을 느끼고 또 그를 위해 희생할 준비가 되기 위해서, 그들은 자기들이 그를 마치 개인적으로 아는 것처럼 느끼기 위해서 그와 동일시해야만 한다. 나폴레옹은 자기 자신을 구원자이며 가까운 지인으로, 그리고 그에게 웅변, 시각예술 그리고 무엇보다도 인쇄물의 가용한 모든 방법에서 자신을 제시하는 천부적 재능을 갖고 있었다.

(4) 치열한 독서가

나폴레옹은 학교 교육이 시작하면서부터 책 벌레였다. 그는 도서관에서 엄청 많은 책들을 대출해 읽었으며 장교시절엔 하루에 한 끼만 먹으면서까지 책을 구해서 독서에 열중한 일종의 독서광이었다. 앞에 제2장에서 이미 비교적 상세히 서술한 것처럼, 독서라는 꾸준한 자율학습을 통해 그는 자신의 엄청난 지적 자본을 축적했다. 그는 그리스와 로마의 역사와 인물들에 대해 정통했으며 세계 다른 문명과 국가들에 대해서도 잘 알고 있었다. 그리고 그에게는 아는 것이 그가 통치자로서 자신 있게 행동하는 근거가 되었다.

나폴레옹은 세인트 헬레나에 구금된 상태에서조차 책 읽기를 게을리하지 않았다. 그의 사후 그의 시종이었던 루이 마르샹(Louis Marchand)은 롱우드(Longwood)에 있던 나폴레옹의 서재에서 370권에 달하는 책들의 목록을 작성했다. 그 속에는 몇 권의 셰익스피어(Shakespeare), 에드워드 기번(Edward Gibbon)의 <로마제국의 흥망

사>(Decline and Fall of the Roman Empire), 에드먼드 버크(Edmund Burke)의 <프랑스 혁명에 대한 성찰>(Reflections on the Revolution in France), 아담 스미스(Adam Smith)의 <국부론>(Wealth of Nations) 그리고 넬슨(Nelson) 제독의 전기 등의 서적이 포함되어 있었다.[646] 그가 평생 독서광이었다는 사실은 그가 당시에 어느 지도자들보다도 더 탁월한 지적 소유자였으며, 그의 천재성은 타고난 기질과 함께 이렇게 평생 쌓은 그의 지성의 결과였다는 것을 입증하는 것이라고 말할 수 있을 것이다.

(5) 회의의 마스터(master) 좌장

그는 국무원의 초기 회의에서 "우리는 혁명의 로맨스를 끝냈다. 이제 우리는 그것의 역사를 시작해야 한다"고 말했다. 나폴레옹은 국무원에 그것의 방향, 정책의 목적과 일반적 노선을 제시했다. 그것들은 정확하게 권위의 사랑, 현실주의, 특권과 추상적 권리에 대한 경멸, 세부사항에 대한 꼼꼼한 관심과 질서 있는 사회적 위계질서에 대한 존중으로 요약되었다. 국무원의 비상한 범주의 문제들을 논의했다. 어떤 국무원의 회의는 8시간에서 10시간 동안 계속되었다. 이런 회의들 후에 나폴레옹은 다른 문제들에 관해서 다른 사람들을 소집했다. 그의 마음은 지칠 줄을 몰랐다. 일원들이 밤을 새는 회의들로 지칠 때 그는 "자 여러분, 우리는 아직 우리의 봉급을 벌지 않았다"고 말하곤 했다.

---

646) Andrew Roberts, *Napoleon & Wellington,* London: Phoenix Press, 2001, p. 802.

국무위원들은 나폴레옹의 숙고하는 힘, 그의 동력, 주제를 파악하는 속도, 그리고 그가 본질적인 것을 마스터하고 필요한 결정을 할 때까지 결코 포기하지 않는 끈기에 대한 획일적 목격을 했다. 그는 논의에 선명성, 정확성, 이성의 힘과 국무원들을 놀라게 하는 광범위한 견해들을 제공했다. 마르지 않는 자원들로 지칠 줄 모르는 나폴레옹은 필적할 수 없는 지혜로 거대한 행정체제를 통틀어서 흩어져 있는 사실들과 의견들을 연결하고 조정했다. 그는 직접적인 해답이 요구되는 짧은 질문을 던지는 능력을 스스로 신속하게 터득했다. 그는 모든 회의의 마스터 좌장이었다. 나폴레옹은 입법가로서, 행정가로서 그리고 국가 건설자로서 자신의 롤 모델을 숨기려고 별로 애쓰지 않았다. 나폴레옹의 그 수많은 개혁들은 나폴레옹의 회의 진행능력에 의해서 이루어질 수 있었다.

제23장
나폴레옹의 역사적 유산(Legendary Legacy)

"우리는 혁명의 로맨스를 끝냈다. 이제 그것의 역사를 시작해야 한다."
-나폴레옹 보나파르트-

나폴레옹이 죽기 4달 전인 1821년 유럽의 상황이 아주 악화되자 1813년 11월 바서스트(Bathurst)에게 보낸 편지에서 나폴레옹이 그의 왕위를 유지하도록 허용되어야 한다고 제안한 그의 비상한 편지를 보낸 이래 처음으로 웰링턴(Wellington) 장군은 나폴레옹의 타도가 실수였다고 생각하는 것처럼 보였다. 부르봉 왕가가 나폴리의 왕을 축출하는데 대해 언급하면서 웰링턴은 이렇게 말했다:

"부르봉 왕가의 누구도 좋지 않다. 부르봉이 4개의 왕위를 유지하는 한 유럽에 평화는 없을 것이다. 우리는 보나파르트를 제거하는데 있어서 엄청난 실수를 범했다. 그는 우리가 가지고 있어야할 사람이었다. 우리는 그가 없을 때만큼 그가 있을 때 그렇게 나쁘지 않았다."[647]

---

647) Andrew Roberts, *Napoleon & Wellington,* London: Phoenix Press, 2001, p. 278.

다른 사람도 아닌 바로 웰링턴 장군에 의한 나폴레옹에 대한 거듭된 평가는[648] 나폴레옹의 사후 직후부터 시작된 나폴레옹의 전설의 원천들 중의 하나였을 것이다.

　　나폴레옹의 사후 그의 유산은 수십년 동안 유럽의 대규모적이고 직접적인 방식으로 유럽의 역사를 계속 형성해 나갔다. 20년간 강렬한 나폴레옹의 갈등으로 인해 여전히 비틀거리면서 연합국들에 의해서 빈에서 수립된 "'유럽협조체제"(the Concert of Europe)는 과거 어떤 유럽의 타결뿐만 아니라 그 후 타결들보다도 더 오랫동안 평화를 면밀히 관리하는데 성공했다. 그러나 연합국들이 무엇보다도 혁명적 정치의 갱신된 발생에 대해 걱정하는 가운데 복고된 프랑스를 포함하여 유럽의 강대국들이 싹트는 민주주의의 운동들을 무력으로 분쇄하는데 주저하지 않았던 아주 깊이 보수적인 평화였다. 스페인을 떠난 후 오직 9년만인 1823년 프랑스 군인들이 그곳으로 돌아갔지만, 그러나 이번에는 유럽협조체제에 대한 봉사로서, 페르난도(Fernando) 왕의 자유주의적 반대 세력의 억압을 돕기 위한 것이었다.

　　그럼에도 불구하고, 첫째로 꼽을 수 있는 나폴레옹은 하나의 정치적 모델로서 보나파티즘(Bonapartism)이었다.[649] 이것은 프랑스에서는 물론이고 전 세계에 걸쳐 큰 반향을 계속 일으켰다. 1804년 12월, 나폴레옹의 대관식에서 한 사람의 구경꾼이 시몬 볼리바르(Simon Bolivar)라는 이름의 인상적으로 21세의 베네수엘라 인이었다. 남아메리카에서 해방자이며 권위주의적 지도자로서 그 자신의 경력을 통틀

---

649) David A. Bell, *Napoleon: A Concise Biography,* Oxford: Oxford University Press, 2015, p. 104.

어 볼리바르는 많은 미래의 군사지도자들이 그랬듯이 나폴레옹으로부터 명시적인 영감을 받았다. 아메리카에서 자기 조국을 구원하고 정화하기 위해서 오랫동안 권력을 잡은 영광스러운 장군의 인물은 강력하게 남아있다. 라틴 아메리카의 국가들도 역시 나폴레옹이 많은 행정적 개혁들을 모방하고 또 그의 시민법전을 채택했다. 유럽에서도 나폴레옹의 통치하에서 수립된 개혁들과 법들이, 특히 독일과 이탈리에서 살아남았다. 1806년 나폴레옹의 손에 당한 재앙적 패배에 대한 대응으로 실행된 프러시아에 과감한 개혁들은 19세기에 독일을 지배하고 또 통일을 이룰 국가를 형성했다. 그리고 제2차 세계대전 이후에는 보나파티즘이 한국을 포함하여 아시아-아프리카의 여러 발전도상국에서 발견되었다.

둘째로, 나폴레옹은 역시 직업군인들이 떨치지 못하는 강박관념의 대상이었다. 세계의 어느 곳에서나 직업군인들은 그의 군사작전을 상세히 공부하고 미래의 승리들에 대한 열쇠를 끌어내려고 모색한다. 예나 전투 후에 1812년 나폴레옹과 싸우기 위해 러시아로 망명하여 프랑스에 대항하여 싸웠던 칼 폰 클라우제비츠(Carl von Clausewitz)는 나폴레옹을 미워했지만 그러나 그의 고전적 전략서적인 <전쟁론> (*On War*)에서 그가 서술한 "절대전쟁"(absolute warfare)을 위한 모델을 제공했다고 믿었다.[650] 미국의 내전 시 전투장에서 나폴레옹 답지 않게 지나치게 조심성을 보였던 링컨 대통령의 총사령관 조지 맥클런 (George McClellan) 장군도 "젊은 나폴레옹"(Young Napoleon)이라는

---

650) 21세기의 전쟁과 클라우제비츠에 관한 나의 분석을 위해서는, 강성학, <전쟁神과 군사전략: 군사전략의 이론과 실천에 관한 논문 선집> 서울: 리북, 2012, 특히, 제1장을 참조.

별명에 기뻐 날 뛰었다.651) 19세기 말 프랑스와 독일의 전략가들은 제1차 세계대전의 참호들을 도살장으로 직접 이끌었던 교리들인 대규모, 희생적, 보병의 공세전략에 집중했던 새 전술적 교리들의 개발에서 나폴레옹으로부터 영감을 받았다.652)

셋째로, 우리의 근대세계를 떠받치는 능력본위, 법 앞에 평등, 재산권, 종교적 관용, 근대 세속적 교육, 건전한 재정 등등의 아이디어들은 나폴레옹에 의해서 옹호되고, 강화되고, 법제화되고, 그리고 지리적으로 확장되었다. 거기에다가 나폴레옹은 합리적이고 효율적인 현지 행정, 시골의 산적에 대한 종식, 과학과 예술의 촉진, 봉건주의의 폐지 그리고 로마제국의 몰락 이래 가장 위대한 법전화를 추가했다. 동시에 그는 10주간으로 구성된 기이한 혁명적 캘린더(Revolutionary Calenda), 신의 우상화의 신학, 집정부의 부패와 정실주의 그리고 공화정의 죽어가는 시기를 특징지었던 초-인플레이션을 없애 버렸다. 나폴레옹은 "혁명의 낭만주의를 처리했다. 우리는 이제 그것의 역사를 시작해야 한다"고 국무원(Conseil d'Etat)에서의 초기 모임에서 말했다.653)

나폴레옹의 개혁이 성공하기 위해서는 시간이 필요했다. 그러나 유럽의 군주들은 그에게 결연히 시간을 주지 않으려 했다. 혁명의 많

651) 미국의 남북전쟁 당시에 링컨 대통령과 맥클런 장군과 전략적 충돌에 관계에 관해서는, 강성학, <한국과 지정학과 링컨의 리더십: 동아시아의 지정학적 변화와 국가통일의 리더십>, 서울: 고려대학교 출판문화원, 2017, pp. 337-453.
652) David A. Bell, *Napoleon: A Concise Biography,* Oxford: Oxford University Press, 2015, p. 105.
653) Andrew Roberts, *Napoleon: A Life,* New York: Penguin Books, 2014, p. xxxvii.

은 원칙들이 러시아, 오스트리아와 프러시아의 절대군주들 그리고 초기 산업의 영국 왕국을 위협했기 때문에 그들은 혁명적 프랑스를 분쇄하기 위해서 23년에 걸쳐 7차례의 연합을 형성했다. 그리고 그들은 성공했다. 그러나 나폴레옹 덕택에 부르봉 왕가는 그가 법으로 법전화한 혁명적 원칙들을 파괴하기엔 너무 늦어버렸다. 나폴레옹을 반대했던 많은 사람들이 그를 패배시키기 위해서 자신들의 국가에서 그의 개혁의 측면들을 채택해야만 했다. 나폴레옹의 개혁은 모두에게 유효했으며 그의 가장 중요한 유산이 되었다.

넷째로, 새로운 근대 군사전략의 유산은 어쩌면 가장 현저하고 지속적인 것이다. 나폴레옹이 창조한 새로운 근대적 전쟁수행 방법은 소위 군단 체제였다. 그것은 그가 이탈리아와 중동에서 싸웠던 사단 체제를 거대하게 확대한 새로운 전쟁수행 방식이었다. 불로뉴에서 야영하면서 그리고 1803년과 1805년에 계속된 기동에서 보낸 시간은 나폴레옹으로 하여금 그의 군대를 2~3만 명, 때로는 4만 명까지의 부대들로 분할하여 그들을 강도 있게 훈련시킬 수 있게 허용했다. 각 군단들은 다른 군단들과 긴밀한 연계 속에서 작업하도록 의도된 것으로 효과적으로 그 자체의 보병, 기병, 참모, 정보, 공병, 수송, 식량, 봉급, 의료와 매점을 갖춘 작은 군대였다. 서로간 하루의 행군 이내로 이동하면서 그들은 나폴레옹으로 하여금 적의 이동들에 따라서 일순간의 지시로 후위전, 선봉이나 혹은 예비병력으로 전환할 수 있게 허용하였다. 그리하여 공격이나 후퇴에서 전 군대가 혼란 없이 그것의 축에서 선회할 수 있었다. 군단들도 역시 시골에서 식량문제를 야기하지 않도록 서로 간에 충분히 떨어져서 행군하는 것이었다.

각 군단들은 적 전체를 전장에서 그들의 위치를 고정시킬 만큼 충분히 클 필요가 있었던 반면에 다른 군단들은 24시간 내에 그 군단을 강화하거나 안도하게 급습하거나 아니면 보다 유용하게 적들을 협공하거나 심지어 적의 포위도 가능할 수 있었다. 개별 군단들의 사령관은 원수들로서 갈 장소와 그곳에 도착할 날짜의 임무를 받을 것이고, 그리고 나머지 사항들을 스스로 하도록 기대되었다. 전투에서 보병의 중대, 대대, 연대, 여단, 사단이나 군단 그리고 기병대를 지휘해 본적이 없었고 또 원수들의 경험과 능력을 믿으면서 나폴레옹은 그들이 국가가 필요로 하는 것을 전달하는 한 병참과 전투의 전술들을 그들에게 맡기는 데 일반적으로 만족했다. 군단들은 공세의 경우에도 역시 적진으로 중대하게 진격할 수 있는 것이 필요했다.

　　이 군단체제는 하나의 영감을 얻은 체제였고, 원래 기베르(Guibert)[654]와 드 삭스(de Saxe)[655] 원수의 생각이었다. 나폴레옹은 그것을 거의 모든 그의 다가오는 승리들에서, 특히 울름(Ulm), 예나(Jena), 프리드란트(Friedland), 뤼첸(Luetzen), 바우첸(Bautzen), 그리고 드레스덴(Dresden)에서 사용했다. 그는 자신의 병력이 너무 넓게 펼쳐진 마

---

654) Jacques de Guibert (1743-1790), Introduction to the Essai general de tactique," in Gerard Chaliand ed., *The Art of War in World History: From Antiquity to the Nuclear Age,* Berkeley and Los Angeles, California: University of California Press, 1994, pp. 623-626; R. R. Palmer, "Frederick the Great, Guibert, Buelow: From Dynastic to National War," in Peter Paret, *Makers of Modern Strategy from Machiavelli to the Nuclear Age,* Oxford: Clarendon Press, 1986, pp. 91-119.

655) Maurice de Saxe(1696-1750), "Reveries on the Art of War," in Gerard Chaliand ed., *The Art of War in World History: From Antiquity to the Nuclear Age,* Berkeley and Los Angeles, California: University of California Press, 1994, pp. 580-595.

렝고(Marengo)의 위험들을 재생하고 싶지 않았다. 그의 패배들은, 특히 아스펜-에슬링(Aspern-Essling), 라이프치히(Leipzig) 그리고 워털루(Waterloo)에서 그의 패배들은 그가 군단체제를 적합하게 이용하지 못했을 때 발생한 것이다. 나폴레옹이 그렇게 많은 전투에서 승리할 수 있었던 것은 전투 전날 저녁에 그가 공격하기를 원하는 한 지점에 모든 병력을 집중하려고 노력했기 때문이었다. 그는 그들을 집결했다. 나폴레옹은 전략과 전술 사이에 있는 전쟁의 작전 수준의 선구자였다.[656] 그의 군단들은 1812년까지 모든 유럽의 군대에 의해서 채택된 표준적 단위가 되었고 1945년까지 지속되었다. 그것은 전쟁기술에 대한 나폴레옹의 독특한 기여였고, 그리고 1805년 그것의 첫 사용은 근대전쟁의 탄생을 알리는 것으로 간주될 수 있을 것이다.[657]

다섯째, 지상전에서 군사천재였지만 나폴레옹이 해전에 대해서는 완전한 무지를 보여주었다. 그는 트라팔가 해전에서 참패한 뒤에도 순전히 선박의 숫자를 통해서 그가 다시 영국을 위협할 수 있다고 믿는 함대를 재구축하려고 엄청남 양의 돈, 시간 그리고 에너지를 계속해서 쏟아부었다. 그는 항구에서 시간의 7/8을 보내는 함대는 그것의 작전

---

656) 칼 폰 클라우제비츠와는 달리, 전략론에서 전략과 전술 사이의 중간에 작전수준을 넣는 것은 안토니오 조미니였다. 그는 그것은 대전술(grand tactics)이라고 불렀다. 그런 점에서 조미니가 더 충실한 나폴레옹주의자였다고 말할 수 있다. Henri Jomini (1779-1869), "Statesmanship in Its Relation to War, in Gerard Chaliand ed., *The Art of War in World History: From Antiquity to the Nuclear Age,* Berkeley and Los Angeles, California: University of California Press, 1994, pp. 724-743; John Shy, "Jomini," in Peter Paret, *Makers of Modern Strategy from Machiavelli to the Nuclear Age,* Oxford: Clarendon Press, 1986, pp. 143-185; Baron Antoine Henri de Jomini, *The Art of War,* London: Greenhill Books, 1992, 특히 제4장을 참조.
657) Andrew Roberts, *Napoleon: A Life,* New York: Penguin Books, 2014, p. 366.

능력의 절정에서 영국해군을 공격하는 데 필요한 선박 조종술을 획득할 수 없다는 것을 결코 이해하지 못했다. 프랑스 육군의 대군대에 징집된 신병은 전선을 향해 행군하는 중에 훈련과 소총사격술이 훈련될 수 있는 반면에 수병들은 강풍속에서 잃어버린 선구(top-temper)를 다루는 법이나 동일한 시간에 2~3발을 발사하도록 훈련을 받은 적에 대항하여 넘실거리는 바다 위의 뱃전에서 한번 이상 발포하는 법을 땅위에서 배울 수 없었다. 나폴레옹의 육지전에서 지배력은 1805년의 여름의 사건들이 보여주었듯이 바다에서 영국의 지배력에 의해서 완벽하게 균형을 이루었다.

제24장
에필로그(Epilogue)

> "역사는 되풀이하지 않는다. 그러나 인간들은 되풀이한다."
> ―볼테르―

니체(Nietzsche)는 나폴레옹을 비인간과 초인의 종합이라고 불렀다.[658] 그러나 나폴레옹은 단순히 인간적이었다. 그는 지나치게 인간적이거나 단지 인간적이 아니었다. 우리가 영웅들을 구성하는 무절제와 그들의 역사가 기록한 비극을 부인할 때, 즉 우리가 글을 해명하려고 시도할 때, 위대한 인간은 축소된다.[659] 나폴레옹이 프랑스 혁명의 구원자이든 아니면 무덤을 판 자이든, 고대의 영웅이든, 아니면 근대의 영웅이든, 해방자든 아니면 폭군이든 간에 나폴레옹의 모습은 결코 변하지 않았다. 어떤 사람들은 당시 사건들의 진행 과정을 자기 의지의 우월한 힘에 굴복시킴으로써, 더 좋든 아니면 더 나쁘든 간에,

---

658) Friedrich Nietzsche, *On the Genealogy of Morals,* trans. by W. Kaufman and R. J. Hollingdale, New York: Random House, 1969, pp. 1 and 17.

659) Patrice Gueniffey, trans. by Steven Rendall, *Napoleon and De Gaulle: heroes and History,* Cambridge, Massachusetts, The Belknap Press of Harvard University Press, 2020, p. 131.

역사를 변화시킨 준-조물주로 그를 간주한다. 또 다른 사람들에게는 정반대로, 그는 당시 사건들의 희생자였다. 그와 함께 영국을 굴복시키려고 노력했던 프랑스는 자기의 바위를 굴리는 시지프스 같은 운명에 처했으며 대서양의 한 가운데 있는 외딴 세인트 헬레나 섬에서 영국인들의 포로로 사라졌다. 나폴레옹은 운명의 마스터라기보다는 운명의 희생자였다. 그럼에도 불구하고 나폴레옹은 완전히 죽지 않았다. 왜냐하면 계속해서 열정을 일으키기 때문이다. 그는 사후 전설적 영웅으로 돌아왔다. 바로 이점에서 나폴레옹은 프랑스의 다른 영웅들과 다른 것이다.[660]

시대가 영웅을 낳고 영웅은 새로운 시대를 창조한다. 나폴레옹 보나파르트는 프랑스 혁명 시대의 산물이었다. 그리고 나폴레옹은 혁명의 시대를 화장하고 변질시켰다. 그로 인해 새로운 세계사가 창조되었다. 그와 비슷하게, 미국의 조지 워싱턴(George Washington)도 시대의 산물이었다. 그리고 그는 미국의 민주공화정의 시대를 창조했다. 그리고 그는 미국의 국부로 지금까지도 칭송을 받고 있다. 그러나 나폴레옹 보나파르트는 최종적으로 폭군으로 전락하고 말았다.

나폴레옹 보나파르트는 왜 그가 숭배했던 미국의 국부인 조지 워싱턴의 길을 가지 않고 비극적 폭군으로 전락하고 말았을까? 그것은 어쩌면 두 사람의 롤 모델이 근본적으로 달랐기 때문이라고 생각된다. 조지 워싱턴의 롤 모델은 로마의 장군 킨키나투스(Cincinnatus)였지만 나폴레옹 보나파르트의 롤 모델은 로마의 장군 줄리우스 시저(Julius Caeser)였기 때문이었다. 두 로마의 장군은 그들이 살았던 시

---

660) *Ibid.*, p. 136.

대만큼이나 그들의 삶은 판이하게 달랐다. 그리하여 조지 워싱턴은 킨키나투스의 영광을 공유한 반면에 나폴레옹 보나파르트는 줄리우스 시저의 비극의 종말을 공유했다. 왜냐하면 조지 워싱턴은 킨키나투스로부터 겸양(modesty)의 미덕을 배우고 실천했던 반면에 나폴레옹 보나파르트는 끝없는 영광을 향한 오만(hubris)을 배우고 실천했다. 그 결과는 아이러니하게도 조지 워싱턴은 항구적인 영광을 얻었고 나폴레옹 보나파르트는 자기 파괴의 비극을 맞이했다. 이처럼 인간의 차이는 역사 창조의 길을 달리했다.

역사의 과정에서는 비인간적 세력들의 환경적 문제만이 아니며 어떤 것도 한 개인이 나폴레옹만큼 자기가 처한 환경들을 완전하게 그리고 장대하게 이용할 것이라는 것을 보장하지 않았다.661) 한편으로 본다면, 나폴레옹 보나파르트는 역사의 단순한 우연이라고 말할 수 있을 것이다. 그러나 나폴레옹 사후 수 세대에 걸쳐 전세계에서 수많은 군인들이 그를 숭배하고 그를 답습하려고 시도한 것도 역사적 사실이다.662) 따라서 볼테르의 말처럼 역사는 되풀이하지 않을 지 몰라도 사람들은 그것을 되풀이했다. 그러므로 다른 한편에서 본다면, 나폴레옹은 조지 워싱턴과는 판이하게 다른 아주 야심 찬 군인-정치가의 전형이라고 말해도 결코 지나친 말이 아닐 것이다. 이런 주장이 수락될 수 있다면 나폴레옹의 출현이 역사의 우연에 지나지 않는다고 할지라도 그의 야심적 행동양식은 분명히 역사에서 하나의 중요한 패

---

661) David Q. Bell, *Napoleon: A Concise Biography*, Oxford: Oxford University Press, 2015, p. 26.
662) 한국의 박정희 대통령은 분명히 그들 중 하나였다. 조갑제, <박정희 1군인의 길>, 서울: 조갑제 닷컴, 2015를 참조

턴이 되었다.

그럼에도 불구하고 사회과학을 지향하는 거의 모든 정치학 혹은 국제정치학자들에게 나폴레옹을 포함한 역사상 거의 모든 영웅들이 여전히 역사의 우연적 요소라며 과학을 추구하는 학문의 헤게모니에 눌려 별다른 관심을 받지 못한 채 거의 내팽개쳐져 버렸다. 이것은 참으로 안타깝고 또 불행한 일이다. 경제학에서는 시장의 원리가 신이다. 그럼에도 기술혁신이 시장의 내용을 바꾸기도 한다. 빌 게이츠(Bill Gates)나 스티브 잡스(Steve Jobs)가 좋은 본보기이다. 나폴레옹의 영웅적 역할은 프랑스는 물론 세계의 정치에 참으로 지대한 영향을 미쳤다. 그럼에도 불구하고 오늘날 교육과정에서 우리가 무언가 중요한 교훈을 배울 수 있는 가장 훌륭한 교사들을 미리 제외시켜버린 것이다. 이것은 참으로 어리석은 일이라 해도 과언이 아닐 것이다.

끝으로, 이미 출간된 나의 리더십에 관한 저서들(유엔사무총장, 에이브러햄 링컨, 윈스턴 S. 처칠, 조지 워싱턴, 해리 S. 트루먼, 헨리 키신저, 그리고 오토 폰 비스마르크)[663]과 함께 나폴레옹에 관한 본서의 독서를 통해 미래의 국가 지도자가 되길 원하는 사람들은 탁월한 리더십의 감각을 습득하고, 그리고 일반 독자들은 지도자나 지도자가 되려는 사람에 대해 올바르게 평가하는 안목을 기르는데 도움이 되길 기대한다.

---

663) 이 책들에 대한 정보를 위해서는 본서의 참고문헌을 참조.

나폴레옹 보나파르트(Napoleon Bonaparte)의 약력

1769년 8월 15일 코르시카(Corsica)에서 출생

1779년 1월 1일 오툉(Autun)에서 종교학교에 입학

　　　　5월 15일 브리엔느(Brienne)에 있는 군사학교(Cadet School) 입학

1784년 10월 30일 파리에서 사관학교(Ecole Militaiire) 입학

1785년 9월 1일 포병부대 소위로 임관

1786년 9월 1일 휴가로 코르시카로 가다. (1788년 6월까지)

1789년 7월 14일 프랑스 혁명 발생

1789년 9월 15일 코르시카로 돌아옴.

1790년 7월 14일 코르시카에 돌아온 파올리(Paoli)에 충성

1791년 2월 10일 옥손(Auxonne)에 있는 여단으로 복귀

　　　　4월 1일 중위(premier Lieutenant)로 승진

　　　　7월 6일 국회에 충성맹세

1792년 4월 1일 코르시카 자원병 대대의 중령으로 피선

　　　　8월 10일 튈르리궁에서 스위스 근위대 학살을 목격

　　　　8월 19일 프러시아인들이 프랑스를 침공(9월 20일 발미[Valmy] 전
　　　　　　　　투에서 패배)

1793년 1월 21일 왕 루이 16세의 처형

　　　　2월 1일 의회가 영국과 네덜란드에 선전포고

　　　　3월 3일 파올리와 결별

　　　　5월 31일 공안위원회 하에서 공포 통치 시작

　　　　6월 13일 가족과 함께 코르시카에서 툴롱(Toulon)에 도착

8월 27일 왕당파들에 의해 툴롱이 영국으로 넘어 감.

9월 16일 툴롱을 포위하고 있는 포병의 지휘관이 됨.

10월 18일 대대장(대위)으로 승진

12월 17-19일 툴롱의 장악

12월 22일 준장(general de Brigade)으로 승진

1794년 2월 6일 이탈리아 원정군의 포병 지휘관이 되다.

7월 27일 2년차(Year Ⅱ) 테르미도르(Thermidor) 9일 쿠데타

7월 28일 로베스피에르(Robespierre)의 처형으로 공포 통치의 종식

8월 9-20일 반역죄로 앙티브(Antibe)에 투옥

1795년 5월 2일 파리를 향해 이탈리아를 떠남

10월 5일 반란을 포도탄 사용으로 진압한 날

10월 16일 사단장으로 승진

10월 26일 내무군(the Army of Interior)의 사령관으로 임명

10월 30일 프랑스 정부로서 집정내각(Directory)이 의회를 대치

1796년 3월 2일 이탈리아 군대의 사령관으로 임명

3월 9일 조세핀(Josephine)과 결혼

3월 26일 이탈리아 군대의 사령관 직을 맡다.

4월 12일 몬테노테(Montenotte)서 오스트리아에 승리

4월 13일 밀레시모(Milleesimo)전투에서 사르디니아에 승리

4월 14-15일 데고(Dego)전투에서 오스트리아에 승리

5월 10일 로디(Lodi)전투에서 오스트리아에 승리

5월 15일 밀라노(Milan)에 입성

8월 2-3일 로나토(Ronato)잔투에서 오스트리아에 승리

8월 5일 카스티글리오네(Catiglione)전투에서 오스트리아에 승리

11월 15-17일 아르콜(Arcole) 전투에서 오스트리아에 승리

1797년 1월 14일 리볼리(Rivoli) 전투에서 오스트리아에 승리

2월 19일 교황과 톨렌티노(Tolentino)조약에 서명

5월 16일 베니스(Venice)의 점령

9월 14일 프룩티도르(Fructidor, 12월) 18일, 5년차(Year V)에 쿠데타

10월 17일 프랑스와 오스트리아 간에 캄포 포르미오(Campo Formio) 평화조약의 체결

10월 27일 영국군대의 사령관으로 임명

1798년 2월 23일 영국을 침공하는데 대해 집정내각에 반대를 권고.

4월 12일 동방(Orient) 군대의 사령관에 임명

6월 1일 몰타(Malta)를 병합

7월 1일 알렉산드리아(Alexandria)에서 하선

7월 21일 피라미드(Pyramids)전투에서 맘루크(Mamelukes)에 승리

8월 1일 나일 강의 전투에서 프랑스 해군 소함대가 (Nelson)에 의해서 파괴됨

12월 2일 프랑스에 대항하여 제2차 연합(he Second Coalition)이 형성됨

1799년 2월 20일 팔레스타인으로 진격

3월 7일 자파(Jaffa)를 장악하고 터키의 포로들을 학살

3월 18일 아크레(Acre)를 포위

5월 17일 아크레 포위를 포기하고 카이로로 복귀(6월 14일)

8월 23일 프랑스를 향해 이집트를 떠남(10월 9일에 상륙)

11월 9-10일 브뤼메르(Brumaire) 18일 제 8년차 쿠데타 후에 통령이 됨

12월 12일 제 8년차(the Year VIII)의 헌법, 10년 임기의 제1통령이 됨

1800년 2월 19일 튈르리궁에 거주를 시작

3월 14일 피우스 7세(Pius VII)가 교황으로 피선

5월 15-20일 대 세인트 버나드 길(The Great St. Bernard Pass)을 통해 알프스를 넘다.

6월 4일 마렝고(Marengo) 전투에서 오스트리아에 승리

12월 24일 파리에서 암살을 모면

1801년 11년 2월 9일 프랑스와 오스트리아 사이에 뤼빌(Luneville) 평화

4월 불로뉴(Boulogne)에 침공 캠프를 설치

4월 2일 넬슨이 코펜하겐에서 덴마크 함대를 격파

10월 1일 영국과 프랑스 간에 예비 평화조약

1802년 1월 26일 이탈리아 공화국위 대통령이 되다.

3월 25일 프랑스와 영국간의 아미엥(Amiens) 평화

5월 19일 레지옹 도뇌르 훈장(*legion d'honneur*)을 제정

8월 2일 종신 제1통령을 선포, 엘바(Elba)섬을 합병)

9월 2일 피에몬테(Piedmont)를 합병

10월 15일 프랑스가 스위스를 침공

1803년 2월 모로(Moreau)와 피슈그뤼(Pichegru) 장군들을 체포

3월 21일 둑 뎅기엔(Duc d'Enghien) 공작을 납치하여 처형

3월 24일 시민 법전(일명, 나폴레옹 법전)의 공포

5월 18일 프랑스 황제 공포

5월 19일 제국의 18명의 군부 원수들이 탄생됨

12월 2일 교황 피우스 7세의 참석 하에 노트르담(Notre Dame) 성
당에서 황제 대관식

1805년 5월 26일 밀라노(Milan)의 성당에서 스스로 이탈리아 왕으로 즉위

8월 3일 불로뉴(Boulogne)에서 영국을 침공하려고 기다림

8월 9일 오스트리아가 제3의 연합(the Third Coalition)에 영국과
러시아에 합류

8월 23일 불로뉴에서 동쪽으로 행군하기 위해 캠프해체

10월 20일 울름(Ulm)전투에서 오스트리아에 승리

10월 21일 트라팔가(Trafalgar) 전투에서 패배

11월 14일 빈(Vienna)에 입성

12월 2일 아우스터리츠(Austerlitz) 전투에서 오스트리아와 러시아
에 승리

12월 15일 프랑스와 프러시아 사이에 쇤부른(Schoenbrunn) 협정

12월 27일 프랑스와 오스트리아 사이에 프레스부르크 조약(the Treaty of Pressburg)

1806년 1월 23일 영국의 소 윌리엄 피트(William Pitt the Younger)사망

7월 12일 새로 수립된 라인국가연합(the Confederation of Rhine)의 보호자(Protector)가 됨

8월 6일 신성로마제국(the Holy Roman Empire)의 해체

10워 7일 작소니(Sxony)와 프러시아를 침공

10월 14일 예나(Jena 전투)에서 프러시아와 작소니에 승리

10월 27일 베를린에 입성

11월 21일 베를린 칙령이 대륙체제의 창조

12월 18일 바르샤바(Warsaw)에 입성

1807년 2월 8일 아일라우(Eylau)에서 러시아와 프러시아에 결정적이지 못한 전투

6월 14일 프리드란트(Friedland)전투에서 러시아와 프러시아에 승리

6월 24일 니멘 강(the River Niemen)의 뗏목 위에서 알렉산드르 1세(Alexander I) 및 프리드리히 빌헬름 2세(Frederick William II)와 회담

7월 7-9일 프랑스 러시아 그리고 프러시아 사이에 틸지트 조약(the Treaty of Tilsit)의 체결

11월 9일 프랑스가 포르투갈을 침공

11월 30일 주노(Junot)가 리스본 점령

1808년 2월 16일 프랑스가 스페인 침공

3월 18일 스페인의 찰스 4세(Charles IV)가 강제 양위
페르디난트 7세(Ferdinand VII)가 왕임을 선언

5월 2-5일 마드리드에서 반-프랑스 봉기. 뮈라(Murat)가 진압

6월 6일 조제프 보나파르트(Joseph Bonaparte)가 스페인 왕임을 선포

10월 6일 에어프르트(Erfurt)에서 프랑스와 러시아 사이에 동맹체결

11월 5일 스페인 군대의 사령관이 되다.

11월 23일 투델라(Tudela)전투에서 스페인인들에 승리

12월 4일 마드리드에 입성

12월 2일 존 무어(John Moore)경의 추격에서 과다라마(Guadarrama) 강을 건넘

1809년 1월 16일 코루나(Corunna) 전투에서 무어 경이 사망, 그러나 영국이 철수

5월 13일 빈에 입성

5월 17일 교황국가들을 병합

5월 20-23일 아스페른-에슬링(Aspern-Essling) 전투에서 오스트리아에 승리

7월 6일 바그람(Wagram) 전투에서 오스트리아에 승리

10월 14일 프랑스와 오스트리아 간에 쇤브룬 조약(the Treaty of Schoenbrunn)체결

12월 상원의 조치로 조세핀(Josephine)과 이혼

1810년 4월 2일 오스트리아의 마리 루이제(Marie Louise) 공주와 결혼

4월 17일 마세나 원수를 포르투갈 군대의 사령관으로 임명

7월 9일 네덜란드를 합병

8월 베스트팔렌을 합병

12월 북서부 독일을 합병

1811년 1월 올덴부르크(Oldenbrug) 합병

3월 20일 프랑소아 샤를 조제프(Francois-Charles-Joseph), 로마의 왕(the King of Rome)이 출생

1812년 1월 10일 스웨덴의 포메라니아(Pomerania)를 점령

6월 24일 니멘 강(River Niemen)을 건너러 러시아로 진격

8워 18일 스몰렌스크(Smolensk) 장악

9월 7일 보로디노 전투(Battle of Borodino)에서 러시아에 승리

9월 14일 모스크바 입성, 19일까지 불에 타다.

10월 19일 모스크바의 소개, 퇴각의 시작

11월 14-18일 크라스노이(Krasnoi) 전투에서 러시아에 패배

11월 26-28일 베레시나 강(the River Beresina) 도강의 재앙

12월 5일 대 군대를 떠나다.

12월 18일 파리에 도착

1813년 3월 16일 프러시아가 프랑스에 선전포고

5월 2일 뤼첸(Luetzen) 전투에서 러시아에 승리

5월 20-21일 바우첸(Bautzen) 전투에서 러시아와 프러시아에 승리

6월 4일 메테르니히 중재로 플레이슈츠(Pleischwitz)의 휴전

8월 12일 오스트리아가 프랑스에 선전포고

8월 26-27일 드레스덴(Dresden)전투에서 러시아와 오스트리아에 승리

10월 16-19일 라이프지히(Leipzig) 전투에서에서 오스트리아, 러시아, 프러시아, 그리고 스웨덴의 연합군에 패배

10월 18일 바바리아와 작소니가 연합국에 합류

1814년 2월 10일 샹포베르(Champaubert) 전투에서 러시아에 승리

2월 11일 몽미라이(Montmirail) 전투에서 러시아와 프러시아에 승리

2월 12일 샤토 티에리(Chateau-Thierry) 전투에서 러시아와 프러시아에 승리

2월 14일 보샹(Vauchamps) 전투에서 러시아와 프러시아에 승리

2월 18일 몽트로(Montereau) 전투에서 베스트팔렌과 오스트리아에 승리

3월 1일 연합국들 사이에서 쇼몽 조약(the Treaty of Chaumont)의 체결

3월 30-31일 연합군이 파리에 입성

4월 2일 프랑스 상원에 의해 퇴위되다.

4월 6일 퇴위하다.

4월 26일 루이 18세(Louis XVIII)가 프랑스 왕으로 선포

4월 27일 엘바(Elba) 섬으로 항해

11월 1일 빈 회의(the Congress of Vienna) 열리다.

1815년 2월 26일 엘바 섬에서 탈출

3월 1일 칸느(Cannes) 근처의 주앙 만(Golfe Juan)에 상륙

3월 18일 네(Ney)원수의 이반

3월 19일 루이 18세가 파리에서 도망치다.

3월 20일 튈르리궁에 입궁하다.

6월 1일 샹트메(the Champ de Mai)의 행사

6월 12일 파리를 떠나 북부군대로 향하다.

6월 15일 벨기에 국경선을 넘어 샤롤로아(Charleroi)를 장악

6월 16일 리그니(Ligny) 선투에서 프러시아에 승리

6월 18일 워털루(Waterloo)에서 영국과 연합국들과 프러시아 군대
에 의해서 패배

6월 21일 다시 퇴위

7월 7일 연합군들 파리에 입성

7월 15일 로슈포르(Rochefort)에서 영국 해군의 벨레로폰(*Bellero-phone*)호의 선장 메이트랜드(Maitland)에게 항복

8월 7일 영국해군의 노섬벌랜드(*Northumberland*)호로 세인트 헬레
나(St. Helena)를 향해 플리모스(Plymouth)항구를 출발

1821년 5월 5일 사망

1840년 12월 15일 국립군사박물관(Les Invalides)에 유골을 영구히
안치

참고문헌

강성학, <오토 폰 비스마르크: 천재-정치가의 불멸의 위대한 리더십>, 서울: 박영사, 2022.

_____, <헨리 키신저: 외교의 경이로운 마법사인가 아니면 현란한 곡예사인가?>, 서울: 박영사, 2022.

_____, <대한민국의 대부 해리 S. 트루먼: 평범한 인간의 비범한 리더십>, 서울: 박영사, 2021.

_____, <조지 워싱턴: 창업의 거룩한 카리스마적 리더십>, 서울: 박영사, 2020.

_____, <윈스턴 S. 처칠: 전쟁과 평화의 위대한 리더십>, 서울: 박영사, 2019.

_____, <한국의 지정학과 링컨의 리더십: 동아시아의 지정학적 변화와 국가통일의 리더십> 서울: 고려대학교 출판문화원, 2017.

_____, <평화神과 유엔사무총장: 국제평화를 위한 리더십의 비극>, 서울: 고려대학교 출판부, 2013.

_____, <전쟁神과 군사전략: 군사전략의 이론과 실천에 관한 논문 선집>, 서울: 리북, 2012.

_____, <인간神과 평화의 바벨탑: 국제정치의 원칙과 평화를 위한 세계헌정질서의 모색>, 서울: 고려대학교 출판부, 2006.

_____, <이아고와 카산드라: 항공력 시대의 미국과 한국>, 서울: 도서출판, 오름, 1997.

_____, <소크라테스와 시이저: 정의, 평화, 그리고 권력>, 서을: 박영사, 1997.

_____, <카멜레온과 시지프스: 변천하는 국제질서와 한국이 안보>, 서울: 나남출판, 1995.

조갑제, <박정희 1: 군인의 길>, 서울: 조갑제 닷컴, 2015.

펠릭스 마크햄 (이종길 옮김), <나폴레옹: 전기>, 경기도: 도서출판 길산, 2001.

Adkins, Roy, *Nelson's Trafalgar: The Battle that Changed the World,* New York: Viking Penguin, 2006.

Aksoy, Mete, ed., *Napoleon's Quotes on Victory, Leadership and the Art of War,* 2018.

Aron, Raymond, *Peace and War: A Theory of International Relations,* trans. by R. Howard and A. B. Fox, New Brunswick: Transaction Books, 2003(originally, 1967).

_____, *The Century of Total War,* New York: Beacon Press, 1954.

Austin, Paul Britten, *1815: The Return of Napoleon,* London: Greenhill Books, 2002.

Barnett, Correlli, *Bonaparte,* New York: Hill and Wang, 1978.

_____, *Leadership in War, re. ed.,* South Yorkshire, UK: The Praetorian Press, 2012.

Bell, David A., *Napoleon: A Concise Biography,* Oxford: Oxford University Press, 2015.

Bernard, J. F., *Talleyrand: A Biography,* New York: Capricorn Books, 1973.

Bonaparte, Napoleon, *The Code Napoleon (The Civil Code),* Printed by Createspace, North Charleston, SC, USA, 2022.

Bourrienne, Louis Antoine Fauvelet de, *Memoirs of Napoleon Bonaparte,* Vol. I & II, Oxford: Benediction Classics, 2011.

_____, *Memoirs of Napoleon Bonaparte: Complete & Illustrated,* Istanbul: e-Kitap Projesi, 2014.

Brinton, Crane, *A Decade of Revolution, 1789-1799,* New York:

harper and Low, 1934.

Brodie, Bernard, *War and Politics,* New York: Macmillan Publishing Co., 1973.

Brown, Howard G., *Ending the French Revolution*, Charlottesville, Virginia: University of Virginia Press, 2006.

Chaliand, Gerard, ed., *The Art of War in World History: From Antiquity to the Nuclear Age,* Berkeley and Los Angeles, California: University of California Press, 1994.

Chandler, David G., *The Campaigns of Napoleon: The Mind and Method of History's Greatest Soldier,* New York: Scribner, 1966.

Clapham, J. H., "Pitt's First Decade," in *The Cambridge History of British Foreign Policy,* Vol. 1, 2011.

Clausewitz, Carl von, *On War,* Ed and trans, by Michael Howard and Peter Paret, Princeton, New Jersey: Princeton University Press, 1976.

Cowley, Robert and Geoffrey Parker, eds., *The Reader's companion to Military History,* Boston: Houghton Mifflin Company, 1996.

Doyle, William, *The French Revolution: A very Short Introduction,* Oxford: Oxford University Press, 2001.

Englund, Steven, *Napoleon: A Political Life,* Cambridge, Massachusetts: Harvard University Press, 2004.

Englund, Steven, *Napoleon: A Political Life,* New York: Scribner, 2004.

Forrest, Alan, *Napoleon: Life, Legacy, and Image, A Biography,* London, 2011.

Fukuyama, Francis, "The End of History?," *National Interest,* No. 15 (Summer 1989), pp. 3-18.

_____, *The End of History and The Last Man,* New York: Free Press, 1992.

Gueniffey, Patrice, trans. by Steven Rendall, *Napoleon and De Gaulle: heroes and History,* Cambridge, Massachusetts, The Belknap Press of Harvard University Press, 2020.

Guibert, Jacques de(1743-1790), Introduction to the Essai general de tactique," in Gerard Chaliand ed., *The Art of War in World History: From Antiquity to the Nuclear Age,* Berkeley and Los Angeles, California: University of California Press, 1994.

Holmes, Richard, *The Napoleonic Wars,* London: Andre Deutsch, 2019.

Hourly History, *Napoleon: A Life from Beginning to End*, Las Vegas, Nevada: Hourly History, 2022.

Huntington, Samuel P., *The Soldier and the State: The Theory and Politics of Civil-Military Relations,* Cambridge, Massachusetts: The Belknap Press of Harvard University Press, 1957.

Hutton, Ronald, *The Making of Oliver Cromwell,* New Haven, Connecticut: Yale University Press, 2021.

Jomini, Baron Antoine Henri de, *The Art of War,* London: Greenhill Books, 1992.

Jomini, Henri (1779-1869), "Statesmanship in Its Relation to War, in Gerard Chaliand ed., *The Art of War in World History: From Antiquity to the Nuclear Age,* Berkeley and Los Angeles, California: University of California Press, 1994.

Kim, Kyung-Won, *Revolution and International System: A Study in the Breakdown of International Stability,* New York: New York University Pres, 1970.

Laffin, John, *Brassey's Battles,* London: Brassey's Defense Publishers, 1986.

Lambert, Andrew, *Nelson: Britannia's God of War*, London: Faber and Faber, 2004

Legrand, Jacques, ed., *Chronicle of the French Revolution 1788-1799,* London: Longman, 1988.

Lynn, John A., "Nations in Arms 1763-1815," in Geoffrey Parker, ed., *The Cambridge Illustrate History of Warfare,* Cambridge: Cambridge University Press, 1995.

Mahan, A.T., *The Influence of Sea Power upon History*, New York: Hill and Wang, 1890 (American Century Service Edition, April 1957).

Mansfield, Harvey C., *The Prince Niccolo Machiavelli,* 2nd ed., Chicago and London: Chicago University Press, 1998.

Morris, Ian Macgregor, *Themistocles: Defender of Greece,* New York: The Rosen Publishing Group, 2004.

Napoleon, Napoleon, *Napoleon's Maxims of War,* Pantianos Classics, 1862.

Nietzsche, Friedrich, *On the Genealogy of Morals,* trans. by W. Kaufman and R. J. Hollingdale, New York: Random House, 1969.

Palmer, R. R., "Frederick the Great, Guibert, Buelow: From Dynastic to National War," in Peter Paret, *Makers of Modern Strategy from Machiavelli to the Nuclear Age,* Oxford: Clarendon Press, 1986.

_____, *The Age of Democratic Revolution: A Political History of Europe and America, 1760-1800,* Vol. II, Princeton: Princeton University Press, 1964.

Paret, Peter, *Clausewitz and the State: The Man, His Theories, and His Times,* Princeton: Princeton university Press, 2007.

_____, *Makers of Modern Strategy from Machiavelli to the Nuclear Age,* Oxford: Clarendon Press, 1986.

_____, *The Cognitive Challenge of War: Prussia 1806,* Princeton, New Jersey: Princeton University Press, 2009.

Parker, Geoffrey, ed., *The Cambridge Illustrate History of Warfare,* Cambridge: Cambridge University Press, 1995.

Pocoek, Tom, *Horatio Nelson,* New York: Alfred A. Knopf, 1988.

Roberts, Andrew, *Napoleon & Wellington,* London: Phoenix Press, 2001.

_____, *Napoleon: A Life,* New York: Penguin Books, 2014.

_____, *Napoleon the Great,* UK: Penguin Books, 2015.

_____, *Leadership in War: Essential Lessons from Those Who Made History,* New York: Viking, 2019.

Rodger, N. A. M., "Horatio Nelson" in Robert Cowley and Geoffrey Parker, eds., in *The Reader's companion to Military History,* Boston: Houghton Mifflin Company, 1996.

Saxe, Maurice de(1696-1750), "Reveries on the Art of War," in Gerard Chaliand ed., *The Art of War in World History: From Antiquity to the Nuclear Age,* Berkeley and Los Angeles, California: University of California Press, 1994.

Schom, Alan, *Napoleon Bonaparte,* New York: HarperCollins Publishers, 1997.

Scott, Walter, *Life of Napoleon Bonaparte, Complete.* Las Vegas, NV: January 25, 2022.

Seward, Desmond, *Metternich: The First European,* New York: Viking, 1991.

Shy, John, "Jomini," in Peter Paret, *Makers of Modern Strategy from Machiavelli to the Nuclear Age,* Oxford: Clarendon Press, 1986.

Southey, Robert, *The Life of Horatio,* Lord Nelson, London, J.M. Dent & Co., 1906.

Summers Jr., Harry G., *On Strategy: A Critical Analysis of the Vietnam,* Novato, California: Presidio Press, 1982.

Wilde, Robert H., *The French Revolution,* Las Vegas, NV: History in an Afternoon 2, 2022.

Zamoyski, Adam, *Napoleon: A Life,* New York: Basic Books, 2018.

_____, *Phantom Terror,* New York: basic Books, 2015.

찾아보기

니스(Nice)   31, 84, 88, 131

[ㄷ]

루소 42, 58, 63, 64, 67, 96, 141, 162, 297

루스탐(Roustam) 266

루시엥(Lucien) 69, 91, 113, 114, 117, 118, 120, 122, 182, 195, 200, 298, 300, 467

루이 13세 188

루이 14세 57, 173, 293, 300, 303, 336

루이 16세 9, 24, 25, 30, 31, 35, 54, 55, 66, 67, 73, 76-78, 96, 115, 126, 127, 159, 170, 195, 200, 293, 337, 341, 505

루이 17세 450

루이 18세 127, 156, 184, 191, 193, 337, 440, 449, 450, 452, 454, 457, 511

루이(Louis the Pious) 201

루이제, 마리(Marie Louise) 334, 336-339, 341, 344, 362, 394, 404, 408, 412, 420, 510

루이지애나(Louisiana) 147, 165, 181

루퍼스, 퀸투스 커티우스(Quintus Curtius Rufus) 57

룩셈부르크 147

룸볼드, 조지(George Rumbold) 186

뤼베크(Lübeck) 271, 403

뤼체르로다(Luetzerroda) 267

뤼헬(Ernst von Ruechel) 257

뤽상부르(Luxembourg Palace) 112, 116, 120, 121, 124, 126, 198

뤼빌 조약(the Treaty of Luneville) 173

뤼빌의 평화 159

르그랑, 클로드(Claude Legrand) 239

르브룅(Lebrun) 180, 198, 200, 320

르클럭, 샤를(Charles Leclerc) 165

르페브르(Lefebvre) 115, 283, 441

리구리언 공화국(Ligurian Republic) 48

리꺄르(Ricard) 410

리노아(Linois) 163

리믈랑(Joseph Picot de Limoelan) 155, 157

리볼리(Rivoli) 94, 97, 506

리비 56

오스트리아 21, 23, 25-28, 31, 33, 35, 36, 45-47, 49, 50, 73-76, 79, 88, 89, 92-96, 98, 106, 109, 125, 126, 129-132, 134-138, 159, 160, 164, 173, 177, 178, 187, 198, 199, 205, 207, 210, 213-215, 217, 220-225, 227-229, 231-233, 235, 237, 239-245, 247, 253, 255, 256, 258, 260, 278, 283, 285, 292, 293, 298, 299, 307, 308, 310, 314-316, 319, 322-327, 329, 331, 333, 334, 336, 337, 340, 341, 355, 357, 361, 363, 375, 398-400, 408, 411-417, 419-421, 423, 424, 427, 432, 434, 438, 439, 443, 451, 459, 461, 469, 470, 497, 506-508, 510, 511

오제로(Augereau) 96, 204, 207, 260, 263, 266, 268, 280, 439, 479

오토(Louis-Guillaume Otto) 131, 132, 160, 223

오툉(Autun) 55, 505

오하라(Charles O'Hara) 87

옥손(Auxonne) 64-66, 68, 505

온건파 24, 37, 45

올덴부르크(Oldenburg) 대공국 350

올뮈츠(Olmuetz) 235, 236

왈레브스카, 마리아(Maria Walewska) 281, 334

왕권신수설 19, 452

외젠(Eugène) 217, 225, 283, 335, 381

요르크(Yorck) 405, 423

욘(John) 322, 325

우고몽(Hougoumont) 416

우디노(Oudinot) 233, 412, 418, 420, 434

우브라드, 가브리엘(Gabriel Ouvrard) 245, 246

우브라드 작전 247

우브리(Peter Yakovlevich Ubri) 257

우브리 조약 260

우브릴(Oubril) 207

울름(Ulm) 222, 224, 226, 228, 229, 322, 498, 508

워싱턴, 조지(George Washington) 7, 9, 123, 127, 164, 486, 502-504

워털루(Waterloo) 5, 6, 182, 383, 400, 438, 449, 460, 461, 465, 466, 499, 512

웰링턴(Wellington) 216, 330, 368, 378, 379, 408, 421, 424, 428, 435, 437, 450, 459-466, 470, 479, 493, 494

저서목록

해외 출판

『韓国外交政策的困境』, 北京: 社會科學院 社会科学文献出版社, (2017, 중국어판)

『和平之神与联合国秘书长: 为国际和平而奋斗之领』, 北京: 光明日报出版社, (2015, 중국어판)

『戦史に学ぶ軍事戦略 孫子とクラウゼヴィッツを 現代に生かすために』, 東京: 彩流社, (2014, 일본어판)

『Korea's Foreign Policy Dilemmas: Defining State Security and the Goal of National Unification』, Folkestone, UK: Global Orient, UK, (2011, 영어판)

국내 출판

『오토 폰 비스마르크: 천재-정치가의 불멸의 위대한 리더십』, 박영사, 2022

『헨리 키신저: 외교의 경이로운 마법사인가 아니면 현란한 곡예사인가?』, 박영사, 2022

『대한민국의 대부 해리 S. 트루먼: 평범한 인간의 비범한 리더십』, 박영사, 2021

『조지 워싱턴: 창업의 거룩한 카리스마적 리더십』, 박영사, 2020

『윈스턴 S. 처칠: 전쟁과 평화의 위대한 리더십』, 박영사, 2019

『지적 자서전으로서 내 저서의 서문들』, 박영사, 2018

『죽어도 사는 사람: 불멸의 링컨유산』, 극동대학교출판부, 2018 (김동길 교수 공저)

『한국지정학과 링컨의 리더십: 동아시아의 지정학적 변화와 국가통일의 리더십』, 고려대학교 출판문화원, 2017

『평화神과 유엔사무총장: 국제평화를 위한 리더십의 비극』, 고려대학교 출판부. 2013

『전쟁神과 군사전략: 군사전략의 이론과 실천에 관한 논문 선집』, 리북, 2012

『무지개와 부엉이: 국제정치의 이론과 실천에 관한 논문 선집』, 박영사, 2010

『인간神과 평화의 바벨탑: 국제정치의 원칙과 평화를 위한 세계헌정질서
　　의 모색』, 고려대학교 출판부, 2006

『새우와 고래싸움: 한민족과 국제정치』, 박영사, 2004

『시베리아 횡단열차와 사무라이』, 고려대학교출판부, 1999

『이아고와 카산드라-항공력 시대의 미국과 한국』, 오름, 1997

『소크라테스와 시이저-정의, 평화, 그리고 권력』, 박영사, 1997

『카멜레온과 시지프스: 변천하는 국제질서와 한국의 안보』, 나남, 1995

『동북아의 근대적 변용과 탈근대 지향』(공편), 매봉, 2008

『용과 사무라이의 결투: 중일전쟁의 국제정치와 군사전략』(편저) 리북, 2006

『유엔과 국제위기관리』(편저), 리북, 2005

『유엔과 한국전쟁』(편저), 리북, 2004

『UN and Global Crisis Management』(편저), KACUNS, 2004

『시베리아와 연해주의 정치경제학』(공저), 리북, 2004

『동북아의 평화사상과 평화체제』(편저), 리북, 2004

『동아시아의 안보와 유엔체제』,(편저). 집문당, 2003

『UN, PKO and East Asian Security: Currents, Trends and Prospects』
　　(공편저), 2002

『The UN in the 21st Century』(공편), 2000

『주한미군과 한미안보협력』(공저), 세종연구소, 1996

『북한외교정책』(공편), 서울프레스, 1995

『The United Nations and Keeping-Peace in Northeast Asia』(편저),
　　Seoul Computer Press, 1995

『자유주의의 정의론』(역), 대광문화사, 1991

『키신저 박사와 역사의 의미』(역), 박영사, 1985

『핵시대를 어떻게 살 것인가』(공저), 정음사, 1985

『제국주의의 해부』(역), 법문사, 1984

『불평등한 세계』(역), 박영사, 1983

『세익스피어의 정치철학』(역), 집문당, 1982

『정치학원론』(공저), 박영사, 1982

강성학(姜聲鶴)

고려대학교에서 정치학 학사 및 석사 학위를 취득한 후 모교에서 2년간 강사를 하다가 미 국무부 풀브라이트(Fulbright) 장학생으로 도미하여 노던 일리노이 대학교(Northern Illinois University)에서 정치학 박사 학위를 취득하였다. 그 후 1981년 3월부터 2014년 2월말까지 33년간 정치외교학과 교수로 재직하면서 평화연구소 소장, 교무처장 그리고 정책대학원 원장 등을 역임하였다. 2014년 3월 이후 현재 명예교수로 있다.

저자는 1986년 영국 외무부(The British Foreign and Commonwealth Office)의 펠로우십(Fellowship)을 받아 런던정치경제대학(The London School of Economics and Political Science)의 객원교수를, 1997년에는 일본 외무성의 국제교류기금(Japan Foundation)의 펠로우십을 받아 도쿄대학의 동양문화연구소에서 객원 연구원 그리고 2005년 말과 2006년 봄 학기에는 일본 와세다대학의 교환교수를 역임하였다. 또한 제9대 한국 풀브라이트 동문회 회장 및 한국의 영국정부장학수혜자 모임인 한국 세브닝 동창회 초대 회장을 역임하였다. 그동안 한국국제정치학회 상임이사 및 한국정치학회 이사, 한국유엔체제학회(KACUNS)의 설립 사무총장과 제2대 회장을 역임하였고 이것의 모태인 미국의 유엔체제학회(ACUNS)의 이사로 활동하였다.

저서로는 2011년 영국에서 출간한 영문저서 ≪Korea's Foreign Policy Dilemmas: Defining State Security and the Goal of National Unification≫(425쪽. 2017년 중국 사회과학원 출판사가 번역 출간함)을 비롯하여 1995년 제1회 한국국제정치학회 저술상을 수상한 ≪카멜레온과 시지프스: 변천하는 국제질서와 한국의 안보≫(688쪽)와 미국의 저명한 외교전문지인 포린 폴리시(Foreign Policy)에 그 서평이 실린 ≪이아고와 카산드라: 항공력 시대의 미국과 한국≫(807쪽)이 있다. 그의 대표작 ≪시베리아 횡단열차와 사무라이: 러일전쟁의 외교와 군사전략≫(781쪽) 및 ≪소크라테스와 시이저: 정의, 평화, 그리고 권력≫(304쪽), 또 한동안 베스트셀러이기도 했던 ≪새우와 고래싸움: 한민족과 국제정치≫(402쪽)가 있다. 또한 2007년 대한민국 학술원의 우수학술도서로 선정된 ≪인간神과 평화의 바벨탑: 국제정치의 원칙과 평화를 위한 세계헌정질서의 모색≫(756쪽),

≪전쟁神과 군사전략: 군사전략의 이론과 실천에 관한 논문 선집≫(446쪽, 2014년 일본에서 번역 출간됨), ≪평화神과 유엔 사무총장: 국제 평화를 위한 리더십의 비극≫(328쪽, 2015년 중국에서 번역 출간됨), ≪무지개와 부엉이: 국제정치의 이론과 실천에 관한 논문 선집≫(994쪽)을 비롯하여 지난 33년 간의 교수생활 동안에 총 37권(본서의 말미 저서 목록을 참조)에 달하는 저서, 편저서, 역서를 냈다. 저자는 한국 국제정치학자에게는 어쩌면 당연한 연구주제인 "전쟁", "평화", "한국외교통일" 문제들에 관한 각기 집중적 연구결과로 볼 수 있는 ≪시베리아 횡단열차와 사무라이≫, ≪인간神과 평화의 바벨탑≫ 그리고 ≪카멜레온과 시지프스≫라는 3권의 저서를 자신의 대표적 "학술저서 3부작"으로 꼽고 있다. 아울러 2013년 ≪평화神과 유엔 사무총장≫의 출간으로 "인간神", "전쟁神", "평화神"이라는 일종의 "神"의 3위일체를 이루었다. 퇴임 후에는 2016년부터 2019년까지 한국지정학연구원의 초대 이사장을 역임했으며, 2017년 가을학기부터 2019년 봄학기까지 극동대학교 석좌교수였다. 그리고 ≪한국의 지정학과 링컨의 리더십≫(551쪽), ≪죽어도 사는 사람: 불멸의 링컨 유산(김동길 교수 공저)≫(333쪽), ≪윈스턴 S. 처칠: 전쟁과 평화의 위대한 리더십≫(449쪽), ≪조지 워싱턴: 창업의 거룩한 카리스마적 리더십≫(501쪽), ≪대한민국의 대부 해리 S. 트루먼: 평범한 인간의 비범한 리더십≫(479쪽), ≪헨리 키신저: 외교의 경이로운 마법사인가 아니면 현란한 곡예사인가?≫(843쪽), ≪오토 폰 비스마르크: 천재-정치가의 불멸의 위대한 리더십≫(491쪽)을 출간했다. 그리고 저자의 일종의 지적 자서전으로 ≪내 저서의 서문들≫(223쪽)을 출간했다.